Excel 2016

Der verständliche Einstieg

von
Philip Kiefer

An den Leser

Liebe Leserin, lieber Leser,

ob Sie sich nun aus privaten oder beruflichen Gründen vorgenommen haben, Excel von Grund auf zu verstehen, es wird Sie sicher immer wieder erstaunen, was Sie damit alles anstellen können. Excel ist magisch, und es macht einfach Spaß, es erfolgreich anzuwenden!

Auch als Zaungast können Sie anhand der Abbildungen und Erklärungen dieses Buchs leicht nachvollziehen, wie Excel funktioniert. Doch ich kann Ihnen nur dringend raten, von Anfang an alles mitzumachen, was Ihnen unser Autor Philip Kiefer schrittweise zeigt. Denn dabei lernen Sie nicht nur viel mehr, sondern verfügen dann über eine Reihe von hilfreichen Dateien, die Sie auch später einmal gut gebrauchen können.

Ganz gleich, ob Sie nun einen privaten Haushaltsplan erstellen oder eine komplexe Umsatz- und Gewinnermittlung – etwa für die Steuererklärung – berechnen, einen persönlichen Jahreskalender gestalten oder Preise kalkulieren für all die Dinge, die Sie schon immer mal bei eBay verkaufen wollten: Alles gelingt unter der praktischen Anleitung ganz mühelos. Und so fällt es Ihnen bestimmt auch bald ganz leicht, Ihre Daten in eindrucksvollen Diagrammen darzustellen, in andere Excel- und sogar Word-Dateien zu übertragen oder auszudrucken. Freuen Sie sich also auf die vielen nützlichen wie vergnüglichen Zahlenspiele – und dringen Sie wie nebenbei immer weiter vor in die faszinierenden Weiten der Excel-Programmstruktur.

Dieses Buch wurde mit größter Sorgfalt geschrieben und hergestellt. Sollten Sie dennoch einmal einen Fehler finden oder inhaltliche Anregungen haben, freue ich mich, wenn Sie mit mir in Kontakt treten. Für Kritik bin ich dabei ebenso offen wie für lobende Worte. Doch nun wünsche ich Ihnen viel Freude beim gründlichen Kennenlernen von Excel!

Ihre Isabella Bleissem
Lektorat Vierfarben

isabella.bleissem@vierfarben.de
www.facebook.de/vierfarben

Auf einen Blick

1	Excel auf einen Blick	11
2	Was kann Excel alles?	31
3	Die erste Excel-Datei	77
4	Daten richtig eingeben	113
5	Bezüge herstellen	151
6	Mit Funktionen rechnen	183
7	Tabellen formatieren	219
8	Diagramme und Co. einfügen	269
9	Die Daten im Griff	337
10	Tipps und Tricks	381

Impressum

Sie haben Fragen, Wünsche oder Anregungen zum Buch?
Gerne sind wir für Sie da:

Anmerkungen zum Inhalt des Buches: isabella.bleissem@vierfarben.de
Bestellungen und Reklamationen: service@vierfarben.de
Rezensions- und Schulungsexemplare: sophie.herzberg@vierfarben.de

Das vorliegende Werk ist in all seinen Teilen urheberrechtlich geschützt. Alle Rechte vorbehalten, insbesondere das Recht der Übersetzung, des Vortrags, der Reproduktion, der Vervielfältigung auf fotomechanischem oder anderen Wegen und der Speicherung in elektronischen Medien.

Ungeachtet der Sorgfalt, die auf die Erstellung von Text, Abbildungen und Programmen verwendet wurde, können weder Verlag noch Autor, Herausgeber oder Übersetzer für mögliche Fehler und deren Folgen eine juristische Verantwortung oder irgendeine Haftung übernehmen.

Die in diesem Werk wiedergegebenen Gebrauchsnamen, Handelsnamen, Warenbezeichnungen usw. können auch ohne besondere Kennzeichnung Marken sein und als solche den gesetzlichen Bestimmungen unterliegen.

An diesem Buch haben viele mitgewirkt, insbesondere:

Lektorat Isabella Bleissem
Korrektorat Marita Böhm, München
Herstellung Maxi Beithe
Layout und Typografie Vera Brauner
Einbandgestaltung Eva Schmücker
Coverfotos Shutterstock: 176135420©Goodluz
Satz weiss.design / zienke.design, Thomas Weiß
Druck Media-Print Informationstechnologie, Paderborn

Gesetzt wurde dieses Buch aus der ITC Charter (10,5 pt/15 pt) in Adobe InDesign CC 2014.
Und gedruckt wurde es auf mattgestrichenem Bilderdruckpapier (115 g/m²).
Hergestellt in Deutschland.

Bibliografische Information der Deutschen Nationalbibliothek
Die Deutsche Nationalbibliothek verzeichnet diese Publikation in der Deutschen Nationalbibliografie; detaillierte bibliografische Daten sind im Internet über http://dnb.d-nb.de abrufbar.

ISBN 978-3-8421-0200-2

© Vierfarben, Bonn 2016
1. Auflage 2016

Vierfarben ist eine Marke der Rheinwerk Verlag GmbH
Rheinwerkallee 4, 53227 Bonn
www.vierfarben.de

Der Verlagsname Vierfarben spielt an auf den Vierfarbdruck, eine Technik zur Erstellung farbiger Bücher. Der Name steht für die Kunst, die Dinge einfach zu machen, um aus dem Einfachen das Ganze lebendig zur Anschauung zu bringen.

Inhalt

Kapitel 1: Excel auf einen Blick — 11

Die Oberfläche von Excel — 11
Das Menüband – wo ist was? — 16
Kontextmenüs verwenden — 24
Die Ansicht vergrößern und verkleinern — 28

Kapitel 2: Was kann Excel alles? — 31

Daten aller Art eingeben — 31
Zahlen formatieren — 36
Mit Excel rechnen — 40
Funktionen verwenden — 43
Daten perfekt darstellen — 48
Diagramme und weitere grafische Optionen — 56
Daten gekonnt verwalten — 62
Daten teilen — 66
Daten schützen — 69
Die Oberfläche von Excel einrichten — 70
Ideen, wofür Sie Excel einsetzen können — 72

Kapitel 3: Die erste Excel-Datei — 77

Eine neue Excel-Datei erstellen — 77
Eine Excel-Vorlage verwenden — 79
Blätter innerhalb einer Arbeitsmappe erstellen — 83
Dateien lokal speichern — 85
Dateien im Internet speichern — 88
Die unterschiedlichen Dateiformate in Excel — 91
Dateien öffnen — 97
Die Autowiederherstellung nutzen — 98

Drucken 100
Die verschiedenen Ansichten in Excel 105
Mehrere Arbeitsmappen parallel verwenden 107
Standards für neue Arbeitsmappen 108
Die Office-Bedienoberfläche personalisieren 110

Kapitel 4: Daten richtig eingeben 113

Zellen mit Daten füllen 113
Zellformate zuweisen 116
Benutzerdefinierte Zellformate 120
Zellen bestimmen 125
Eingaben korrigieren 127
Eingaben löschen 129
Spalten und Zeilen einfügen 133
Inhalte automatisch ergänzen lassen 135
Kopieren und Einfügen von Zellen 137
Kopieren und Einfügen von Inhalten 144
Rechtschreibung und Grammatik prüfen 148

Kapitel 5: Bezüge herstellen 151

Was sind Bezüge? 151
Bezugsoperatoren einsetzen 154
Formeln verwenden 159
Absolute Bezüge 163
Gemischte Bezüge 166
3D-Bezüge 169
Verknüpfungen 171
Namen vergeben 173
Den Namens-Manager verwenden 179
Arrayformeln 180

Kapitel 6: Mit Funktionen rechnen ... 183

So sind Funktionen aufgebaut ... 183
Funktionen einfügen ... 186
SUMME ... 190
MITTELWERT, ANZAHL, MAX, MIN ... 192
WENN ... 194
SVERWEIS ... 199
Rechnen mit Datum ... 203
Prozentrechnung ... 207
Preise kalkulieren ... 210
Währungsrechner ... 215

Kapitel 7: Tabellen formatieren ... 219

Spaltenbreite und Zeilenhöhe verändern ... 219
Textumbruch verwenden ... 225
Spalten und Zeilen ausblenden ... 226
Kopieren zwischen mehreren Blättern ... 229
Zellen tauschen ... 230
Zellen einfärben ... 232
Tabellenformatvorlagen verwenden ... 237
Ein Design auswählen ... 239
Die Schrift ändern ... 242
Die Ausrichtung ändern ... 246
Zellen verbinden ... 251
Rahmen erstellen ... 253
Farbverlauf verwenden ... 257
Eigene Formatvorlagen erstellen ... 259
Bedingte Formatierungen ... 264

Kapitel 8: Diagramme und Co. einfügen ... 269

Sparklines – Minidiagramme erzeugen ... 269
Ein Standarddiagramm per Tastendruck erstellen ... 274
Das richtige Diagramm wählen ... 275
Diagrammformatvorlagen verwenden ... 281
Die Daten richtig zuordnen ... 284
Diagramme formatieren ... 287
Diagrammvorlagen speichern ... 297
Diagrammgröße und -position ändern ... 299
Die Datenbeschriftungen anpassen ... 301
Diagrammelement hinzufügen ... 303
Diagramme für Besserwisser: Blasen-, Netz- und Wasserfalldiagramm ... 304
Flussdiagramme und andere Formen einfügen ... 311
SmartArt-Grafiken einfügen ... 317
Bilder, Onlinegrafiken und Screenshots einfügen ... 322
Formel einfügen ... 331
Objekt einfügen ... 333

Kapitel 9: Die Daten im Griff ... 337

Daten sortieren ... 337
Daten filtern ... 340
Daten suchen ... 346
Pivot-Tabellen ... 350
Excel-Dateien im Team bearbeiten ... 359
Freigabe im Netzwerk ... 364
Änderungen nachverfolgen ... 367
Arbeitsmappen zusammenführen ... 370
Kommentare einfügen ... 371
Übersetzen und Nachschlagen ... 376

Kapitel 10: Tipps und Tricks   381

Menüband einrichten   381
Symbolleiste für den Schnellzugriff einrichten   386
Nützliche Tastenkombinationen   390
Add-Ins aus dem integrierten Store laden   395
Bing Maps einblenden   398
Fixieren   400
Gruppieren   402
Datenüberprüfung   406
Schutz   409

Glossar   413
Stichwortverzeichnis   421

Kapitel 1
Excel auf einen Blick

Sie haben Excel bereits auf Ihrem Computer installiert. Vielleicht haben Sie auch schon den einen oder anderen Arbeitsschritt in Excel unternommen. Aber Voraussetzung zum Verstehen der Inhalte dieses Buches ist das nicht. In diesem Buch wird Ihnen Excel von Anfang an erklärt. Schließen Sie im ersten Kapitel zunächst Bekanntschaft mit der Oberfläche – der *Benutzeroberfläche* – von Excel. Erfahren Sie, wo und wie Sie auf die verschiedenen Funktionen des Programms zugreifen. Machen Sie sich außerdem mit wichtigen Darstellungsoptionen vertraut, etwa dem Vergrößern von Inhalten.

Die Oberfläche von Excel

Starten Sie Excel per Mausklick auf den entsprechenden Eintrag im Startmenü. Öffnen Sie das Startmenü per Mausklick auf das Windows-Symbol

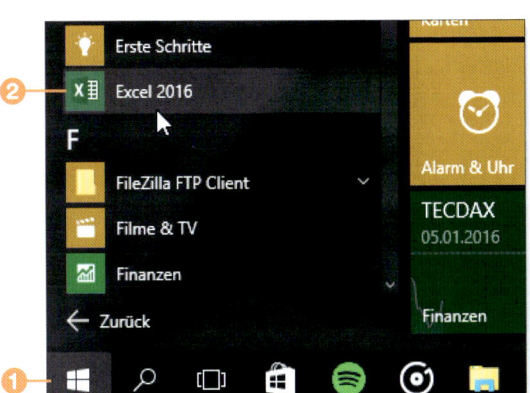

links unten auf dem Bildschirm ❶. Unter Windows 10 z. B. entscheiden Sie sich dann für **Alle Apps** und suchen den Eintrag **Excel 2016** ❷ unter dem Buchstaben **E** heraus.

Hier wird Excel 2016 im Startmenü eines Computers mit Windows 10 aufgerufen.

Nach dem Starten wird Ihnen zunächst ein *Startbildschirm* angezeigt. Der Startbildschirm dient dem Erstellen neuer bzw. dem Öffnen bereits vorhandener Excel-Dateien. Wählen Sie im rechten Bereich des Startbildschirms eine Vorlage ❸ für das Erstellen einer neuen Excel-Datei aus; im Bereich links greifen Sie auf bereits vorhandene Excel-Dateien zu ❹. Die Vorgehensweise zum Erstellen und Auswählen von Excel-Dateien wird in Kapitel 3, »Die erste Excel-Datei«, noch ausführlich beschrieben.

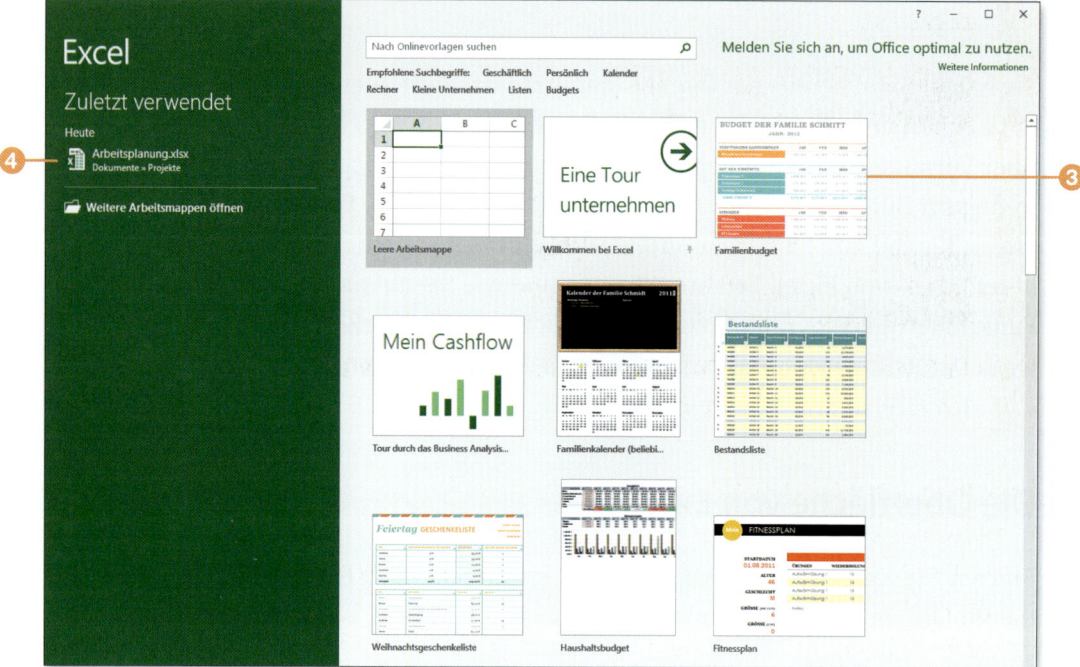

Der Startbildschirm, der nach dem Start des Programms Excel angezeigt wird, dient dem Erstellen neuer bzw. dem Öffnen bereits vorhandener Excel-Dateien.

Die eigentliche *Oberfläche* von Excel wird angezeigt, nachdem Sie eine Excel-Datei erstellt oder geöffnet haben. Die Vielzahl der Bereiche und Funktionen kann Ihnen anfangs einen ganz schönen Schrecken einjagen. Dabei ist die Oberfläche aber ganz logisch aufgebaut – und Sie müssen auch nicht alle Bereiche und Funktionen von Anfang an kennen. Schließlich wollen Sie ja auch nicht gleich die Mondscheinsonate spielen, wenn Sie gerade erst anfangen, das Klavierspiel zu erlernen.

Die Oberfläche von Excel

> **TIPP**
>
> **Excel an die Taskleiste anheften**
>
> Um Excel zukünftig schneller zu starten, heften Sie das Programm an die Taskleiste an. Klicken Sie dazu, nachdem Sie Excel geöffnet haben, das Symbol ❺ in der *Taskleiste* mit der rechten Maustaste an, und wählen Sie im Kontextmenü den Eintrag **An Taskleiste anheften** ❻. Im Kontextmenü, das Sie per Rechtsklick auf das Symbol öffnen, können Sie auch auf die zuletzt verwendeten Excel-Dateien zugreifen.
>
>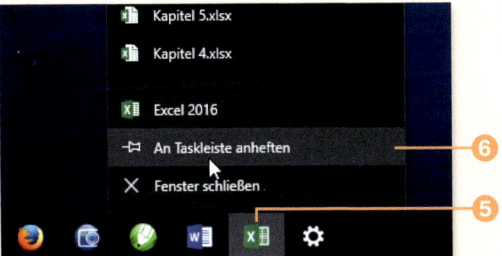
>
> *Heften Sie Excel an die Taskleiste an, um das Programm zukünftig schneller aufrufen zu können.*

Lassen Sie uns beim Betrachten der Excel-Oberfläche ganz planmäßig von oben nach unten vorgehen (siehe die Abbildung auf Seite 14). Ganz oben – in der Titelleiste – wird Ihnen mittig der Dateiname ❶ der gerade geöffneten Excel-Datei angezeigt. Links in der Leiste finden Sie die *Symbolleiste für den Schnellzugriff* ❷, die Ihnen den schnellen Zugriff auf besonders wichtige Programmfunktionen gestattet. Und rechts in der Leiste greifen Sie – ebenfalls über Symbole – auf verschiedene Fensterfunktionen ❸ zu, etwa um ein Fenster zu schließen oder es in die Taskleiste abzulegen.

Unterhalb der Titelleiste sehen Sie die *Menüleiste* bzw. – wenn eingeblendet, was standardmäßig der Fall ist – das *Menüband* ❹. Das Menüband besteht aus mehreren *Registerkarten*, die jeweils unterschiedliche Excel-Funktionen beinhalten. Beispielsweise finden Sie auf der Registerkarte **Einfügen** ❺ Funktionen zum Einfügen von Tabellen, Diagrammen, Bildern usw.

Kapitel 1 – Excel auf einen Blick

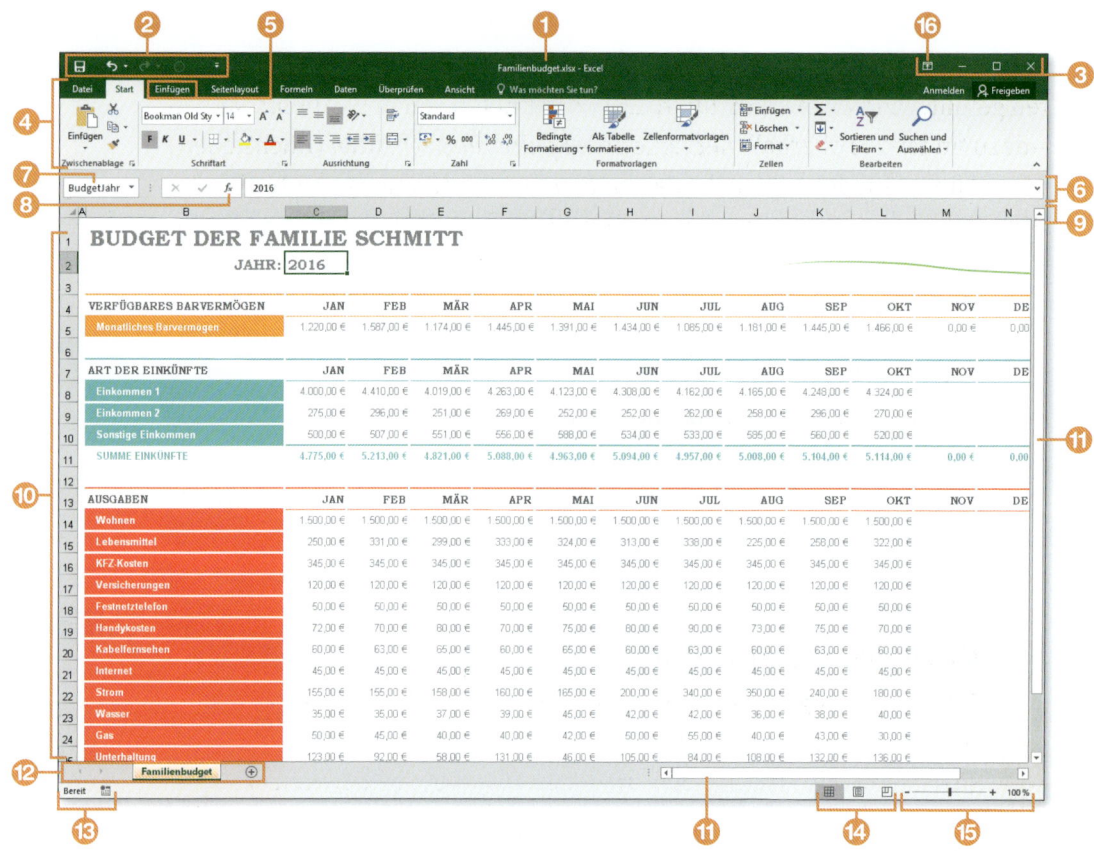

Die Oberfläche von Excel ist logisch aufgebaut und wird Ihnen beim regelmäßigen Umgang mit dem Programm schnell vertraut werden.

Unterhalb des Menübands sehen Sie die *Bearbeitungsleiste* ❻. In dieser Leiste wird der Inhalt einer im Datenbereich ausgewählten Zelle angezeigt, und der Inhalt kann dort auch bearbeitet werden. Des Weiteren finden Sie das *Namenfeld* ❼, in das der Name der gerade ausgewählten Zelle eingefügt wird, sowie die Möglichkeit, Funktionen (in Formeln) in eine Zelle einzufügen ❽. Aber bitte: Machen Sie sich keine Gedanken, falls Sie bestimmte Dinge – warum um Himmels willen sollen Zellen Namen haben? – an dieser Stelle noch nicht vollständig verstehen sollten. Im Verlauf der weiteren Kapitel dieses Buches wird Ihnen alles jetzt noch Unklare klar werden.

Im *Datenbereich*, der den größten Teil der Excel-Oberfläche einnimmt, wird Ihnen ein Tabellenblatt angezeigt, das sich aus sogenannten *Zellen* zusammensetzt. Diese Zellen wiederum werden mit den unterschiedlichsten Daten gefüllt. Jede Zelle kann durch ihre Koordinaten genau bestimmt werden – dazu finden Sie oberhalb der Zellen die *Spaltenüberschriften* (Buchstaben) ❾ und links von den Zellen die *Zeilenüberschriften* (Zahlen) ❿. Mithilfe der Bildlaufleisten rechts neben den Zellen sowie unterhalb der Zellen ⓫ können Sie sich innerhalb des Datenbereichs vertikal und horizontal bewegen.

Unterhalb des Datenbereichs dient eine *Registerleiste* ⓬ dem Anlegen von neuen Blättern bzw. dem Wechsel zwischen mehreren Blättern.

In der *Statusleiste* ganz unten finden Sie schließlich verschiedene Statusinformationen ⓭ sowie Ansichtsoptionen ⓮ und eine Zoomfunktion ⓯. Wenn Sie mit der rechten Maustaste in die Statusleiste klicken, können Sie in einem Kontextmenü selbst auswählen, welche Informationen dort angezeigt werden sollen und welche nicht.

> **INFO**
>
> **Menüband aus-/einblenden**
>
> Standardmäßig ist das Menüband in Excel dauerhaft eingeblendet, was in den meisten Fällen auch sinnvoll ist. Vielleicht wünschen Sie sich aber mehr Platz für den Datenbereich, oder Sie möchten das versehentlich ausgeblendete Menüband wieder einblenden? Dazu klicken Sie rechts oben in der Titelleiste auf das Symbol **Menüband-Anzeigeoptionen** ⓰ und treffen im sich öffnenden Menü Ihre Auswahl.
>
>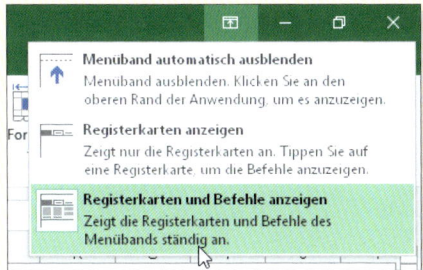
>
> *Entscheiden Sie selbst, ob das Menüband die ganze Zeit angezeigt werden soll oder nur bei Bedarf.*

Zur Excel-Oberfläche gehört schließlich auch noch der *Backstage-Bereich*. Diesen rufen Sie auf, indem Sie sich im Menüband ganz links für den Reiter **Datei** entscheiden. Im Backstage-Bereich greifen Sie auf Funktionen zu, die nicht in erster Linie die eingegebenen Daten, sondern die Excel-Datei als solche betreffen – unter anderem erhalten Sie Optionen zum Schützen, Speichern oder Ausdrucken von Excel-Dateien.

Kapitel 1 – Excel auf einen Blick

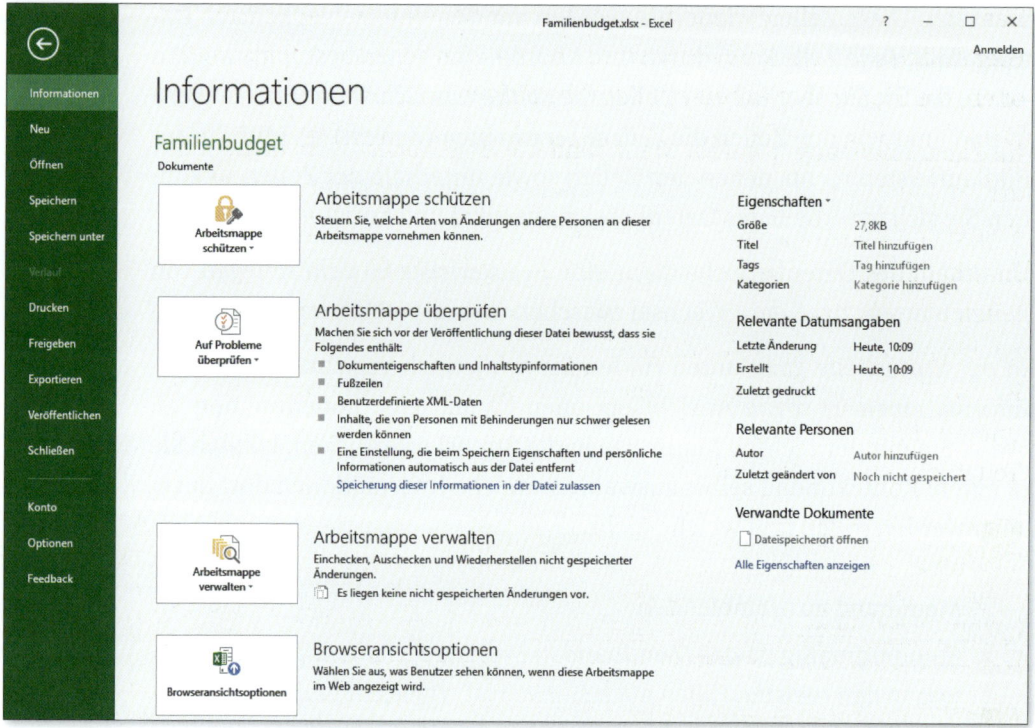

Der Backstage-Bereich bietet Funktionen rund um die Excel-Datei. Mit einem Klick auf den Pfeil oben links kehren Sie zu Ihrer Datei zurück.

Nach dieser ersten Bekanntschaft mit der Oberfläche von Excel stellen Sie zum einen sicher fest, dass das Programm ziemlich viele Funktionen zu bieten hat, zum anderen aber auch, dass der Aufbau der Oberfläche logisch und gut strukturiert ist. Die Einarbeitung wird Ihnen gar nicht schwerfallen!

Das Menüband – wo ist was?

In Excel haben Sie meist mehrere Möglichkeiten, um auf eine bestimmte Programmfunktion zuzugreifen – dies kann über das Menüband geschehen, über die Symbolleiste für den Schnellzugriff, über eine eingeblendete Zusatzleiste, aber auch über ein Kontextmenü oder eine Tastenkombination.

Das Menüband – wo ist was?

Das Menüband ist für den Zugriff auf Programmfunktionen am wichtigsten. Hier finden Sie – sinnvoll auf mehrere Registerkarten verteilt – alle Funktionen, die Sie für Ihre Arbeit mit Excel benötigen.

Im Zusammenhang mit dem Menüband gilt es zunächst zu beachten, dass die Darstellung der Schaltflächen von der jeweiligen Fenstergröße abhängt. Erstreckt sich ein Fenster über den gesamten Bildschirm, werden alle Schaltflächen in voller Größe angezeigt; verkleinern Sie das Fenster hingegen, so können aus Platzgründen Schaltflächen verkleinert werden. Die folgenden beiden Abbildungen stellen diesen Sachverhalt dar: Beim oberen Ausschnitt ist das Programmfenster auf den gesamten Bildschirm ausgedehnt, beim unteren Bild wurde das Fenster stark verkleinert; dort tauchen dann zum Teil nur noch Symbole auf.

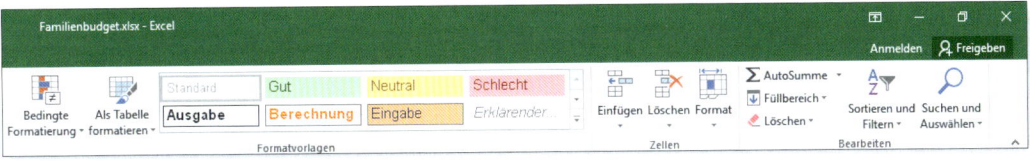

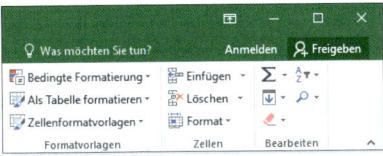

Die Schaltflächen im Menüband werden der jeweiligen Fenstergröße angepasst.

Wird bei einer verkleinerten Schaltfläche die Beschriftung ausgeblendet, bewegen Sie einfach den Mauszeiger darauf – in einem kleinen Infofenster wird Ihnen daraufhin nicht nur die Beschriftung ❶ angezeigt, sondern auch noch eine kurze Beschreibung der Funktion dieser Schaltfläche ❷.

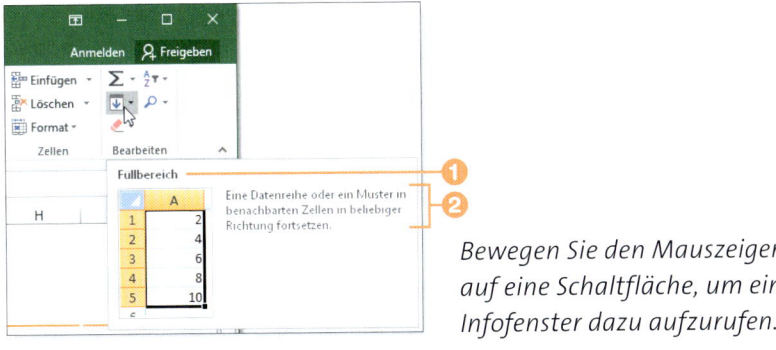

Bewegen Sie den Mauszeiger auf eine Schaltfläche, um ein Infofenster dazu aufzurufen.

INFO

Programmfenster vergrößern und verkleinern

Um ein verkleinertes Programmfenster auf dem gesamten Bildschirm darzustellen, klicken Sie auf das Symbol **Maximieren** rechts oben in der Titelleiste. Alternativ doppelklicken Sie in die Titelleiste. Zum Verkleinern eines maximierten Programmfensters klicken Sie entsprechend auf das dann **Verkleinern** genannte Symbol; auch das Verkleinern kann per *Doppelklick* (ein schnell hintereinander ausgeführter zweimaliger Klick mit der linken Maustaste) in die Titelleiste erfolgen.

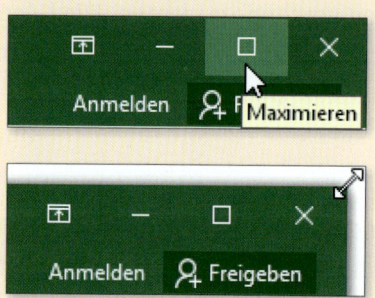

Die Größe eines verkleinerten Programmfensters können Sie variieren, indem Sie mit der Maus in eine Ecke oder an den Rand des Fensters klicken, bis ein kleiner Doppelpfeil erscheint, und es dann bei gedrückter linker Maustaste größer oder kleiner ziehen. Sobald das Fenster die gewünschte Größe hat, lassen Sie die Maustaste los.

Nützlich unter Windows 10, wenn Sie zwei Programmfenster gleichzeitig verwenden möchten: Klicken Sie in die Titelleiste eines Fensters, und ziehen Sie es bei gedrückter Maustaste an den linken oder rechten Bildschirmrand, um es dort anzuordnen. Anschließend wählen Sie per Mausklick ein weiteres geöffnetes Fenster aus, das am anderen Bildschirmrand angeordnet werden soll.

Übrigens hat auch die auf Ihrem Computer gewählte Bildschirmauflösung Einfluss auf die Fenstergröße. Als Faustregel gilt dabei: Je höher die Bildschirmauflösung, desto mehr Inhalte können auf dem Bildschirm angezeigt werden – desto kleiner werden diese allerdings dargestellt.

Erhalten Sie nun einen Überblick über die standardmäßige Anordnung des Menübands. Wie Sie in Kapitel 10, »Tipps und Tricks«, noch erfahren werden, ist das Menüband aber keineswegs in Stein gemeißelt – es lässt sich Ihren Bedürfnissen individuell anpassen. Doch alles der Reihe nach!

Wenn Sie – wie in Kapitel 3, »Die erste Excel-Datei«, gezeigt wird – eine Excel-Datei erstellen oder öffnen, so wird im Menüband automatisch die Registerkarte **Start** angezeigt. Die Registerkarte wiederum ist in mehrere *Gruppen* aufgeteilt, die Funktionen zu einem bestimmten Thema zusammenfassen. Dies sind die Gruppen:

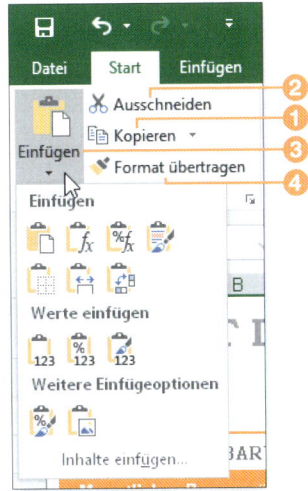

- **Zwischenablage**: In dieser Gruppe finden Sie Funktionen für den Umgang mit der Zwischenablage, also zum **Kopieren** ❶ und **Ausschneiden** ❷ von Inhalten in die Zwischenablage sowie zum **Einfügen** ❸ von Inhalten aus der Zwischenablage. Die Schaltfläche **Format übertragen** ❹ erlaubt es Ihnen, nicht Inhalte, sondern Formatierungen von einem Inhalt zum anderen zu übertragen, beispielsweise eine Schriftfarbe.

- **Schriftart**: Diese Gruppe dient, wie der Name schon sagt, vor allem der Formatierung der Schrift, es lassen sich aber auch Zellen mit einem Rahmen sowie mit einer Füllfarbe ❺ versehen. Das Thema behandeln wir ausführlich in Kapitel 7, »Tabellen formatieren«.

- **Ausrichtung**: Mithilfe der Funktionen in dieser Gruppe bestimmen Sie, wie die Inhalte in einer Zelle ausgerichtet werden sollen – linksbündig, zentriert, oben, unten?

- **Zahl**: Die Funktionen in dieser Gruppe dienen der Zellformatierung. Legen Sie damit etwa fest, dass eine Zelle eine Währung enthält, eine Prozentzahl, einen Text oder ein Datum.

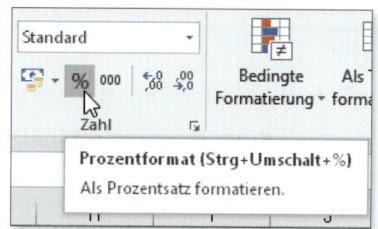

- **Formatvorlagen**: Wie Ihnen das Kapitel 7 zeigen wird, stehen Ihnen für Ihre Zellen und Tabellen verschiedene Formatvorlagen zur Verfügung, die Sie in dieser Gruppe auswählen.

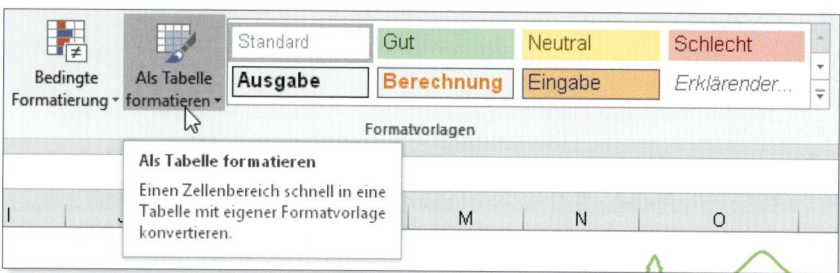

- **Zellen**: In dieser Gruppe finden Sie Funktionen für den Umgang mit Zellen, beispielsweise zum **Einfügen** und **Löschen** von Zellen, aber auch zum Anpassen der Spaltenbreite und Zeilenhöhe.

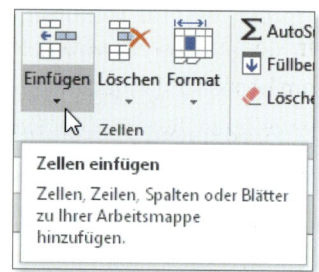

- **Bearbeiten**: Diese Gruppe bietet schließlich noch einige wichtige Funktionen zum Bearbeiten von Inhalten, etwa das Einfügen einer **AutoSumme** (siehe Kapitel 6, »Mit Funktionen rechnen«) oder das **Sortieren und Filtern** der Inhalte (siehe Kapitel 9, »Die Daten im Griff«).

Sie stellen fest, dass auf einer einzigen Registerkarte ganz schön viele Funktionen angeboten werden. Und Sie können sogar auf noch weitere Funktionen zugreifen, indem Sie rechts unten in einer Gruppe – wenn verfügbar – auf das kleine Pfeilsymbol klicken (siehe die Abbildung auf der nächsten Seite). Damit rufen Sie ein Fenster auf, das mit noch mehr Funktionen aufwartet.

Das Menüband – wo ist was?

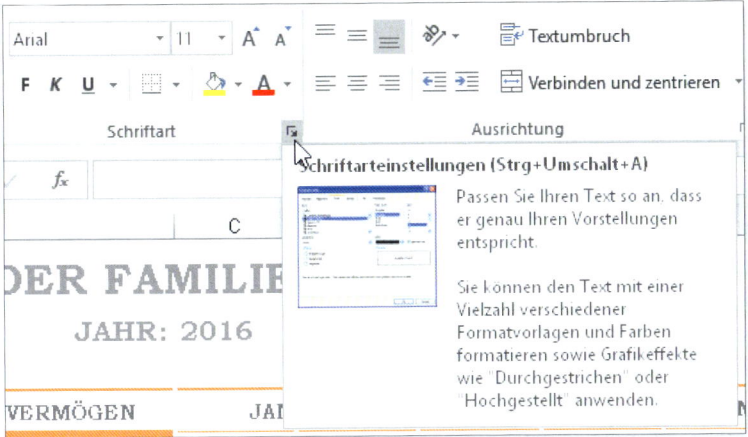

Wird rechts unten in einer Gruppe ein kleines Pfeilsymbol angezeigt, lassen sich per Mausklick auf dieses Symbol weitere Programmfunktionen in einem zusätzlichen Fenster aufrufen.

In den einzelnen Gruppen auf den weiteren Registerkarten sehen Sie sich am besten auf eigene Faust einmal um, indem Sie im Menüband einfach den jeweiligen Reiter, der Sie interessiert, anklicken (hier im Beispiel also als Nächstes **Einfügen**). Dies sind die weiteren Hauptregisterkarten:

❶ **Einfügen**: Diese Registerkarte bietet Funktionen zum Einfügen aller möglichen Inhalte – von Tabellen, Illustrationen, Diagrammen, Symbolen usw.

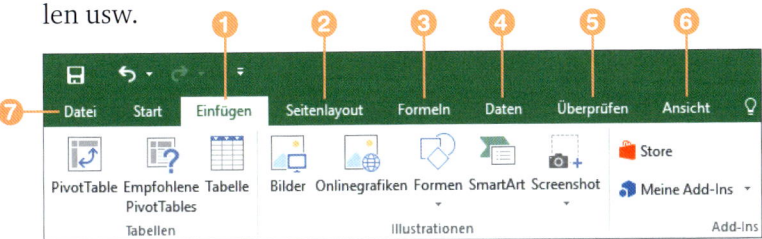

❷ **Seitenlayout**: Auf dieser Registerkarte werden Ihnen Funktionen rund um die Darstellung Ihrer Tabellen auf Druckseiten angeboten; die Funktionen sind also insbesondere für den Ausdruck von Excel-Dateien relevant.

❸ **Formeln**: Mit Excel lassen sich die unterschiedlichsten Berechnungen durchführen, indem Sie Formeln erstellen und diese mit (rechnerischen) Funktionen bestücken. Auf die verfügbaren Funktionen und weitere Formeloptionen greifen Sie auf dieser Registerkarte zu.

④ **Daten:** Diese Registerkarte bietet Funktionen für den Umgang mit Ihren Daten, etwa eine Datenüberprüfung oder das Gruppieren – diese beiden Funktionen werden Ihnen in Kapitel 10, »Tipps und Tricks«, vorgestellt.

⑤ **Überprüfen:** Die Rechtschreibung prüfen, eine Excel-Datei für die gemeinsame Bearbeitung im Netzwerk freigeben, Kommentare einfügen oder Änderungen verfolgen – diese insbesondere für die Zusammenarbeit gedachten Funktionen finden Sie hier vereint.

⑥ **Ansicht:** Auf die verschiedenen Ansichtsoptionen von Excel greifen Sie auf dieser Registerkarte zu. Mit den hier angebotenen Funktionen lassen sich Inhalte vergrößern, Fenster anordnen, Elemente aus- oder einblenden usw.

Ein Reiter, der keine Registerkarte öffnet, ist der Reiter **Datei** (⑦ auf Seite 21). Wenn Sie diesen anklicken, öffnen Sie den schon erwähnten Backstage-Bereich für den Umgang vor allem mit der Datei, nicht mit den eingegebenen Daten.

> **TIPP**
>
> **Programmfunktion per Suchfeld aufrufen**
>
> Rechts neben dem Reiter **Ansicht** finden Sie ein Suchfeld, in dem die Worte **Was möchten Sie tun?** zu lesen sind. Klicken Sie in das Suchfeld, und geben Sie einen Begriff ein, der die von Ihnen gewünschte Aktion beschreibt. Klicken Sie einen Vorschlag an, um die entsprechende Programmfunktion zu verwenden.
>
>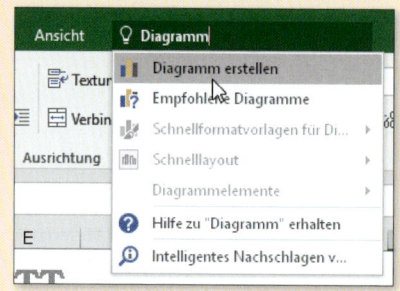
>
> *Nicht lange auf den Registerkarten stöbern – Programmfunktionen lassen sich auch mit dem eingebauten Suchfeld aufrufen.*

Neben den genannten Hauptregisterkarten werden im Menüband bei Bedarf noch weitere Registerkarten eingeblendet ❶, die sogenannten *Tools* (Tool = Werkzeug). Die Tools bieten zusätzliche Funktionen für eingefügte Inhalte, etwa für ein eingefügtes Diagramm, ein eingefügtes Bild oder eine eingefügte Tabelle.

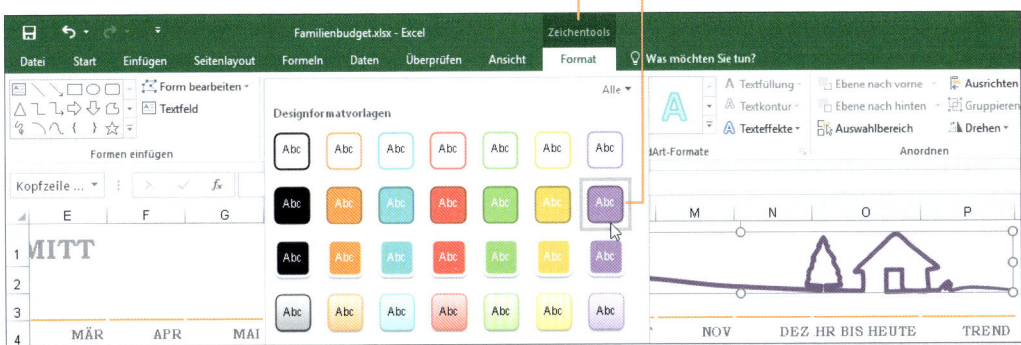

Nachdem eine Form ausgewählt wurde, lassen sich deren Eigenschaften in den im Menüband eingeblendeten Zeichentools ❶ anpassen; hier wird beispielsweise eine Formatvorlage ❷ ausgewählt.

Wie schon zu Beginn dieses Abschnitts erwähnt, lassen sich verschiedene Programmfunktionen – insbesondere Formatierungsoptionen – oft in einer zusätzlich eingeblendeten Leiste auswählen. Die Abbildung rechts zeigt ebenfalls als Beispiel, was sich auf der Programmoberfläche ändert, wenn eine Form ausgewählt wurde: Hier wird im Menüband daraufhin die Schaltfläche **Zeichentools** eingeblendet, und wenn man dann auf den kleinen Pfeil ❸ rechts unten in der Gruppe **WordArt-Formate** klickt, erscheinen in der Leiste rechts prompt die entsprechenden Formatierungsoptionen. Die Oberfläche von Excel ist also in einigen Teilen dynamisch und bietet Ihnen bestimmte Funktionen nur dann an, wenn Sie diese tatsächlich benötigen.

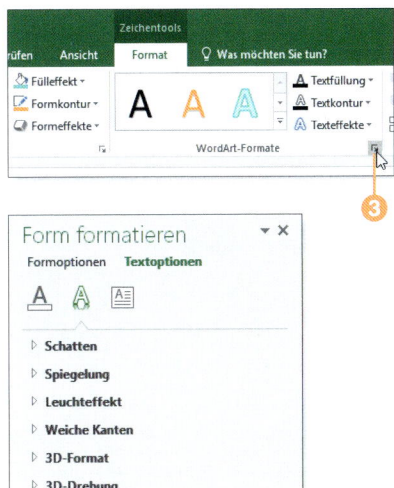

In einer rechts eingeblendeten Leiste stehen Formatierungsfunktionen zur Verfügung

Auf besonders häufig benötigte Programmfunktionen greifen Sie in der Symbolleiste für den Schnellzugriff zu. Wie Sie diese individuell zusammenstellen, erfahren Sie in den Abschnitten »Menüband einrichten« ab Seite 381 und »Symbolleiste für den Schnellzugriff einrichten« ab Seite 386. Zu Beginn stehen Ihnen in der Symbolleiste für den Schnellzugriff lediglich vier Symbole zur Verfügung:

Symbol	Funktion
🖫	Mit einem Klick auf dieses Symbol speichern Sie eine geöffnete Excel-Datei; beim ersten Speichern wird zunächst ein Speicherort ausgewählt (siehe Kapitel 3, »Die erste Excel-Datei«).
↶	Dieses Symbol dient dazu, ungewünschte Änderungen rückgängig zu machen. Wenn Sie auf den zu diesem Symbol gehörenden kleinen Pfeil rechts klicken, lassen sich per Menüwahl mehrere Aktionen gleichzeitig rückgängig machen.
↷	Klicken Sie dieses Symbol an, um eine rückgängig gemachte Aktion wiederherzustellen; unter dem zum Symbol gehörenden kleinen Pfeil rechts lassen sich auch mehrere Aktionen gleichzeitig wiederherstellen.
⋅	Dieses Symbol öffnet ein Menü zum Einblenden weiterer Funktionen in der Symbolleiste für den Schnellzugriff – doch dazu erfahren Sie dann, wie gesagt, alles im entsprechenden Abschnitt ab Seite 386.

Kontextmenüs verwenden

Eine weitere gute Alternative zum Aufrufen von Programmfunktionen bieten die Kontextmenüs. Diese werden per Mausklick mit der rechten Maustaste auf eine Programmfunktion, auf eine Zelle, auf einen markierten Inhalt, auf ein Objekt usw. geöffnet.

Kontext bedeutet in diesem Fall, dass Ihnen das jeweils für einen bestimmten Zusammenhang benötigte Menü angezeigt wird, nachdem der Rechtsklick erfolgt ist. Dazu im Folgenden einige Beispiele zur Veranschaulichung.

Klicken Sie eine Zelle mit der rechten Maustaste an, so werden Ihnen Optionen zum Einfügen von Inhalten, aber auch von neuen Zellen angeboten, außerdem Optionen zum Sortieren und Filtern der Inhalte, zum Einfügen eines Kommentars, zum Formatieren der Zelle und noch viele weitere.

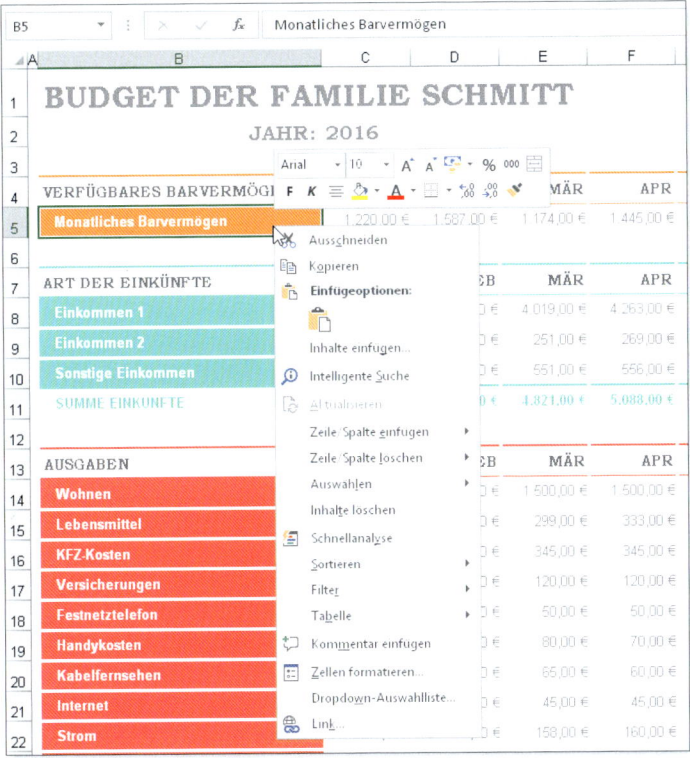

Das Kontextmenü für eine mit der rechten Maustaste angeklickte Zelle

Hier wurde zusammen mit dem Kontextmenü eine *Minisymbolleiste* für die schnelle Auswahl von Formatierungsoptionen geöffnet. Die Minisymbolleiste wird oberhalb des Kontextmenüs eingeblendet.

Kapitel 1 – Excel auf einen Blick

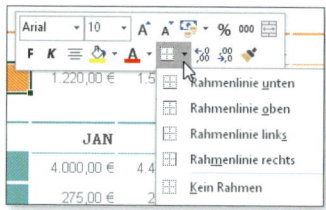

Nützlich für Formatierungen: die zusammen mit dem Kontextmenü eingeblendete Minisymbolleiste

Bei einigen Einträgen des Kontextmenüs sehen Sie nach rechts weisende Pfeilsymbole. Diese Symbole bedeuten, dass sich unter dem jeweiligen Eintrag ein *Ausklappmenü* verbirgt. Bewegen Sie den Mauszeiger auf den Eintrag, um es zu öffnen und per Mausklick einen Eintrag auszuwählen.

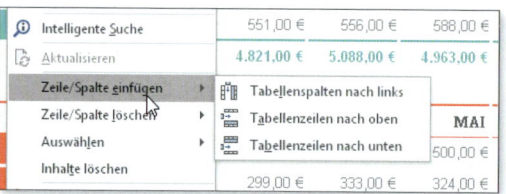

Um ein Ausklappmenü zu öffnen, genügt es, den Mauszeiger auf den entsprechenden Eintrag zu bewegen.

In der folgenden Abbildung wurde nicht die Zelle mit der rechten Maustaste angeklickt, sondern ein Text innerhalb der Zelle. Sie stellen fest, dass das Kontextmenü entsprechend angepasst wird.

Hier wird das Kontextmenü für den innerhalb einer Zelle markierten Text angezeigt.

Auch für Formen und andere eingefügte Objekte stehen Kontextmenüs zur Verfügung. Die nächste Abbildung zeigt das Kontextmenü für eine Form – mit Optionen zum Bearbeiten des Textes innerhalb der Form, zum Formatieren der Form, zum Ändern der Formgröße usw.

Kontextmenüs verwenden

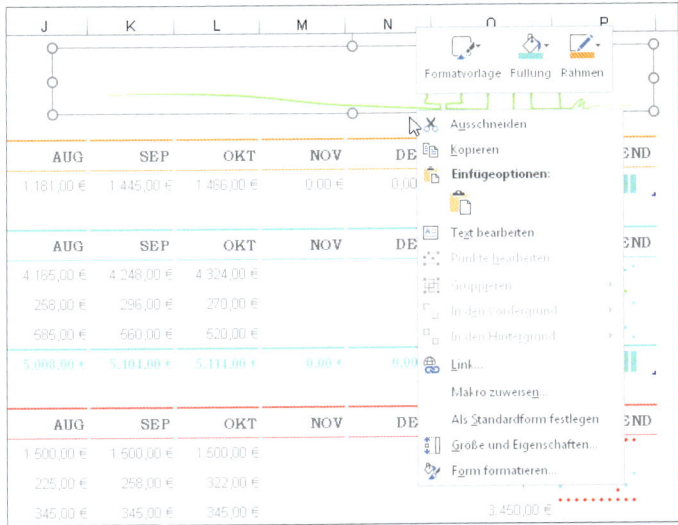

Dieses Kontextmenü bietet Optionen rund um die mit der rechten Maustaste angeklickte Form.

Kontextmenüs stehen aber nicht nur im Datenbereich zur Verfügung, sondern auch in den anderen Bereichen der Excel-Oberfläche. Die folgende Abbildung zeigt das Kontextmenü für ein in der Registerleiste mit der rechten Maustaste angeklicktes Tabellenblatt. Es bietet Optionen zum Umbenennen des Tabellenblatts, zum Ändern der Registerfarbe usw.

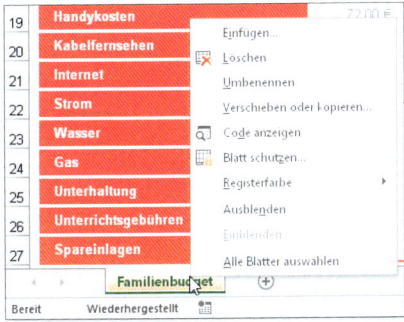

Kontextmenüs stehen in allen Bereichen der Excel-Oberfläche zur Verfügung, hier etwa in der Registerleiste.

Wo werden noch Kontextmenüs angeboten? Klicken Sie doch einmal mit der rechten Maustaste auf die verschiedenen Bereiche, Schaltflächen, Symbole, Objekte in Excel, um sich das jeweils geöffnete Kontextmenü anzusehen.

> **TIPP**
>
> **Kontextmenü per Tastatur aufrufen**
>
> Statt mit der rechten Maustaste lässt sich ein Kontextmenü auch per Tastatur aufrufen, indem Sie den Mauszeiger auf das entsprechende Element bewegen bzw. es per Mausklick markieren und dann auf der Tastatur entweder die ▤ oder aber die Tastenkombination ⇧ + F10 drücken – in letzterem Fall drücken Sie zunächst die Taste ⇧, halten diese gedrückt und betätigen dann die Taste F10; lassen Sie, nachdem die Funktion ausgeführt wurde, beide Tasten los.

Die Ansicht vergrößern und verkleinern

Manchmal möchten Sie sich in Excel die Inhalte näher heranholen, um diese besser bearbeiten zu können. Vielleicht möchten Sie die Inhalte aber auch verkleinert darstellen, um die gesamte Tabelle im Überblick zu erhalten. Das Vergrößern bzw. Verkleinern von Inhalten gelingt am einfachsten mithilfe der Zoomfunktion rechts in der Statusleiste:

1. Sie möchten die Inhalte im Datenbereich in Schritten von zehn Prozent vergrößern? Dazu klicken Sie jeweils rechts unten im Zoombereich auf das Plussymbol ❶. Wenn Sie das Plussymbol anklicken und gedrückt halten, wird noch schneller gezoomt.

2. Auch Zoomen in Schritten von einem Prozent ist möglich. Dazu klicken Sie im Zoombereich auf den Schieberegler ❷, halten diesen gedrückt und ziehen ihn zum Vergrößern nach rechts bzw. zum Verkleinern nach links.

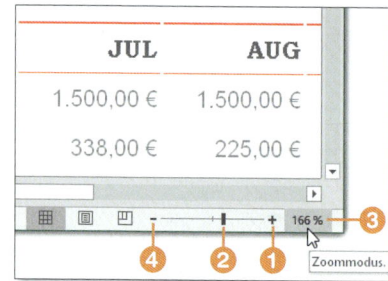

Die Ansicht vergrößern und verkleinern

3. Oder wollen Sie die Zoomstufe in einem Dialogfenster festlegen? Dazu klicken Sie rechts auf die aktuelle Zoomstufe ❸.

4. Nehmen Sie im sich öffnenden Fenster die gewünschte Zoomeinstellung vor, und bestätigen Sie mit **OK**.

Dem Verkleinern der Inhalte im Datenbereich dient entsprechend das Minussymbol ❹ im Zoombereich. Klicken Sie es an, um die Ansicht um jeweils zehn Prozent zu verkleinern, bzw. verwenden Sie den Schieberegler, oder klicken Sie auf die angezeigte Zoomstufe, um im sich öffnenden Fenster eine Zoomstufe unter 100 Prozent festzulegen.

Um wieder die Zoomstufe **100%** zu erhalten, können Sie ebenfalls den Schieberegler oder das Fenster aus Schritt 4 verwenden. Alternativ klicken Sie im Menüband unter dem Reiter **Ansicht** und dort in der Gruppe **Zoom** auf die Schaltfläche **100%**.

Sie können auch einen bestimmten Bereich in der Tabelle vergrößern, um bei der Bearbeitung den maximalen Durchblick zu haben. Gehen Sie dazu wie folgt vor:

1. Markieren Sie mit der Maus den zu vergrößernden Bereich. Mit der Maus zu markieren bedeutet einfach, dass Sie mit der linken Maustaste in eine Zelle klicken, die sich in einer der vier Ecken des gewünschten Bereichs befindet, die Maustaste gedrückt halten und dann mit der Maus zur diagonal gegenüberliegenden Ecke des Bereichs ziehen (es kann also von links wie rechts und von oben oder unten beginnend markiert werden). Lassen Sie die Maustaste dort los. Der markierte Bereich wird grau unterlegt dargestellt.

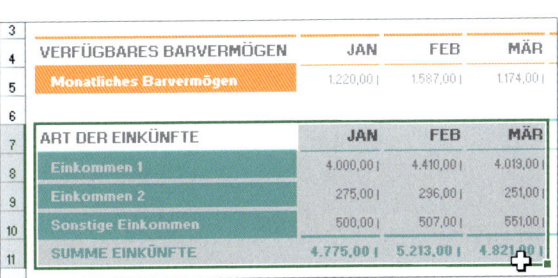

2. Klicken Sie im Menüband auf den Reiter **Ansicht** und in der Gruppe **Zoom** auf die Schaltfläche **Auswahl vergrößern**.

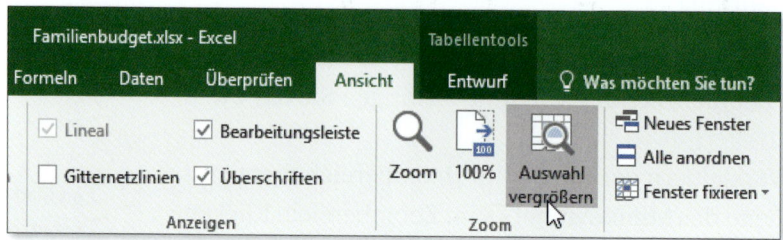

3. Der markierte Bereich wird prompt der verfügbaren Größe des Datenbereichs angepasst.

> **TIPP**
>
> **Tastenkombinationen verwenden**
>
> Viele Funktionen in Excel lassen sich auch mithilfe von Tastenkombinationen aufrufen, also Tasten, die Sie gleichzeitig auf der Tastatur drücken. In diesem Buch werden Ihnen an entsprechender Stelle zahlreiche nützliche Tastenkombinationen vorgestellt, und Kapitel 10, »Tipps und Tricks«, bietet Ihnen zusätzlich eine Übersicht über die nützlichsten Tastenkombinationen. Wenn in Excel für eine Funktion eine Tastenkombination zur Verfügung steht, wird Ihnen diese aber auch in einem Infofenster angezeigt, wenn Sie im Menüband oder in der Symbolleiste für den Schnellzugriff den Mauszeiger auf eine Funktion bewegen.

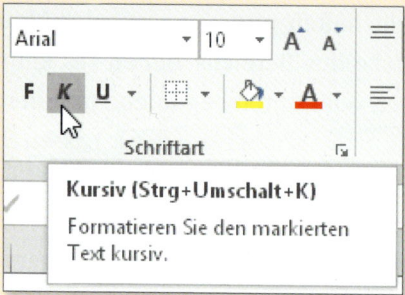

Steht für eine Funktion eine Tastenkombination zur Verfügung, so wird diese im zugehörigen Infofenster eingeblendet.

Kapitel 2
Was kann Excel alles?

Bevor Sie in den folgenden Kapiteln dieses Buches darangehen werden, sich mit allen wichtigen Funktionen von Excel ausführlich vertraut zu machen, gebe ich Ihnen in diesem Kapitel zunächst noch einen Einblick in die wichtigsten Funktionen des Programms – sozusagen als eine Art Schnelldurchlauf, damit Sie wissen, was Sie an Inhalten genau erwartet. So können Sie auch anhand der Verweise auf die entsprechenden Abschnitte und Kapitel gezielt bestimmte Lerninhalte in Angriff nehmen – etwa wenn Sie schon über gewisse Grundkenntnisse verfügen.

Daten aller Art eingeben

Excel ist ein sogenanntes *Tabellenkalkulationsprogramm*. Diese Programme heißen so, weil die Daten dort in tabellarischer Form eingegeben werden – und sich mit diesen Daten dann Berechnungen unterschiedlicher Art durchführen lassen.

Excel kann besonders gut mit Zahlen umgehen und selbst komplizierteste Rechenoperationen durchführen, wenn Sie die entsprechenden Vorgaben machen. Beispielsweise können Sie mit Excel Ihr privates Haushaltsbuch führen, genauso können Sie aber auch die Bilanzen für Ihr Unternehmen erstellen. Sie können die Kosten Ihres privaten Kredits berechnen, aber auch die Leasingkosten für Ihre Büroausstattung.

Kapitel 2 – Was kann Excel alles?

Hier werden – mithilfe einer kostenlosen Excel-Vorlage – die Kosten eines privaten Kredits berechnet.

Für die Kreditberechnung in der obigen Abbildung wurde eine Excel-Vorlage verwendet, die Sie wie im Abschnitt »Eine Excel-Vorlage verwenden« ab Seite 79 beschrieben kostenlos aus dem Internet herunterladen. In die Vorlage müssen Sie lediglich Ihre eigenen Daten eintragen – in diesem Fall: Kreditbetrag, Jahreszinssatz, Darlehenslaufzeit in Jahren sowie Anfangstermin des Kredits –, um die gewünschten Ergebnisse zu erhalten.

Neben Zahlen können Sie aber auch Text eingeben, sodass sich Excel auch zum Anlegen von Listen aller Art eignet. Erstellen Sie beispielsweise eine Einkaufsliste, die sich dann auf einfache Weise sortieren, filtern und abhaken lässt. Auch für verschiedene Listen stehen entsprechende Vorlagen zur Verfügung.

Sie erinnern sich: Um eine Vorlage zu nutzen, die bereits in Excel vorhanden ist, also nicht extra aus dem Internet heruntergeladen werden muss, starten Sie das Programm Excel und wählen im rechten Bereich des Startbildschirms eine geeignete Vorlage aus. Wie das genau funktioniert, erfahren Sie ebenfalls im Abschnitt »Eine Excel-Vorlage verwenden« ab Seite 79.

Daten aller Art eingeben

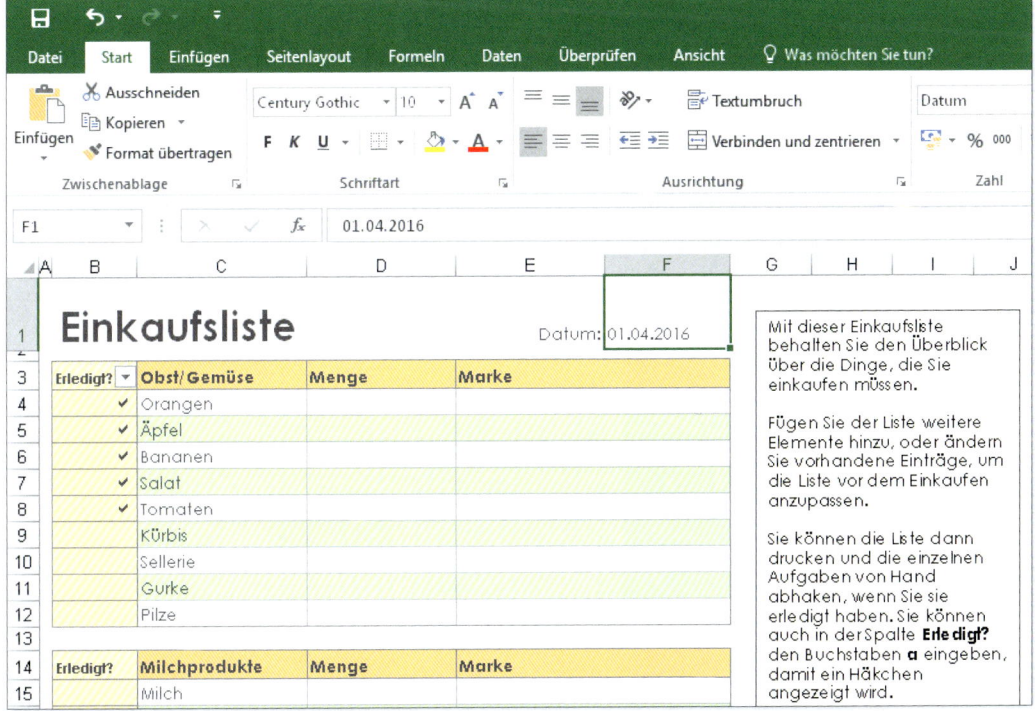

Hier wird eine Vorlage zum Erstellen einer cleveren Einkaufsliste verwendet.

Die Daten werden in einer Excel-Datei – der sogenannten *Arbeitsmappe* – in Tabellenblättern (auch: Arbeitsblättern) erfasst. Die Tabellenblätter bestehen aus Zellen, die Sie mit Ihren individuellen Inhalten füllen.

In diesem Zusammenhang gibt es kaum Beschränkungen. Sie können in einem einzigen Tabellenblatt bis zu 1.048.576 Zeilen und 16.384 Spalten anlegen, und jede einzelne Zelle kann bis zu 32.767 Zeichen beinhalten – das ist mehr, als Sie jemals benötigen werden.

Beim Start des Programms entscheiden Sie jeweils, ob Sie eine bestehende Arbeitsmappe öffnen oder eine neue Arbeitsmappe anlegen möchten. Beim Anlegen einer neuen Arbeitsmappe wiederum haben Sie die Wahl, ob Sie eine leere Arbeitsmappe erstellen oder aber eine Vorlage verwenden möchten, wie ich es Ihnen im oben genannten Abschnitt ausführlich vorstellen werde.

Die **Leere Arbeitsmappe** ❶ besteht einfach aus leeren Zellen, während die Vorlagen ❷ bereits Inhalte enthalten, die Sie dann individuell anpassen können. Für Sie gut zu wissen: Alle Vorlagen, die Sie auf dem Startbildschirm herunterladen, sind völlig kostenlos.

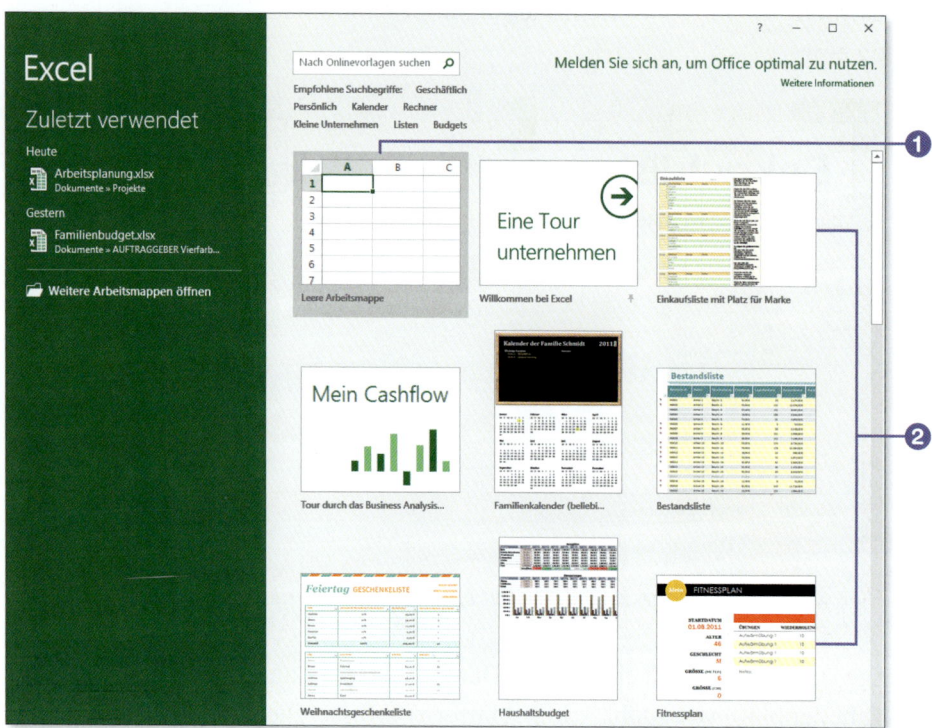

Beim Starten des Programms bietet Ihnen Excel das Öffnen bereits vorhandener Dateien, aber auch das Erstellen neuer Dateien an.

> **TIPP**
>
> **Excel auch mobil verwenden**
>
> Excel können Sie nicht nur auf einem PC, sondern auch auf einem Tablet-PC oder einem Smartphone einsetzen. Sie finden eine Excel-App in den entsprechenden Stores für iOS, Android sowie Windows Phone. Eine Übersicht erhalten Sie unter dieser Webadresse: *https://products.office.com/de-de/mobile/office.*

Daten aller Art eingeben

Die folgende Abbildung zeigt, wie ein leeres Tabellenblatt aussieht – leer eben. Aber das bleibt nicht so! Klicken Sie eine Zelle ❸ an, oder wählen Sie diese mithilfe der vier Pfeiltasten auf Ihrer Tastatur – ↑, ↓, →, ← – aus, um sie mit Ihren Inhalten zu füllen, also mit Texten, Zahlen, Formeln usw. Wie die Eingabe erfolgt, lesen Sie ausführlich in Kapitel 4, »Daten richtig eingeben«.

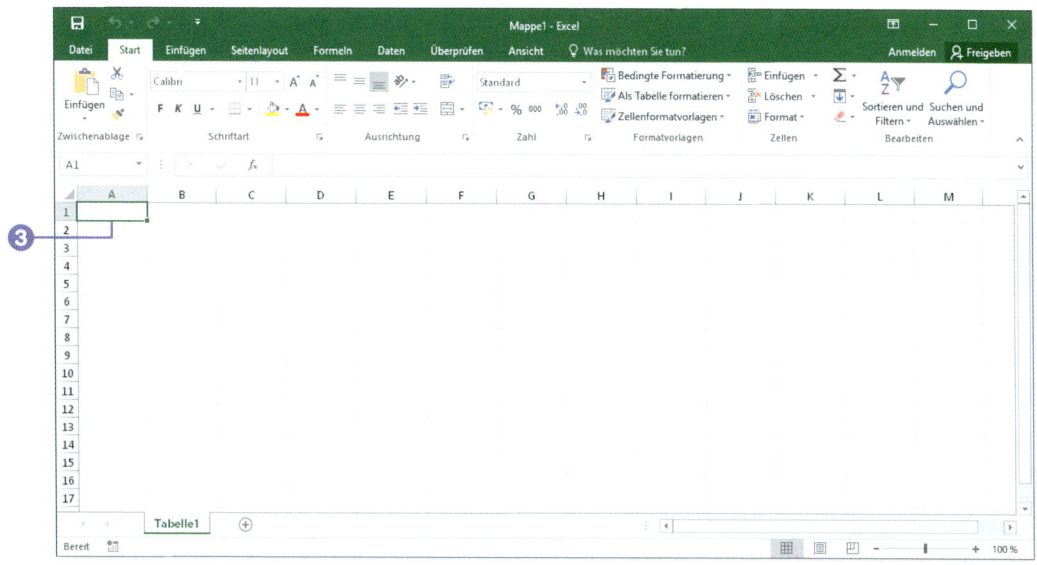

Hier wurde eine neue leere Arbeitsmappe erstellt, die ein leeres Tabellenblatt enthält – nur die Zellen sind bereits vorhanden.

Bei dem einen Tabellenblatt muss es nicht bleiben. Wenn Sie beispielsweise Ihre Silberhochzeitsfeier planen, könnten Sie auf einem Tabellenblatt eine Teilnehmerliste erstellen, auf einem weiteren Tabellenblatt den Essensplan, auf dem nächsten Tabellenblatt die Musikliste für den Tanzabend usw. Sie brauchen bloß unten in der Registerleiste auf das Plussymbol ❹ zu klicken, um ein neues Tabellenblatt anzulegen. Nähere Infos über den weiteren Umgang mit den Tabellenblättern erhalten Sie im Abschnitt »Blätter innerhalb einer Arbeitsmappe erstellen« ab Seite 83.

Darum die Bezeichnung »Arbeitsmappe«: Eine Mappe kann viele Blätter enthalten.

Zahlen formatieren

Die Zahlen, die Sie in die Zellen eines Tabellenblatts eintragen, kann Excel auf ganz unterschiedliche Weise darstellen – genau so, wie Sie es wünschen bzw. wie es den Inhalten Ihrer Tabelle entspricht.

Bei einer Einkaufsliste werden Sie die Zahlen als Währung formatieren wollen. Selbstverständlich kann Excel das. Oder möchten Sie in einer Tabelle darstellen, wie Sie Ihr Jahreseinkommen prozentual verwenden? – Auch die Darstellung von Prozentangaben ist für Excel kein Problem. Excel kann auch mit Datumsangaben, Brüchen und weiteren Zahlenformaten umgehen. Und falls kein passendes Zahlenformat zur Verfügung stehen sollte, erstellen Sie einfach ein benutzerdefiniertes neues Zahlenformat. Diesem Thema widmet sich noch ausführlich der Abschnitt »Benutzerdefinierte Zellformate« ab Seite 120.

Das Zahlenformat ist genauer gesagt ein Zellformat. Wenn Sie eine Zelle in einem Währungsformat formatieren und eine Zahl dort eintragen, wird die Zahl entsprechend dargestellt. Lassen Sie mich Ihnen das – in einem Vorgriff – in einer kleinen Anleitung veranschaulichen, und zwar vom Starten des Programms an:

1. Starten Sie Excel. Wie das geht, haben Sie im vorigen Kapitel erfahren. Hier etwa klicke ich zum Starten des Programms auf das der Taskleiste hinzugefügte Excel-Symbol (siehe dazu den Kasten »Excel an die Taskleiste anheften« auf Seite 13).

2. Entscheiden Sie sich auf dem Startbildschirm für das Erstellen einer neuen leeren Arbeitsmappe (Schaltfläche **Leere Arbeitsmappe**).

Zahlen formatieren

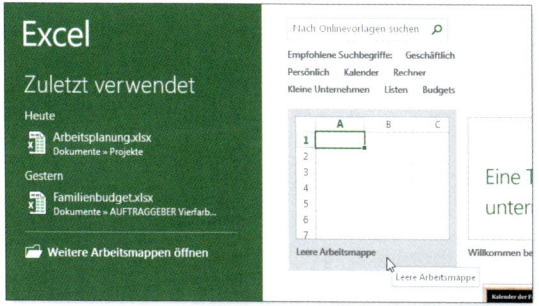

3. Die erste Zelle des Tabellenblatts ist bereits markiert. Geben Sie über die Tastatur ein, womit Sie die Zelle füllen möchten. In diesem Fall gebe ich den Text »Äpfel« ein.

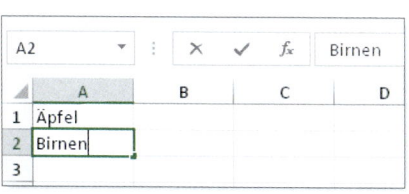

4. Drücken Sie auf der Tastatur die Taste ⏎, um zur nächsten Zelle der gleichen Spalte zu springen. Mithilfe der Pfeiltasten können Sie aber auch in eine andere Richtung springen. Oder Sie klicken mit der linken Maustaste eine Zelle an, um diese für die nächste Eingabe auszuwählen. Hier habe ich die Taste ⏎ betätigt und anschließend auf der Tastatur den Text »Birnen« eingetippt.

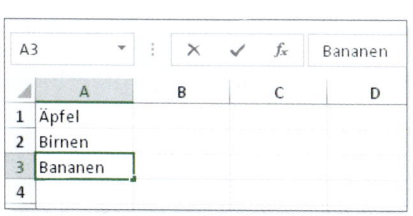

5. Die gleiche Vorgehensweise wie in Schritt 4: ⏎ drücken und dann »Bananen« eintippen.

6. Auf diese Weise gebe ich in unserem Praxisbeispiel sieben Obstsorten ein. Nun klicke ich mit der linken Maustaste in die erste Zelle der Spalte B, um diese auszuwählen.

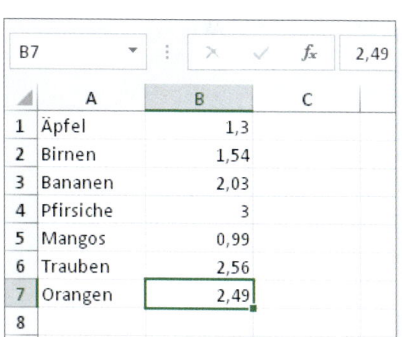

7. Geben Sie in Spalte B nacheinander die zugehörigen Beträge ein, sodass jeweils neben einer Obstsorte ein Preis steht. Wieder drücken Sie ⏎, um innerhalb einer Spalte zur nächsten Zelle zu wechseln.

Kapitel 2 – Was kann Excel alles?

8. Nun möchten Sie die Zahlen in Euro mit zwei Nachkommastellen formatieren. Dazu markieren Sie mit der Maus die Werte in Spalte B: Klicken Sie mit der linken Maustaste in die oberste Zelle der Spalte, halten Sie die Maustaste gedrückt, und ziehen Sie mit der Maus zur letzten ausgefüllten Zelle der Spalte. Dort lassen Sie die Maustaste los und stellen fest, dass die ausgefüllten Zellen in Spalte B grau unterlegt sowie mit einem grünen Rahmen versehen dargestellt werden.

9. Klicken Sie die markierten Zellen nun mit der rechten Maustaste an, und entscheiden Sie sich im Kontextmenü, das durch den Rechtsklick geöffnet wird, für den Eintrag **Zellen formatieren** ❶. Sie können alternativ zum Einsatz des Kontextmenüs auch die Tastenkombination [Strg] + [1] drücken.

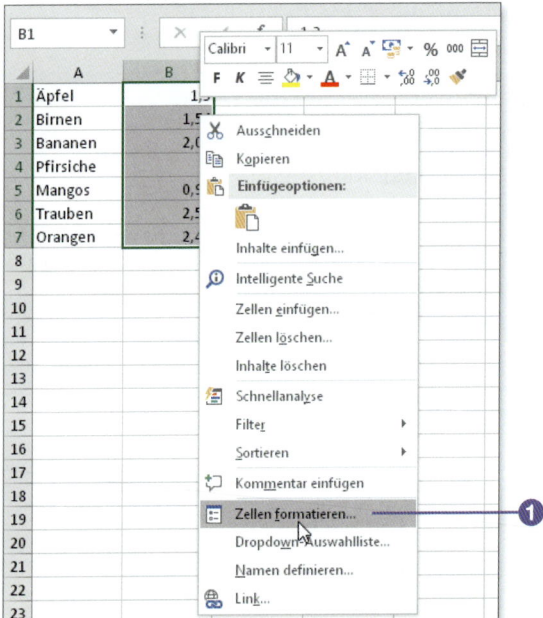

10. Es öffnet sich ein Fenster, das in mehrere Registerkarten aufgeteilt ist. Sie benötigen in diesem Fall die standardmäßig bereits geöffnete Registerkarte **Zahlen** ❷. Wählen Sie in der Liste links im Fenster diejenige Kategorie aus, die Sie auf die markierten Zellen anwenden möchten, hier also **Währung** ❸.

Zahlen formatieren

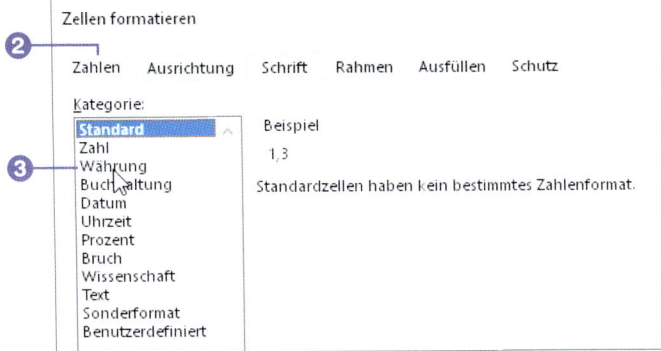

11. Das Währungssymbol für den Euro ❹ und die Anzahl der Dezimalstellen ❺ sind bereits richtig voreingestellt, sodass Sie nur noch mit **OK** bestätigen müssen.

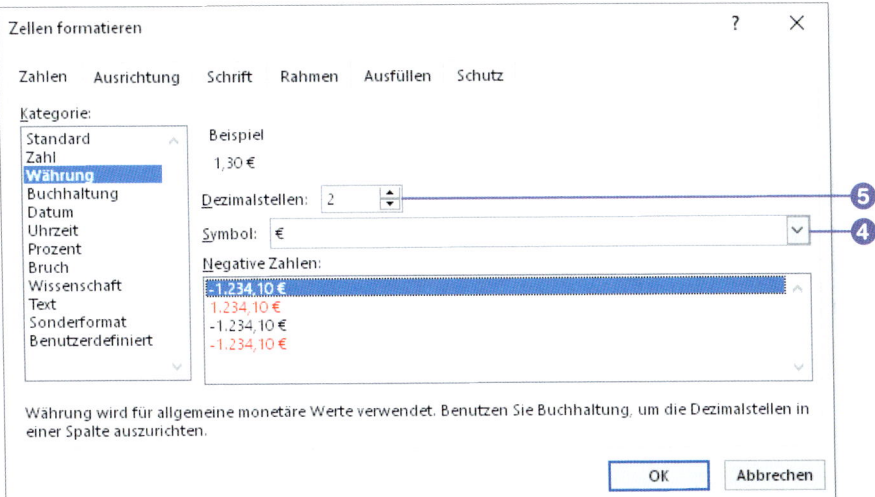

12. Die Darstellung der Zahlen in den markierten Zellen wird umgehend entsprechend der von Ihnen gewählten Formatierung angepasst.

> **INFO**
>
> **Excel kann auch runden**
>
> Wenn Sie sich für die Darstellung von lediglich einer statt zwei Dezimalstellen entscheiden, lässt Excel keineswegs nur die zweite Dezimalstelle weg – Excel rundet die Beträge korrekt auf oder ab. Beispielsweise ändert sich der Preis der Bananen von 2,03 € auf 2,00 € und der Preis der Orangen von 2,49 € auf 2,50 €.

Mit Excel rechnen

In die Zellen der in Excel angelegten Tabellenblätter lassen sich nicht nur Zahlen und Texte einfügen, sondern auch *Formeln*, die den verschiedensten Berechnungen dienen können – Sie können einfache Summen bilden, aber auch richtig komplizierte Formeln Marke Einstein erstellen. Zu diesem Thema erfahren Sie alles Wichtige in Kapitel 5, »Bezüge herstellen«.

In eine Formel müssen Sie dabei nicht unbedingt Zahlen eintragen, sondern Sie können auch Bezüge herstellen zu Zellen, die jeweils benötigte Zahlen bereits enthalten. Probieren Sie das doch gleich einmal am Beispiel der zuvor erstellten Obstpreisliste aus. Zunächst erstellen Sie eine Formel, welche die Zahlen selbst enthält, dann eine Formel, in der Sie mit den Zellbezügen rechnen. Zunächst die erste Variante:

1. Klicken Sie in die Zelle, in die Sie die Formel eingeben möchten. In diesem Fall wähle ich per Mausklick die erste Zelle der Spalte D aus.

	A	B	C	D
1	Äpfel	1,30 €		
2	Birnen	1,54 €		
3	Bananen	2,03 €		
4	Pfirsiche	3,00 €		
5	Mangos	0,99 €		
6	Trauben	2,56 €		
7	Orangen	2,49 €		
8				

2. Damit Excel weiß, dass Sie eine Formel eingeben, tippen Sie als Erstes ein Gleichheitszeichen (=) ein (Tastenkombination: ⇧ + 0) – jede Formel in Excel beginnt mit diesem Zeichen.

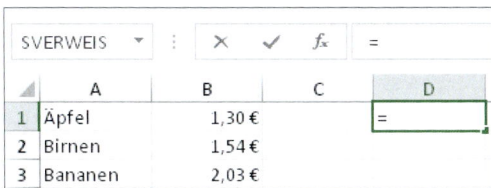

3. Nun sollen einfach die Werte aus Spalte B addiert werden. Entsprechend lautet Ihre Eingabe: =1,30+1,54+2,03+3,00+0,99+2,56+2,49.

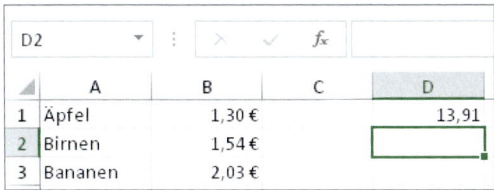

4. Bestätigen Sie die Formel mit der Taste ↵ . Excel zeigt in der Zelle anschließend das Ergebnis der Formel an.

Statt in eine Formel die Zahlen selbst einzugeben, können Sie auch auf die entsprechenden Zellen verweisen. Jede Zelle hat in Excel einen Namen, der standardmäßig aus deren Koordinaten besteht, also aus dem Buchstaben der Spalte und der Nummer der Zeile. Die oberste Zelle in Spalte B trägt den Namen B1, da sie sich in Spalte B und dort in Zeile 1 befindet; die nächste Zelle in Spalte B trägt entsprechend den Namen B2, da sie sich ebenfalls in Spalte B, dort aber in Zeile 2 befindet usw. So können Sie die Formel zur Berechnung der Summe also ebenfalls aufbauen:

Kapitel 2 – Was kann Excel alles?

1. Auch in diesem Fall wählen Sie zunächst die Zelle aus, in die Sie die Formel eingeben möchten, hier die oberste Zelle der Spalte E, also die Zelle E1.

2. Sie möchten eine Formel eingeben, also tippen Sie als Erstes wieder ein Gleichheitszeichen in die Zelle.

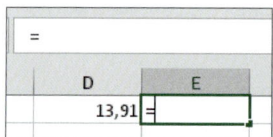

3. Statt der Zahlen selbst addieren Sie nun die Namen der Zellen, welche die Zahlen enthalten. (Das ist bereits komfortabler, als die Preise einzutippen, geht aber noch einfacher, wie ich Ihnen im Kasten »Klicken statt tippen« auf Seite 43 und im nächsten Abschnitt im Zusammenhang mit den Funktionen zeigen werde.)

4. Bestätigen Sie mit der Taste ⏎ – prompt wird in Zelle E1 das korrekte Ergebnis angezeigt.

42

Funktionen verwenden

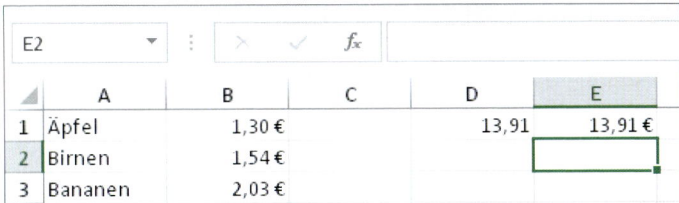

TIPP

Klicken statt tippen

Statt die Namen der Zellen in die Formel einzutippen, können Sie diese auch einfach per Mausklick auswählen. Sie klicken also eine Zelle, deren Wert in die Formel aufgenommen werden soll, mit der linken Maustaste an. In diesem Fall müssen Sie dann nur das Gleichheitszeichen und die Pluszeichen über die Tastatur eingeben.

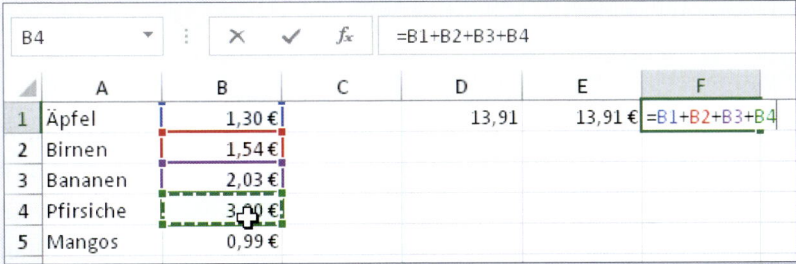

Die Eingabe des Zellnamens in eine Formel kann auch durch Anklicken der entsprechenden Zelle erfolgen.

Funktionen verwenden

Excel kann natürlich bei Weitem mehr, als bloß Zahlen zu addieren. Ihnen stehen mehrere Hundert *Funktionen* aus unterschiedlichen Bereichen zur Verfügung, die Sie in Ihre Formeln einbauen können – egal, ob Sie Funktionen aus der Finanzmathematik, der Statistik, der Trigonometrie oder der Logik benötigen. Wie Sie mit Funktionen rechnen, lesen Sie noch ausführlich in Kapitel 6, »Mit Funktionen rechnen«.

Der Zugriff auf die Funktionen kann auf unterschiedliche Weise erfolgen. Die Registerkarte **Formeln** im Menüband ist aber Ihre erste Anlaufstelle. Hier werden die verfügbaren Funktionen nach Kategorien sortiert dargestellt. Öffnen Sie eine Kategorie, indem Sie auf die jeweilige Schaltfläche klicken:

- **Finanzmathematik**: Diese Kategorie enthält Funktionen rund ums Geld, insbesondere für Zinsberechnungen aller Art. Wenn Sie den Mauszeiger auf einen Eintrag bewegen, werden Ihnen in einem kleinen Fenster jeweils nähere Infos zur Funktion angezeigt.

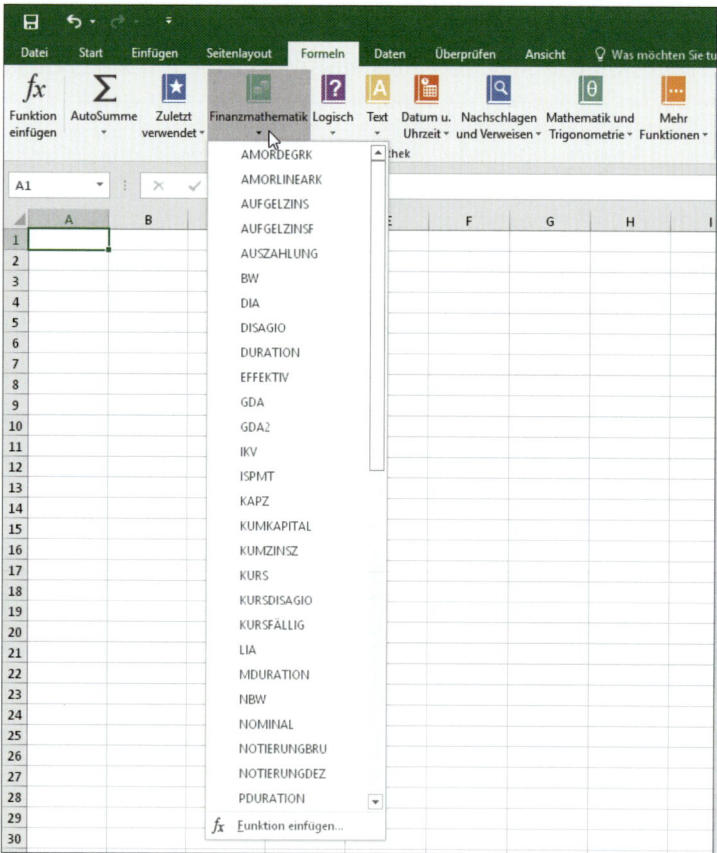

- **Logisch**: Diese Kategorie bietet Funktionen für die logische Prüfung und Verknüpfung, dient also z. B. dazu, Bedingungen zu erstellen, die erfüllt werden müssen, damit eine bestimmte Aktion durchgeführt wird.

Funktionen verwenden

- **Text**: Funktionen für den Umgang mit eingegebenem Text finden Sie in dieser Kategorie, etwa zum Suchen oder Ersetzen.
- **Datum u. Uhrzeit**: Alle Funktionen, die mit dem Datum oder der Uhrzeit zu tun haben, sind in dieser Kategorie zusammengefasst, etwa eine Funktion für die Anzeige des jeweils aktuellen Datums in einer Zelle oder eine Funktion zur Berechnung der Nettoarbeitstage in einem bestimmten Zeitraum.
- **Nachschlagen und Verweisen**: Verweise auf Elemente einer Arbeitsmappe, aber auch auf externe Elemente einbauen – die passenden Funktionen dazu finden Sie in dieser Kategorie.
- **Mathematik und Trigonometrie**: Funktionen aus dem Bereich der Mathematik finden Sie in dieser Kategorie – dazu gehören die Bildung von Summen oder das Wurzelziehen, aber auch trigonometrische Funktionen.
- **Mehr Funktionen**: Weitere Funktionen sind in dieser Kategorie zusammengefasst – Funktionen aus den Bereichen Statistik, Konstruktion, Cube, Kompatibilität, Informationen sowie Web.

Der Suche nach Funktionen kann auch das Fenster **Funktion einfügen** dienen, das Sie per Mausklick auf die gleichlautende Schaltfläche unter dem Reiter **Formeln** öffnen. Wählen Sie in diesem Fenster eine bestimmte Funktionskategorie aus, oder entscheiden Sie sich für die Anzeige aller Funktionen ❶, um diese dann nach einem von Ihnen gewählten Begriff zu durchsuchen.

Um die passende Funktion zu finden, geben Sie einfach einen Suchbegriff ❷ ein.

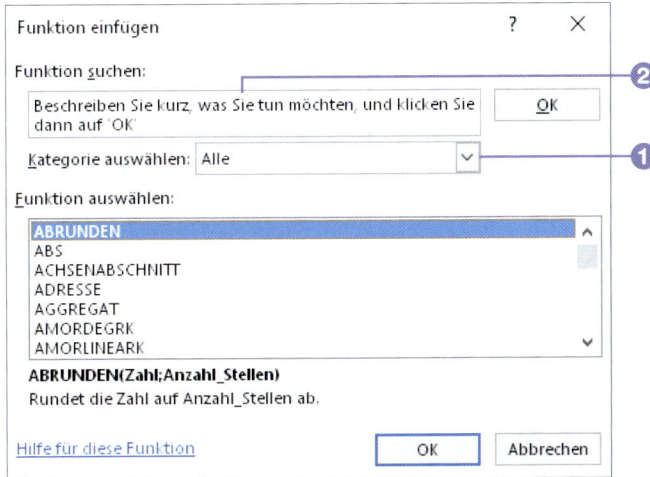

An dieser Stelle geht es noch nicht darum, sich mit den einzelnen Funktionen auseinanderzusetzen. Sie wissen aber nun, dass es diese Funktionen gibt und wo sie zu finden sind. Wie man sie anwendet, erfahren Sie, wie gesagt, in Kapitel 6, »Mit Funktionen rechnen«.

Wenn Sie eine Funktion und deren Verwendung bereits kennen, lässt sich diese auch direkt in eine Formel einbauen. Dies werde ich Ihnen am Beispiel der Funktion SUMME zeigen (die Funktionsnamen schreibt Excel immer groß).

Als wir vorhin unsere ersten Formeln erstellt haben, haben wir einfach die einzelnen Werte bzw. die Zellnamen addiert und als Ergebnis die Summe erhalten. Die Summe lässt sich noch einfacher mithilfe der entsprechenden Funktion bilden, wie Ihnen die folgende Schrittanleitung demonstriert:

1. Verwenden wir nochmals die Tabelle mit den Obstpreisen (siehe ab Seite 37). Klicken Sie in eine beliebige Zelle, in der Sie die Summe der Obstpreise mithilfe einer Funktion bilden möchten. Hier wähle ich dafür per Mausklick die Zelle F1.

F1		▼	:	×	✓	f_x		
	A		B		C	D	E	F
1	Äpfel		1,30 €			13,91	13,91 €	
2	Birnen		1,54 €					
3	Bananen		2,03 €					
4	Pfirsiche		3,00 €					
5	Mangos		0,99 €					
6	Trauben		2,56 €					
7	Orangen		2,49 €					

2. Wieder wollen Sie eine Formel in die Zelle einfügen, also ist die erste Eingabe das Gleichheitszeichen.

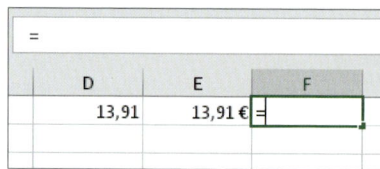

3. Lassen Sie als Nächstes den Funktionsnamen folgen, in diesem Fall »SUMME«. Sie sehen, dass Ihnen während der Eingabe in einem Menü

Funktionen verwenden

weitere Funktionen angeboten werden, beachten Sie die Auswahl an dieser Stelle gar nicht.

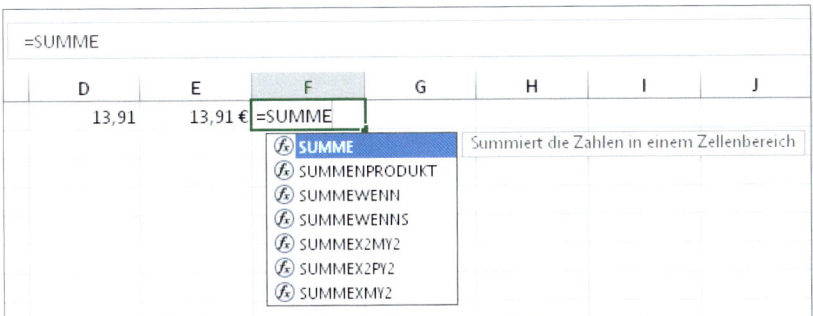

4. Nun folgen die sogenannten *Funktionsargumente*, die sich je nach der gewählten Funktion unterscheiden. In den Funktionsargumenten geben Sie an, womit die Funktion rechnen soll. Die Funktionsargumente werden in Klammern eingefügt. Geben Sie also eine öffnende Klammer ein. Der bisher eingegebene Formelteil lautet also: =SUMME(.

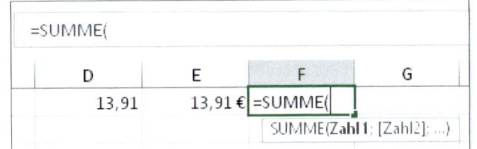

5. Nun haben Sie zwei Möglichkeiten: Sie können die Funktionsargumente – getrennt durch ein Semikolon – einzeln eingeben, also in der Form =SUMME(B1;B2;B3;B4;B5;B6;B7, oder Sie geben einen Bereich von … bis an, den Sie durch einen Doppelpunkt trennen, also in der Form =SUMME(B1:B7. Sie können die einzelnen Zellen auch bei gedrückter Strg-Taste mit der Maus anklicken bzw. den Bereich festlegen, indem Sie bei gedrückter Maustaste über die gewünschten Zellen fahren.

47

6. Tippen Sie jetzt noch die schließende Klammer ein.

D	E	F
13,91	13,91 €	ME(B1:B7)

(Zelle oben: =SUMME(B1:B7))

7. Bestätigen Sie mit der Taste ⏎, um sich das Ergebnis Ihrer Berechnung in der Zelle F1 anzeigen zu lassen.

	A	B	C	D	E	F
1	Äpfel	1,30 €		13,91	13,91 €	13,91 €
2	Birnen	1,54 €				
3	Bananen	2,03 €				
4	Pfirsiche	3,00 €				
5	Mangos	0,99 €				
6	Trauben	2,56 €				
7	Orangen	2,49 €				
8						

Mit der Excel-Funktion *AutoSumme* lassen sich Summen sogar noch viel schneller bilden. Freuen Sie sich auf Kapitel 6, in dem es um den cleveren Einsatz von Funktionen in Ihren Formeln gehen wird!

Daten perfekt darstellen

Wenn Sie Ihre Daten in ein leeres Tabellenblatt eingeben, sieht das ganz schön langweilig aus, und die gleichen Farben und Formatierungen machen eine Tabelle entsprechender Größe auch ziemlich schnell unübersichtlich. Gut, dass Excel eine Vielzahl von Optionen für die Formatierung von Zellen, aber auch von Zellinhalten anbietet. Mit den verschiedenen Formatierungsoptionen und deren Anwendung werden Sie ausführlich in Kapitel 7, »Tabellen formatieren«, vertraut gemacht. Einen kleinen Einblick in die Optionsvielfalt erhalten Sie aber auch schon auf den nächsten Seiten.

Daten perfekt darstellen

Zunächst einmal ist festzuhalten, dass weder die Größe der Zellinhalte noch die der Zellen in Stein gemeißelt sind. Im Vorgriff auf die späteren Ausführungen stellt die folgende Anleitung beispielhaft dar, wie die Schriftgröße in den Zellen unserer Obstliste so stark vergrößert wird, dass die Spaltenbreite nicht mehr passt – also passen wir auch diese anschließend an:

1. Vor dem Formatieren steht immer das Markieren. Markieren Sie also die Zellen mit den Namen der Obstsorten, indem Sie bei gedrückter Maustaste darüberfahren.

2. Zunächst soll die Schrift vergrößert werden. Für diesen Zweck finden Sie im Menüband unter **Start** und dort in der Gruppe **Schriftart** ein Menü, das Sie per Mausklick auf den zugehörigen Pfeil ❶ öffnen.

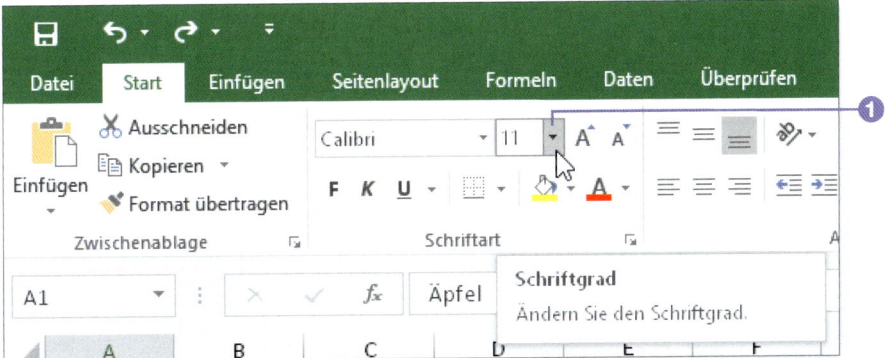

3. Wählen Sie im Menü die gewünschte Schriftgröße aus – ich habe hier die Schrift mit 28 Punkt ❷ zur Veranschaulichung auf über das Doppelte vergrößert.

Kapitel 2 – Was kann Excel alles?

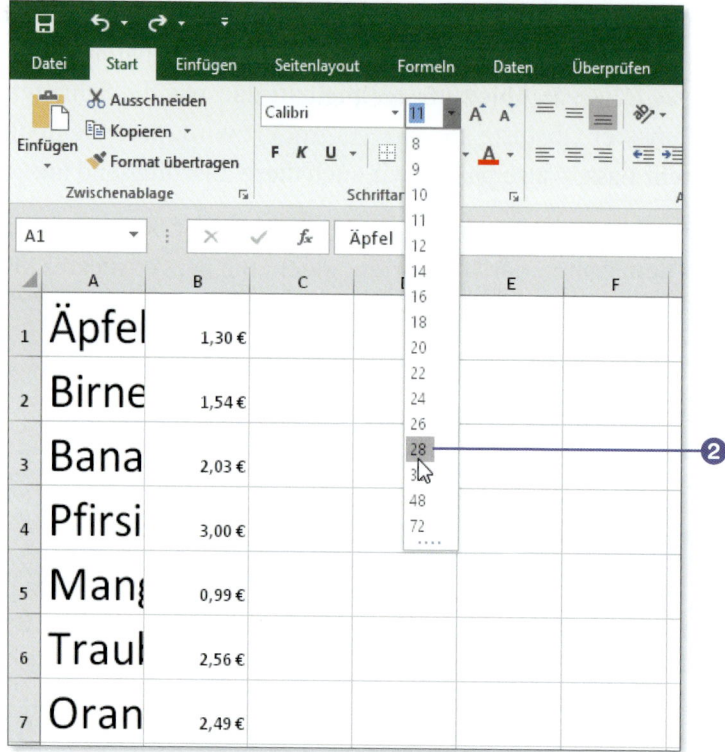

4. Die in den Zellen enthaltenen Wörter sind nicht mehr vollständig sichtbar, da die Spalte zu schmal ist. Klicken Sie im Menüband unter **Start** – bei immer noch markierten Zellen – in der Gruppe **Zellen** auf die Schaltfläche **Format** ❸.

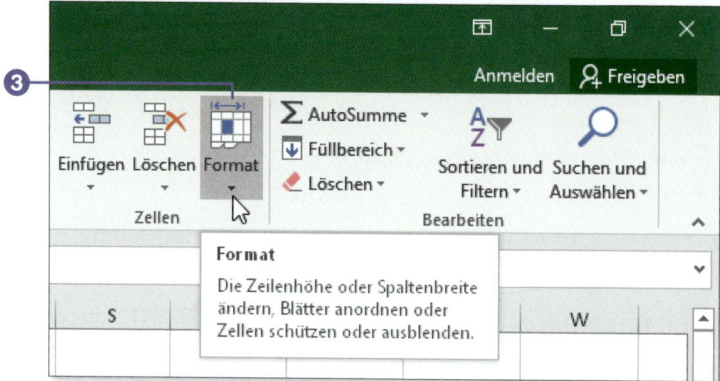

5. Im sich öffnenden Menü entscheiden Sie sich für den Eintrag **Spaltenbreite automatisch anpassen** ❹ – damit wird die für die Größe der Zellinhalte optimale Spaltenbreite festgelegt.

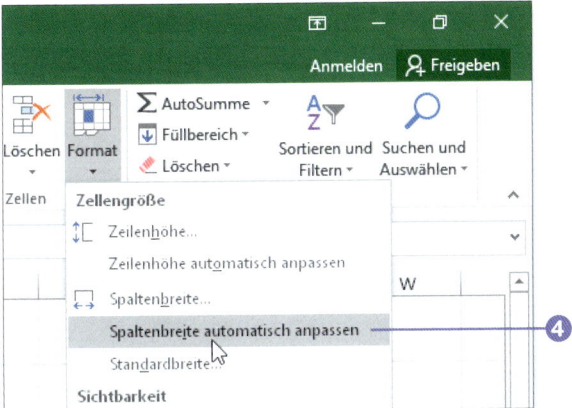

6. Das hat geklappt: Die Wörter in allen markierten Zellen sind vollständig sichtbar.

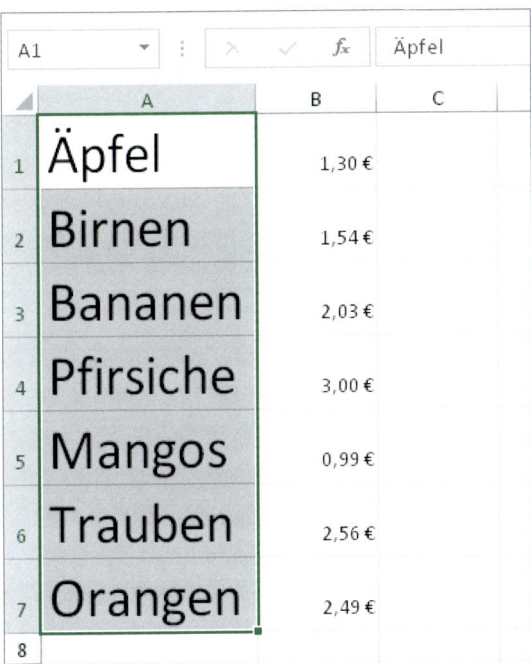

Eine vergrößerte Schrift eignet sich sehr gut zum Hervorheben von Zellinhalten, etwa von Überschriften oder Berechnungsergebnissen. Aber auch eine Einfärbung der Zellen kann diesem Zweck dienen, indem Sie jeweils unterschiedliche Farben als Hintergrund für die Zellen verwenden. Zudem sieht das auch besser aus, als wenn Sie nur Zellen mit weißem Hintergrund in einer Tabelle verwenden.

Wie einfach Sie markierte Zellen mit einer anderen Hintergrundfarbe versehen, zeigt Ihnen – wieder als kleiner Vorgriff auf die späteren Übungen – die nächste Anleitung:

1. Markieren Sie mit der Maus die Zellen, die Sie einfärben möchten.

2. Klicken Sie im Menüband unter **Start** und dort in der Gruppe **Schriftart** auf den zum Symbol **Füllfarbe** gehörenden Pfeil ❶.

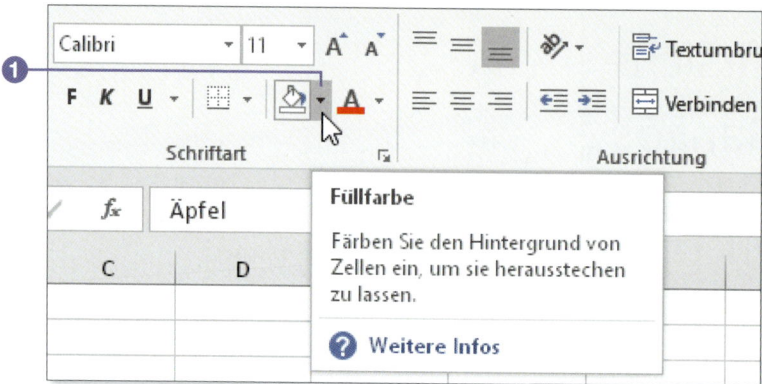

Daten perfekt darstellen

3. Wählen Sie im sich öffnenden Menü die Farbe ❷ aus, in der Sie den Hintergrund einfärben möchten.

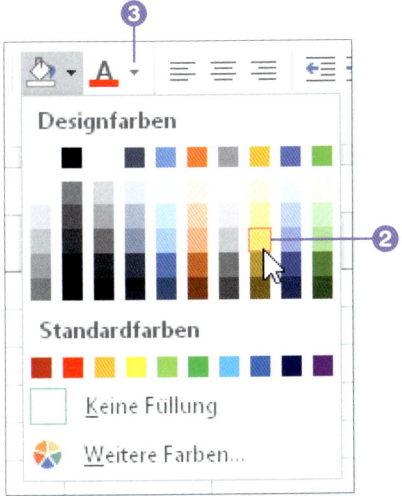

4. Die markierten Zellen werden nun Ihrer Farbauswahl entsprechend eingefärbt.

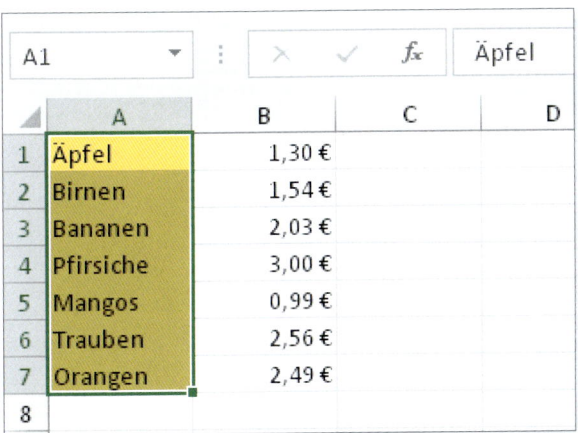

Beachten Sie: Wenn Sie dunklere Farben für den Zellhintergrund auswählen, müssen Sie unter Umständen noch die Schriftfarbe anpassen. Dies erfolgt im Menüband unter **Start**, und zwar dort in der Gruppe **Schriftart** unter dem Symbol **Schriftfarbe** ❸.

Zuweilen wäre es ganz praktisch, wenn Füllfarbe, Schriftfarbe und weitere Formatierungen automatisch aufeinander abgestimmt wären. Hierfür stehen in Excel auch verschiedene *Zellenformatvorlagen* zur Verfügung, die Sie per Mausklick auf die markierten Zellen anwenden. Sie finden die Zellenformatvorlagen im Menüband unter **Start** in der Gruppe **Formatvorlagen**. Wie Sie die Zellenformatvorlagen einsetzen, welche Formatvorlagen es noch gibt und wie Sie auch eigene Formatvorlagen erstellen können, lesen Sie dann in Kapitel 7.

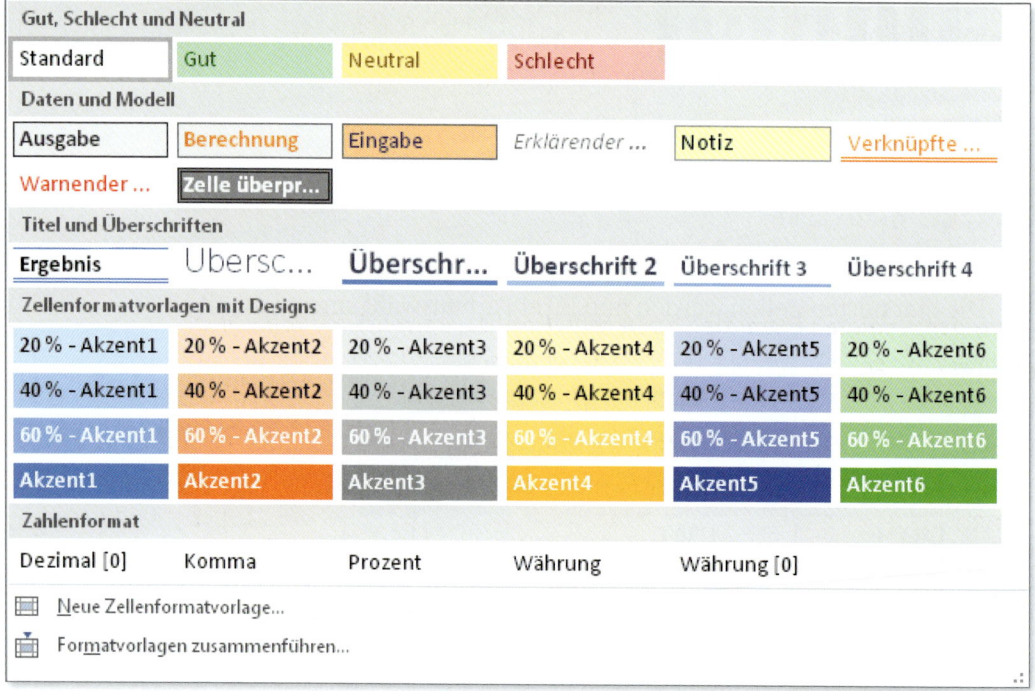

Excel bietet unterschiedliche Zellenformatvorlagen zur Formatierung der markierten Zellen an.

Excel kann Zellen nach von Ihnen festgelegten Kriterien sogar automatisch formatieren. Man spricht in diesem Zusammenhang von einer *bedingten Formatierung* ❶. Auch zu diesem Thema dann später mehr.

Daten perfekt darstellen

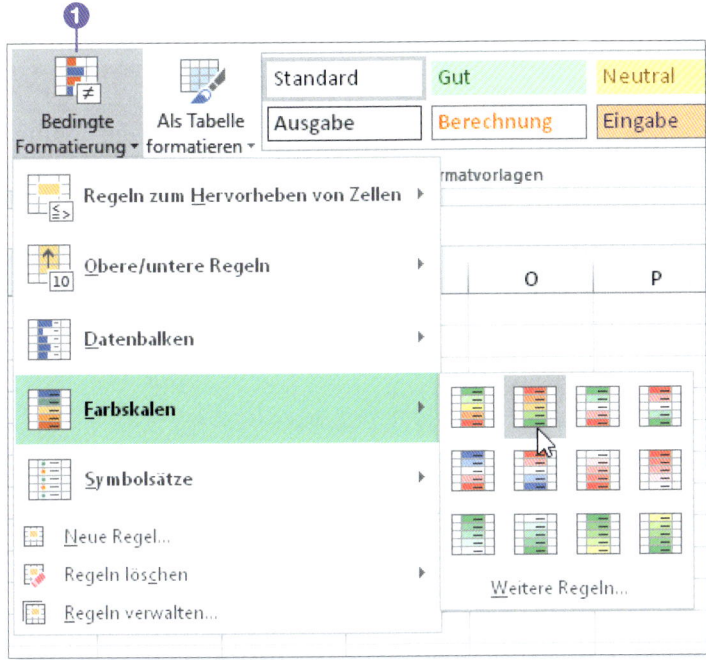

Dank der bedingten Formatierungen kann Excel das Formatieren von Zellen nach von Ihnen festgelegten Kriterien automatisch übernehmen.

Eine weitere Möglichkeit, Zellen hervorzuheben, aber auch, um Zellen als zusammenhängenden Bereich zu kennzeichnen, bieten die *Rahmen*, mit denen Zellen versehen werden können. Zwar werden die Zellen in einem Tabellenblatt bereits standardmäßig durch einen grauen Rahmen kenntlich gemacht, jedoch handelt es sich hierbei nicht um einen wirklichen Rahmen, sondern lediglich um *Gitternetzlinien*, die der optischen Abgrenzung der Zellen dienen – auf einem Ausdruck etwa werden diese Gitternetzlinien gar nicht dargestellt.

Die Auswahl des Rahmens für die markierten Zellen erfolgt ebenfalls im Menüband unter **Start**. Klicken Sie dort in der Gruppe **Schriftart** auf den zum Symbol **Rahmenlinie** gehörenden Pfeil (❷ auf Seite 56), und treffen Sie im sich öffnenden Menü Ihre Auswahl, also etwa **Alle Rahmenlinien**. Eine ausführliche Anleitung zu diesem Thema finden Sie im Abschnitt »Rahmen erstellen« ab Seite 253.

Kapitel 2 – Was kann Excel alles?

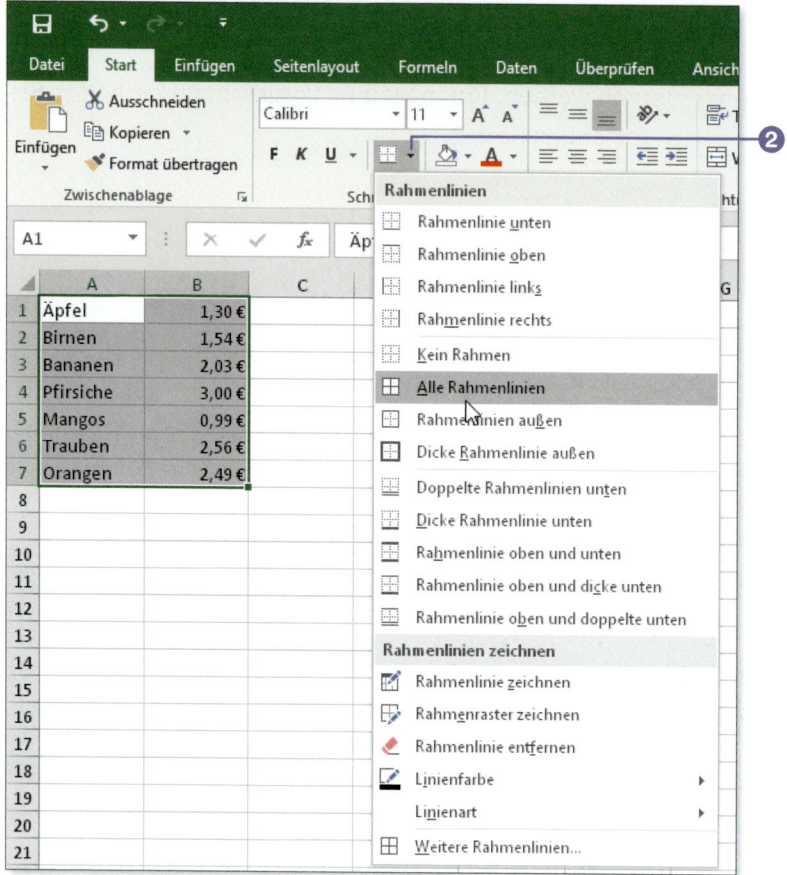

Das Erstellen von Zellrahmen erfolgt mit wenigen Mausklicks.

Gerade bei Tabellen, die Sie selbst immer wieder verwenden, aber auch bei solchen Tabellen, die Sie an andere Personen weiterreichen, sollten Sie sich die Zeit für übersichtliche Formatierungen nehmen. Glauben Sie mir, das lohnt sich!

Diagramme und weitere grafische Optionen

Wenn es darum geht, Ihre Daten anderen Personen zu präsentieren oder selbst in einem ansprechenden Überblick vorliegen zu haben, erstellen Sie

Diagramme und weitere grafische Optionen

Diagramme – grafische Darstellungen Ihrer Daten. Excel bietet auch hierfür unzählige Optionen, die Sie ausführlich in Kapitel 8, »Diagramme und Co. einfügen«, kennenlernen werden. Einen kleinen Vorgeschmack erhalten Sie aber bereits auf den folgenden Seiten.

Holen Sie ein weiteres Mal die Liste mit den Obstsorten hervor (siehe ab Seite 37). Diesmal geht es darum, die Daten in einem ansprechenden Diagramm darzustellen. Führen Sie dazu einfach die folgenden Schritte aus:

1. Markieren Sie mit der Maus die Daten, die im Diagramm dargestellt werden sollen, in diesem Fall also die Obstsorten in Spalte A und die zugehörigen Preise in Spalte B.

2. Klicken Sie im Menüband auf den Reiter **Einfügen** ❶.

3. Wählen Sie dann in der Gruppe **Diagramme** eine Kategorie aus, die Sie verwenden möchten. Hier entscheide ich mich – per Mausklick auf das Symbol **Kreis- oder Ringdiagramm einfügen** ❷ – für das Erstellen eines Kreisdiagramms. (In Kapitel 8 mache ich Sie auch mit den verschiedenen Diagrammtypen vertraut.)

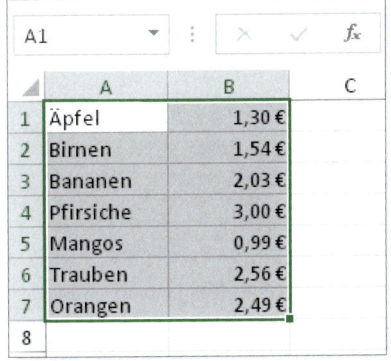

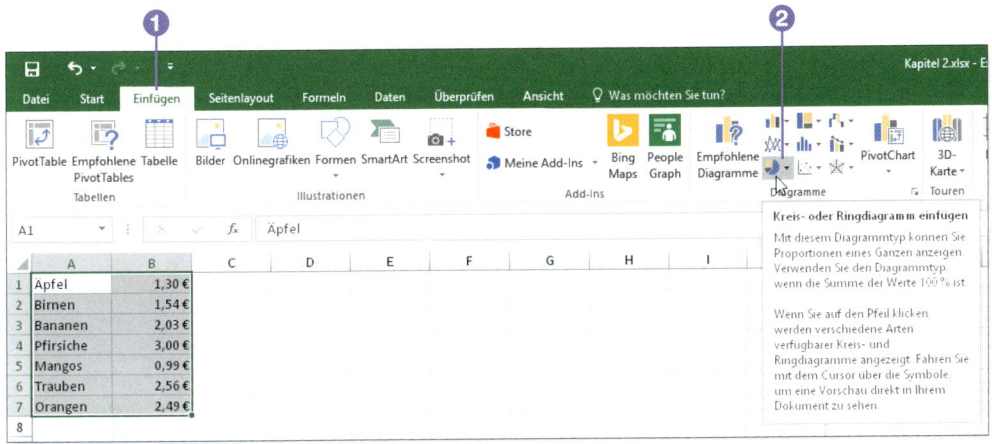

4. Im sich öffnenden Menü wählen Sie einen Diagrammtyp aus, etwa den **3D-Kreis** ❸.

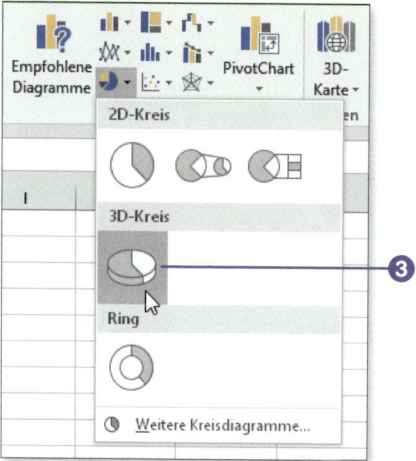

5. Das Diagramm wird sofort ins Tabellenblatt eingefügt. Nun wünschen Sie sich noch, dass die Preise der einzelnen Obstsorten eingeblendet werden. Dazu klicken Sie rechts oben neben dem Diagramm auf das Plussymbol ❹.

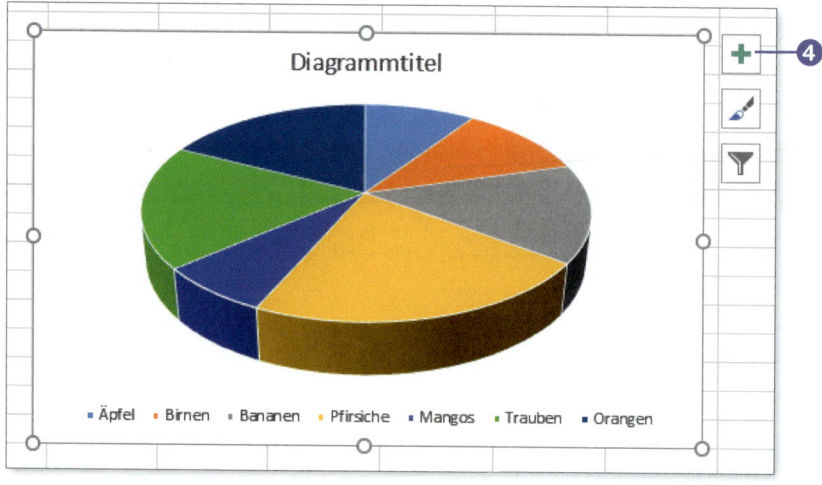

6. Aktivieren Sie im sich öffnenden Menü das Kontrollkästchen **Datenbeschriftungen** ❺, um die Preise einzublenden.

Diagramme und weitere grafische Optionen

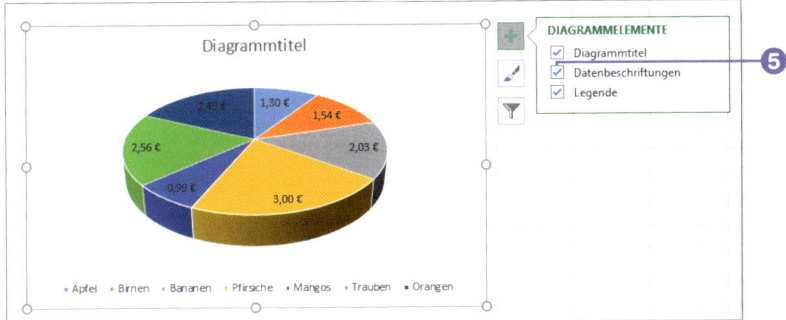

7. Das Diagramm lässt sich individuell anpassen. In der folgenden Abbildung sehen Sie z. B., wie Sie nach einem Rechtsklick auf eines der »Kuchenstücke« eine andere Farbe dafür auswählen können, um die Datenbeschriftung ❻ besser sichtbar zu machen.

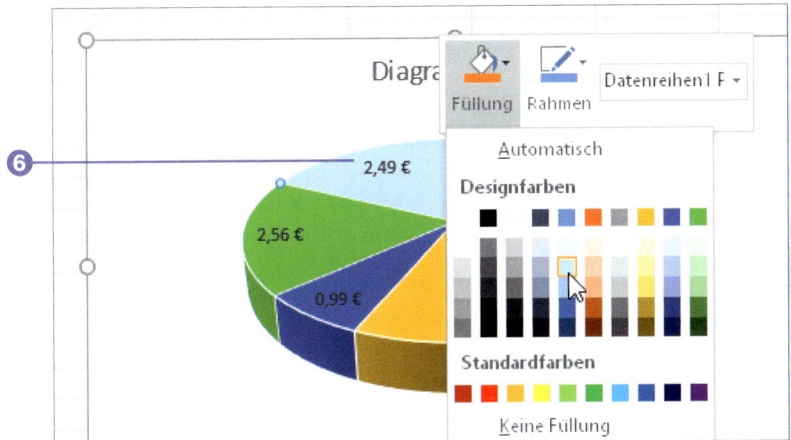

> **TIPP**
>
> **Diagramm als Bilddatei kopieren**
>
> Sie möchten ein in Excel erstelltes Diagramm in Word, PowerPoint oder einem anderen Programm einsetzen? Gar kein Problem! Dazu klicken Sie mit der rechten Maustaste auf den Rahmen des Diagramms und entscheiden sich im Kontextmenü für den Eintrag **Kopieren**. In dem anderen Programm entscheiden Sie sich nun für die Option **Einfügen**, um das Diagramm als Bilddatei aus der Zwischenablage einzufügen.

Kapitel 2 – Was kann Excel alles?

Außer Diagrammen lassen sich auch weitere Objekte in eine Excel-Datei einbinden, etwa Formen aller Art, sogenannte *SmartArt-Grafiken*, die mehrere Formen zu einem Ganzen vereinen, Bilder, die auf dem Computer gespeichert sind, oder Bilder aus dem Internet und sogar Dateien aus anderen Programmen. Auch über diese Optionen lesen Sie alles Wichtige in Kapitel 8, »Diagramme und Co. einfügen«. An dieser Stelle nur ein kleiner Überblick vorab:

- **Formen**: Zum Einfügen einer Form klicken Sie im Menüband unter **Einfügen** in der Gruppe **Illustrationen** auf die Schaltfläche **Formen** ❶. Im sich öffnenden Menü erhalten Sie eine Vielzahl von Formen zur Auswahl. Wählen Sie eine Form per Mausklick aus, und ziehen Sie die Form bei gedrückter linker Maustaste auf das Tabellenblatt. Anschließend lässt sich die Form noch verschieben, formatieren oder – abhängig von der gewählten Form – mit Textinhalten füllen.

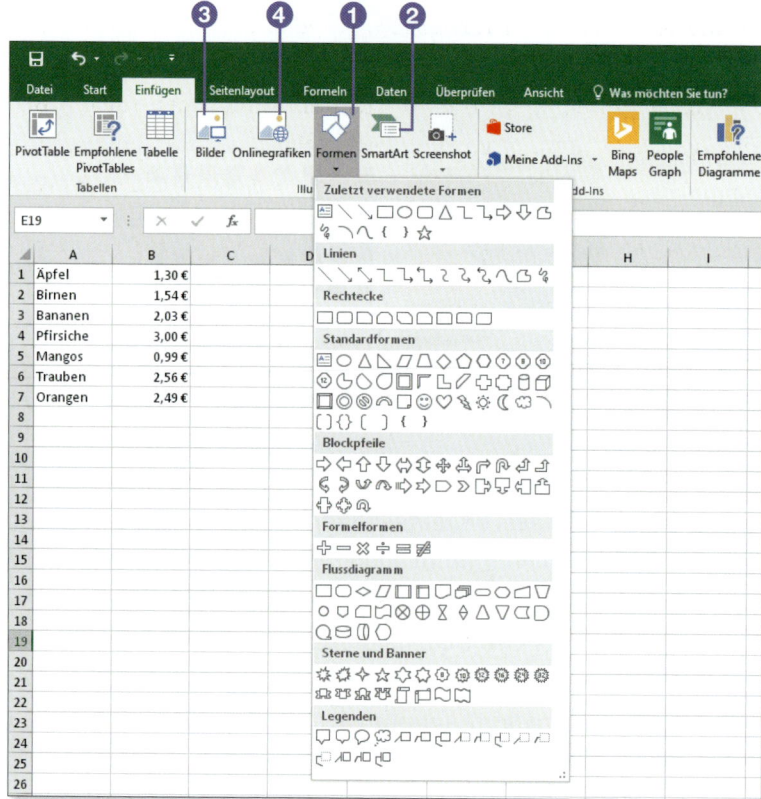

Diagramme und weitere grafische Optionen

- **SmartArt**: Für die SmartArt-Grafiken sind mehrere Formen zu einem größeren Ganzen zusammengefügt, etwa um Zyklen oder Hierarchien darzustellen. Die Auswahl erfolgt im Menüband unter **Einfügen** in der Gruppe **Illustrationen** unter der Schaltfläche **SmartArt** ❷.

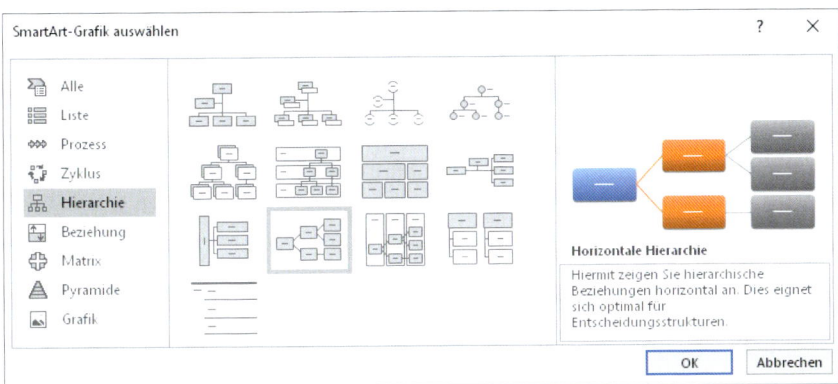

- **Bilder**: Sie können sowohl auf dem PC gespeicherte **Bilder** ❸ in Excel einbauen als auch Grafiken aus dem Internet (Schaltfläche **Onlinegrafiken** ❹). In Excel stehen sogar die wichtigsten Funktionen für die Bildbearbeitung zur Verfügung, wie Sie im Abschnitt »Bilder, Onlinegrafiken und Screenshots einfügen« ab Seite 322 noch ausführlicher lesen werden.

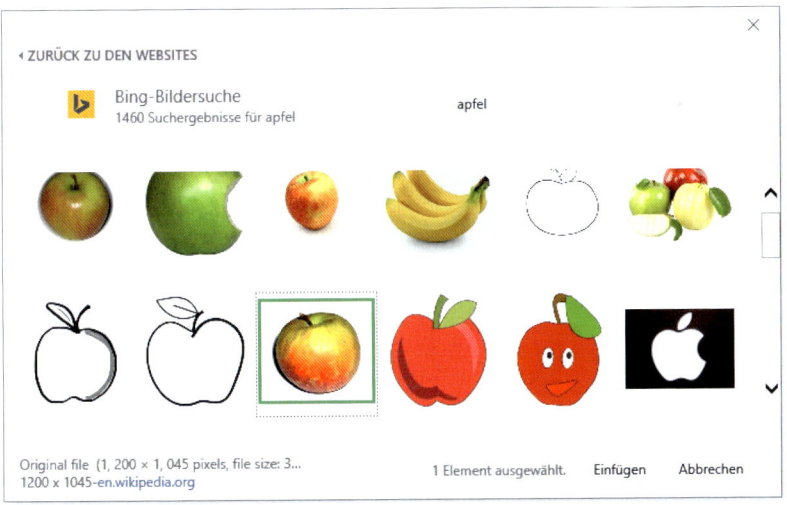

- *Datei-Objekte*: Schließlich lassen sich Dateien anderer Programme als Feld in Excel einbauen. Dies betrifft nicht nur andere Programme aus dem Office-Paket von Microsoft, sondern auch weitere kompatible Programme. Das Einfügen erfolgt im Menüband unter **Einfügen** in der Gruppe **Text** unter der Schaltfläche **Objekt**. Entscheiden Sie, ob Sie eine neue leere Datei erstellen oder eine bereits vorhandene Datei einbauen möchten. Die folgende Abbildung zeigt als Beispiel, wie eine neue leere Word-Datei in das Tabellenblatt eingebaut wird – das Objekt lässt sich anschließend in der Größe verändern, aber auch mit Word bearbeiten.

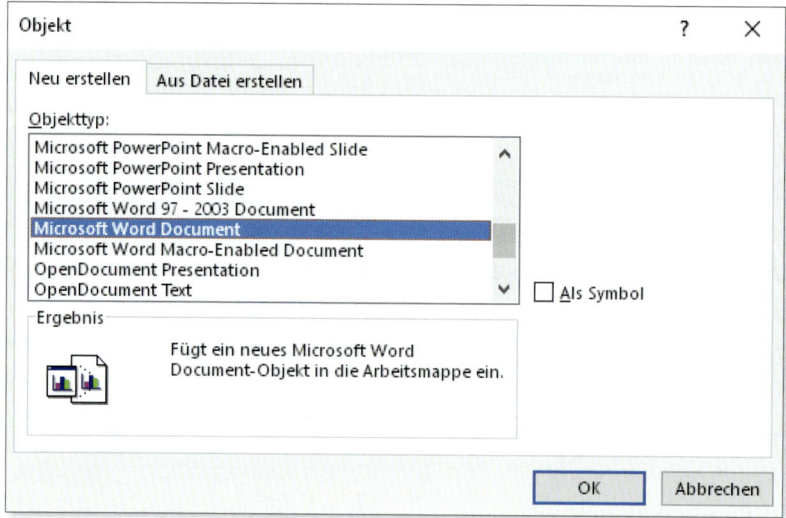

Freuen Sie sich also auf Kapitel 8, in dem es darum geht, Ihre Excel-Dateien sowohl grafisch als auch inhaltlich professionell aufzupeppen!

Daten gekonnt verwalten

Wenn Sie in Excel umfangreiche Tabellen anlegen, werden Sie diese nach Ihren Kriterien sortieren oder filtern wollen. Auch dafür bietet Excel die entsprechenden Funktionen an. Sie werden mit diesen Funktionen in Kapitel 9, »Die Daten im Griff«, ausführlich vertraut gemacht.

Daten gekonnt verwalten

Sortieren bedeutet einfach, dass Sie Ihre Daten in eine bestimmte Reihenfolge bringen. So können Sie die Daten alphabetisch nach den Namen in einer von Ihnen festgelegten Spalte oder die Werte nach Größe anordnen.

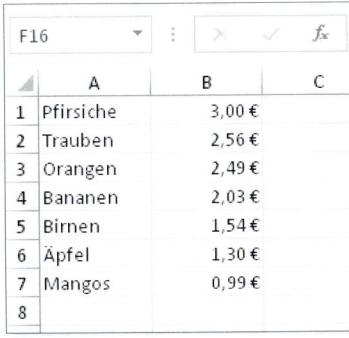

Nur ein Beispiel für eine mögliche Sortierung: Die Werte in Spalte B wurden absteigend nach Größe sortiert, also vom größten zum kleinsten Eurobetrag.

Während es beim Sortieren um die Reihenfolge der Daten geht, bedeutet *Filtern*, dass Sie sich nur bestimmte Daten anzeigen lassen. Die folgende Abbildung zeigt, wie in unsere Obstsortenliste Überschriften eingefügt wurden, die dann jeweils ein Filtermenü erhalten haben. In diesem Menü wird einer der für die Spalte B verfügbaren **Zahlenfilter** ausgewählt.

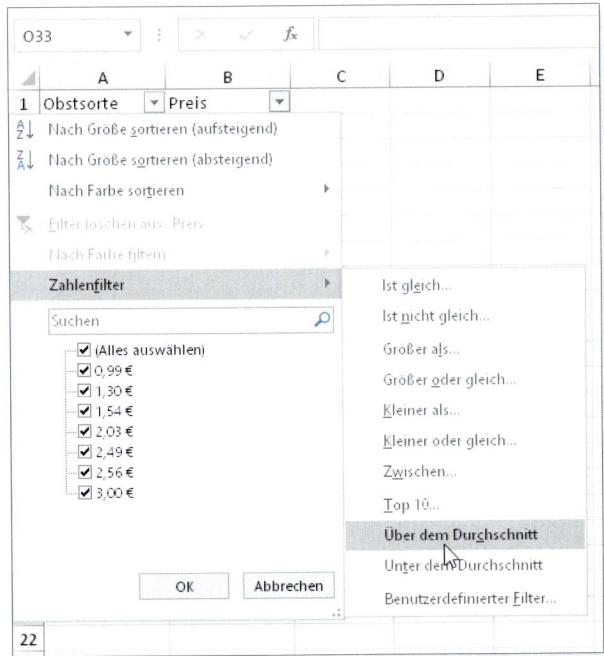

Mit der Option »Über dem Durchschnitt« steht Ihnen ein Zahlenfilter zur Verfügung, mit dem Sie lediglich Werte anzeigen lassen, die über dem Durchschnitt aller Werte liegen.

Noch viel mehr Sortier- und Filterfunktionen bieten Ihnen die *Pivot-Tabellen*, die sich in Excel ebenfalls auf einfache Weise erstellen lassen. Die Pivot-Tabelle basiert auf den von Ihnen in einem Tabellenblatt angelegten Daten, lässt sich jedoch ganz individuell konfigurieren – wie im Abschnitt »Pivot-Tabellen« ab Seite 350 dargestellt.

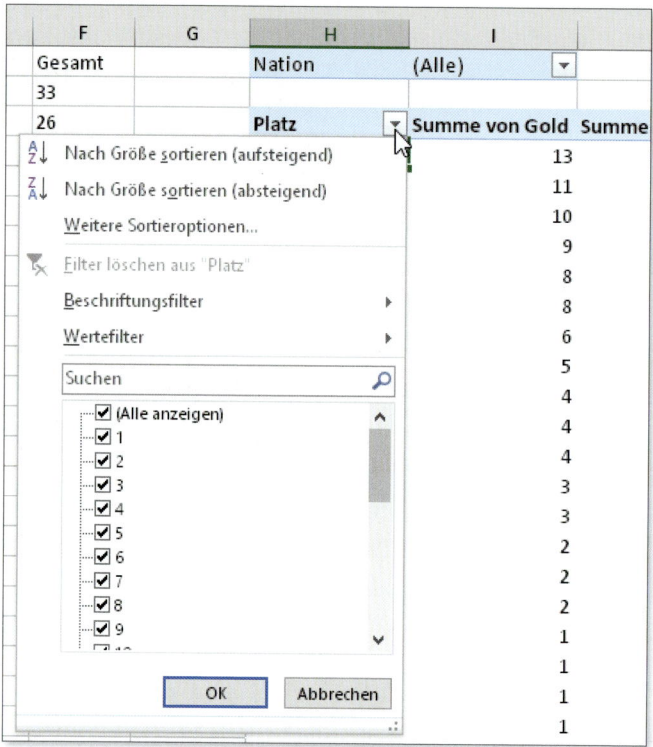

Ein Beispiel für eine Pivot-Tabelle

In Kapitel 10, »Tipps und Tricks«, finden Sie noch weiteres Wissenswertes rund um die Verwaltung Ihrer Daten. Dazu gehört das *Gruppieren* von Daten, das es ermöglicht, zusammengehörende Daten zu gliedern. Die folgende Abbildung zeigt als Beispiel, wie in unserer Obstliste heimisches Obst und exotisches Obst zu Gruppen zusammengefasst wurden – erkennbar an den links stehenden Klammern. Wie Sie das zuwege bringen und weiter mit einer solchen Gruppierung verfahren, erfahren Sie wie gesagt im gleichnamigen Abschnitt »Gruppieren« ab Seite 402.

Daten gekonnt verwalten

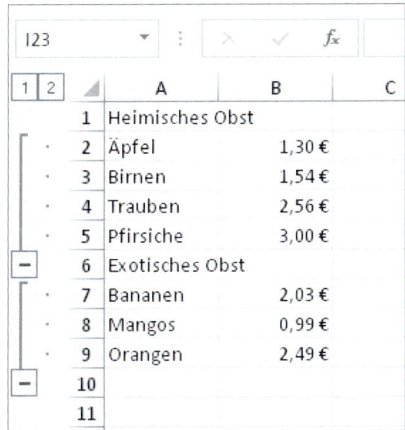

Die Gruppierung fasst zusammen, was zusammengehört.

Spannend ist auch eine Funktion, die sich *Datenüberprüfung* nennt. Sie ermöglicht es, Regeln für einzelne Zellen festzulegen, etwa bestimmte Werte oder eine Höchstzahl an Zeichen zu verlangen. Wird versucht, eine abweichende Eingabe zu tätigen, so wird eine Fehlermeldung ausgegeben.

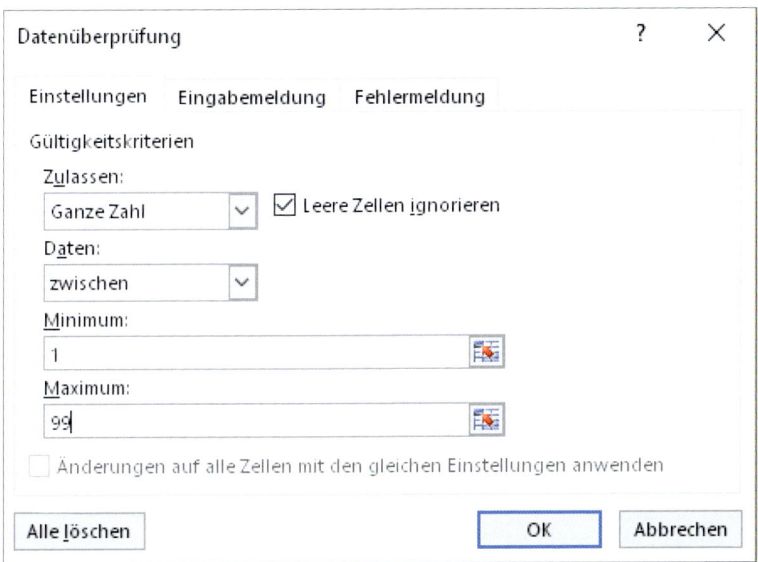

Bei dieser Datenüberprüfung können nur ganze Zahlen von 1 bis 99 in die betreffende Zelle eingegeben werden.

Daten teilen

Manchmal möchten Sie eine Excel-Datei vielleicht nicht allein bearbeiten, sondern zusammen mit anderen Benutzern. Zu diesem Zweck können Sie eine Excel-Datei *freigeben* – sowohl im lokalen Netzwerk als auch im Internet. Wie das geht, erklärt ausführlich der Abschnitt »Excel-Dateien im Team bearbeiten« ab Seite 359. Einen kleinen Einblick in diese für die Zusammenarbeit mit anderen Personen nützlichen Funktionen erhalten Sie bereits an dieser Stelle.

Voraussetzung dafür, eine Excel-Datei im Internet freizugeben, ist, diese im Internet – in der sogenannten *Cloud* – zu speichern. Microsoft bietet hierfür seinen Cloud-Speicherdienst *OneDrive* an (zum Speichern auf OneDrive siehe den Abschnitt »Dateien im Internet speichern« ab Seite 88).

Nachdem das Speichern auf OneDrive erfolgt ist, brauchen Sie nur noch auf die Schaltfläche **Freigeben** ❶ zu klicken und anschließend die Personen für die Freigabe ❷ sowie die Freigabeberechtigungen ❸ auszuwählen.

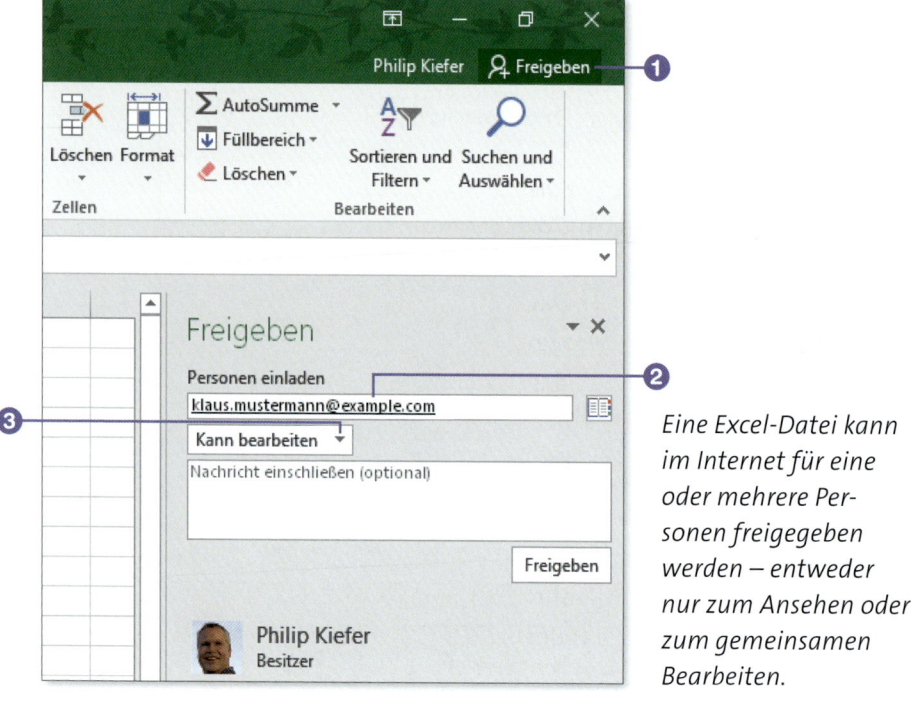

Eine Excel-Datei kann im Internet für eine oder mehrere Personen freigegeben werden – entweder nur zum Ansehen oder zum gemeinsamen Bearbeiten.

Die Freigabe einer Excel-Datei im Netzwerk erfolgt mit der normalen Freigabefunktion des Betriebssystems, etwa Windows 10. Direkt in Excel können Sie aber im Menüband unter **Überprüfen** in der Gruppe **Änderungen** mit der Schaltfläche **Arbeitsmappe freigeben** auch festlegen, dass die Excel-Datei von mehreren Personen gleichzeitig geändert werden darf. Normalerweise ist nämlich immer nur die gleichzeitige Bearbeitung durch eine Person möglich.

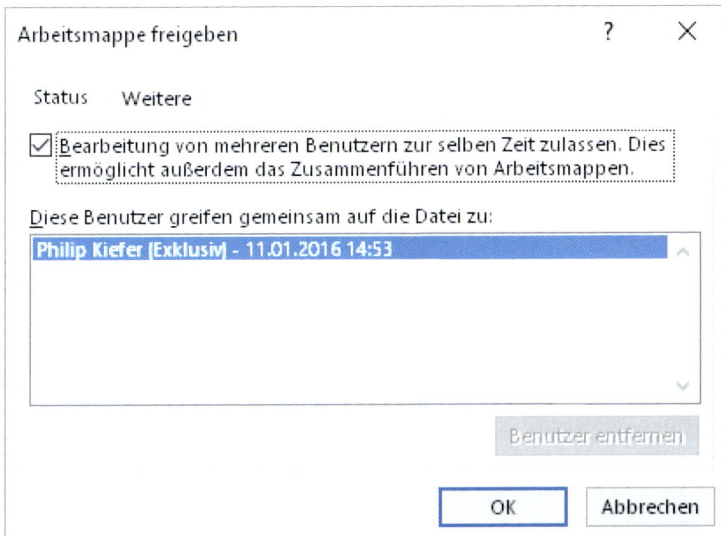

Eine Excel-Datei kann, wenn Sie dies erlauben, von mehreren Personen gleichzeitig bearbeitet werden.

Gemeinsam benutzte Excel-Dateien werden automatisch zusammengeführt, das heißt, die Änderungen aller Benutzer werden in einer einzigen Datei zusammengefasst. Wie ich Ihnen im Abschnitt »Arbeitsmappen zusammenführen« ab Seite 370 zeigen werde, lassen sich auch unabhängig von der Freigabe bearbeitete Excel-Dateien zusammenführen, etwa solche, die Sie von einem Bearbeiter per E-Mail erhalten haben.

Im Zusammenhang mit der Freigabe einer Excel-Datei sind zwei weitere Funktionen wichtig. Dazu erfahren Sie alles in den beiden Abschnitten »Änderungen nachverfolgen« ab Seite 367 sowie »Kommentare einfügen« ab Seite 371.

Änderungen in einer Excel-Datei nachzuverfolgen bedeutet einfach, dass die Änderungen gekennzeichnet werden. Sie haben dann die Möglichkeit, die Änderungen anzunehmen oder zu verwerfen. Die Optionen dazu finden Sie im Menüband unter **Überprüfen** in der Gruppe **Änderungen** und dort unter der Schaltfläche **Änderungen nachverfolgen**.

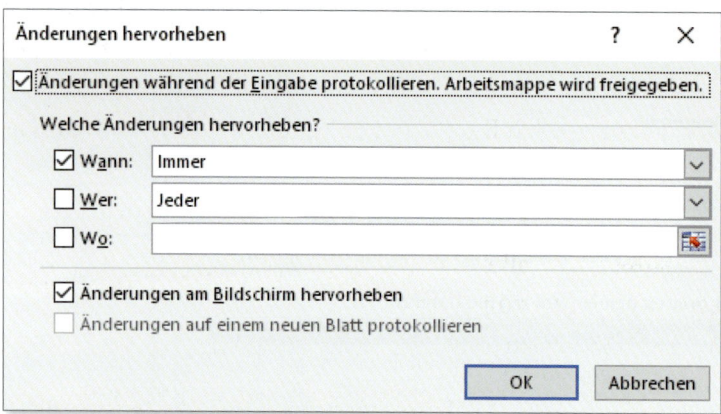

Legen Sie fest, welche Änderungen – und gegebenenfalls Änderungen welcher Person – nachverfolgt werden sollen.

Mithilfe von Kommentaren lassen sich schließlich noch Informationen und Anweisungen eingeben, die keinen Einfluss auf die in einem Tabellenblatt enthaltenen Daten haben. Die entsprechenden Funktionen finden Sie im Menüband unter **Überprüfen** in der Gruppe **Kommentare**. Kommentare lassen sich außerdem individuell formatieren.

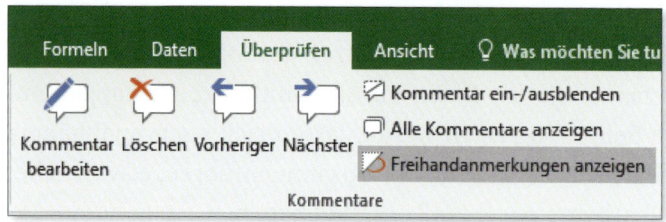

Fügen Sie in Excel Kommentare ein, etwa um einem anderen Bearbeiter Anweisungen zu erteilen oder ihm eine Frage zu stellen.

Daten schützen

Eine Excel-Datei enthält sensible Daten, auf die nicht jeder zugreifen soll bzw. die nicht von anderen Personen bearbeitet werden dürfen? Dann können Sie eine Arbeitsmappe mit einem Kennwortschutz versehen – das Kennwort wird dann jeweils beim Öffnen der Datei abgefragt. Schützen Sie außerdem das gesamte Tabellenblatt oder einzelne Zellen vor unbefugter Bearbeitung. Wie das alles geht, erkläre ich Ihnen im Abschnitt »Schutz« ab Seite 409. Schon jetzt zeige ich Ihnen die in diesem Zusammenhang wichtigsten Funktionen in einem kleinen Überblick:

- **Blatt schützen**: Ein Blatt zu schützen bedeutet vor allen Dingen, unbefugte Änderungen daran zu verhindern – egal, ob durch andere Personen oder durch einen selbst. Sie können dabei genau festlegen, welche Zellen für die Bearbeitung gesperrt werden sollen und welche nicht. Sie finden die Schaltfläche **Blatt schützen** im Menüband unter **Überprüfen**. Im sich öffnenden 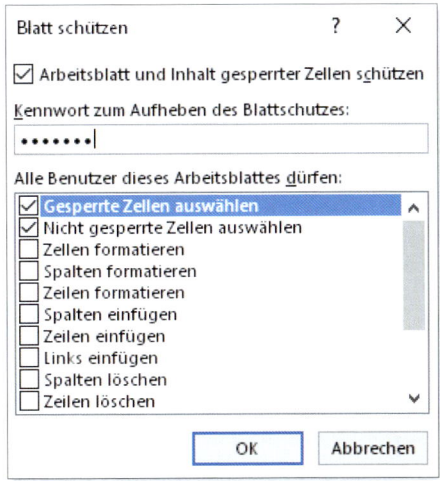 Fenster wird dann zum einen ein Kennwort festgelegt, das zum Aufheben des Blattschutzes erforderlich ist, zum anderen wird per Kontrollkästchen festgelegt, welche Aktionen ein Benutzer durchführen darf bzw. welche nicht.

- Kennwortschutz einrichten: Wenn Sie möchten, dass zum Öffnen einer Excel-Datei ein Kennwort eingegeben werden muss, treffen Sie im Backstage-Bereich, den Sie über den Reiter **Datei** aufrufen, unter **Informationen** (❶ auf Seite 70) und dort unter der Schaltfläche **Arbeitsmappe schützen** ❷ die Auswahl **Mit Kennwort verschlüsseln**.

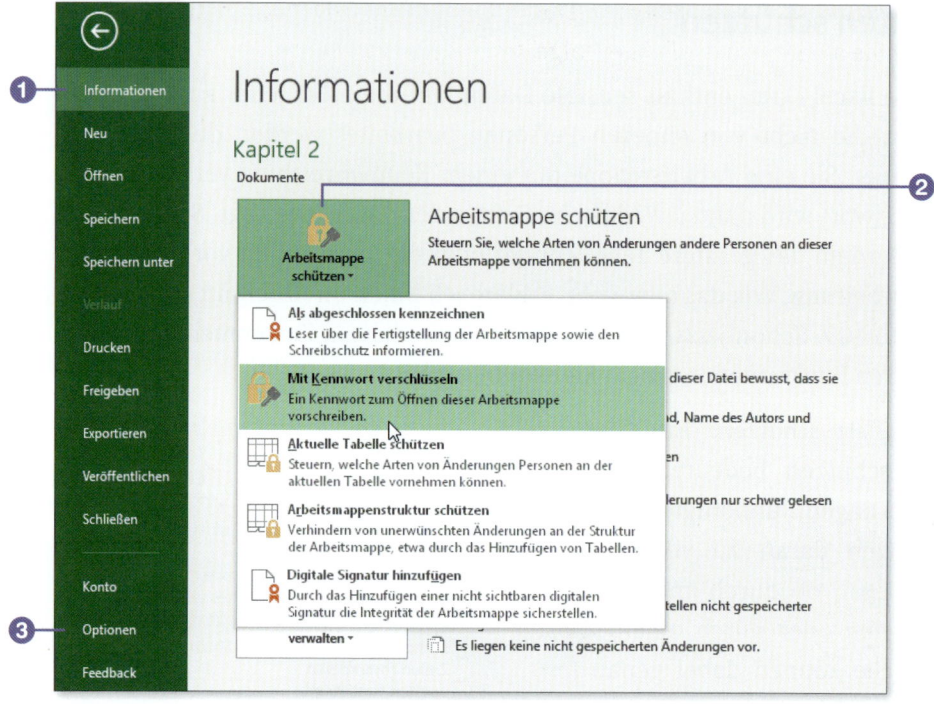

Die Oberfläche von Excel einrichten

Wie schon im ersten Kapitel im Zusammenhang mit dem Menüband und der Symbolleiste für den Schnellzugriff erwähnt: Diese beiden Bereiche der Excel-Oberfläche lassen sich individuell anpassen, damit Sie genau diejenigen Programmfunktionen stets parat haben, die Sie benötigen. Genaue Anleitungen finden Sie in den Abschnitten »Menüband einrichten« ab Seite 381 sowie »Symbolleiste für den Schnellzugriff einrichten« ab Seite 386.

Die Anpassung in den Excel-Optionen, die Sie im Backstage-Bereich des Programms unter **Optionen** (❸ in der Abbildung oben) aufrufen, erfolgt auf jeweils ähnliche Weise. Das Einrichten des Menübands nehmen Sie in den Excel-Optionen unter **Menüband anpassen** vor.

Dort können Sie neue Registerkarten bzw. innerhalb bereits vorhandener Registerkarten neue Gruppen anlegen. Diese werden dann mit den ge-

Die Oberfläche von Excel einrichten

wünschten Befehlen bestückt. Durch Ziehen bei gedrückter Maustaste können Sie auch noch die Reihenfolge der Registerkarten und Gruppen ändern.

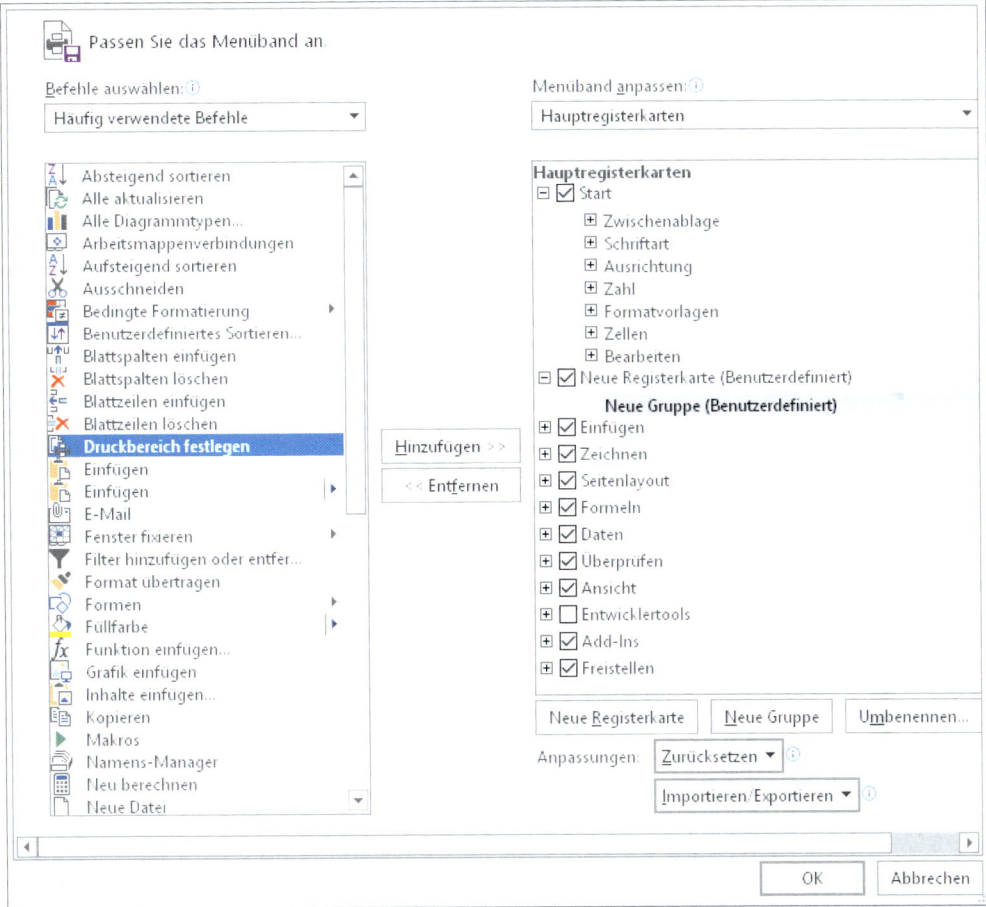

Das Menüband lässt sich um Registerkarten, Gruppen und Programmfunktionen erweitern.

Ähnlich, aber sogar noch etwas simpler läuft die Anpassung der Symbolleiste für den Schnellzugriff. Entscheiden Sie sich in den Excel-Optionen für **Symbolleiste für den Schnellzugriff**. Wählen Sie dann eine Funktion aus, die Sie der Symbolleiste hinzufügen möchten, und bestätigen Sie mit der Schaltfläche **Hinzufügen**. Die Reihenfolge der Funktionen legen Sie mithilfe der Pfeilsymbole fest.

Kapitel 2 – Was kann Excel alles?

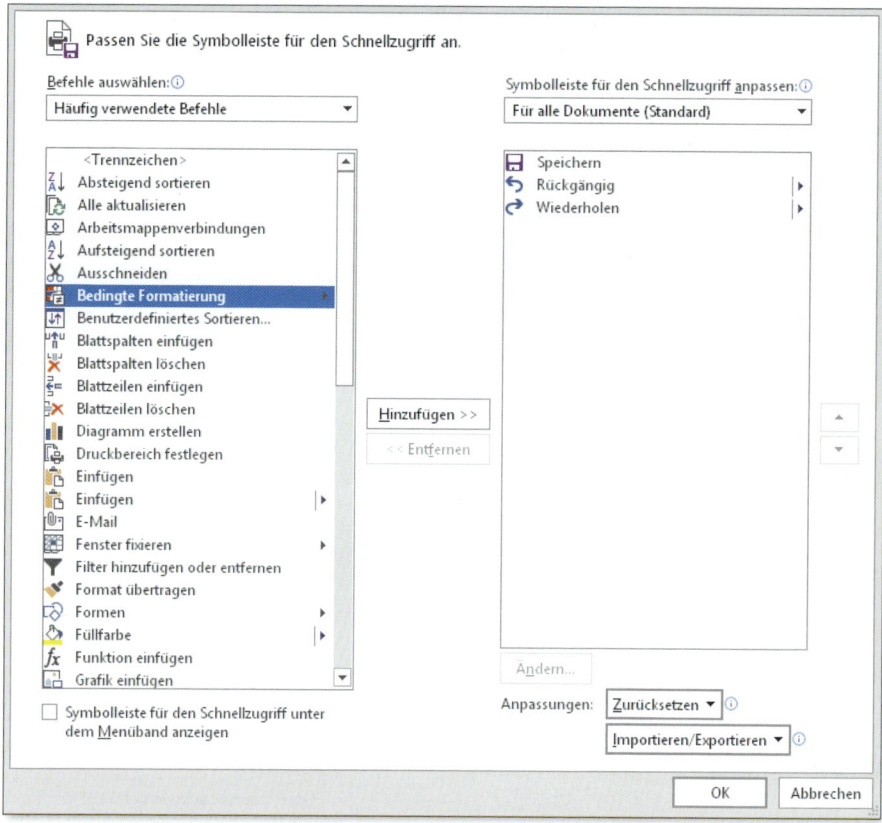

Hier wird der Symbolleiste für den Schnellzugriff eine weitere Funktion hinzugefügt.

Zu weiteren Anpassungen der Oberfläche von Excel, insbesondere auch zu den unterschiedlichen Ansichtsoptionen, finden Sie alle wichtigen Informationen in den Abschnitten »Die Office-Bedienoberfläche personalisieren« ab Seite 110 sowie »Die verschiedenen Ansichten in Excel« ab Seite 105.

Ideen, wofür Sie Excel einsetzen können

Bevor Sie nun gleich mitten in die Excel-Praxis einsteigen, möchten Sie sich an dieser Stelle vielleicht schon einmal überlegen, was Sie mit diesem

Ideen, wofür Sie Excel einsetzen können

Programm alles anstellen können. Sechs kurze Vorschläge habe ich dazu für Sie auf Lager – für alle Vorschläge stehen übrigens Excel-Vorlagen zur Verfügung (zum Thema Vorlagen siehe den Abschnitt »Eine Excel-Vorlage verwenden« ab Seite 79).

Mein erster Vorschlag für Sie: Erstellen Sie ein Haushaltsbudget, und notieren Sie alle Ihre Einnahmen und Ausgaben, die Sie dann mithilfe von Excel zusammenrechnen. Woher kommt das Geld, und wofür geben Sie es aus? Wenn Sie eine Zeit lang ein Haushaltsbudget führen, gewinnen Sie hierüber schnell Klarheit, und Sie erhalten Anhaltspunkte, wie Sie Ihre Finanzen optimieren können.

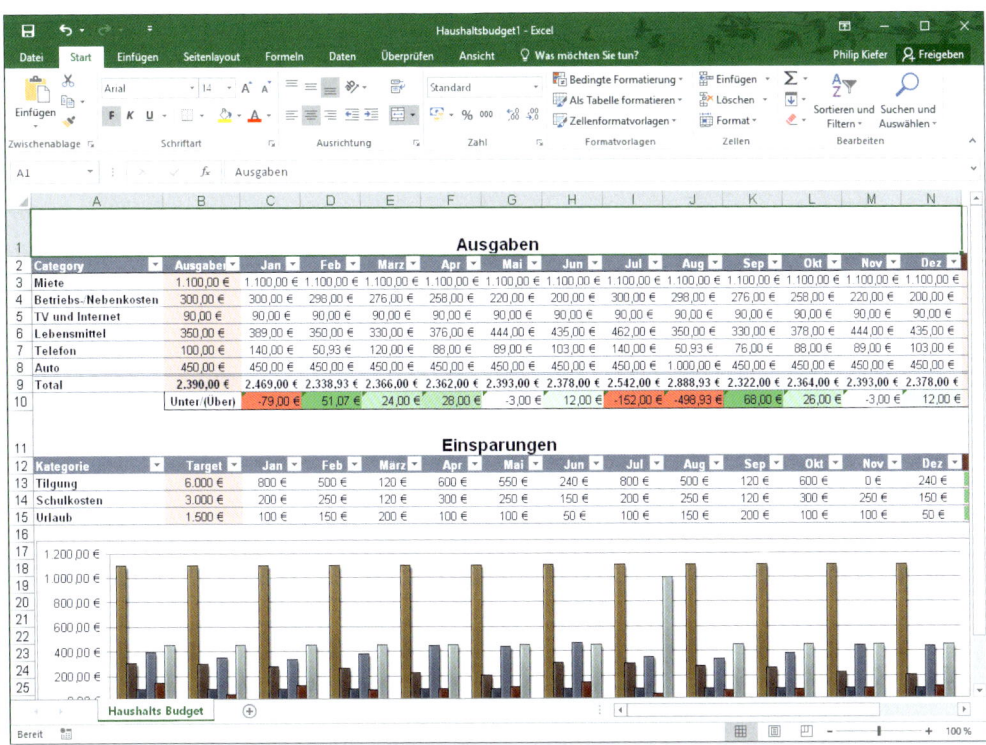

Ein Haushaltsbudget hilft Ihnen beim Überblick über Ihre Finanzen.

Der zweite Vorschlag: Wenn Sie eine Diät machen, tragen Sie Ihre Wiegeergebnisse in Excel ein, und erhalten Sie einen Überblick darüber, wie weit Sie noch von Ihrem Gewichtsziel entfernt sind.

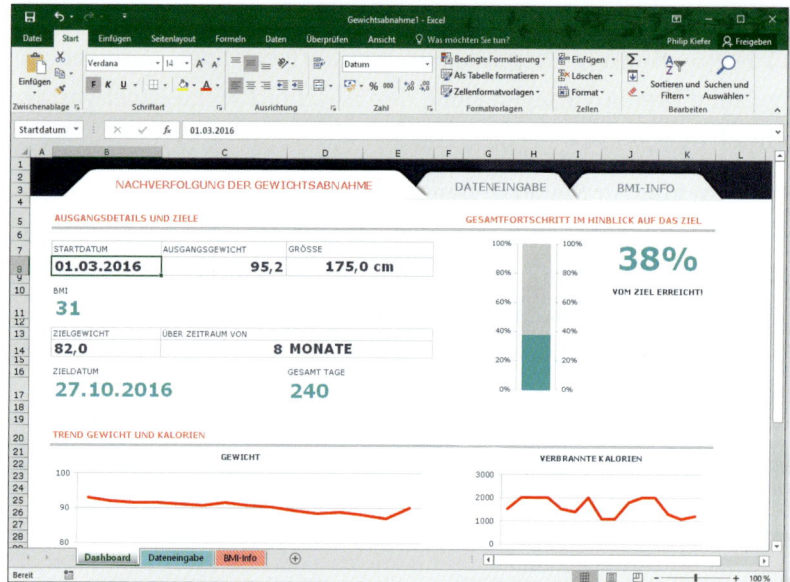

Führen Sie bei einer Diät Buch über Ihre Gewichtsabnahme.

Der dritte Vorschlag: Verwenden Sie Excel für die Verwaltung von Kontakten, entweder als allgemeines Adressbuch oder im Zusammenhang mit bestimmten Ereignissen. Die folgende Abbildung zeigt als Beispiel die Verwaltung der Teilnehmer einer Hochzeitsfeier.

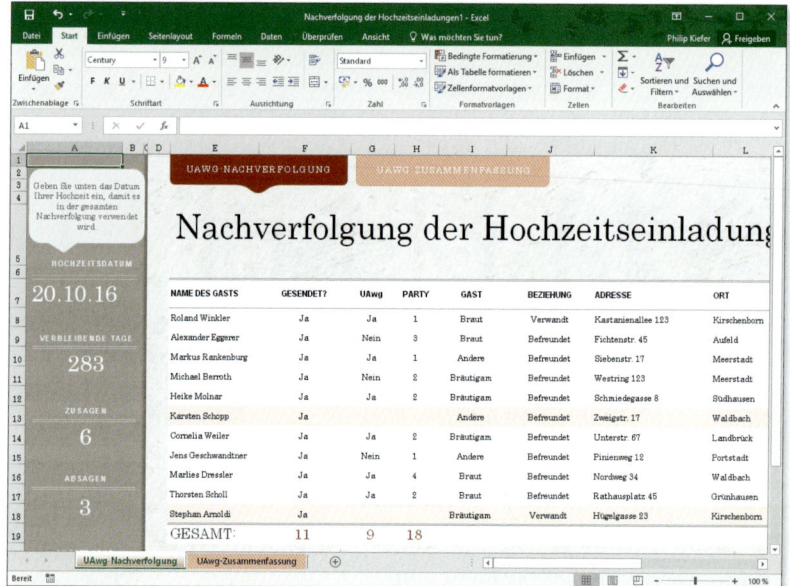

Hier wird mit Excel eine Kontaktliste verwaltet.

Ideen, wofür Sie Excel einsetzen können

Mein vierter Vorschlag: Berechnen Sie die Zinsen und Raten von Krediten, beispielsweise von Hypothekendarlehen.

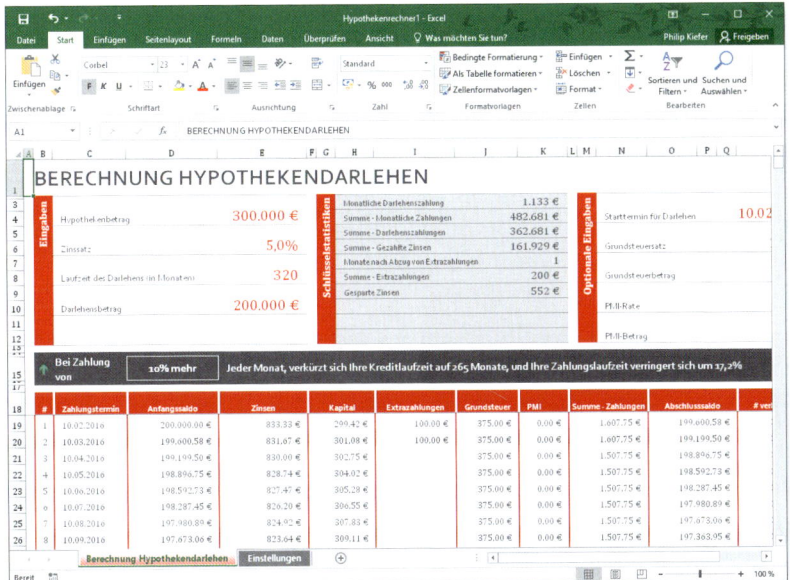

Zum Berechnen von Krediten ist Excel schlichtweg prädestiniert.

Der fünfte Vorschlag: Erstellen Sie einen individuellen Kalender, egal, ob mit oder ohne Bilder – Excel hält die passenden Vorlagen für Sie bereit.

Hier wurde mithilfe einer Vorlage ein Jahreskalender erstellt.

75

Kapitel 2 – Was kann Excel alles?

Und schließlich mein sechster Vorschlag: Verwenden Sie Excel zur Erstellung von Schichtplänen oder sonstigen Plänen für den Einsatz in der Arbeitswelt – auch diesem Zweck dienen unzählige Excel-Vorlagen.

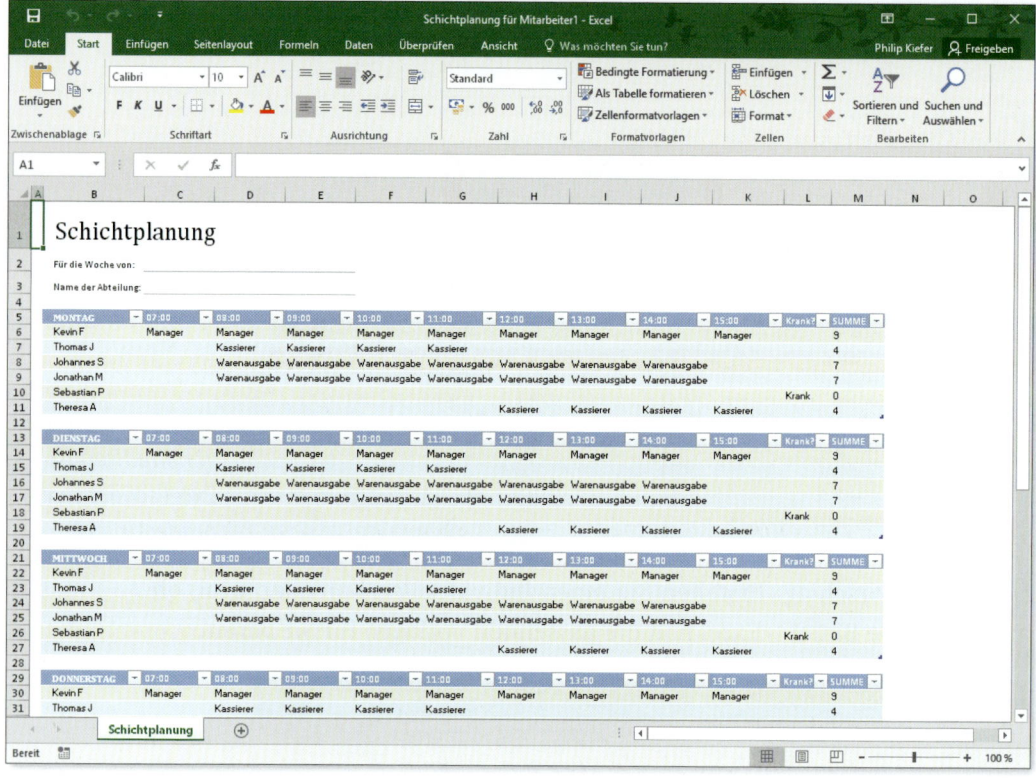

Dieser Schichtplan wurde auf der Basis einer Excel-Vorlage erstellt.

Kapitel 3
Die erste Excel-Datei

In Excel erstellen Sie Arbeitsmappen, um diese mit Ihren eigenen Tabellenblättern, Diagrammen und Daten zu füllen. Die Arbeitsmappen werden dann als Dateien in einem bestimmten Format auf dem Computer gespeichert und lassen sich jederzeit erneut öffnen, bearbeiten und an andere Personen weiterreichen. In diesem Kapitel lesen Sie, wie Sie eine neue leere Arbeitsmappe anlegen oder eine der zahlreichen Excel-Vorlagen verwenden. Erfahren Sie, wie Sie Dateien – lokal auf dem Computer oder aber im Internet – speichern und wieder öffnen. Machen Sie sich mit den verschiedenen Speicherformaten vertraut. Lernen Sie, Excel-Dateien nach Ihren Wünschen und Bedürfnissen auszudrucken. Machen Sie sich außerdem mit wichtigen Ansichts- und Layoutoptionen von Excel vertraut.

Eine neue Excel-Datei erstellen

Um eine neue Excel-Datei zu erstellen, bietet sich Ihnen zum einen die Möglichkeit, eine neue leere *Arbeitsmappe* anzulegen, zum anderen können Sie auf eine Excel-Vorlage zurückgreifen und diese für Ihre Zwecke anpassen.

Zum Erstellen einer neuen leeren Arbeitsmappe starten Sie das Programm Excel (z. B. über das Startmenü Ihres Betriebssystems). Ihnen werden daraufhin verschiedene Minivorschauen von Tabellenblättern angezeigt. Entscheiden Sie sich links oben für die Minivorschau **Leere Arbeitsmappe** (❶ auf Seite 78).

Kapitel 3 – Die erste Excel-Datei

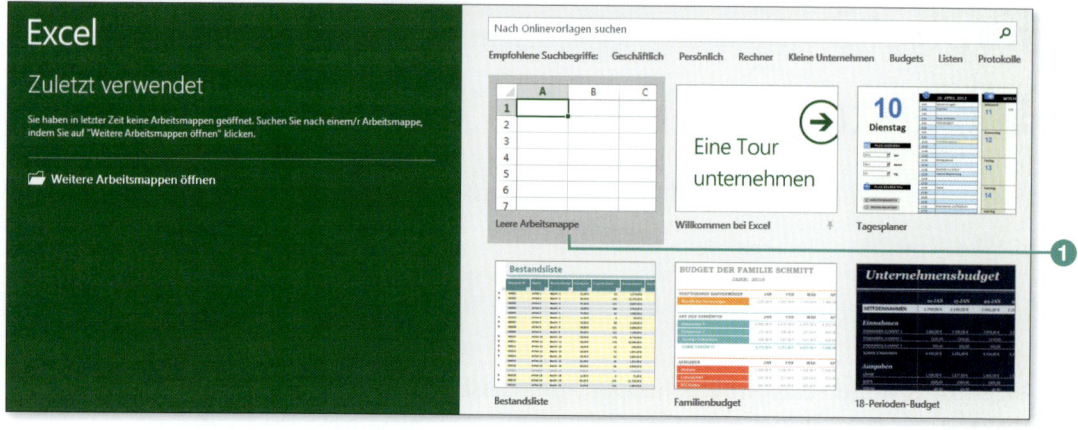

Hier wird eine neue leere Arbeitsmappe erstellt.

Wenn Sie bereits eine Arbeitsmappe geöffnet haben, erfolgt das Erstellen einer neuen leeren Arbeitsmappe etwas anders:

1. Klicken Sie links oben in Excel auf den Reiter **Datei** ❷.

2. Der *Backstage-Bereich* des Programms Excel wird Ihnen angezeigt. Wählen Sie dort **Neu** ❸.

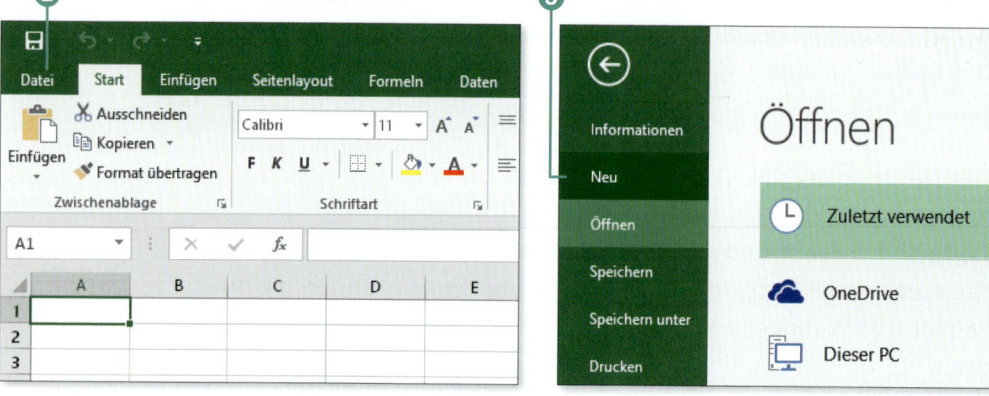

3. Wieder erhalten Sie die Ansicht mit den Minivorschauen und wählen die Minivorschau **Leere Arbeitsmappe** ❹ aus. Das bereits geöffnete Tabellenblatt bleibt im Hintergrund geöffnet.

Eine Excel-Vorlage verwenden

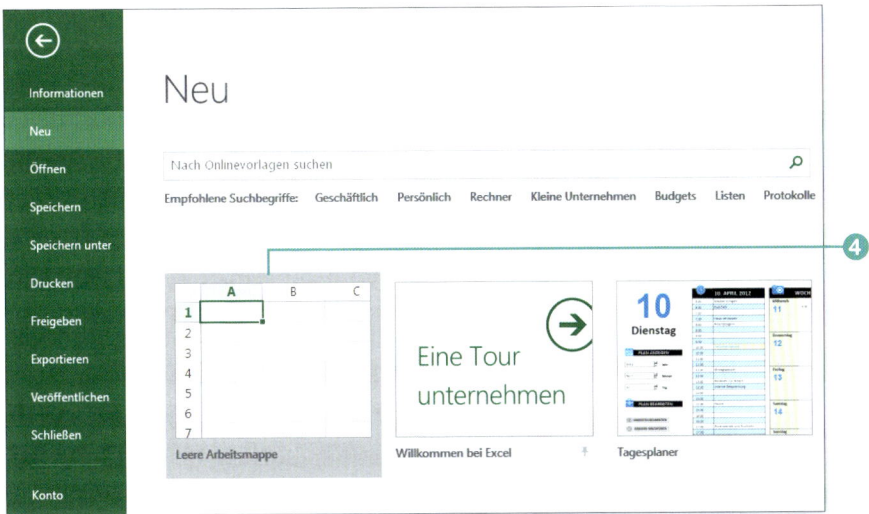

> **TIPP**
>
> **Neue Arbeitsmappe per Tastenkombination erstellen**
>
> Zum Erstellen einer neuen leeren Arbeitsmappe lässt sich in Excel auch eine Tastenkombination einsetzen, und zwar [Strg] + [N]. Halten Sie [Strg] links oder rechts unten auf der Tastatur gedrückt, und drücken Sie dann den Buchstaben [N], um das neue leere Tabellenblatt aufzurufen. Das bereits geöffnete Tabellenblatt bleibt hierbei im Hintergrund geöffnet.

Eine Excel-Vorlage verwenden

Statt eine leere Arbeitsmappe zu erstellen, können Sie auch eine in Excel angebotene Dateivorlage verwenden, um diese als Basis für Ihre Arbeitsmappe zu verwenden. Vorlagen gibt es zu den unterschiedlichsten Themen, z. B. für Budgets, Listen, Pläne, Kalender und viele mehr. Zum Verwenden einer Excel-Vorlage gehen Sie wie folgt vor:

1. Starten Sie Excel, bzw. wählen Sie, wenn Sie bereits eine Arbeitsmappe geöffnet haben sollten, **Datei ▶ Neu**.

2. Ihnen werden verschiedene Minivorschauen mit Vorschlägen für Excel-Vorlagen angezeigt. Um einen der Vorschläge auszuwählen, klicken Sie diesen an.

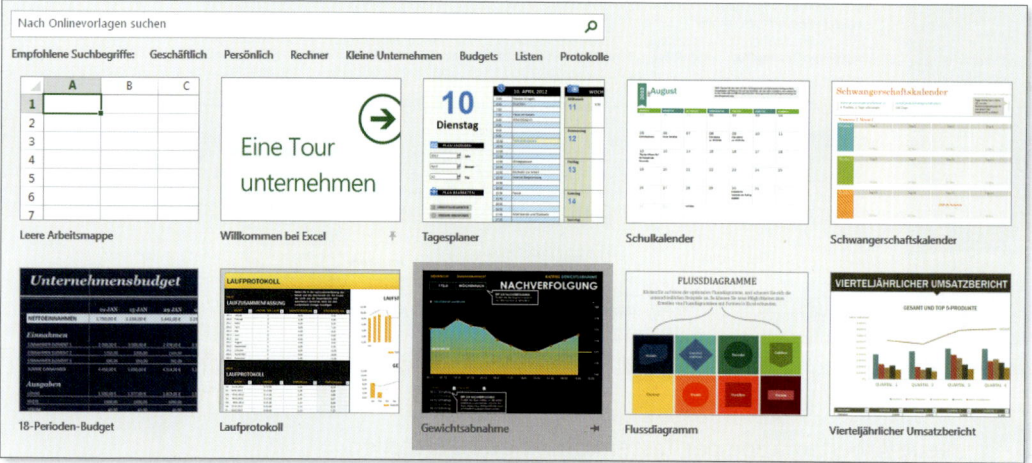

3. Um auf unzählige weitere Excel-Vorlagen zuzugreifen, klicken Sie in das eingebaute Suchfeld ❶ oberhalb der Minivorschauen.

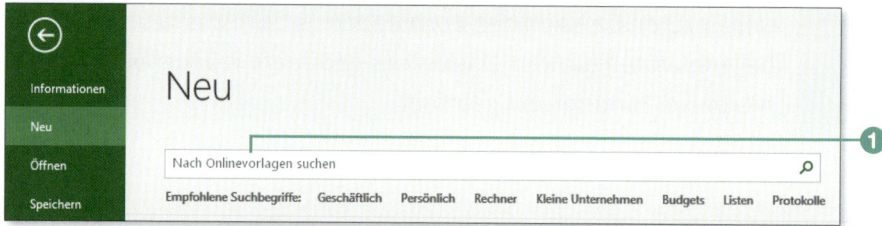

4. Geben Sie die Art der Vorlage ein, die Sie suchen, etwa »budget« (Groß- oder Kleinschreibung spielt bei der Suche keine Rolle). Bestätigen Sie mit ⏎, um die Suche zu starten.

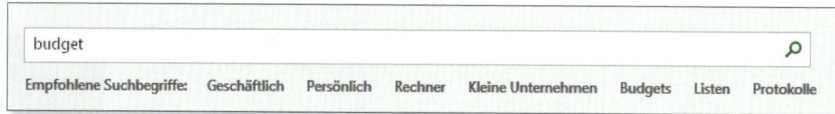

Eine Excel-Vorlage verwenden

5. Sie erhalten – auch hier in Form von Minivorschauen – eine Trefferliste. Bei sehr vielen Treffern lässt sich die Liste mithilfe der Filterleiste, die rechts angezeigt wird, zusätzlich nach Kategorien filtern (siehe die nebenstehende Abbildung).

6. Klicken Sie eine Minivorschau an, die Sie verwenden möchten, hier etwa eine Vorlage für ein **Familienbudget** ❷.

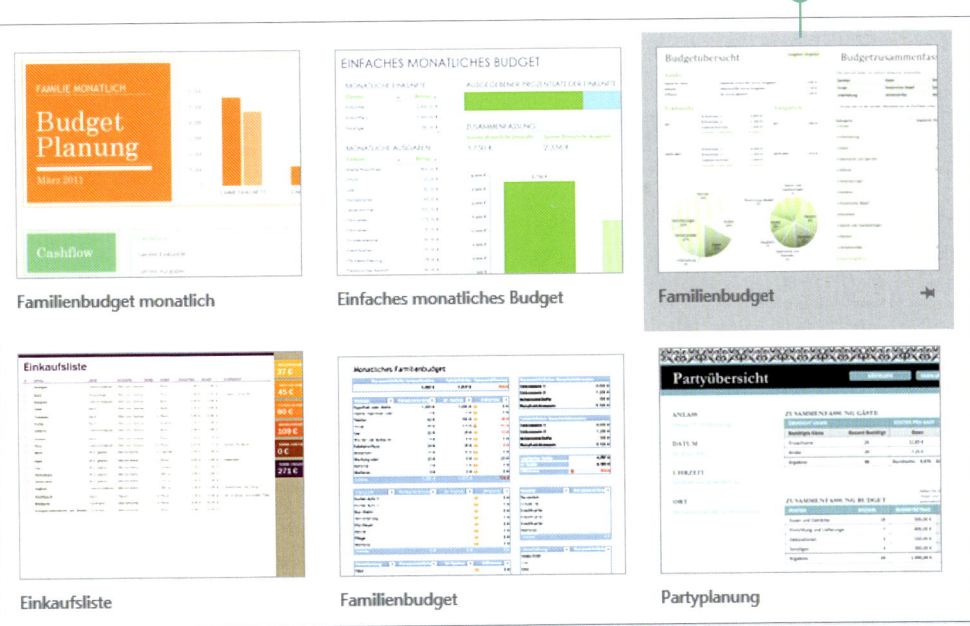

7. Im folgenden Fenster erhalten Sie noch einige Detailinformationen zur Excel-Vorlage. Bestätigen Sie mit **Erstellen** (❸ auf Seite 82), um eine entsprechende Arbeitsmappe anzulegen.

81

Kapitel 3 – Die erste Excel-Datei

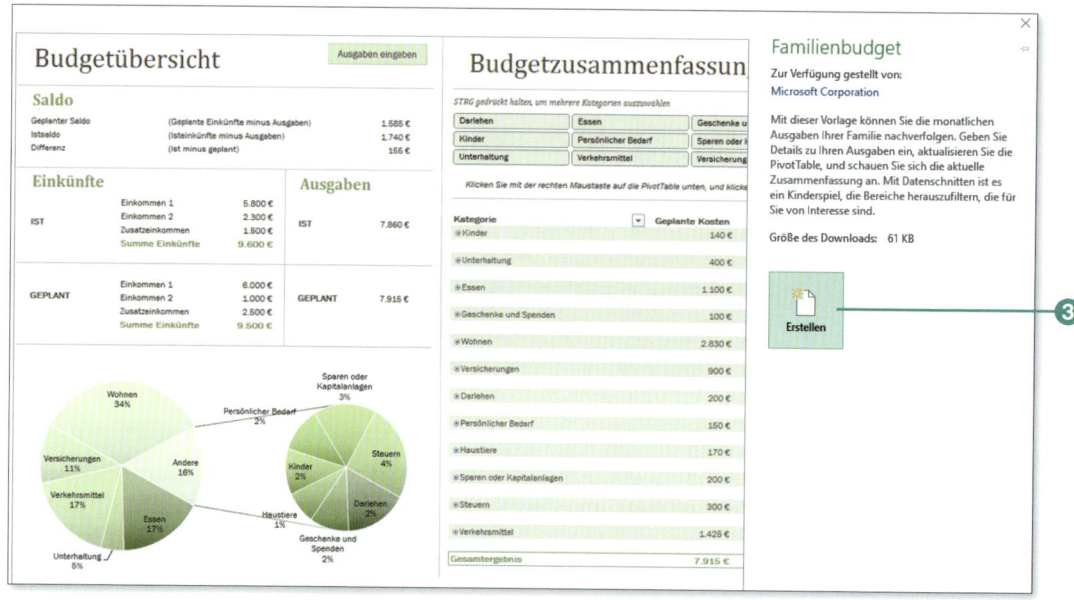

8. Die Excel-Vorlage lässt sich nun individuell anpassen ❹.

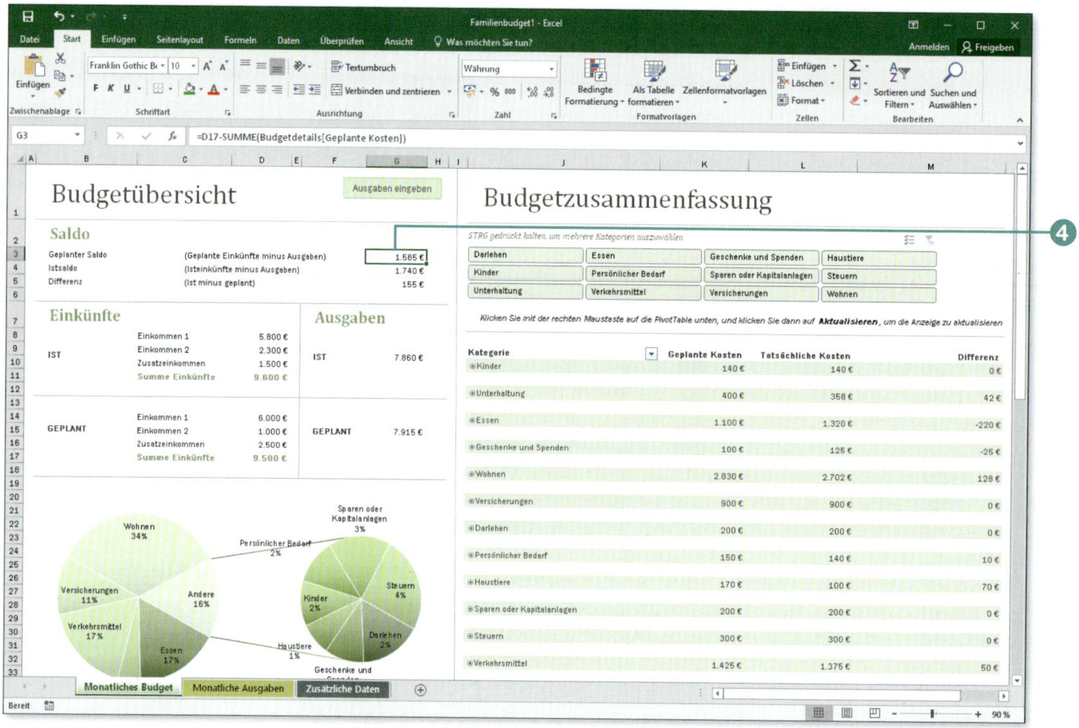

Wie Sie Daten in eine Excel-Datei eingeben bzw. wie Sie vorhandene Daten bearbeiten, erfahren Sie in Kapitel 4, »Daten richtig eingeben«. Im folgenden Abschnitt mache ich Sie vorerst mit dem Aufbau einer Arbeitsmappe vertraut.

Blätter innerhalb einer Arbeitsmappe erstellen

Eine Arbeitsmappe, die Sie in Excel erstellen, besteht aus einem oder mehreren Blättern, die mit unterschiedlichen Inhalten gefüllt werden können. Der Wechsel zwischen den Blättern innerhalb einer Arbeitsmappe erfolgt mithilfe der Reiter unten in der Arbeitsmappe ❶.

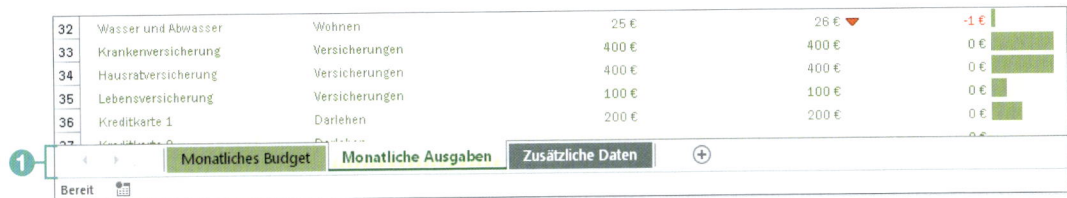

Unten in einer Arbeitsmappe finden Sie Reiter, mit denen Sie zwischen den verfügbaren Blättern wechseln.

Mit wenigen Handgriffen lassen sich weitere Blätter anlegen und individuell benennen. Wie es gemacht wird, zeigt Ihnen die folgende Schrittanleitung:

1. Öffnen Sie für diese Übung am besten eine neue **Leere Arbeitsmappe**.

2. Klicken Sie in der Reiterleiste unten auf das Plussymbol ❷.

3. Das neue Blatt wird prompt eingefügt, und zwar gleich hinter dem jeweils ausgewählten Reiter. Um dem Blatt eine individuelle Bezeichnung zu geben, doppelklicken Sie darauf, sodass es farblich unterlegt erscheint.

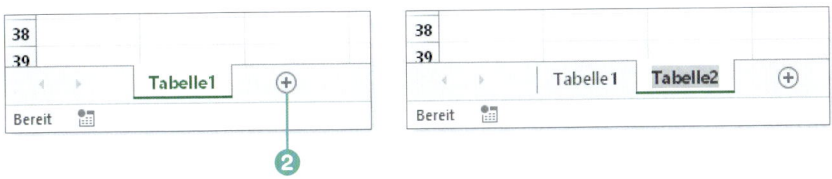

4. Geben Sie die gewünschte neue Bezeichnung ein, und bestätigen Sie mit ⏎.

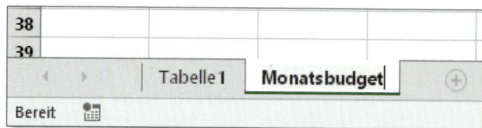

Möchten Sie die Farbe eines Reiters ändern, um diesen in der Reiterleiste hervorzuheben? Klicken Sie den Reiter dazu mit der rechten Maustaste an. Es öffnet sich ein Kontextmenü, in dem Sie den Mauszeiger auf den Eintrag **Registerfarbe** bewegen. Wählen Sie anschließend eine passende Farbe für den Reiter aus.

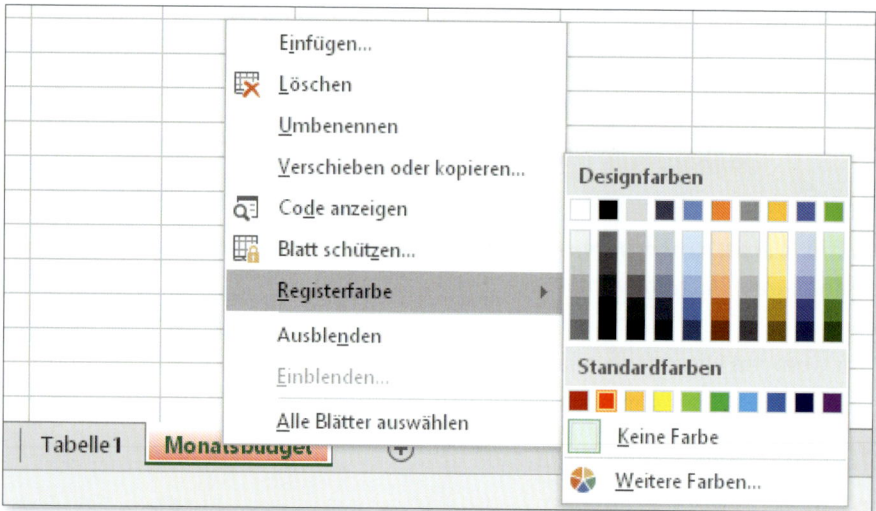

Jeder Reiter lässt sich mit einer individuellen Farbe versehen, was für die bessere Unterscheidung nützlich sein kann.

Ein Blatt lässt sich in der Reiterleiste auch in eine andere Position verschieben. Dazu klicken Sie einen Reiter mit der Maus an, halten die linke Maustaste gedrückt und ziehen den Reiter an die gewünschte Position. Lassen Sie dann einfach die Maustaste los.

Dateien lokal speichern

TIPP

Blätter in eine andere Arbeitsmappe verschieben

Blätter lassen sich bei gedrückter Maustaste auch in eine andere Arbeitsmappe verschieben. Das ist allerdings etwas fummelig, weil Sie dazu beide Arbeitsmappen gleichzeitig geöffnet haben müssen. Leichter geht es so: Klicken Sie einen Reiter mit der rechten Maustaste an, und wählen Sie im Kontextmenü den Eintrag **Verschieben oder kopieren**. Es öffnet sich ein Dialogfenster, in dem Sie durch einen Klick auf den Pfeil im Menü ❸ zunächst die Arbeitsmappe auswählen und dann die Position in der Arbeitsmappe ❹, an die das Blatt verschoben werden soll. Um eine Kopie des Blatts zu erstellen, aktivieren Sie das Kontrollkästchen **Kopie erstellen** ❺, bevor Sie mit **OK** bestätigen.

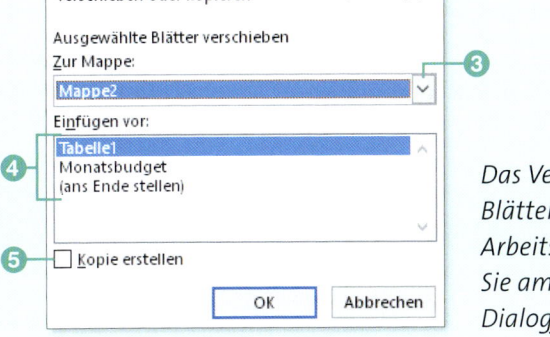

Das Verschieben von Blättern zwischen Arbeitsmappen nehmen Sie am einfachsten im Dialogfenster vor.

Dateien lokal speichern

Wenn Sie ein Arbeitsblatt erstellen und mit Ihren eigenen Daten füllen, möchten Sie dieses in der Regel als Datei speichern. Um eine Excel-Datei lokal auf Ihrem Computer abzuspeichern, gehen Sie folgendermaßen vor:

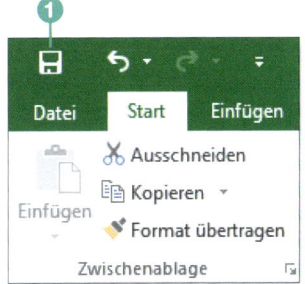

1. Klicken Sie links oben in Excel – in der Symbolleiste für den Schnellzugriff – auf das Diskettensymbol ❶. Alternativ drücken Sie die Tastenkombination [Strg] + [S].

Kapitel 3 – Die erste Excel-Datei

2. Der Backstage-Bereich wird angezeigt. Klicken Sie dort auf die Schaltfläche **Durchsuchen** ❷.

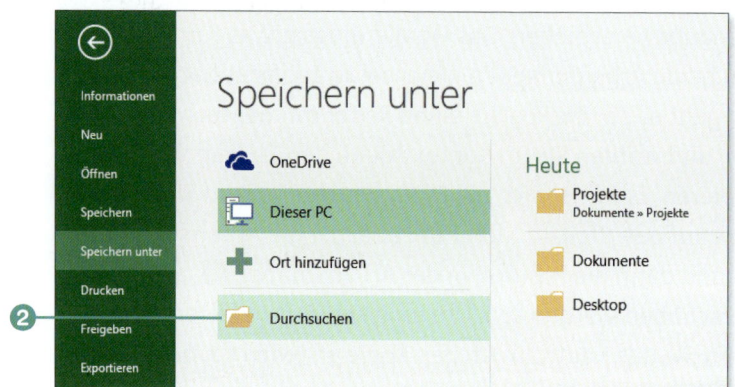

3. Im folgenden Fenster bestimmen Sie den Speicherort ❸ für die Excel-Datei, den Dateinamen ❹ und ändern gegebenenfalls auch noch das Dateiformat ❺ (dazu gleich noch mehr im Abschnitt »Die unterschiedlichen Dateiformate in Excel« ab Seite 91), bevor Sie mit **Speichern** ❻ bestätigen.

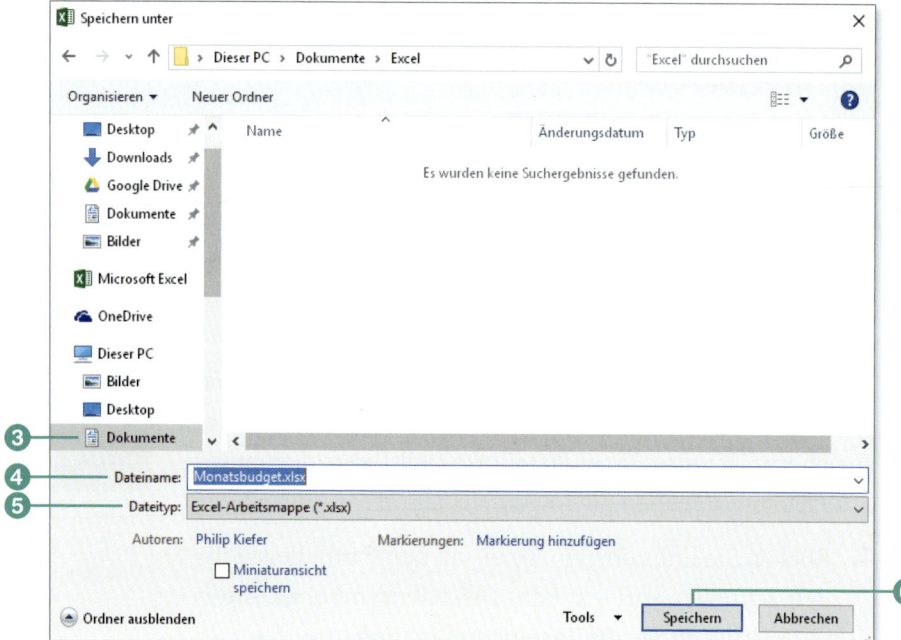

Dateien lokal speichern

Übrigens: Wenn Sie eine noch nicht gespeicherte Excel-Datei über das Kreuzsymbol oben rechts schließen wollen, wird Ihnen in einem Dialogfenster automatisch eine Option zum Speichern angeboten. Klicken Sie in diesem Fall im Dialogfenster auf die Schaltfläche **Speichern**, und verfahren Sie anschließend so wie in Schritt 3 auf Seite 86 beschrieben.

Oder möchten Sie eine bereits gespeicherte Excel-Datei an einem anderen Speicherort, unter einem anderen Namen oder in einem anderen als dem standardmäßig vorgegebenen Dateiformat abspeichern? Dazu wählen Sie links oben in Excel **Datei** und dann **Speichern unter** ❼. (Siehe dazu auch den Abschnitt »Die unterschiedlichen Dateiformate in Excel« ab Seite 91.) Verfahren Sie anschließend auch in diesem Fall weiter wie in Schritt 3 beschrieben. Die Funktion **Speichern unter** rufen Sie in Excel auch auf, indem Sie die Taste F12 drücken.

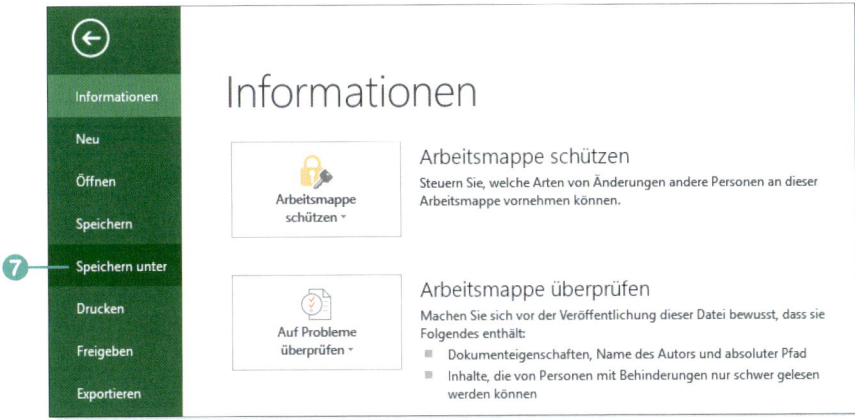

Eine bereits gespeicherte Datei lässt sich jederzeit nochmals an einem anderen Speicherort, unter einem anderen Namen oder in einem anderen Dateiformat speichern.

Als Standardspeicherort für Ihre Excel-Dateien bietet sich unter Windows der Benutzerordner *Dokumente* an. In diesem Benutzerordner können Sie Unterordner wie *Excel-Dateien*, *Budget*, *Listen* usw. anlegen.

Dateien im Internet speichern

Außer lokal auf dem Computer lassen sich Excel-Dateien auch im Internet speichern. Das bietet den Vorteil, dass die Dateien von mehreren Plattformen aus geöffnet und mit anderen Personen geteilt werden können. Man spricht in diesem Zusammenhang auch vom Speichern in der *Cloud* (in der »Wolke«).

Microsoft stellt für das Speichern im Internet insbesondere seinen Cloud-Speicherdienst *OneDrive* bereit. 15 Gigabyte kostenloser Speicherplatz sind inklusive. Weiterer Speicher lässt sich je nach Bedarf nachrüsten.

Wenn Sie bereits über ein Microsoft-Konto verfügen, beispielsweise für die Anmeldung bei Windows, können Sie dieses auch für die Anmeldung bei OneDrive nutzen. Ansonsten ist die Registrierung unter dieser Webadresse schnell erledigt: *https://onedrive.live.com*.

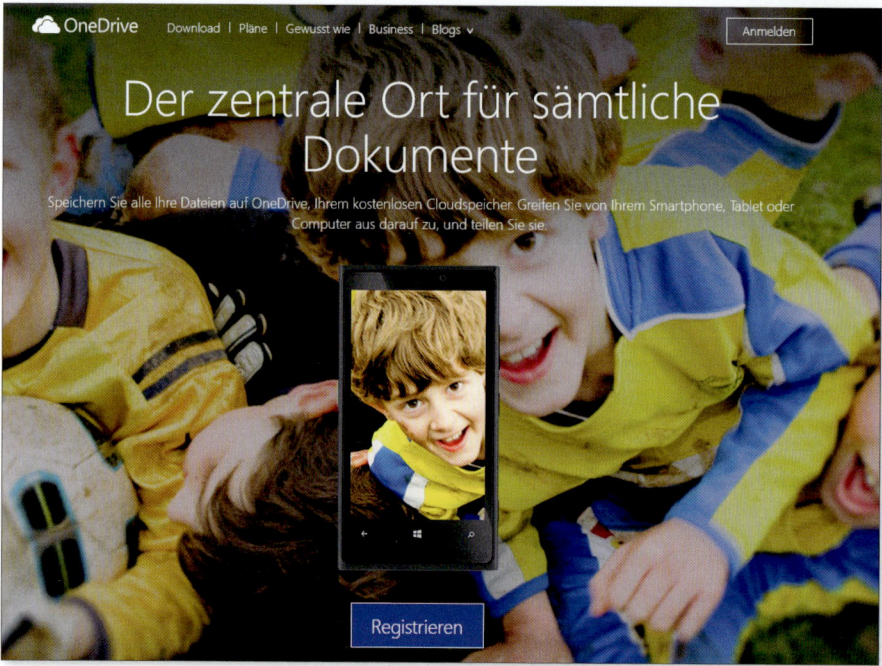

Falls noch kein Microsoft-Konto zur Verfügung steht, registrieren Sie sich online für die OneDrive-Nutzung.

Dateien im Internet speichern

Um eine Arbeitsmappe im Internet zu speichern statt lokal auf dem Computer, führen Sie folgende Schritte aus:

1. Klicken Sie links oben in Excel auf das Diskettensymbol, oder drücken Sie alternativ die Tastenkombination `Strg` + `S`.

2. Wählen Sie den Eintrag **OneDrive** ❶.

3. Klicken Sie auf die Schaltfläche **Anmelden** ❷.

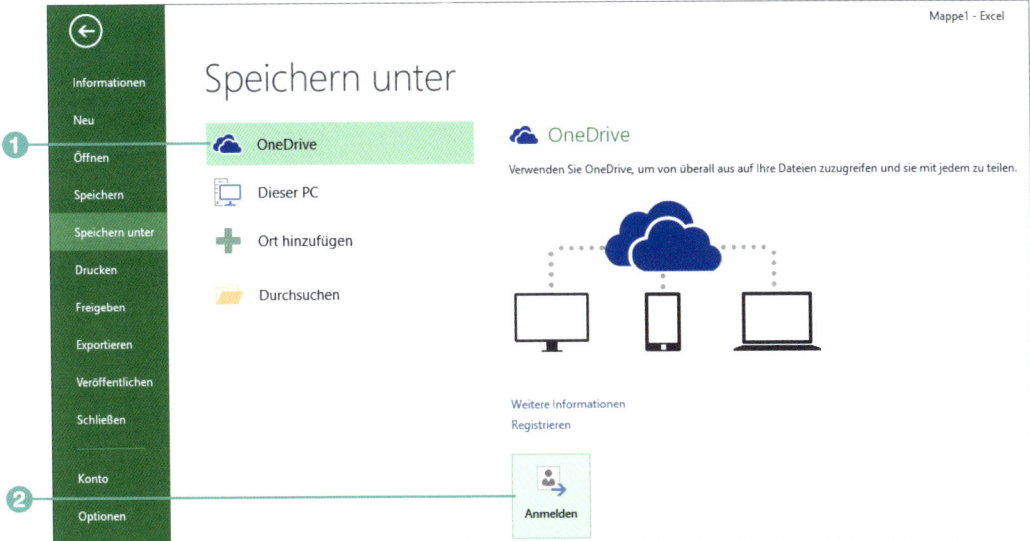

4. Geben Sie die zu Ihrem Microsoft-Konto gehörende E-Mail-Adresse ❸ ein, und bestätigen Sie mit der Schaltfläche **Weiter**.

5. Geben Sie anschließend das zu Ihrem Microsoft-Konto gehörende **Kennwort** ❹ ein, und bestätigen Sie über die Schaltfläche **Anmelden**.

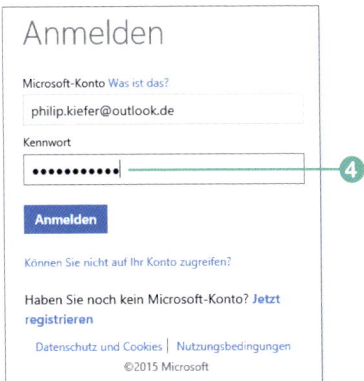

6. Nachdem die Anmeldung erfolgt ist, klicken Sie auf den Speicherort **OneDrive – Persönlich** ❺.

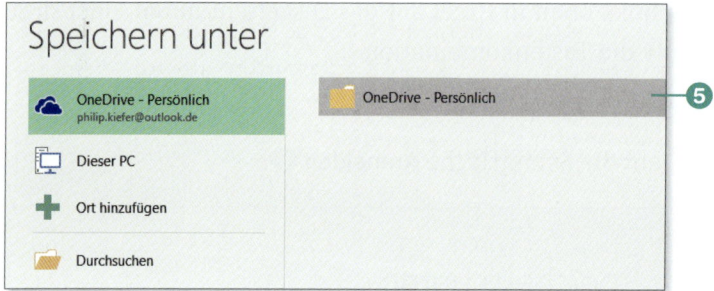

7. Nun geht es weiter wie beim Speichern auf dem Computer (siehe dazu auch den vorherigen Abschnitt »Dateien lokal speichern« ab Seite 85): Wählen Sie gegebenenfalls einen Ordner ❻ aus, bestimmen Sie den Dateinamen ❼, oder passen Sie das Dateiformat ❽ an, bevor Sie die Excel-Datei online speichern.

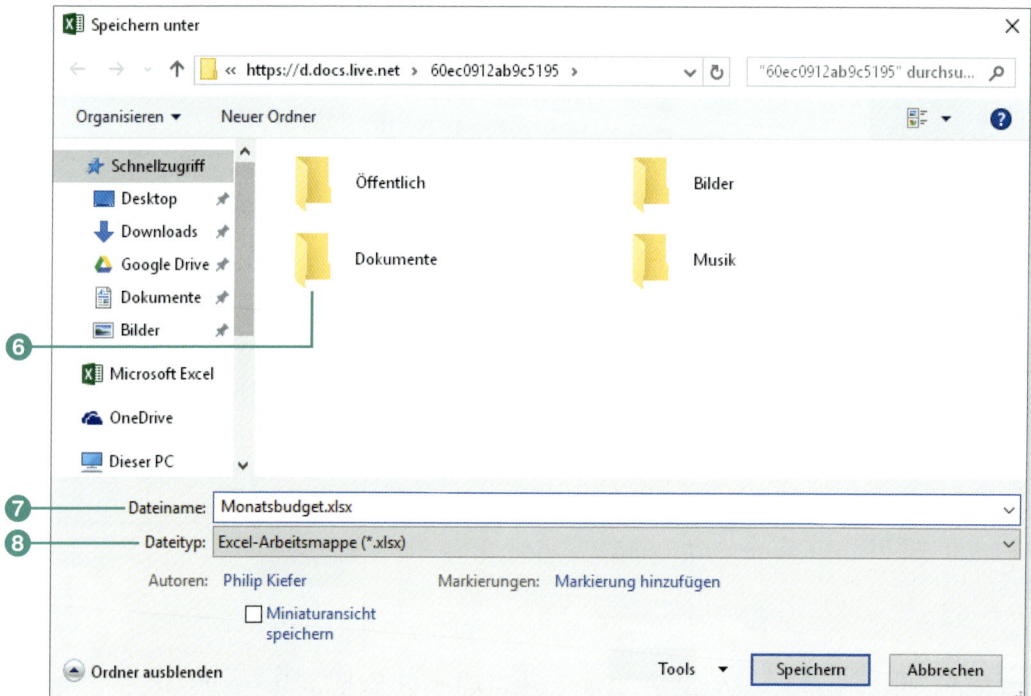

> **TIPP**
>
> **Mehr Gratisspeicher in OneDrive**
>
> Falls Ihnen die 15 Gigabyte kostenloser OneDrive-Speicher nicht ausreichen sollten, brauchen Sie nicht unbedingt gleich mehr Speicher zu kaufen. Wenn Sie in einer OneDrive-App auf einem Smartphone oder Tablet-PC mindestens ein Bild hochladen, erhalten Sie weitere 15 Gigabyte Speicher gratis.

Die unterschiedlichen Dateiformate in Excel

Eine Excel-Datei lässt sich in ganz unterschiedlichen Dateiformaten speichern. Die Auswahl treffen Sie beim Speichern im Menü **Dateityp**.

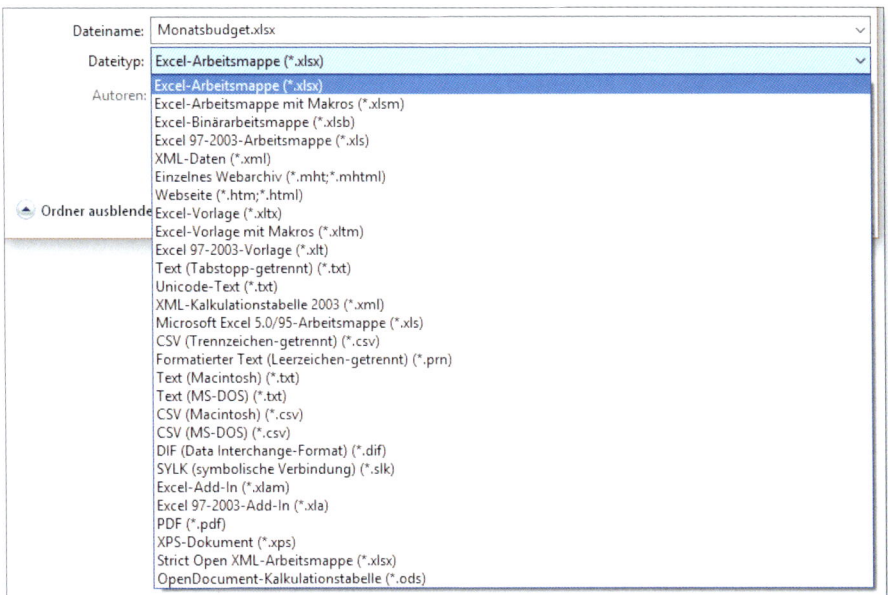

Wählen Sie ein Dateiformat aus, in dem Sie eine Excel-Datei speichern möchten.

In den meisten Fällen werden Sie eine Excel-Datei einfach im Standardformat abspeichern. Doch Sie sollten auch die weiteren verfügbaren Dateiformate kennen. Informationen dazu entnehmen Sie der folgenden Tabelle.

Dateiformat	Kurzbeschreibung
Excel-Arbeitsmappe (*.xlsx)	Dieses Standardformat für Excel-Dateien wurde bereits mit Excel 2007 eingeführt. Es beruht auf der *Extensible Markup Language* (*XML*), die insbesondere bei der plattformübergreifenden Dateinutzung Vorteile bietet.
Excel-Arbeitsmappe mit Makros (*.xlsm)	In diesem Dateiformat werden *Makros* abgespeichert, wobei unter einem Makro eine Folge von Bedienungsschritten zu verstehen ist, mit denen bestimmte Prozesse bei der Excel-Nutzung automatisiert werden können.
Excel-Binärarbeitsmappe (*.xlsb)	Das Speichern im Binärformat kann insbesondere bei umfangreichen Excel-Tabellen Vorteile bringen – sowohl im Hinblick auf schnelleres Öffnen als auch auf eine geringere Dateigröße.
Excel 97-2003-Arbeitsmappe (*.xls)	Dieses frühere Standardformat für Excel-Dateien kann dann wichtig werden, wenn Sie Excel-Dateien mit Nutzern älterer Excel-Versionen austauschen möchten. Auch hierbei handelt es sich um ein Binärformat.
XML-Daten (*.xml)	Excel-Dateien lassen sich auch direkt im XML-Format speichern, sofern entsprechende Zuordnungen bestehen.
Einzelnes Webarchiv (*.mht; *.mthml)	Beim Speichern als Webarchiv wird eine Excel-Datei mitsamt Bildern in einer Archivdatei gespeichert, die dann in einem Webbrowser geöffnet werden kann.

Die unterschiedlichen Dateiformate in Excel

Dateiformat	Kurzbeschreibung
Webseite (*.htm; *.html)	Auch das Speichern einer Excel-Datei als Webseite ist möglich, wobei Bilder in diesem Fall in einem zusätzlichen Ordner abgelegt werden, der automatisch nach der Excel-Datei benannt wird.
Excel-Vorlage (*.xltx)	Soll eine Excel-Datei als Vorlage für weitere Excel-Dateien dienen? Dann speichern Sie sie als Excel-Vorlage ab. Das t in der Dateiendung steht für das englische Wort *Template* für Vorlage.
Excel-Vorlage mit Makros (*.xltm)	Excel-Vorlagen mit Makros speichern Sie in diesem Dateiformat ab.
Excel 97-2003-Vorlage (*.xlt)	Bei Excel-Vorlagen, die auf dem früheren Dateistandard beruhen sollen, wählen Sie dieses Dateiformat.
Text (Tabstopp-getrennt) (*.txt)	Dieses simpelste Dateiformat beinhaltet nur Text. Die Trennung der Daten erfolgt mithilfe von Tabstopps.
Unicode-Text (*.txt)	Auch bei diesem Dateiformat erfolgt das Speichern der Excel-Datei als Text, und zwar als Unicode-Text, einem speziellen Zeichencodierungsstandard.
XML-Kalkulationstabelle 2003 (*.xml)	Dieses XML-Dateiformat stand bereits in Excel 2002 zur Verfügung. Sie werden es aber heute kaum noch benötigen.
Microsoft Excel 5.0/95-Arbeitsmappe (*.xls)	Falls eine Person eine ganz alte Excel-Version verwenden sollte, können Sie die Excel-Datei in diesem Format abspeichern. Viele Funktionalitäten aus Excel 2016 gehen dabei natürlich verloren.

Dateiformat	Kurzbeschreibung
CSV (Trennzeichen-getrennt) (*.csv)	Die Abkürzung CSV steht für *Comma-separated values* – durch Komma getrennte Werte. De facto handelt es sich auch hierbei um eine Textdatei, wobei die Trennung der Datensätze in diesem Fall durch Strichpunkte erfolgt.
Formatierter Text (Leerzeichen-getrennt) (*.prn)	Bei diesem Dateiformat werden die Daten durch Leerzeichen getrennt. Dieses Format entstammt dem nicht mehr vermarkteten Lotus-Office-Paket von IBM.
Text (Macintosh) (*.txt)	Wenn eine Textdatei mit Excel-Daten auf einem Mac eingesetzt werden soll, speichern Sie diese in diesem Dateiformat ab.
Text (MS-DOS) (*.txt)	Wenn eine Textdatei mit Excel-Daten auf einem Computer mit MS-DOS-Betriebssystem verwendet werden soll, speichern Sie diese in diesem Dateiformat ab.
CSV (Macintosh) (*.csv)	Wenn eine CSV-Datei auf einem Mac eingesetzt werden soll, verwenden Sie dieses Dateiformat.
CSV (MS-DOS) (*.csv)	Wenn eine CSV-Datei auf einem Computer mit MS-DOS-Betriebssystem eingesetzt werden soll, verwenden Sie dieses Dateiformat.
DIF (Data Interchange-Format) (*.dif)	Dieses Textformat speichert einzelne Blätter einer Arbeitsmappe und wurde speziell für den Datenaustausch zwischen verschiedenen Tabellenkalkulationsprogrammen konzipiert.

Die unterschiedlichen Dateiformate in Excel

Dateiformat	Kurzbeschreibung
SYLK (symbolische Verbindung) (*.slk)	Auch hierbei handelt es sich um ein Format zum Austausch einzelner Blätter einer Arbeitsmappe zwischen verschiedenen Tabellenkalkulationsprogrammen. Die Abkürzung SYLK steht für *Symbolic Link* – symbolische Verbindung.
Excel-Add-In (*.xlam)	Dieses Dateiformat unterstützt sowohl Makros als auch VBA-Projekte (*Visual Basic for Applications* ist eine Skriptsprache, mit der die verschiedensten Excel-Programme erstellt werden können).
Excel 97-2003-Add-In (*.xla)	Dieses Dateiformat unterstützt VBA-Projekte, jedoch keine Makros.
PDF (*.pdf)	PDF steht für *Portable Document Format* – transportables Dokumentenformat. Speichern Sie fertige Excel-Dateien in diesem Dateiformat, um sie anderen Personen zur Verfügung zu stellen – für das Betrachten von PDF-Dateien ist kein Excel erforderlich, und sie werden auf allen Plattformen gleich angezeigt. PDF-Dateien lassen sich in Excel aber nicht mehr bearbeiten.
XPS-Dokument (*.xps)	XPS (die Abkürzung steht für *XML Paper Specification*) ist eine von Microsoft selbst entwickelte Alternative zum PDF. Dieses Dateiformat spielt allerdings nur eine sehr untergeordnete Rolle.

Dateiformat	Kurzbeschreibung
Strict Open XML-Arbeitsmappe (*.xlsx)	Dieses Dateiformat richtet sich nach einem bestimmten ISO-Format (ISO = *International Organization for Standardization*); die Dateiendung entspricht dabei dem Standardformat.
OpenDocument-Kalkulationstabelle (*.ods)	Last, but not least: Dieses Dateiformat dient dem Speichern in einem Format, das von einigen freien Office-Anwendungen verwendet wird, etwa *OpenOffice.org* oder *Google Docs*.

> **TIPP**
>
> **Das Standard-Dateiformat festlegen**
>
> Möchten Sie statt dem Format *Excel-Arbeitsmappe (*.xlsx)* ein anderes Format als Standard verwenden? Dazu klicken Sie links oben in Excel auf **Datei** und wählen im Backstage-Bereich **Optionen**. In den Optionen klicken Sie links auf **Speichern**. Im Menü **Dateien in diesem Format speichern** legen Sie dann den gewünschten Standard fest. Bestätigen Sie Ihre Einstellungen zum Schluss mit **OK**.
>
>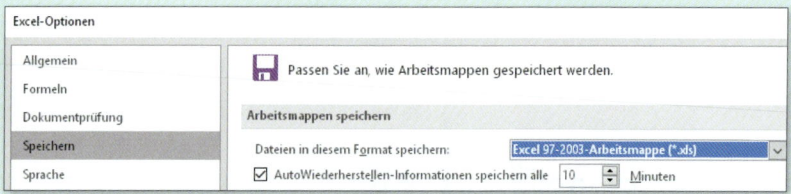
>
> *Legen Sie fest, in welchem Dateiformat Sie Ihre Excel-Dateien standardmäßig speichern möchten.*

Dateien öffnen

Sie wissen nun, wie Sie Excel-Dateien in unterschiedlichen Formaten auf dem Computer oder im Internet speichern. Jetzt stelle ich Ihnen verschiedene Möglichkeiten vor, wie Sie Excel-Dateien öffnen können.

Die erste Möglichkeit, eine Excel-Datei zu öffnen, besteht darin, am jeweiligen Speicherort auf die Datei ❶ doppelzuklicken. Die Datei wird dann automatisch in Excel (bzw. je nach Dateiformat auch in einem anderen Programm) aufgerufen. Unter

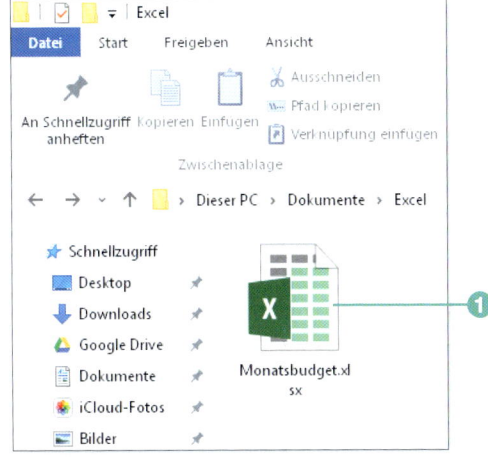

Windows verwenden Sie für den Zugriff auf Ihre Speicherorte und Dateien das Programm *Explorer* (auch *Datei-Explorer* oder in älteren Windows-Versionen *Windows-Explorer*).

Wenn Sie den Explorer verwenden, um auf Ihre Excel-Dateien zuzugreifen, sollten Sie die folgenden beiden Funktionen beim Speichern von Excel-Dateien kennen:

- Aktivieren Sie beim Speichern einer Excel-Datei das Kontrollkästchen **Miniaturansicht speichern** ❷, so wird Ihnen im Explorer statt des Dateisymbols eine Miniaturansicht der Excel-Datei angezeigt.

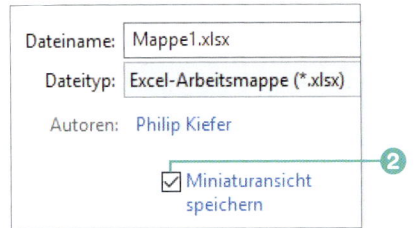

- Für die schnelle Suche nach Excel-Dateien bieten sich Markierungen an, die Sie ebenfalls beim Speichern einer Excel-Datei anlegen (oder nachträglich in den Dateieigenschaften, die Sie per Rechtsklick auf die Datei und die Menüwahl **Eigenschaften** aufrufen). Markierungen sind einfach Beschriftungen, die Sie mit einer Excel-Datei verknüpfen und nach denen Sie dann auch suchen können. Geben Sie Ihre Markierungen in das Eingabefeld **Markierungen** (❸ auf Seite 98) ein, wobei Sie mehrere Markierungen durch Strichpunkte trennen, die Excel automatisch hinzufügt.

Kapitel 3 – Die erste Excel-Datei

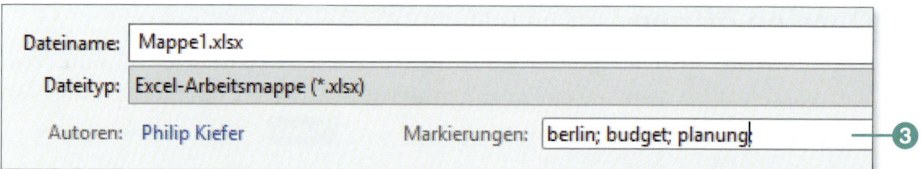

Oder möchten Sie eine Excel-Datei direkt in Excel öffnen? Wenn Sie Excel starten, finden Sie links eine Liste der von Ihnen zuletzt verwendeten Arbeitsmappen. Klicken Sie eine Arbeitsmappe ❹ an, um diese aufzurufen.

Um auf andere gespeicherte Arbeitsmappen zuzugreifen, wählen Sie die Schaltfläche **Weitere Arbeitsmappen öffnen** ❺. Wählen Sie im folgenden Fenster den Speicherort und die dort befindliche Excel-Datei aus.

Haben Sie bereits eine Arbeitsmappe geöffnet, finden Sie die Option zum Öffnen einer weiteren Arbeitsmappe im Backstage-Bereich: Wählen Sie **Datei ▶ Öffnen**. Alternativ lässt sich auch die Tastenkombination `Strg` + `O` einsetzen.

Wählen Sie eine der zuletzt verwendeten Excel-Dateien aus, oder öffnen Sie eine andere Excel-Datei.

Die Autowiederherstellung nutzen

Wenn der Computer mal abstürzt, müssen ungespeicherte Daten deshalb nicht verloren sein. Excel bietet eine automatische Speicherung der Daten an. Standardmäßig erfolgt das automatische Speichern alle zehn Minuten. Doch Sie können auch einen kürzeren Turnus wählen. Das geht so:

1. Klicken Sie links oben in Excel auf **Datei**.
2. Wählen Sie im Backstage-Bereich den Eintrag **Optionen**.
3. Im sich öffnenden Fenster mit den Excel-Optionen klicken Sie links auf den Eintrag **Speichern** ❶.

Die Autowiederherstellung nutzen

4. Achten Sie darauf, dass das Kontrollkästchen **AutoWiederherstellen-Informationen speichern alle** ❷ aktiviert ist. Im zugehörigen Eingabefeld legen Sie den Turnus für die automatische Speicherung Ihrer Daten fest. Bestätigen Sie mit **OK**.

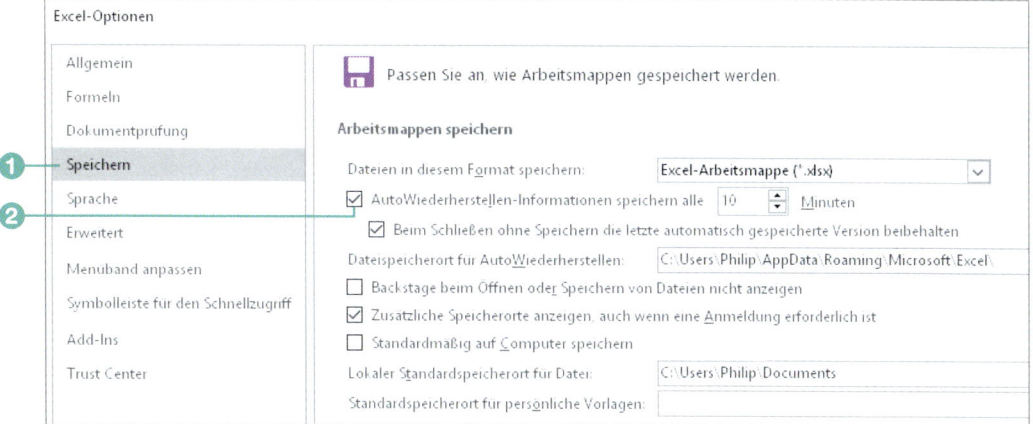

Wenn Sie Excel starten und Dateien für die Wiederherstellung zur Verfügung stehen, wird Ihnen das angezeigt. Klicken Sie dann auf die Schaltfläche **Wiederhergestellte Dateien anzeigen** ❸, um anschließend die Datei auswählen zu können.

Excel-Dateien, die wiederhergestellt werden können, lassen sich nach dem Start des Programms auswählen.

Wird die Schaltfläche nicht angezeigt und möchten Sie trotzdem eine wiederhergestellte Datei öffnen, wählen Sie die Schaltfläche **Weitere Arbeitsmappen öffnen** bzw. bei bereits geöffneter Arbeitsmappe **Datei ▶ Öffnen**. Klicken Sie dann unten in Excel auf die Schaltfläche **Nicht gespeicherte Arbeitsmappen wiederherstellen** (❹ auf Seite 100), um anschließend die Datei auswählen zu können.

Kapitel 3 – Die erste Excel-Datei

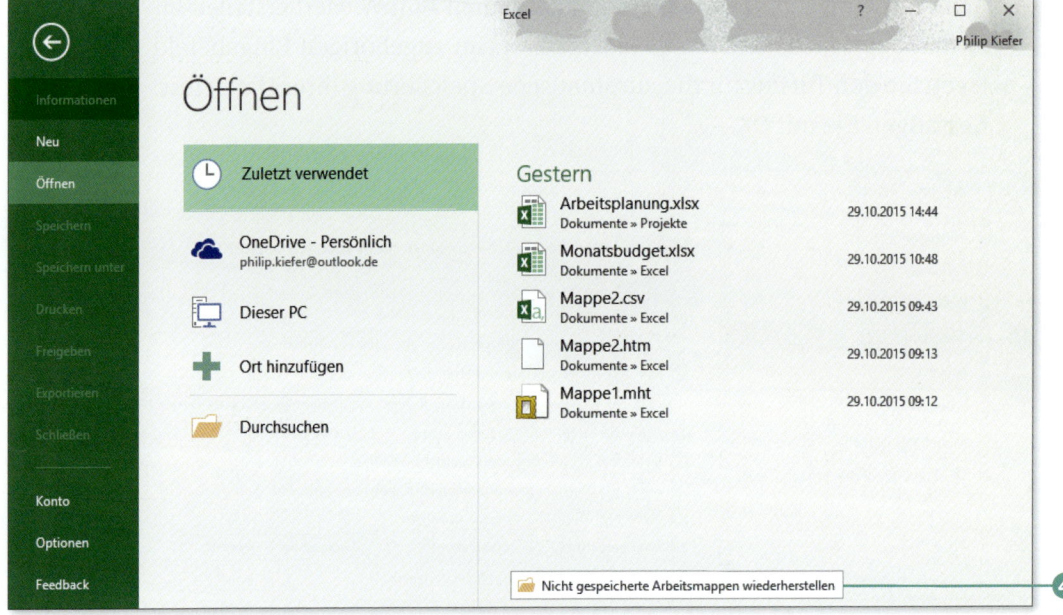

Falls die Option zum Wiederherstellen von Dateien nicht angezeigt wird, finden Sie diese auch im »Öffnen«-Dialog des Backstage-Bereichs.

Drucken

In vielen Fällen möchten Sie Ihre Excel-Dateien nicht nur auf dem Computer speichern, sondern auch zu Papier bringen. Ist ein Drucker an Ihren Computer angeschlossen, sind die notwendigen Druckertreiber installiert und ist der Drucker betriebsbereit, gehen Sie dazu wie folgt vor:

1. Klicken Sie links oben in Excel auf **Datei**.

2. Wählen Sie im Backstage-Bereich den Eintrag **Drucken**. (Alternativ zu den Schritten 1 und 2 drücken Sie die Tastenkombination [Strg] + [P].)

3. Ihnen wird eine Druckvorschau angezeigt, in der Sie das Layout prüfen, bevor Sie die Blätter mit **Drucken** zu Papier bringen. Vorher lassen sich einige Druckoptionen festlegen, die ich Ihnen gleich anschließend vorstelle.

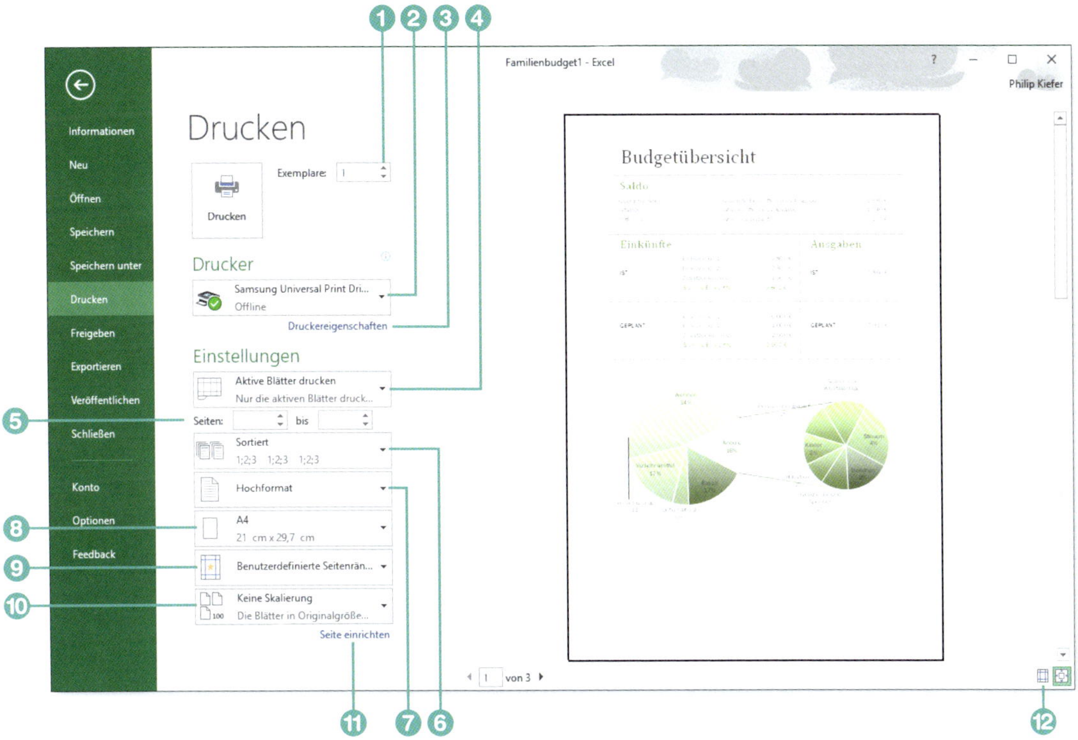

Drucken

Diese Druckoptionen werden Ihnen in Menüs und Feldern links neben der Druckvorschau angeboten:

❶ Wie viele Ausdrucke sind gewünscht? Die Anzahl legen Sie im Feld **Exemplare** per Klick auf die Pfeilsymbole fest.

❷ Legen Sie im Menü **Drucker** fest, welcher Drucker für den Ausdruck verwendet werden soll. Sie finden in dem Menü auch Optionen zum Speichern als PDF- bzw. XPS-Datei sowie zum Senden an Microsofts Notizentool *OneNote*.

❸ Wenn Sie die Option **Druckereigenschaften** anklicken, finden Sie druckerspezifische Eigenschaften zur Grafikqualität, zu Wasserzeichen usw.

❹ Im ersten Menü des Abschnitts **Einstellungen** bestimmen Sie, was ausgedruckt werden soll: nur die aktiven Blätter, die gesamte Arbeitsmappe oder nur die aktuelle, mit der Maus markierte Auswahl innerhalb eines Blatts? Aktiv nennt man übrigens diejenigen Blätter, die Sie in der

Kapitel 3 – Die erste Excel-Datei

Registerleiste markiert haben – mehrere Register klicken Sie zum Markieren bei gedrückter ⟨Strg⟩-Taste an.

❺ Sollen nicht alle Seiten ausgedruckt werden, sondern nur bestimmte? Dann geben Sie unter **Seiten** die auszudruckenden Seiten an.

❻ Sortiert oder getrennt: Beim Ausdruck mehrerer Exemplare bestimmen Sie per Menü, ob mehrere Seiten sortiert (nach Exemplaren) ausgedruckt werden sollen oder getrennt (nach Seiten).

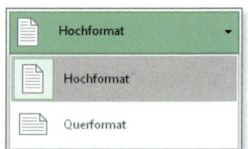

❼ Hochformat oder Querformat: Bei breiteren Tabellen kann sich der Ausdruck im Querformat anbieten. Wählen Sie vor einem Ausdruck per Menü aus, ob dieser im Hochformat oder im Querformat erfolgen soll.

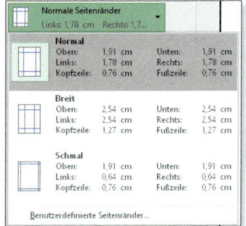

❽ Auch das Papierformat lässt sich per Menü anpassen, wobei Sie in den meisten Fällen das Standardformat DIN A4 verwenden werden.

❾ Möchten Sie die Seitenränder anpassen? Auch das ist noch per Menü links neben der Druckvorschau möglich.

❿ Wenn ein Tabellenblatt nicht auf das Papier passt, kann eine Skalierung Abhilfe schaffen. Bestimmen Sie, ob das komplette Blatt auf die Seite passen soll oder auch alle Spalten bzw. Zeilen.

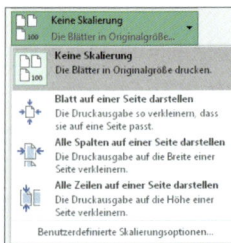

⓫ Wenn Sie die Option **Seite einrichten** anklicken, finden Sie noch einige weitere Einstellungen, etwa das Einfügen von Kopf- oder Fußzeilen oder das Ausdrucken in Schwarz-Weiß.

> **TIPP**
>
> **Seitenränder mit der Maus festlegen**
>
> Die Seitenränder lassen sich alternativ auch mit der Maus festlegen. Dazu finden Sie rechts unterhalb der Druckvorschau das Symbol **Seitenränder anzeigen** ⓬. Klicken Sie das Symbol an, um anschließend bei gedrückter Maustaste die Seitenränder in Position ziehen zu können. Um die Schaltfläche wieder zu deaktivieren, klicken Sie sie erneut an.

Ihre Anpassungen werden jeweils in der Druckvorschau dargestellt, sodass Sie vor einem Ausdruck genau prüfen können, wie die Darstellung auf dem Papier erfolgen wird. Unterhalb der Druckvorschau sehen Sie die jeweilige Seitenzahl.

Wenn Sie kein ganzes Tabellenblatt ausdrucken möchten, sondern nur bestimmte Inhalte innerhalb eines Blatts, legen Sie einen entsprechenden Druckbereich fest. Wie das funktioniert, zeige ich Ihnen in der folgenden kleinen Anleitung. Haben Sie noch Ihre Arbeitsmappe zum Familienbudget geöffnet (siehe dazu den Abschnitt »Eine Excel-Vorlage verwenden« ab Seite 79), können Sie diese nun gleich dafür verwenden. Es eignet sich aber jede andere Arbeitsmappe dafür, in der sich bereits Inhalte befinden.

1. Markieren Sie – durch Ziehen bei gedrückter Maustaste – die Inhalte, die Sie ausdrucken möchten.

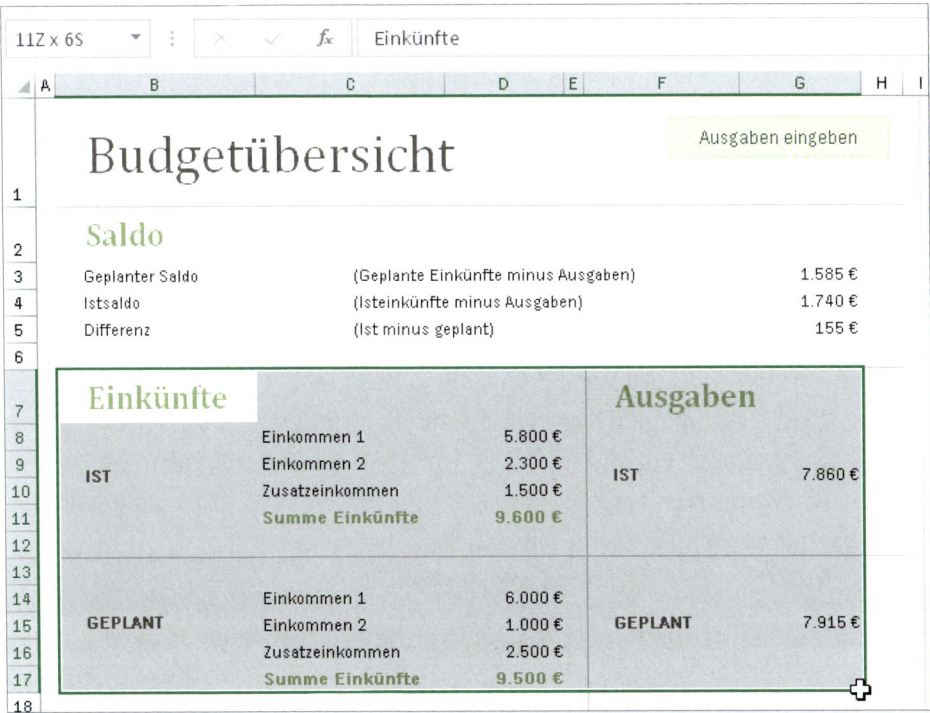

2. Entscheiden Sie sich im Menüband für den Reiter **Seitenlayout** (❶ auf Seite 104).

Kapitel 3 – Die erste Excel-Datei

3. Wählen Sie hier die Schaltfläche **Druckbereich** ❷ und dann **Druckbereich festlegen**.

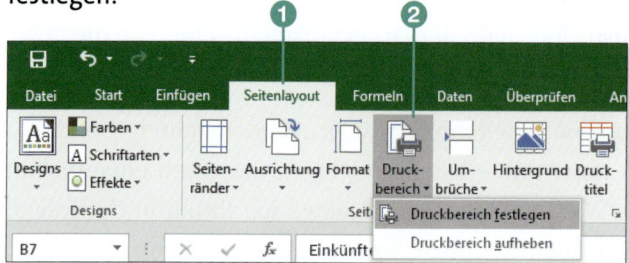

4. Wenn Sie sich für **Datei ▸ Drucken** entscheiden, stellen Sie fest, dass lediglich der gewählte Druckbereich für den Ausdruck vorgesehen wird.

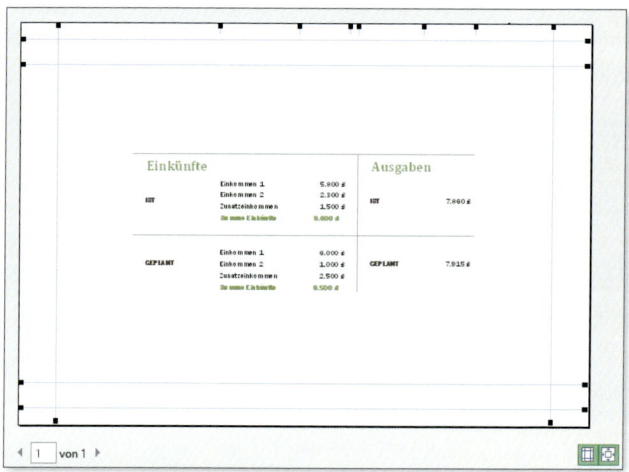

Dem Druckbereich lassen sich nun noch weitere Inhalte hinzufügen. Dazu wechseln Sie über die Pfeil-Schaltfläche oben links wieder in Ihr Dokument, markieren dort weitere Inhalte, wählen im Menüband erneut den Reiter **Seitenlayout** und klicken unter der Schaltfläche **Druckbereich** auf **Zum Druckbereich hinzufügen** ❸. Wenn Sie nun erneut den Drucken-Dialog über **Datei ▸ Drucken** oder auch [Strg] + [P] aufrufen, werden Sie in der Druckvorschau sehen, dass Ihre ursprüngliche Auswahl um diese Inhalte erweitert wurde.

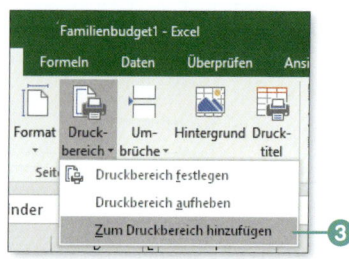

Die verschiedenen Ansichten in Excel

Um Ihre Auswahl schließlich wieder aufzuheben, klicken Sie in der Datei unter dem Reiter **Seitenlayout** auf die Schaltfläche **Druckbereich** und wählen **Druckbereich aufheben**.

Die verschiedenen Ansichten in Excel

Excel bietet verschiedene Ansichten, die Sie je nach Bedarf auswählen. Die Auswahl treffen Sie entweder im Menüband unter **Ansicht** und dort in der Gruppe **Arbeitsmappenansichten** oder aber per Symbol rechts unten in Excel.

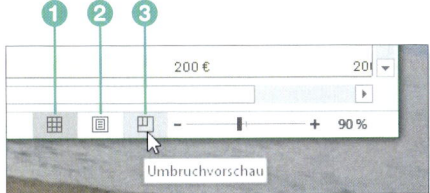

Die Ansicht in Excel lässt sich unter anderem per Symbol festlegen.

Lassen Sie mich Ihnen die Ansichten in Excel in einem kleinen Überblick vorstellen:

① **Normal:** Diese Ansicht wird in Excel standardmäßig dargestellt. Die Darstellung ist für die Arbeit am Bildschirm optimiert und berücksichtigt nicht einen möglichen Ausdruck.

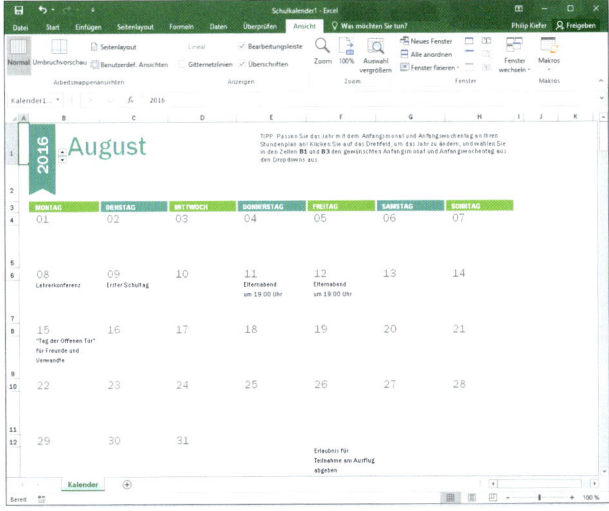

❷ **Seitenlayout**: Diese Ansicht schließlich stellt die Inhalte eines Blatts so auf Seiten dar, wie sie dann auch ausgedruckt werden. Sie ähnelt also der Druckvorschau, die Sie im vorherigen Abschnitt »Drucken« ab Seite 100 kennengelernt haben.

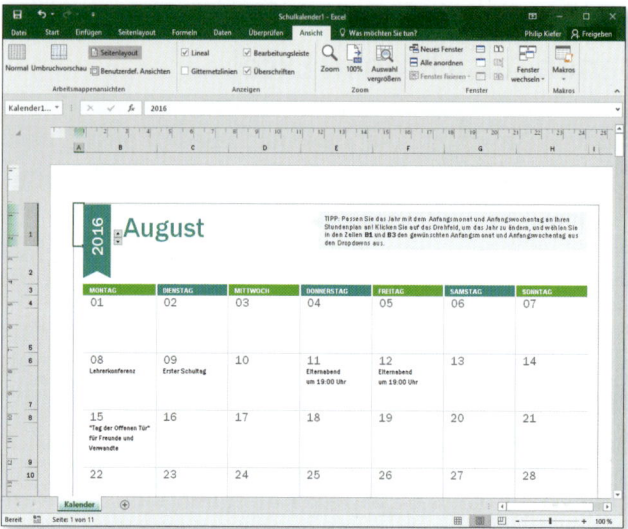

❸ **Umbruchvorschau**: In dieser Ansicht wird in einer verkleinerten Normalansicht angezeigt, welche Inhalte eines Blatts auf welchen Seiten ausgedruckt werden, sollte ein Ausdruck gewünscht sein.

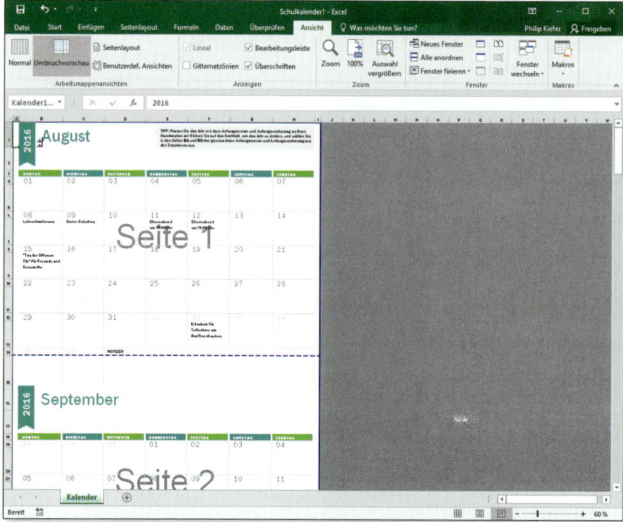

> **INFO**
>
> **Hilfsmittel ein- und ausblenden**
>
> Ebenfalls im Menüband unter **Ansicht** finden Sie die Gruppe **Anzeigen** mit Kontrollkästchen zum Ein- bzw. Ausblenden verschiedener Hilfsmittel: das **Lineal** (nur in der Ansicht **Seitenlayout**), **Gitternetzlinien**, die Zeilen und Spalten markieren, die **Bearbeitungsleiste** sowie **Überschriften** für Zeilen und Spalten.
>
>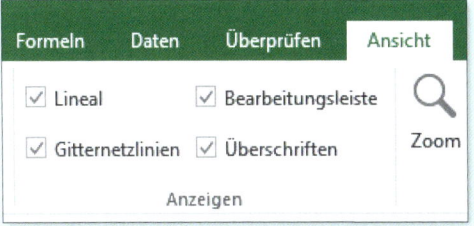
>
> *Blenden Sie Hilfsmittel wie z. B. die Gitternetzlinien je nach Bedarf aus und wieder ein.*

Mehrere Arbeitsmappen parallel verwenden

Wenn Sie an mehreren Arbeitsmappen gleichzeitig arbeiten, lohnt es sich, die für diesen Zweck vorgesehenen Fensterfunktionen kennenzulernen, etwa um zwei Arbeitsmappen neben- oder untereinander zu positionieren. Auch diese Funktionen rufen Sie im Menüband unter **Ansicht** auf. Der folgende Überblick soll Ihnen bei der Verwendung der verschiedenen Fensterfunktionen helfen:

- Zwischen mehreren geöffneten Arbeitsmappen wechseln: Dazu klicken Sie im Menüband unter **Ansicht** auf die Schaltfläche **Fenster wechseln** und wählen die gewünschte Arbeitsmappe aus.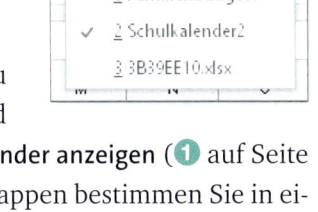

- Fenster untereinander anzeigen: Um das zu bewerkstelligen, klicken Sie im Menüband unter **Ansicht** auf die Schaltfläche **Nebeneinander anzeigen** (❶ auf Seite 108). Bei mehr als zwei geöffneten Arbeitsmappen bestimmen Sie in einem Dialogfenster die zweite darzustellende Arbeitsmappe. Per Schaltfläche **Synchrones Scrollen** ❷ lässt sich ein gleichzeitiges Rollen (Scrollen) in den Arbeitsmappen aktivieren bzw. deaktivieren.

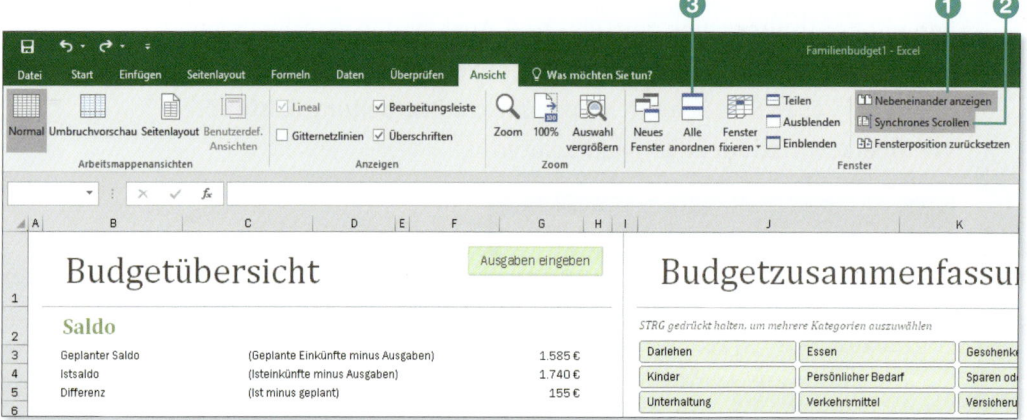

- Fenster nebeneinander anzeigen: Dazu klicken Sie auf die Schaltfläche **Alle anordnen** ❸ und wählen dann im folgenden Dialogfenster eine Option zum Anordnen der Arbeitsmappen aus, etwa die Option **Unterteilt**. Bestätigen Sie Ihre Auswahl mit **OK**. Um ein Fenster wieder zu maximieren, doppelklicken Sie am einfachsten in die Titelleiste bzw. verwenden die Funktionssymbole, die sich rechts oben in jedem Excel-Fenster befinden.

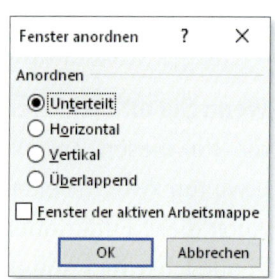

Standards für neue Arbeitsmappen

In Excel lassen sich einige Standards für neue Arbeitsmappen individuell einrichten. Passen Sie beispielsweise die Standardschriftart und die Schriftgröße an. Hierzu gehen Sie folgendermaßen vor:

1. Klicken Sie links oben in Excel auf **Datei**.

2. Wählen Sie im Backstage-Bereich den Eintrag **Optionen**.

3. Klicken Sie im Abschnitt **Beim Erstellen neuer Arbeitsmappen** auf das Menü **Diese Schriftart als Standardschriftart verwenden** ❶.

Standards für neue Arbeitsmappen

4. Wählen Sie im Menü die gewünschte Schriftart aus.

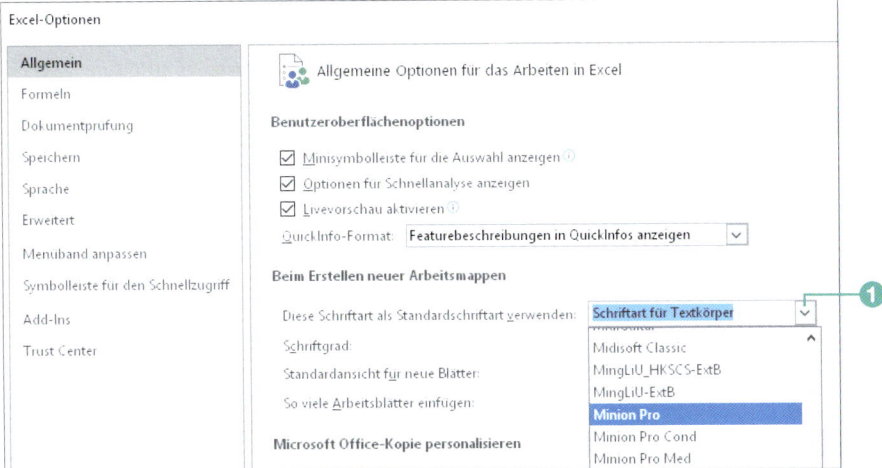

5. Bestimmen Sie anschließend per Menü **Schriftgrad** ❷ noch die Standardschriftgröße.

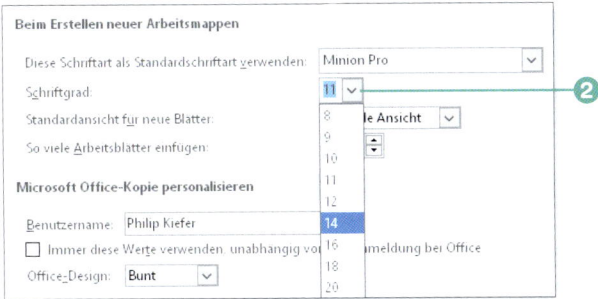

6. Bestätigen Sie in den Optionen mit **OK**.

7. Bestätigen Sie auch den folgenden Hinweis, dass Excel neu gestartet werden muss, damit die Änderungen in Kraft treten, mit **OK**. Starten Sie Excel dann neu.

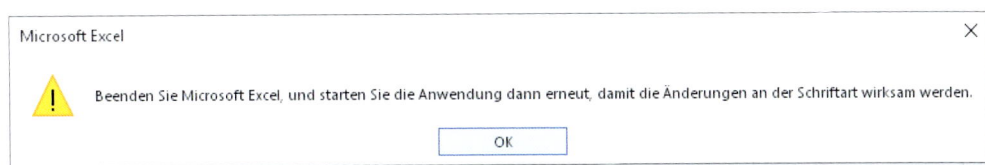

109

Im Abschnitt **Beim Erstellen neuer Arbeitsmappen** in den Optionen finden Sie noch zwei weitere wichtige Einstellungen. Zum einen können Sie eine andere Standardansicht auswählen (statt **Normale Ansicht** entweder **Umbruchvorschau** oder **Seitenlayoutansicht**), zum anderen legen Sie fest, wie viele Blätter eine neue leere Arbeitsmappe enthalten soll.

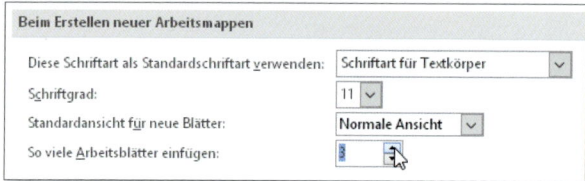

Hier lege ich z. B. fest, dass eine neue leere Arbeitsmappe drei Arbeitsblätter enthalten soll.

Die Office-Bedienoberfläche personalisieren

Schließlich lässt sich auch noch die Office-Bedienoberfläche selbst individuell einrichten, je nachdem, ob Sie mit einem Microsoft-Konto angemeldet sind oder nicht, entweder nur mit einer anderen Fensterfarbe oder auch mit einem von Ihnen ausgewählten Muster. Zunächst zum Auswählen einer anderen Fensterfarbe, wenn Sie nicht mit einem Microsoft-Konto angemeldet sind:

1. Klicken Sie links oben in Excel auf **Datei**.
2. Wählen Sie im Backstage-Bereich den Eintrag **Optionen**.
3. Entscheiden Sie sich im Abschnitt **Microsoft Office-Kopie personalisieren** für das Menü **Office-Design** ❶, und wählen Sie eine Fensterfarbe aus.

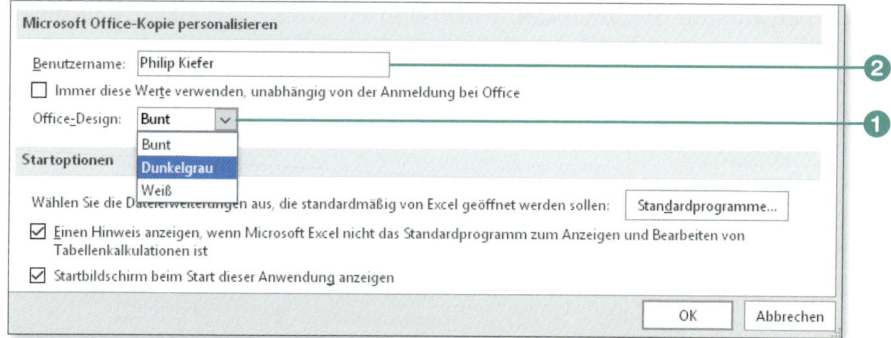

Die Office-Bedienoberfläche personalisieren

4. Bestätigen Sie Ihre Einstellungen mit **OK**.

5. Das Excel-Fenster wird Ihren Einstellungen entsprechend angepasst, die Einstellungen werden aber auch in anderen Office-Programmen übernommen.

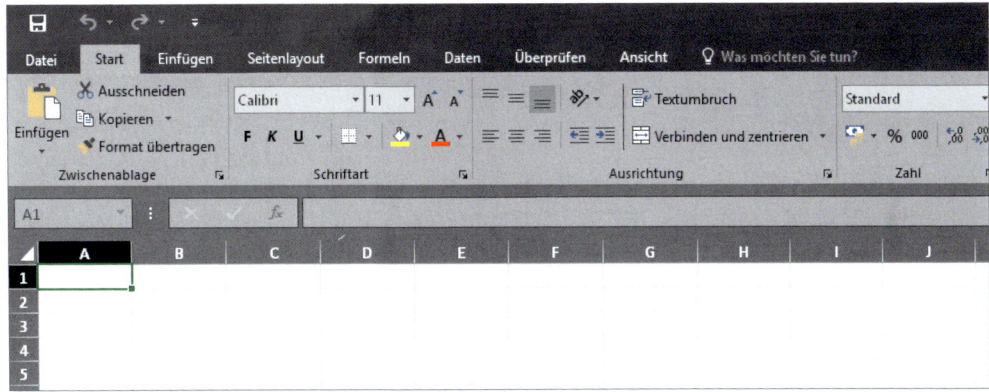

Ebenfalls im Abschnitt **Microsoft Office-Kopie personalisieren** legen Sie Ihren Benutzernamen (❷ auf Seite 110) fest. Die Dateien, die Sie mit Excel erstellen, enthalten als Metainformationen standardmäßig einen Autornamen, der dem von Ihnen angegebenen Benutzernamen entspricht. Auch Überarbeitungsschritte innerhalb einer Excel-Datei werden mit Ihrem Benutzernamen gekennzeichnet.

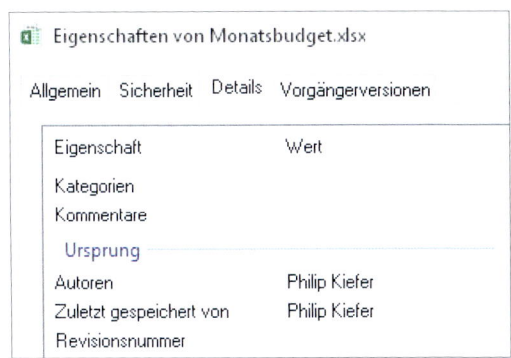

Der Benutzername wird unter anderem Bestandteil der Metainformationen einer Excel-Datei.

Wenn Sie mit einem Microsoft-Konto angemeldet sind, erhalten Sie noch weitere Möglichkeiten, die Office-Bedienoberfläche zu personalisieren. Das funktioniert wie folgt:

1. Um sich zunächst mit dem Microsoft-Konto anzumelden, klicken Sie rechts oben in der Excel-Bedienoberfläche auf **Anmelden** ❶.

2. Geben Sie die zu Ihrem Microsoft-Konto gehörende E-Mail-Adresse ❷ ein, und bestätigen Sie mit **Weiter**.

3. Geben Sie das zu Ihrem Microsoft-Konto gehörende **Kennwort** ❸ ein, und bestätigen Sie mit **Anmelden**.

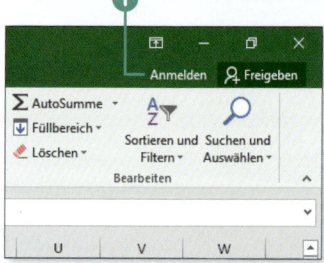

4. Wählen Sie nach der Anmeldung **Datei ▸ Konto** aus, und entscheiden Sie sich im Menü **Office-Hintergrund** für eines der verfügbaren Hintergrundmuster.

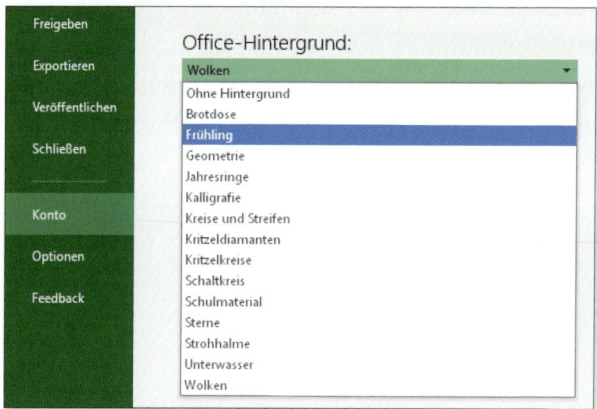

5. Das Muster wird prompt oben in der Excel-Bedienoberfläche angezeigt. Auch in anderen Office-Programmen werden die Einstellungen übernommen.

Kapitel 4
Daten richtig eingeben

Nachdem Sie im vorigen Kapitel den allgemeinen Umgang mit Excel-Dateien erlernt haben, geht es nun darum, Ihre Arbeitsmappen mit eigenen Inhalten zu füllen. In Excel lassen sich Daten aller Art eingeben: Teilnehmerlisten für den VHS-Kurs, allgemeine Kontaktlisten, Haushaltspläne, Finanzierungsberechnungen, unterschiedliche Kalender und noch viel, viel mehr. Erfahren Sie auf den nächsten Seiten, wie Sie Daten in Excel eingeben und die Zellen passend formatieren, wie Sie Eingaben nachträglich verbessern oder löschen und wie Sie bestehende Zellen kopieren.

Zellen mit Daten füllen

Stellen Sie sich nun einmal vor, Sie hätten einige Artikel im Internetauktionshaus eBay verkauft und legen dazu nun in Excel eine Liste an. Gehen Sie folgendermaßen vor:

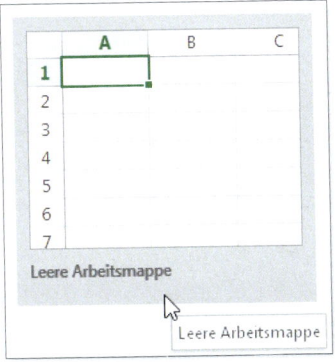

1. Legen Sie im ersten Schritt – wie in Kapitel 3, »Die erste Excel-Datei«, beschrieben – eine neue leere Arbeitsmappe an.

2. Ihnen wird innerhalb der Arbeitsmappe ein Tabellenblatt mit Zellen angezeigt, in denen die Dateneingabe erfolgt. Sie werden feststellen, dass die Zelle ganz links oben – die Zelle A1 – durch eine

Umrandung hervorgehoben dargestellt wird. Die Umrandung zeigt die aktive Zelle an, in der jeweils die Dateneingabe über die Tastatur erfolgt.

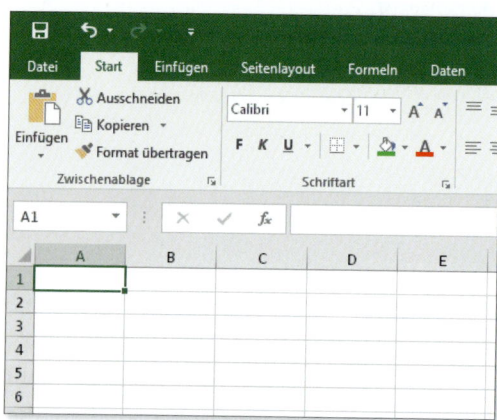

3. In die erste Zeile geben Sie häufig Überschriften ein. Die Eingabe in die erste Zelle könnte beispielsweise lauten: »Artikel«. Wenn Sie diesen Text eingeben, bemerken Sie, dass dieser sowohl in der Zelle als auch in der *Bearbeitungsleiste* ❶ oberhalb der Zellen erscheint.

4. Wenn Sie die Eingabe mit ↵ beenden, wird automatisch die nächste Zelle unterhalb als aktiv markiert ❷. Geben Sie hier nun beispielsweise einen Artikelnamen ein.

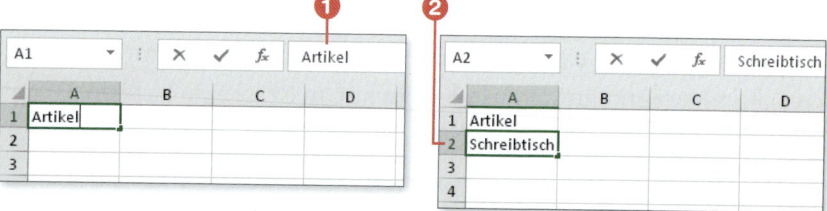

5. Sie können aber auch eine beliebige Zelle innerhalb des Blatts als aktiv markieren ❸. Bewegen Sie dazu die Umrandung entweder mit den Tasten ↓, ↑, → und ← zur gewünschten Zelle, oder klicken Sie die Zelle einfach an.

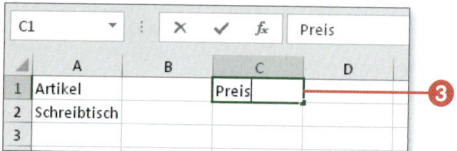

Zellen mit Daten füllen

6. Füllen Sie auf diese Weise so viele Zellen in Zeilen und Spalten, wie Sie benötigen. Die weiteren verfügbaren Zeilen und Spalten brauchen Sie gar nicht zu beachten. Im gezeigten Beispiel habe ich eine kleine Liste mit fünf Artikeln angelegt. Zu jedem Artikel werden die Artikelnummer, der Preis sowie der Nachname des Käufers genannt.

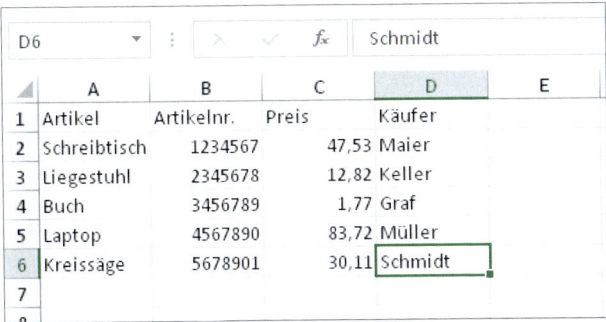

Merken Sie sich bitte an dieser Stelle, dass jede Zelle mit einem Buchstaben und einer Zahl verbunden ist. Der Buchstabe steht für die Spalte, die Zahl für die Zeile. Die Tabelle in der obigen Abbildung enthält die Spalten A bis D sowie die Zeilen 1 bis 6, die erste Zelle ist also A1, die letzte D6.

> **TIPP**
>
> **Tastenkombinationen für den Zellwechsel**
>
> Wie bereits erwähnt, wechseln Sie nach der Eingabe in eine Zelle mit ⏎ zur nächsten darunter befindlichen Zelle. Drücken Sie hingegen ⇧ + ⏎, wechseln Sie zur nächsten darüber befindlichen Zelle, mit ⇆ wechseln Sie zur nächsten rechts und mit ⇧ + ⇆ zur nächsten links befindlichen Zelle. Ebenfalls praktisch: Verwenden Sie die Tastenkombination Strg + Pos1, um zur ersten Zelle Ihrer Tabelle zu springen; mit Strg + Ende springen Sie hingegen zur letzten Zelle Ihrer Tabelle. Übrigens: Wenn Sie innerhalb einer Zelle eine neue Zeile erzeugen möchten, drücken Sie Alt + ⏎.

Kapitel 4 – Daten richtig eingeben

Zellformate zuweisen

Wenn Sie Ihre Daten in Excel eingeben, werden Sie schnell feststellen, dass Text in einer Zelle automatisch linksbündig ausgerichtet wird, während Zahlen rechtsbündig ausgerichtet werden. Schauen Sie sich das nochmals anhand der im vorigen Abschnitt erstellten Artikelliste an.

	A	B	C	D
1	Artikel	Artikelnr.	Preis	Käufer
2	Schreibtisch	1234567	47,53	Maier
3	Liegestuhl	2345678	12,82	Keller
4	Buch	3456789	1,77	Graf
5	Laptop	4567890	83,72	Müller
6	Kreissäge	5678901	30,11	Schmidt

In einer Zelle wird Text automatisch links ausgerichtet, während Zahlen rechts ausgerichtet werden.

Excel erkennt, ob Text oder ob Zahlen eingegeben werden. Jeder Zelle lassen sich aber auch individuelle Formate zuweisen. Schauen wir uns das einmal anhand der Preis-Spalte näher an – die Preise sollen als Währungen formatiert werden. Und das geht so:

1. Markieren Sie zunächst die Zellen, die formatiert werden sollen. Das gelingt unter anderem durch Ziehen bei gedrückter Maustaste. Klicken Sie dazu zunächst in die erste zu markierende Zelle innerhalb einer Zeile oder Spalte, und ziehen Sie dann bei gedrückter Maustaste in die jeweilige Richtung bis zu der letzten Zelle, die Sie markieren möchten.

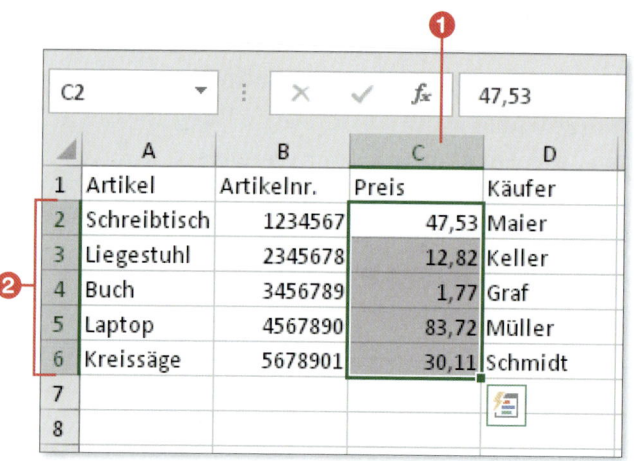

Es lassen sich aber auch einzelne Zellen bei gedrückter [Strg]-Taste anklicken, um diese zu markieren. Möchten Sie eine ganze Spalte markieren, klicken Sie auf den zugehörigen Buchstaben ❶;

Zellformate zuweisen

wollen Sie eine ganze Zeile markieren, klicken Sie auf die zugehörige Zahl ❷.

2. Klicken Sie die markierten Zellen nun mit der rechten Maustaste an, und wählen Sie im sich öffnenden Kontextmenü den Eintrag **Zellen formatieren** ❸.

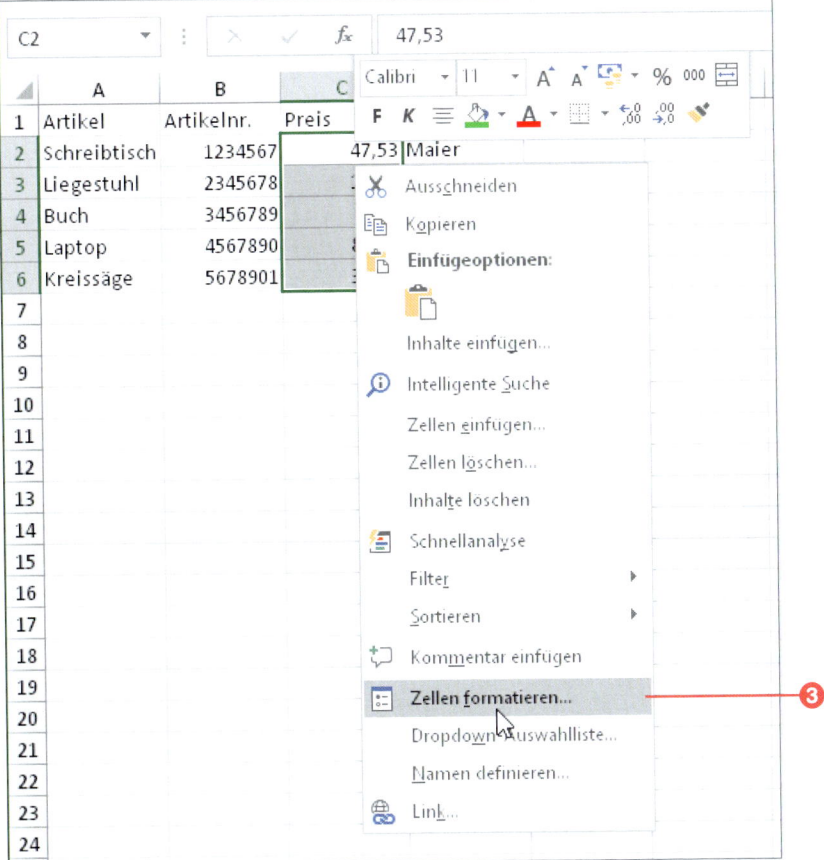

3. Entscheiden Sie sich im folgenden Fenster – unter dem Reiter **Zahlen** – für die passende Kategorie, in diesem Fall also **Währung** ❹.

4. Wählen Sie per Menü **Symbol** ❺ das Währungssymbol aus, und entscheiden Sie, wie viele **Dezimalstellen** ❻ angezeigt werden sollen. Bestätigen Sie Ihre Einstellungen mit **OK**.

Kapitel 4 – Daten richtig eingeben

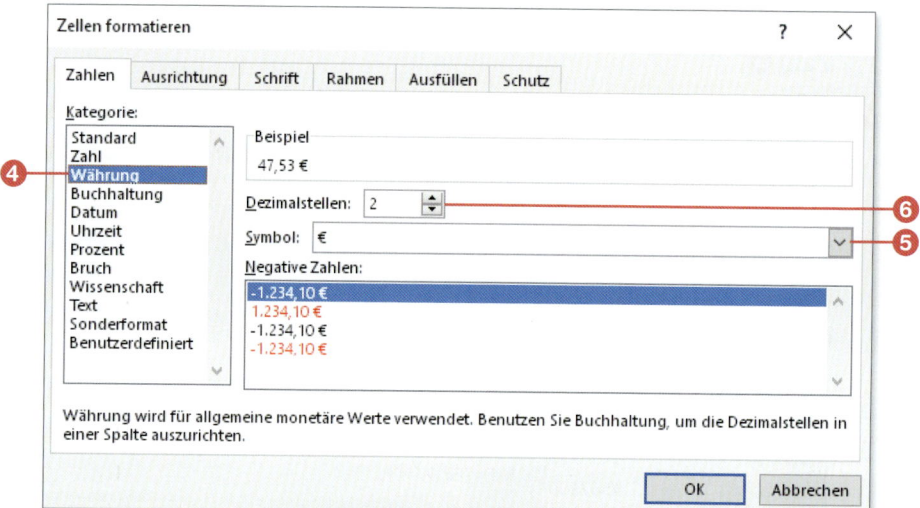

5. Die markierten Zellen werden entsprechend formatiert, hier wird ab sofort das gewählte Währungssymbol an die Zahlen angefügt.

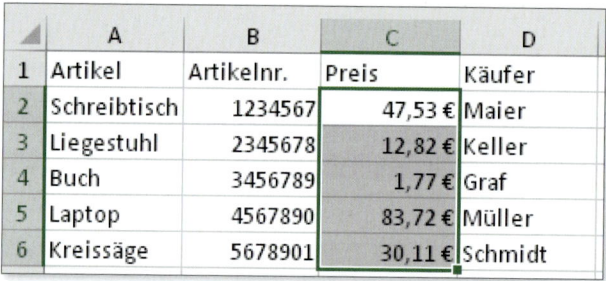

Sie finden in dem Dialogfenster aus Schritt 4 noch eine ganze Reihe weiterer Zellformate:

- **Standard**: Hierbei handelt es sich um das von Excel automatisch festgelegte Format. Texte werden, wie bereits erwähnt, linksbündig ausgerichtet, Zahlen rechtsbündig.

- **Zahl**: Mit dieser Auswahl formatieren Sie den Zellinhalt als Zahl. Bestimmen Sie die Anzahl der Dezimalstellen ❼, und entscheiden Sie außerdem, ob 1000er-Stellen durch einen Punkt getrennt werden sollen oder nicht ❽.

Zellformate zuweisen

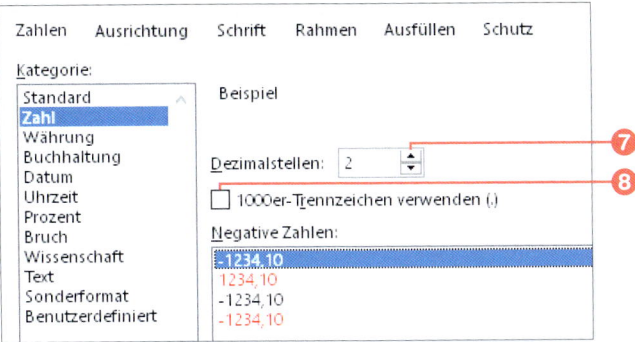

- **Buchhaltung**: Dieses Zellformat ähnelt dem Zellformat Währung, wobei aber beim Zellformat Buchhaltung das Währungssymbol und die Dezimalstellen in einer Spalte ausgerichtet werden – selbst wenn die Ausrichtung verändert wird, stehen die jeweiligen Stellen also stets korrekt untereinander.

- **Datum**: Bei dieser Auswahl werden Datumsangaben in einem von Ihnen ausgewählten Datumsformat dargestellt. Ein Anwendungsbeispiel könnte eine Spalte mit Tagen sein, an denen einzelne Artikel verkauft wurden.

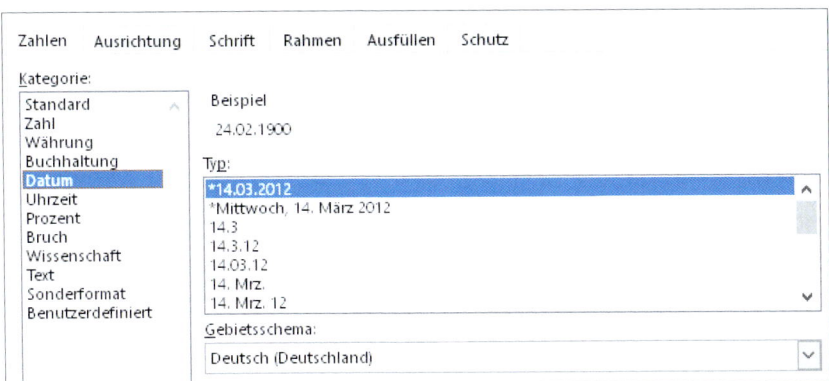

- **Uhrzeit**: Dieses Zellformat stellt Uhrzeiten in einem von Ihnen ausgewählten Format dar. So können mit Excel in einem Betrieb beispielsweise die Arbeitszeiten aller Mitarbeiter erfasst werden.

- **Prozent**: Wenn Sie dieses Zellformat wählen, wird die Zahl in der entsprechenden Zelle mit 100 multipliziert und mit einem Prozentzeichen versehen. Wenn Sie 10 % darstellen wollten, müsste die Zahl in der Zelle also 0,1 lauten.

- **Bruch**: Entscheiden Sie sich für dieses Zellformat, so werden Dezimalzahlen in einer Zelle als Brüche in der von Ihnen gewählten Form dargestellt.

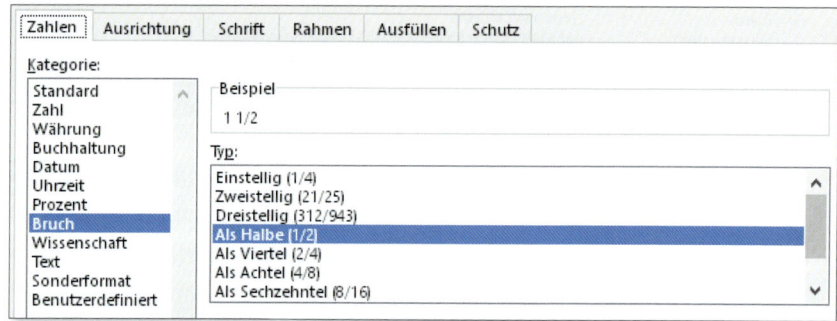

- **Wissenschaft**: Bei diesem Zellformat werden die Zahlen in einer Zelle in der wissenschaftlichen Notation dargestellt, die Zahl 1.000.000 z. B. als 1,00E+06.
- **Text**: Wird dieses Zellformat gewählt, werden sämtliche Inhalte in einer Zelle – Texte sowie Zahlen – genauso dargestellt wie eingegeben.
- **Sonderformat**: Dieses Zellformat bietet einige Sonderformate wie Postleitzahlen, Versicherungs-, Sozialversicherungsnummern oder ISBN-Formate.

Benutzerdefinierte Zellformate

Neben den Standardzellformaten lassen sich auch beliebige benutzerdefinierte Zellformate auf eine Zelle anwenden. Diese lassen sich individuell erstellen, stehen dann aber nur in der gerade verwendeten Arbeitsmappe zur Verfügung.

Das Erstellen der benutzerdefinierten Zellformate erfolgt mit Codes, die Sie bereits vorhandenen Zellformaten entnehmen oder frei hinzufügen können. Dabei kann das Zellformat aus bis zu vier unterschiedlichen Code-Abschnitten bestehen, die jeweils durch einen Strichpunkt voneinander getrennt werden.

Benutzerdefinierte Zellformate

Zugegeben, das ist erst mal sehr abstrakt. Lassen Sie uns als Beispiel ein Zellformat erstellen, das Beträge in einer bestimmten Höhe in unterschiedlichen Farben ausgibt: In diesem Fall sollen Beträge über 50 € in Magenta dargestellt werden. So gehen Sie zum Erstellen eines solchen benutzerdefinierten Zellformats vor:

1. Markieren Sie die gewünschten Zellen ❶.

2. Klicken Sie die Zellen mit der rechten Maustaste an.

3. Entscheiden Sie sich im aufklappenden Kontextmenü für den Eintrag **Zellen formatieren** ❷.

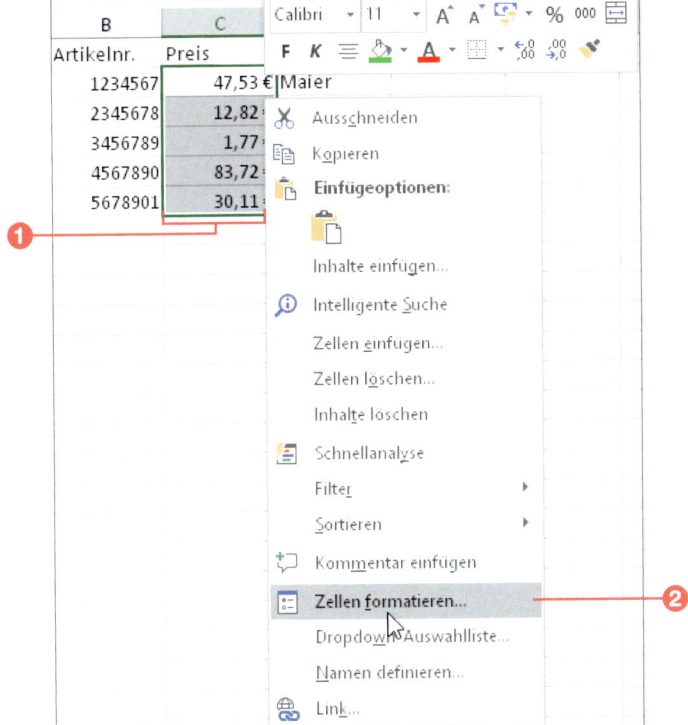

4. Im sich öffnenden Fenster wählen Sie links den Eintrag **Benutzerdefiniert** (❸ auf Seite 122). Rechts klicken Sie in der Liste eine möglichst passende Vorlage für Ihr benutzerdefiniertes Zellformat an, also mit Zeichen, die Sie in Ihrem eigenen Zellformat benötigen. In diesem Fall wähle ich z. B. die Vorlage **#.##0,00€** ❹. Sollte keine geeignete Vorlage dabei sein, ist das aber gar nicht schlimm – schließlich können Sie die benutzerdefinierten Zellformate frei anpassen!

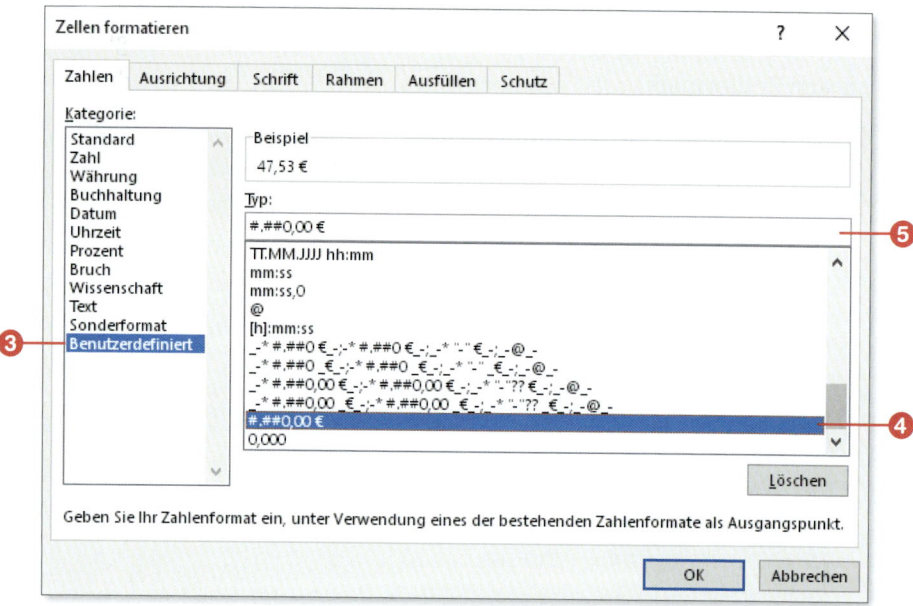

5. Klicken Sie dazu in das Eingabefeld **Typ** ❺. Dort passen Sie die Vorlage an bzw. tragen die neuen Codes ein. In unserem Beispiel habe ich zunächst alle Vorgaben aus dem Feld gelöscht.

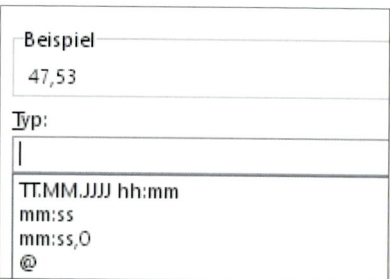

6. Es folgt die Eingabe. Für den von uns definierten Zweck lautet das Zellformat folgendermaßen: [magenta][>50]0,00 €;0,00 €. Mit dem ersten Code (bis zum Semikolon) sagen Sie Excel, dass Beträge, die größer als 50 € sind, in Magenta dargestellt werden sollen. Dazu nennen Sie zunächst in eckigen Klammern die Farbe, lassen dann – ebenfalls in eckigen Klammern – den Wert folgen und geben schließlich noch das

gewünschte Format ein, wobei die Nullen in diesem Fall als Platzhalter für die Ziffern dienen. Der zweite Code definiert das Zellformat für diejenigen Zellen, auf die der erste Code nicht zutrifft – damit teilen Sie Excel also mit, was geschehen soll, wenn die festgelegte Bedingung nicht erfüllt wird. Übrigens: Die eckigen Klammern werden mit den Tasten [Alt] [Gr] + [8] ([) bzw. [Alt] [Gr] + [9] (]) erzeugt. Bestätigen Sie die Eingabe mit **OK**.

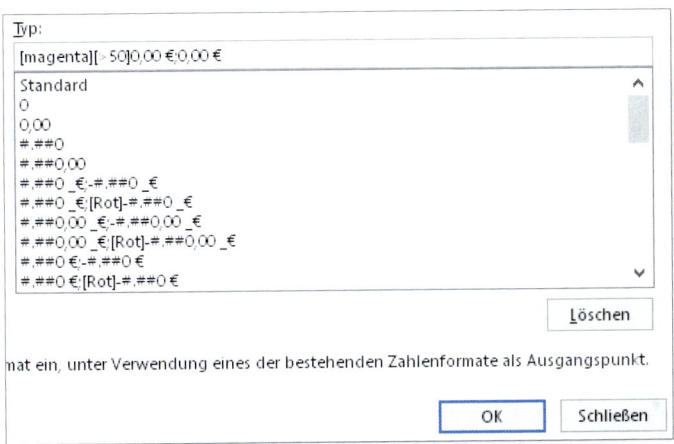

7. Die Zellinhalte werden Ihrem benutzerdefinierten Zellformat entsprechend angepasst.

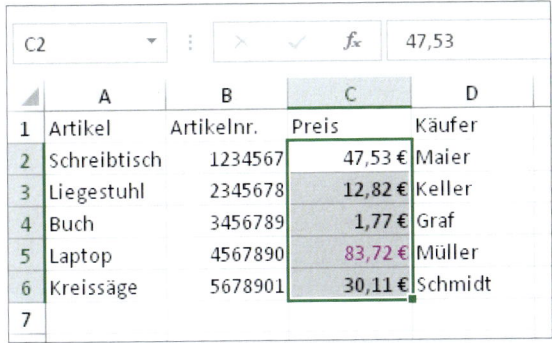

Das benutzerdefinierte Zellformat lässt sich für diese Arbeitsmappe ab sofort im Fenster aus Schritt 4 auswählen. Nicht mehr benötigte Zellformate können Sie dort auch wieder entfernen, indem Sie ein Zellformat in der Liste auswählen und dann auf die Schaltfläche **Löschen** ❻ klicken.

Kapitel 4 – Daten richtig eingeben

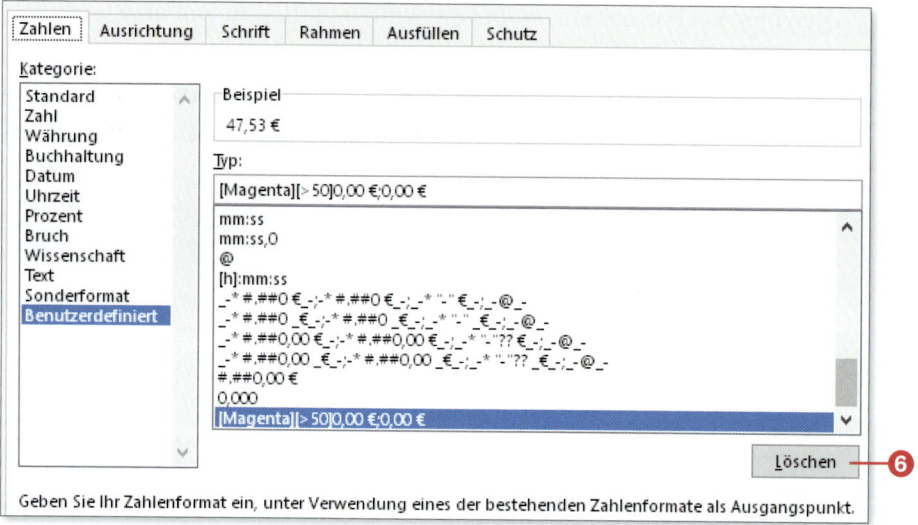

Ein benutzerdefiniertes Zellformat lässt sich in der Liste auswählen und natürlich auch wieder aus der Liste entfernen.

Was die Codes betrifft, die Sie in benutzerdefinierten Zellformaten verwenden, können Sie sich zum einen an bestehenden Zellformaten orientieren. Zum anderen liefert auch diese Microsoft-Webseite eine gute Übersicht zum Erstellen oder Löschen eines benutzerdefinierten Zahlenformats: *bit.ly/1ShGtaD*.

Auch wenn Sie bei Google nach »excel benutzerdefinierte zellformate« suchen, finden Sie interessante Webseiten zum Thema.

Falls Sie sich mit den benutzerdefinierten Zellformaten gerade überfordert fühlen sollten, ist das gar kein Problem. Diese können zwar beim Erstellen individueller Arbeitsmappen großen Nutzen bringen, gehen über die Excel-Grundlagen aber schon ein wenig hinaus. Doch probieren Sie das mit den benutzerdefinierten Zellformaten ruhig mal aus; Sie können dabei gar nichts verkehrt machen, denn es lässt sich ja jederzeit wieder ein anderes Zellformat zuweisen.

Zellen bestimmen

Sie haben sich sicher bereits gemerkt, dass jede Zelle durch die Koordinaten aus Spalte und Zeile bestimmt werden kann. Das werde ich nun noch etwas näher beleuchten. Achten Sie zunächst darauf, dass die Überschriften der Spalten und Zeilen eingeblendet sind, was standardmäßig der Fall ist. Sollten die Buchstaben und Ziffern nicht sichtbar sein, aktivieren Sie auf dem Reiter **Ansicht** das Kontrollkästchen **Überschriften**.

Sind in Excel die Überschriften ausgeblendet, blenden Sie diese per Kontrollkästchen wieder ein.

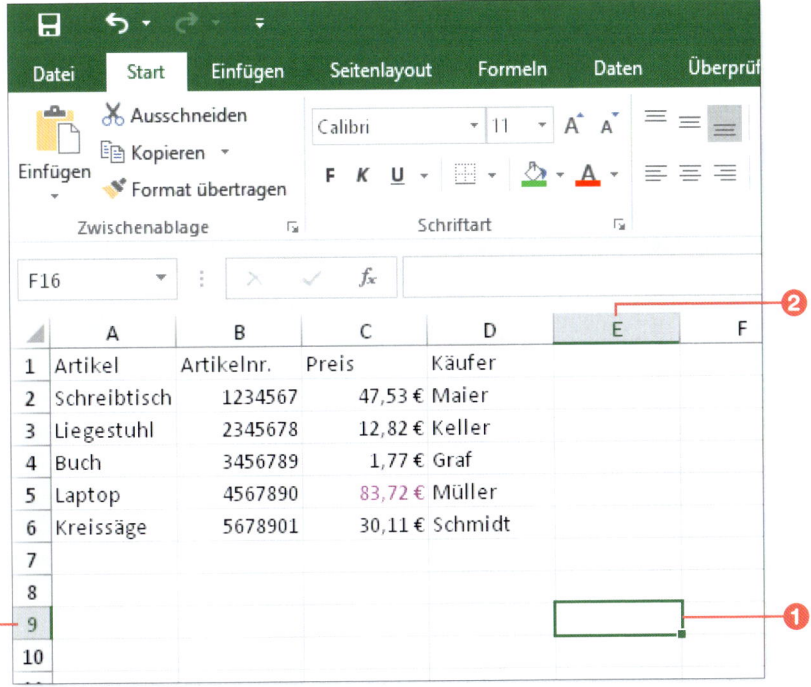

Sowohl die Spalte als auch die Zeile der markierten Zelle wird hervorgehoben, in diesem Fall die Zelle E9.

Kapitel 4 – Daten richtig eingeben

Die Spalten und Zeilen sind in einem Arbeitsblatt bereits vorhanden, und Sie können jeweils einfach so viele Spalten und Zeilen mit Ihren Inhalten füllen, wie Sie gerade benötigen.

Die Spalten werden automatisch nach Buchstaben benannt, also A, B, C, D etc. Das geht bis Z. Den weiteren Spalten werden dann einfach zusätzliche Buchstaben hinzugefügt: AA, AB, AC, AD …, dann BA, BB, BC, BD … usw. Die Zeilen im Arbeitsblatt werden fortlaufend nummeriert.

Wenn Sie eine Zelle markieren (❶ auf Seite 125), stellen Sie fest, dass nicht nur die Zelle selbst hervorgehoben wird, sondern auch die entsprechende Spalte ❷ und Zeile ❸. Dadurch lässt sich die Position der Zelle bestimmen.

Wie Sie bereits wissen, lassen sich auch mehrere Zellen markieren. Dann werden diejenigen Spalten und Zeilen hervorgehoben, die mindestens eine markierte Zelle enthalten.

	A	B	C	D	E	F
1	Artikel	Artikelnr.	Preis	Käufer		
2	Schreibtisch	1234567	47,53 €	Maier		
3	Liegestuhl	2345678	12,82 €	Keller		
4	Buch	3456789	1,77 €	Graf		
5	Laptop	4567890	83,72 €	Müller		
6	Kreissäge	5678901	30,11 €	Schmidt		
7						
8						
9						
10						
11						
12						
13						
14						
15						
16						

Bei mehreren markierten Zellen werden alle betroffenen Spalten und Zeilen hervorgehoben.

Außer mithilfe der Spalten- und Zeilenüberschriften lässt sich die Position einer Zelle auch durch das *Namenfeld* links oberhalb der Tabelle bestimmen. Dort sind als Name standardmäßig die Koordinaten einer Zelle ❹ eingetragen, für Zellen lassen sich aber auch andere Namen vergeben, wie Sie später, im Abschnitt »Namen vergeben« ab Seite 173, noch erfahren werden.

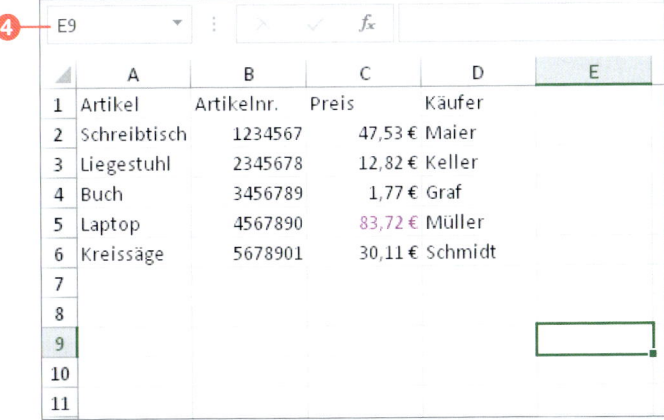

Die Koordinaten einer Zelle lassen sich nicht nur durch die hervorgehobene Spalte und Zeile ablesen, sondern auch im Namenfeld.

Die Koordinaten bzw. andere Namen von Zellen werden dann wichtig, wenn Sie in Formeln darauf Bezug nehmen. Dazu dann aber mehr in Kapitel 5, »Bezüge herstellen«. Im Folgenden geht es um die Frage, was zu tun ist, wenn Eingaben in Zellen fehlerhaft sind.

Eingaben korrigieren

Bei der Eingabe von Daten können sich schnell mal Fehler einschleichen. Diese lassen sich aber genauso schnell auch wieder ausmerzen. Wenn Sie eine Zelle anklicken und dann eine Eingabe tätigen, wird der bisherige Zellinhalt durch die neue Eingabe überschrieben. Doppelklicken Sie hingegen in eine Zelle, so wird diese in den Bearbeitungszustand versetzt und die Inhalte innerhalb einer Zelle lassen sich korrigieren.

Kapitel 4 – Daten richtig eingeben

Die Zelle D6 befindet sich im Bearbeitungszustand, was Sie bei sich am Computer am blinkenden Cursor innerhalb der Zelle erkennen.

Dass sich eine Zelle im Bearbeitungszustand befindet, wird innerhalb der Zelle durch den blinkenden *Cursor* dargestellt. Der Cursor markiert die Position, an der die nächste Eingabe erfolgt. Um ein Zeichen links vom Cursor zu löschen, drücken Sie die Taste ⌫; zum Löschen eines Zeichens rechts vom Cursor betätigen Sie Entf. Nachdem Sie die Korrektur durchgeführt haben, können Sie einfach wieder in eine andere Zelle klicken, um dort Inhalte einzugeben, bzw. doppelklicken, um Inhalte innerhalb einer Zelle zu verbessern.

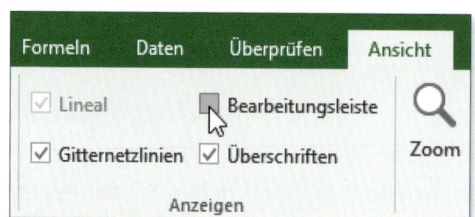

Die Korrektur wurde durchgeführt.

Besonders dann, wenn eine Zelle längere Texte oder Formeln enthält, empfiehlt es sich, Verbesserungen nicht direkt in der Zelle, sondern in der Bearbeitungsleiste durchzuführen. Die Bearbeitungsleiste ist normalerweise eingeblendet. Sollten Sie sie ausgeblendet haben, aktivieren Sie im Menüband unter **Ansicht** das Kontrollkästchen **Bearbeitungsleiste**, um sie wieder herzuzaubern.

Sollten Sie die Bearbeitungsleiste ausgeblendet haben, so blenden Sie diese per Kontrollkästchen wieder ein.

Um eine Verbesserung in der Bearbeitungsleiste durchzuführen, markieren Sie zunächst in der Tabelle eine Zelle ❶. Klicken Sie dann in die Bearbeitungsleiste ❷. Wiederum erkennen Sie am blinkenden Cursor, dass nun die Bearbeitung erfolgen kann.

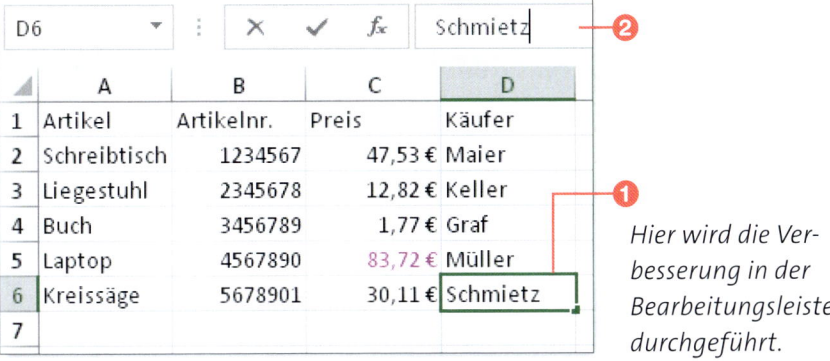

Hier wird die Verbesserung in der Bearbeitungsleiste durchgeführt.

> **TIPP**
>
> **Die Bearbeitungsleiste erweitern**
>
> Sie benötigen mehr Platz in der Bearbeitungsleiste? Dann klicken Sie auf das kleine Pfeilsymbol rechts in der Bearbeitungsleiste, um diese zu erweitern. Alternativ bewegen Sie den Mauszeiger an den unteren Rand der Bearbeitungsleiste, klicken Sie den Rand an, sobald ein kleiner Doppelpfeil sichtbar wird, und ziehen Sie die Bearbeitungsleiste bei gedrückter Maustaste nach unten auf.
>
>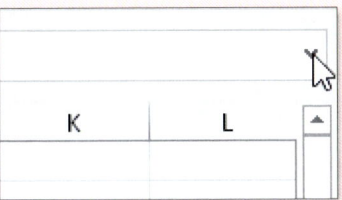
>
> *Die Bearbeitungsleiste lässt sich problemlos erweitern.*

Eingaben löschen

Was das Löschen von Eingaben betrifft, so wissen Sie bereits, dass Sie Inhalte links vom Cursor mit der Taste ⬅ und Inhalte rechts vom Cursor mit der Taste Entf löschen. Den gesamten Inhalt einer Zelle löschen Sie, indem Sie die Zelle mit einem einfachen Klick markieren und dann entweder ⬅ oder Entf betätigen.

In diesem Zusammenhang ist es wichtig, dass versehentliches Löschen selbstverständlich rückgängig gemacht werden kann. Diesem Zweck dienen die beiden runden Pfeilsymbole links oben in der Symbolleiste für den Schnellzugriff. Das nach links weisende Pfeilsymbol dient dem Rückgängigmachen eines Bearbeitungsschritts, das nach rechts weisende Pfeilsymbol hingegen dem Wiederholen eines Bearbeitungsschritts. Wenn Sie bei einem der Pfeilsymbole auf den zugehörigen nach unten weisenden Pfeil klicken, öffnen Sie damit ein Menü, in dem Sie gleich mehrere Aktionen auswählen können, die Sie rückgängig machen bzw. wiederholen möchten. Übrigens: Das Rückgängigmachen kann auch mit der Tastenkombination [Strg] + [Z] erfolgen, das Wiederholen mit der Tastenkombination [Strg] + [Y].

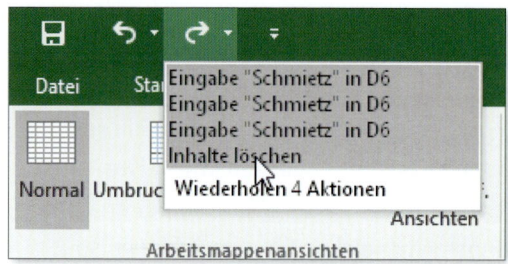

Durch das Rückgängigmachen bzw. Wiederholen von Aktionen gehen keine Inhalte durch versehentliches Löschen verloren.

Statt der Zellinhalte lassen sich auch einzelne Zellen bzw. auch komplette Spalten und Zeilen löschen. Um das zu bewerkstelligen, folgen Sie dieser Anleitung:

1. Markieren Sie mit der Maus eine Zelle. Hierbei kann es sich tatsächlich um eine einzelne zu löschende Zelle handeln; die weiteren Zellen in einer Spalte oder Zeile werden dann entsprechend verschoben. Sie können Excel durch das Markieren einer Zelle aber auch sagen, welche Spalte oder Zeile Sie meinen.

2. Klicken Sie die markierte Zelle mit der rechten Maustaste an, und wählen Sie im Kontextmenü den Eintrag **Zellen löschen** ❶. (An dieser Stelle der Hinweis, dass in Excel meist mehrere Wege nach Rom führen, z. B. finden Sie auch im Menüband unter **Start** eine **Löschen**-Schaltfläche.)

Eingaben löschen

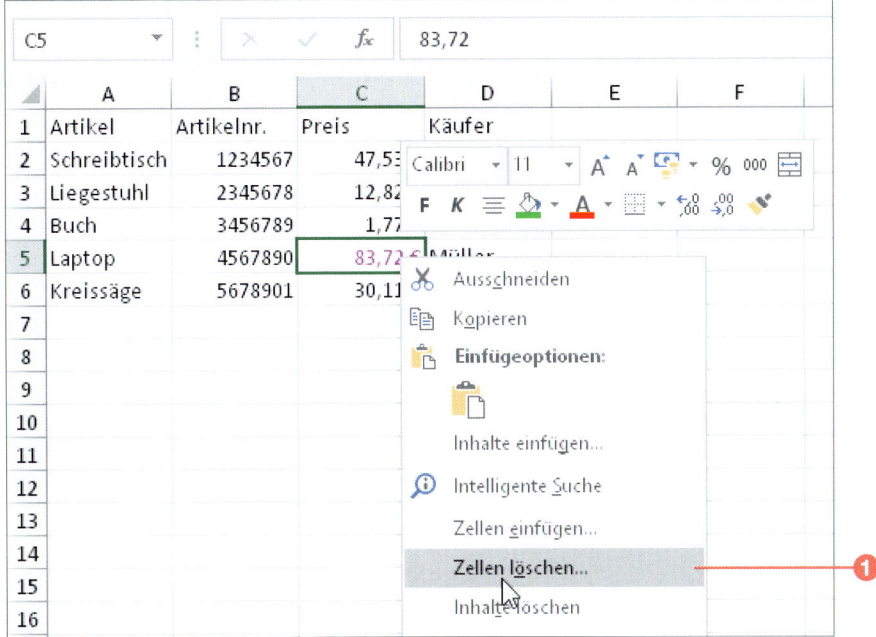

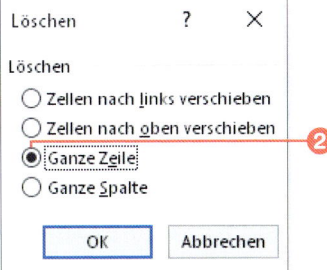

3. Im folgenden Dialogfenster wählen Sie eine der Löschoptionen aus ❷ und bestätigen mit **OK**.

4. In diesem Fall wurde eine komplette Zeile aus der Tabelle gelöscht. Die Nummerierung der Zeilen wird automatisch angepasst.

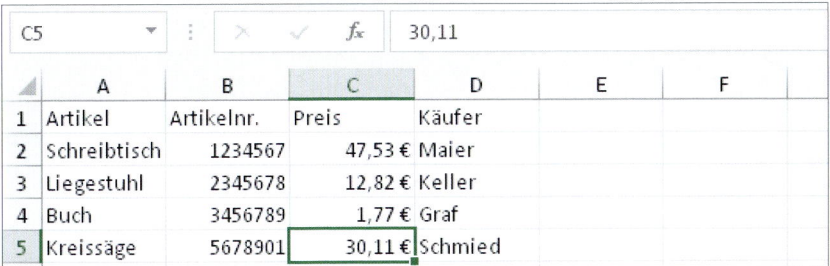

Zum Löschen von ganzen Spalten oder Zeilen bietet sich Ihnen noch eine andere Möglichkeit: Klicken Sie mit der rechten Maustaste auf die Über-

131

schrift der Spalte oder Zeile, also auf den zugehörigen Buchstaben bzw. die zugehörige Nummer. Im Kontextmenü entscheiden Sie sich sodann für den Eintrag **Zellen löschen** ❸. Die markierte Zeile oder Spalte wird dann sofort, ohne den Umweg über das Dialogfenster, gelöscht.

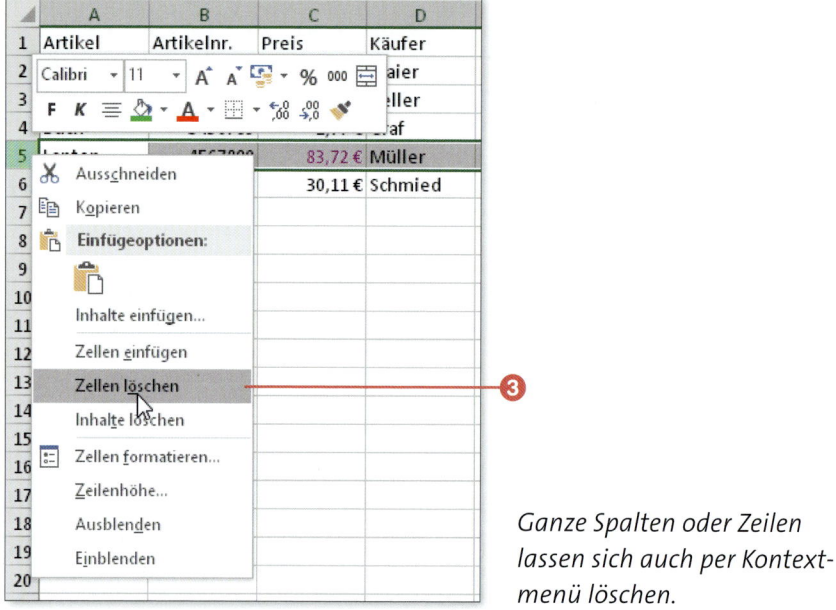

Ganze Spalten oder Zeilen lassen sich auch per Kontextmenü löschen.

Vielleicht möchten Sie die Inhalte in allen Zellen einer Spalte oder Zeile löschen. In diesem Fall markieren Sie zunächst die ganze Spalte oder Zeile und betätigen anschließend die Taste `Entf`. Zum Markieren gehen Sie so vor:

- Eine oder mehrere Spalten: Zum Markieren einer Spalte klicken Sie auf deren Überschrift, also auf den zugehörigen Buchstaben. Mehrere Spalten markieren Sie entweder durch Ziehen bei gedrückter Maustaste oder indem Sie die Überschriften der Spalten bei gedrückter `Strg`-Taste nacheinander anklicken.

- Eine oder mehrere Zeilen: Auch zum Markieren einer Zeile klicken Sie auf deren Überschrift, in diesem Fall also auf die links angezeigte Zeilennummer. Mehrere Zeilen markieren Sie ebenfalls durch Ziehen bei gedrückter Maustaste oder indem Sie die Überschriften der Zeilen bei gedrückter `Strg`-Taste anklicken.

Spalten und Zeilen einfügen

- Sämtliche Spalten und Zeilen: Zum Markieren sämtlicher Spalten und Zeilen eines Arbeitsblatts klicken Sie links oben auf das Pfeilsymbol ❹.

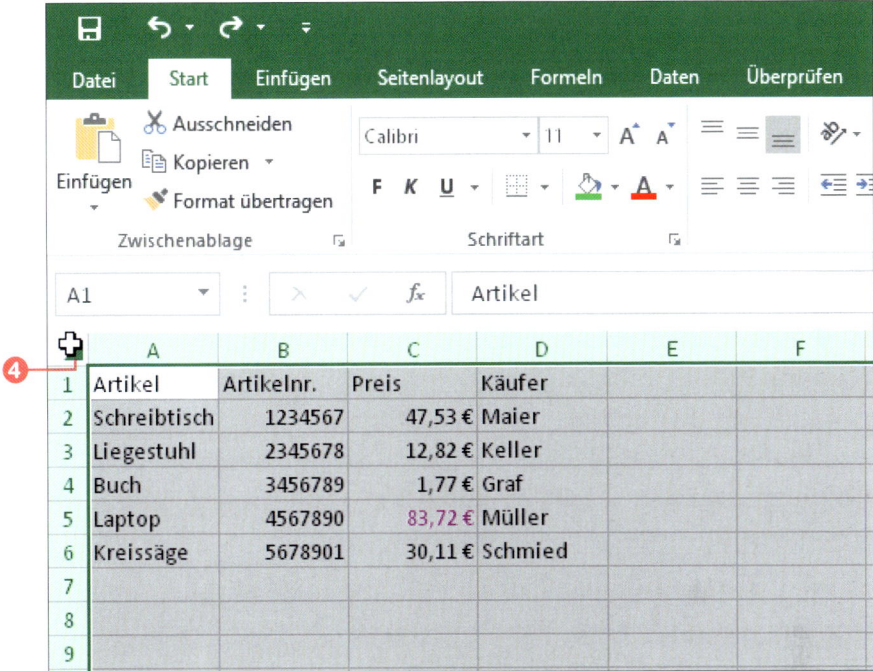

Wie gesagt: Zum Löschen von Inhalten verwenden Sie dann die Taste `Entf`. Das Markieren kann aber auch anderen Zwecken dienen, etwa dazu, Excel zu zeigen, welche Bereiche einer Tabelle formatiert werden sollen. Damit werden wir uns in Kapitel 7, »Tabellen formatieren«, eingehend beschäftigen.

Spalten und Zeilen einfügen

Statt Spalten und Zeilen zu löschen, lassen sich selbstverständlich auch weitere Spalten und Zeilen in eine Tabelle einfügen. Lassen Sie uns doch beispielsweise unsere Artikelliste um eine weitere Spalte ergänzen, in der wir später die erfassten Artikel durchnummerieren:

Kapitel 4 – Daten richtig eingeben

1. Klicken Sie mit der rechten Maustaste in eine beliebige Zelle einer Spalte, der links eine weitere Spalte hinzugefügt werden soll. In unserem Fall soll eine Spalte ganz links hinzugefügt werden, also wird eine Zelle in Spalte A markiert ❶. (Zum Einfügen einer Zelle klicken Sie entsprechend mit der rechten Maustaste in eine beliebige Zelle einer Zeile, oberhalb derer eine weitere Zeile hinzugefügt werden soll.)

2. Wählen Sie im Kontextmenü den Eintrag **Zellen einfügen** ❷. (Sie finden alternativ im Menüband unter **Ansicht** eine Schaltfläche **Einfügen** mit den gleichen Optionen.)

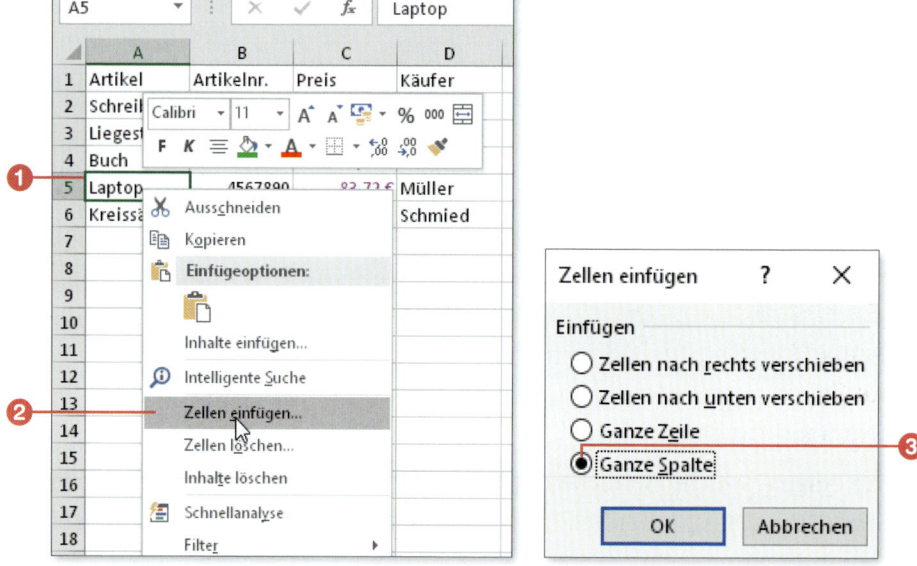

3. Entscheiden Sie sich im sich öffnenden Dialogfenster für die gewünschte Option – hier: **Ganze Spalte** ❸ –, und bestätigen Sie Ihre Auswahl mit **OK**.

4. Die Spalte wird prompt eingefügt ❹, und Sie können diese nun mit Ihren Inhalten füllen. Die Buchstaben der Spalten (bzw. beim Hinzufügen von Zeilen die Nummerierung) werden automatisch angepasst.

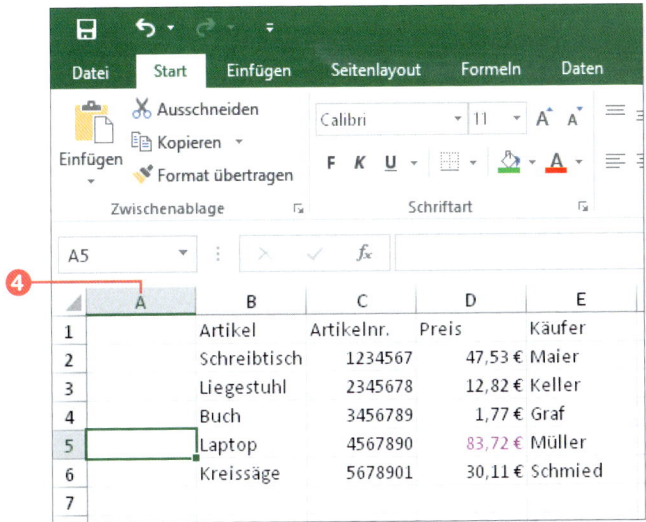

Inhalte automatisch ergänzen lassen

Excel denkt ein Stück weit mit, wenn Sie Inhalte eingeben. Das lässt sich anhand der Nummerierung einer Spalte illustrieren. Wenn Sie Hunderte Zeilen nummerieren möchten, müssen Sie selbstverständlich nicht alle Nummern von Hand eintippen. Lassen Sie Excel die Arbeit übernehmen!

1. Die im vorigen Abschnitt hinzugefügte Spalte soll verwendet werden, um die Artikel in der Tabelle zu nummerieren, wobei aber die Titelzeile außen vor bleiben soll. Tippen Sie als Erstes die Zahl 1 in die Zelle A2 ein. Bestätigen Sie mit der Taste ⏎.

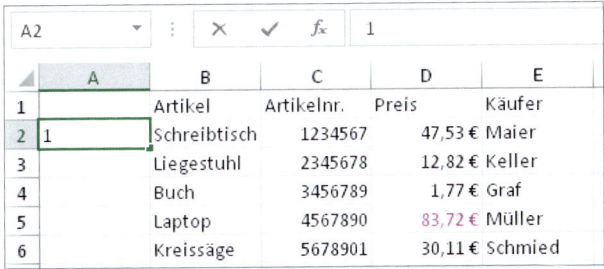

Kapitel 4 – Daten richtig eingeben

2. Tippen Sie in die nun aktive Zelle A3 die Zahl 2 ein. Bestätigen Sie erneut mit ⏎.

3. Jetzt markieren Sie bei gedrückter Maustaste die beiden Zellen A2 und A3.

4. Bewegen Sie den Mauszeiger in die rechte untere Ecke des Markierungsrahmens ❶. Sie bemerken, dass sich der Mauszeiger in ein kleines schwarzes Kreuz verwandelt.

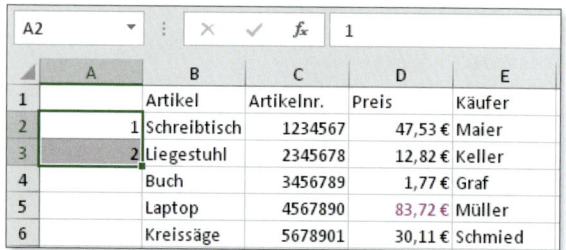
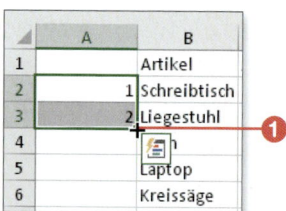

5. Klicken Sie in die rechte untere Ecke des Markierungsrahmens mit dem schwarzen Kreuz, und ziehen Sie ihn bei gedrückter Maustaste so weit nach unten, wie Sie die Nummerierung vornehmen möchten. Sobald Sie die Maustaste loslassen, übernimmt Excel die automatische Nummerierung.

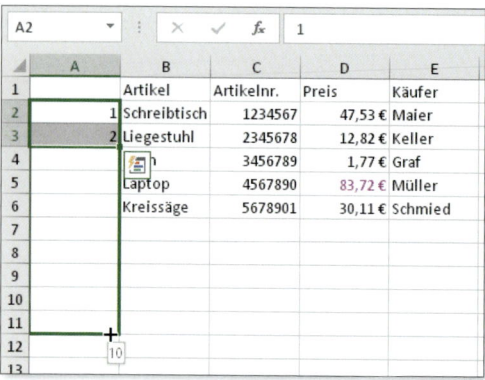
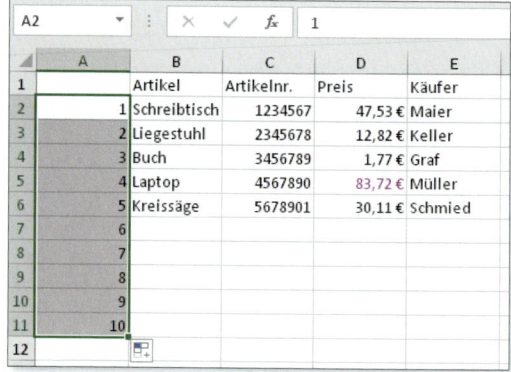

Das Ganze funktioniert übrigens nicht nur mit Nummern, sondern auch mit Datumsangaben und anderen Daten. Erstellen Sie zur Übung doch beispielsweise einen Terminplan, in dessen linke Spalte Sie das fortlaufende

Datum einfügen. Wobei das automatische Ausfüllen natürlich nicht nur in Spalten, sondern auch in Zeilen funktioniert.

> **INFO**
>
> **Was tun, wenn Excel falsch ausfüllt?**
>
> Das Fortführen einer Nummerierung entspricht der Funktion **Datenreihe ausfüllen**. Genauso lassen sich die markierten **Zellen kopieren** (dann erschiene im Beispiel *1– 2 – 1 – 2* etc. im Wechsel), nur die Formate übernehmen oder Formatierungen ganz weglassen. Nach dem automatischen Ausfüllen finden Sie rechts unterhalb des Markierungsrahmens ein Symbol, unter dem Sie eine andere Option für das automatische Ausfüllen auswählen können. Zeigen Sie mit dem Mauszeiger kurz darauf, und es wird ein Pfeil ❷ sichtbar, mit dem Sie das Auswahlmenü öffnen können.

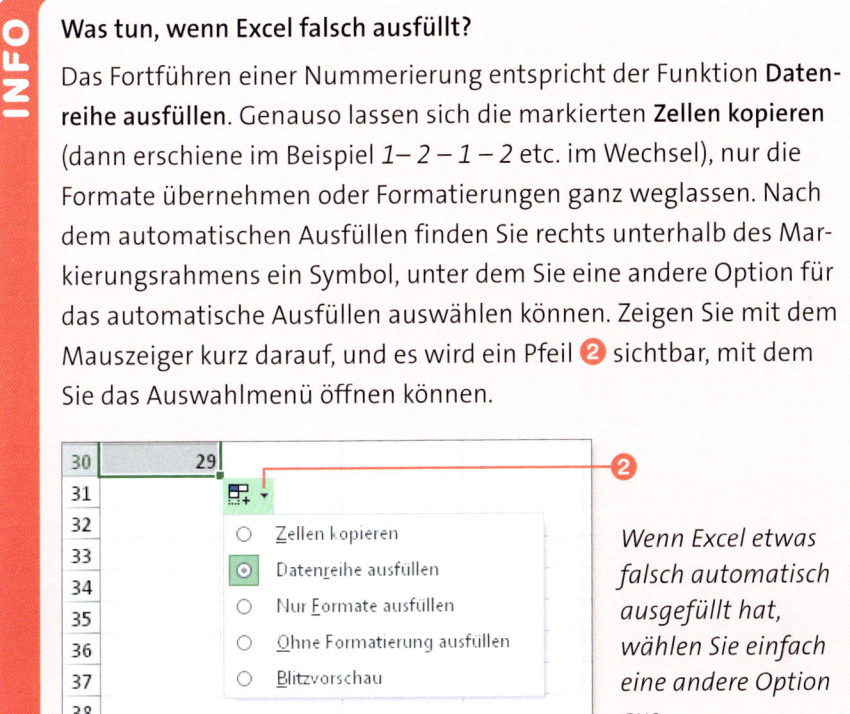

Wenn Excel etwas falsch automatisch ausgefüllt hat, wählen Sie einfach eine andere Option aus.

Kopieren und Einfügen von Zellen

Sie wissen bereits, wie Sie neue Spalten und Zeilen in eine Tabelle einfügen. Falls Sie bereits bestehende Zellen, eine ganze Spalte oder Zeile kopieren bzw. ausschneiden und dann an einer anderen Stelle in einer Tabelle platzieren möchten, ist das selbstverständlich ebenfalls möglich.

Zunächst zum Unterschied zwischen Kopieren und Ausschneiden. Wenn Sie Zellen kopieren, so bleiben die kopierten Zellen an ihrer ursprünglichen Position erhalten, und Sie können sie zusätzlich an einer anderen Position einfügen. Schneiden Sie Zellen hingegen aus, so werden diese an ihrer ursprünglichen Position entfernt, sobald Sie sie an einer anderen Position eingefügt haben.

Machen Sie sich zunächst anhand unserer Beispieltabelle mit der Funktion des Kopierens von Zellen vertraut. Hier werden wir eine komplette Zeile an eine weitere Position kopieren. Entsprechend funktioniert das Ganze aber auch mit Spalten:

1. Markieren Sie zunächst die zu kopierenden Zellen. In diesem Fall klicke ich mit der Maus auf die Zeilenüberschrift **5**, um die komplette Zeile zu markieren.

2. Klicken Sie die markierten Zellen mit der rechten Maustaste an, und wählen Sie im Kontextmenü den Eintrag **Kopieren** ❶. (Sie finden die Optionen zum **Kopieren**, zum **Ausschneiden** sowie zum **Einfügen** auch im Menüband unter **Start**.)

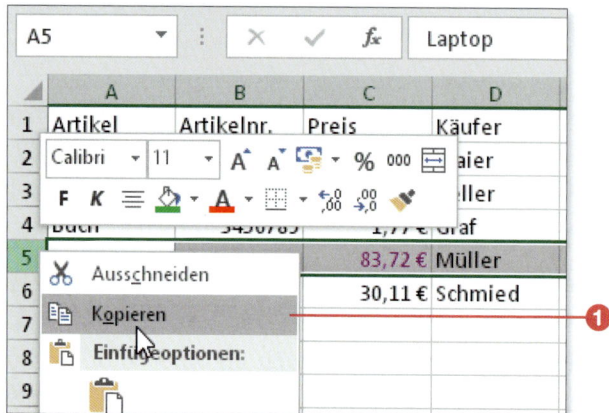

3. Die kopierten Zellen werden mit einem gestrichelten beweglichen Rahmen umgeben. Die Auswahl der markierten Zellen können Sie übrigens jederzeit durch Betätigen der Taste ⸤Esc⸥ rückgängig machen.

4. Nun klicken Sie mit der rechten Maustaste an die Stelle, an der die kopierten Zellen eingefügt werden sollen. Bei einer kompletten Spalte klicken Sie mit der rechten Maustaste auf die Überschrift derjenigen Spalte, bei der links die kopierte Spalte eingefügt werden soll. Haben Sie, wie hier im Beispiel, eine komplette Zeile kopiert, klicken Sie mit der rechten Maustaste auf die Überschrift derjenigen Zeile, oberhalb derer die kopierte Zeile eingefügt werden soll ❷. Entscheiden Sie sich nun im Kontextmenü für den Eintrag **Kopierte Zellen einfügen** ❸.

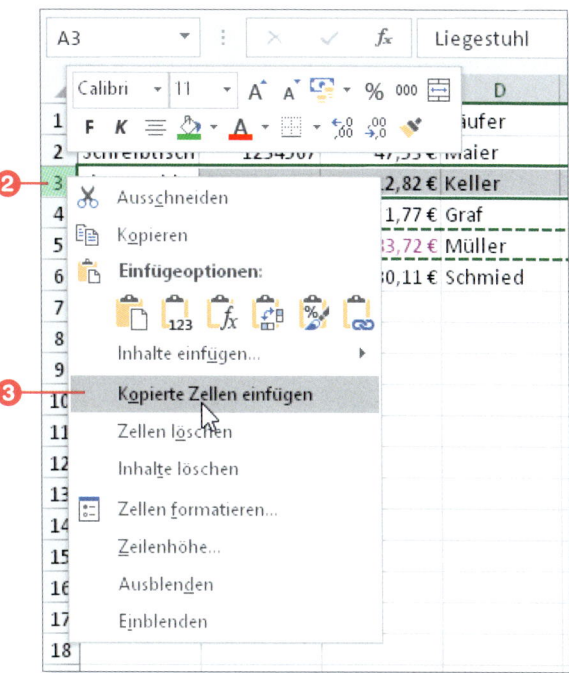

Das Ergebnis: Eine Kopie der Zeile wurde an der gewünschten Position erstellt.

	A	B	C	D	E
1	Artikel	Artikelnr.	Preis	Käufer	
2	Schreibtisch	1234567	47,53 €	Maier	
3	Laptop	4567890	83,72 €	Müller	
4	Liegestuhl	2345678	12,82 €	Keller	
5	Buch	3456789	1,77 €	Graf	
6	Laptop	4567890	83,72 €	Müller	
7	Kreissäge	5678901	30,11 €	Schmied	
8					

(Zellbezug A3, Inhalt: Laptop)

Das Ausschneiden von Zellen erfolgt auf ganz ähnliche Weise. Nachdem Sie das Kopieren am Beispiel einer Zeile kennengelernt haben, soll das Ausschneiden am Beispiel einer Spalte erfolgen:

1. Markieren Sie die auszuschneidenden Zellen. In diesem Fall klicke ich mit der Maus auf die Spaltenüberschrift **C**, um die komplette Spalte zu markieren.

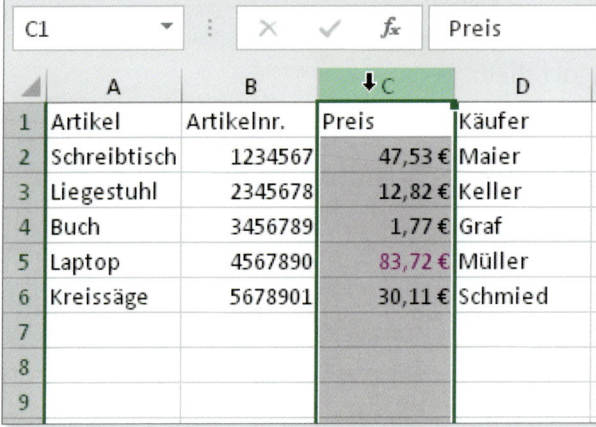

2. Klicken Sie die markierten Zellen mit der rechten Maustaste an, und entscheiden Sie sich im Kontextmenü für den Eintrag **Ausschneiden**.

Kopieren und Einfügen von Zellen

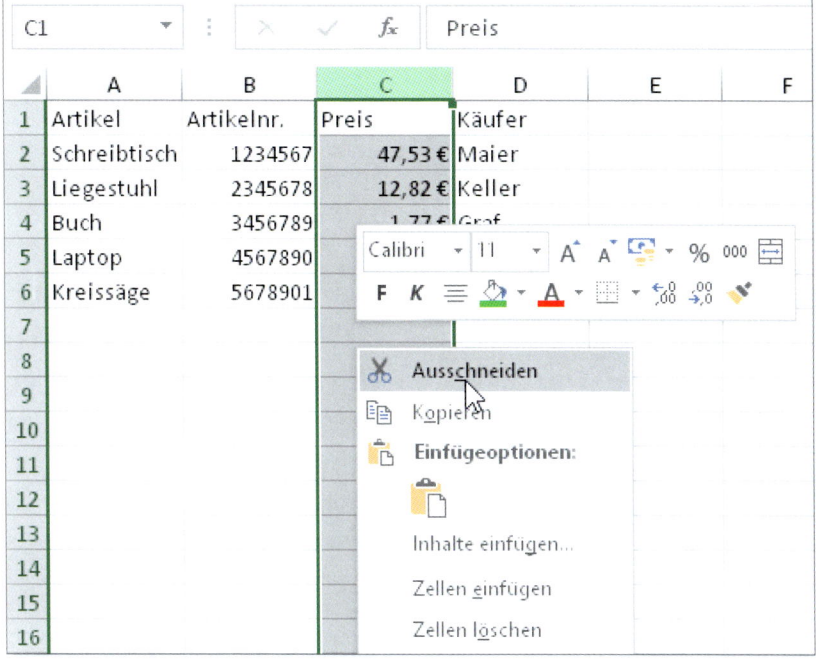

3. Wie beim Kopieren werden die ausgeschnittenen Zellen nun mit einem gestrichelten Rahmen umgeben.

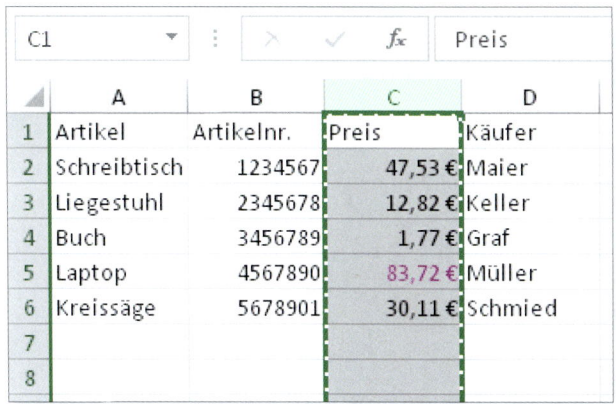

4. Klicken Sie mit der rechten Maustaste an die Stelle, an der die ausgeschnittenen Zellen eingefügt werden sollen. Bei einer kompletten Spalte klicken Sie mit der rechten Maustaste auf die Überschrift derjenigen

Kapitel 4 – Daten richtig eingeben

Spalte, bei der links daneben die ausgeschnittene Spalte eingefügt werden soll. Haben Sie eine komplette Zeile ausgeschnitten, klicken Sie mit der rechten Maustaste auf die Überschrift derjenigen Zeile, oberhalb derer die ausgeschnittene Zeile eingefügt werden soll. Entscheiden Sie sich im Kontextmenü für den Eintrag **Ausgeschnittene Zellen einfügen**.

Das Ergebnis sehen Sie in der unteren Abbildung: Die Spalte wurde an der ursprünglichen Position entfernt und an der neuen Stelle eingefügt.

Speziell beim Kopieren von Zellen bieten sich Ihnen mehrere Einfügeoptionen, die Sie ebenfalls per Kontextmenü auswählen können. Das bewerkstelligen Sie, indem Sie den Mauszeiger auf den Eintrag **Inhalte einfügen** ❶ bewegen und dann im Ausklappmenü ❷ Ihre Auswahl treffen. Im Folgenden gebe ich Ihnen einen kleinen Überblick über die verfügbaren Einfügeoptionen. Beachten Sie, dass beim Einfügen gegebenenfalls andere Zellinhalte überschrieben werden! Den in der Abbildung auf Seite 143 gezeigten Symbolen entsprechen von oben nach unten und links nach rechts die folgenden Funktionen:

Kopieren und Einfügen von Zellen

- *Einfügen*: Der gesamte kopierte Inhalt wird an der neuen Position eingefügt.
- *Formeln*: Dabei werden nur Formeln eingefügt.
- *Formeln und Zahlenformat*: Nur Formeln sowie Zahlenformatoptionen werden kopiert.
- *Ursprüngliche Formatierung beibehalten*: Fügt den gesamten Zellinhalt sowie die Formatierungen ein, jedoch ohne eventuell verknüpfte Daten.

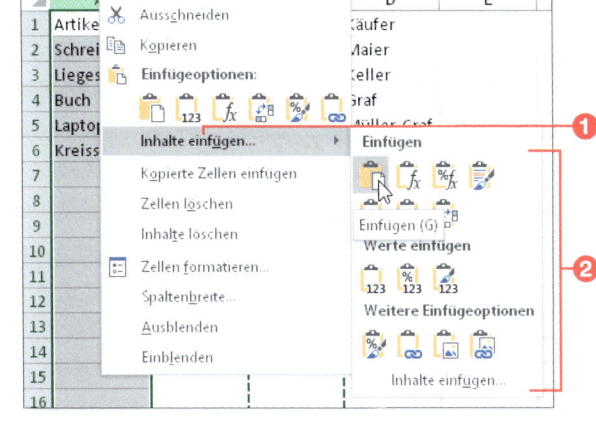

- *Keine Rahmenlinien*: Fügt den gesamten Zellinhalt sowie die Formatierungen ein, jedoch ohne eventuell vorhandene Rahmenlinien.
- *Breite der Ursprungsspalte beibehalten*: Bei dieser Auswahl wird nur die Spaltenbreite kopiert.
- *Transponieren*: Treffen Sie diese Auswahl, so werden beim Einfügen Spalten und Zeilen vertauscht.
- *Werte*: Wenn Sie eine Formel kopieren, werden nur die Werte eingefügt – ohne die zugrunde liegende Formel.
- *Werte und Zahlenformat*: Bei dieser Auswahl werden Werte sowie Zahlenformatoptionen kopiert.
- *Werte und Quellformatierung*: Wenn Sie diese Auswahl treffen, werden neben den Werten auch die Zahlenfarbe sowie die Schriftgradformatierung kopiert.
- *Formatierung*: Nur die Zellformatierungen werden übernommen, nicht jedoch die Zellinhalte.
- *Verknüpfung einfügen*: Fügt Verknüpfungen zu den kopierten Zellen ein.
- *Grafik*: Fügt die kopierten Zellen als Grafik ein.
- *Verknüpfte Grafik*: Fügt die kopierten Zellen als Grafik ein, welche sich automatisch den in den Zellen geänderten Werten anpasst.

Kapitel 4 – Daten richtig eingeben

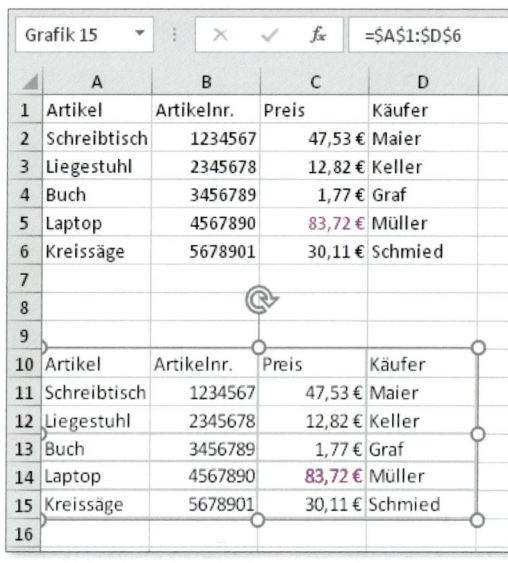

Hier wurde die Tabelle als Grafik eingefügt.

Kopieren und Einfügen von Inhalten

Statt ganzer Zellen lassen sich auch Inhalte aus anderen Zellen in eine Zelle kopieren bzw. auch Inhalte aus anderen Anwendungen in eine Zelle. Man verwendet für das Kopieren und Einfügen übrigens auch den englischen Begriff *Copy & Paste* – er dürfte Ihnen durch verschiedene Plagiatsskandale bekannt sein, auch wenn Sie ihn bisher noch nicht in Zusammenhang mit dem Programm Excel gebracht haben sollten.

Lassen Sie mich Ihnen zunächst zeigen, wie Sie einen Zellinhalt von einer Zelle in eine andere kopieren:

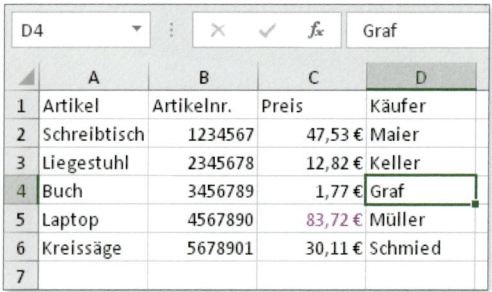

1. Doppelklicken Sie in eine Zelle, um diese in den Bearbeitungszustand zu versetzen. (Alternativ nutzen Sie die Bearbeitungsleiste.)

2. Markieren Sie bei gedrückter Maustaste den zu kopierenden Zellinhalt, in diesem Fall den Namen **Graf** ❶.

Kopieren und Einfügen von Inhalten

3. Klicken Sie den markierten Zellinhalt mit der rechten Maustaste an, und entscheiden Sie sich im Kontextmenü für den Eintrag **Kopieren** ❷ (bzw. für **Ausschneiden**, falls Sie den Zellinhalt ausschneiden möchten).

4. Markieren sie nun entweder eine leere Zelle, oder doppelklicken Sie auf eine bereits gefüllte Zelle ❸, um diese in den Bearbeitungszustand zu versetzen.

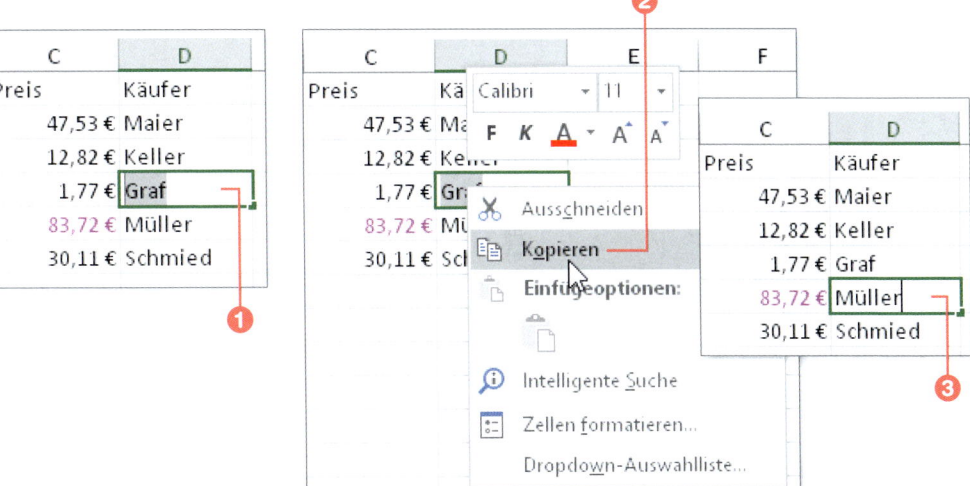

5. Im Beispiel füge ich einem in einer Zelle bereits vorhandenen Namen einen Bindestrich hinzu, klicke dann mit der rechten Maustaste in die Zelle und wähle das Symbol zum Einfügen ❹. Das gewünschte Ergebnis wird sofort sichtbar: Der kopierte Name wird dem bereits bestehenden Namen hinzugefügt.

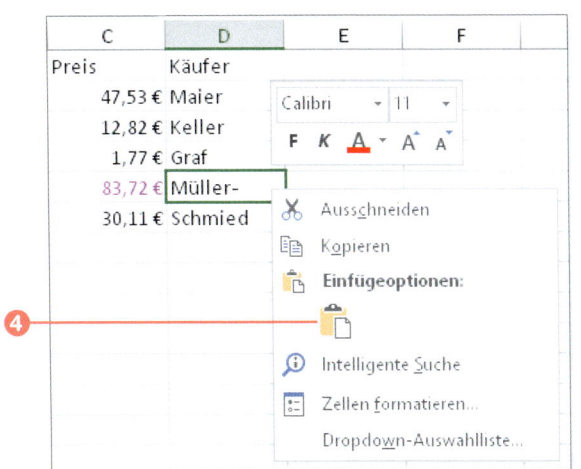

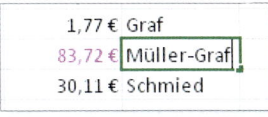

Kapitel 4 – Daten richtig eingeben

TIPP

So erhalten Sie einen Überblick über die Zwischenablage

Wenn Sie Inhalte in Excel kopieren bzw. ausschneiden, werden diese in der Zwischenablage abgelegt. Einen Überblick über die in der Zwischenablage gespeicherten Daten erhalten Sie, wenn Sie im Menüband unter **Start** auf den kleinen Pfeil bei **Zwischenablage** ❶ klicken. Die Zwischenablage wird links neben dem Arbeitsblatt als zusätzliche Leiste eingeblendet.

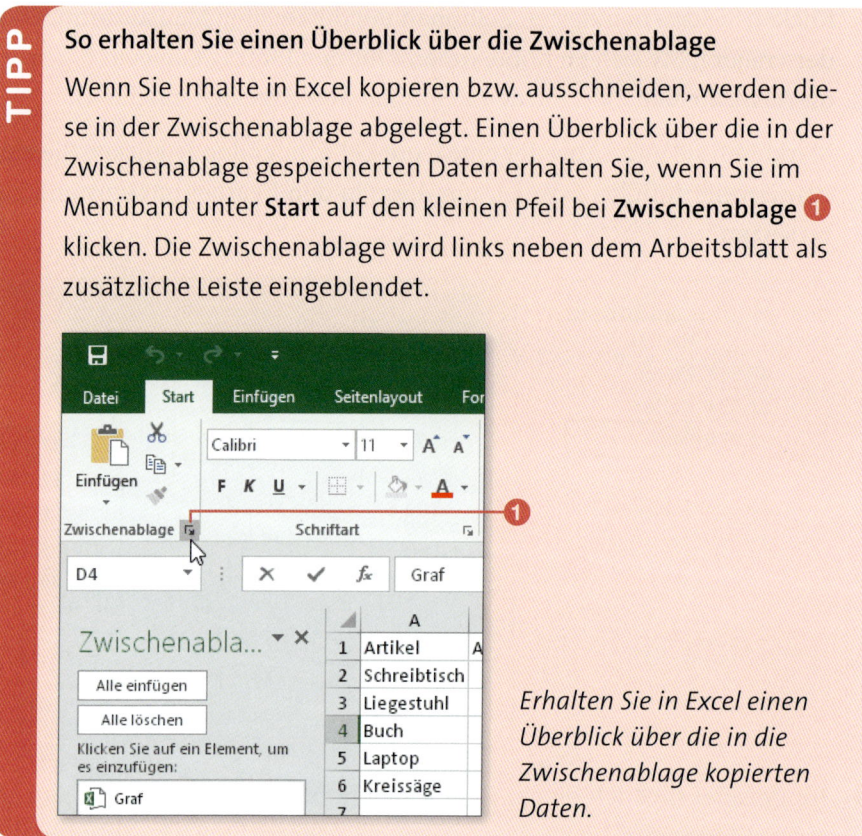

Erhalten Sie in Excel einen Überblick über die in die Zwischenablage kopierten Daten.

Das Kopieren und Einfügen von Inhalten kann auch aus völlig Excel-fremden Anwendungen erfolgen. Als kleines Beispiel dient eine Tabelle aus der Internet-Enzyklopädie *Wikipedia*, die in ein Excel-Arbeitsblatt kopiert werden soll:

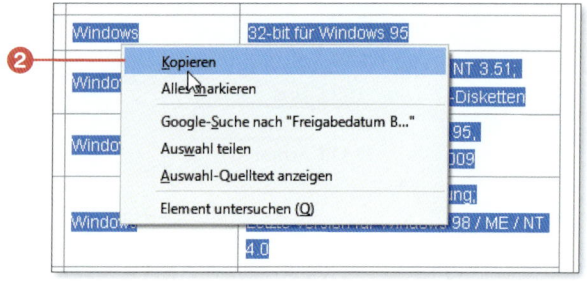

1. Markieren Sie mit der Maus die Inhalte, die Sie kopieren möchten.

2. Klicken Sie die markierten Inhalte mit der rechten Maustaste an, und entscheiden Sie sich im Kontextmenü für den Eintrag **Kopieren** ❷.

Kopieren und Einfügen von Inhalten

3. Klicken Sie nun in Excel mit der rechten Maustaste in das Feld, ab dem die Inhalte eingefügt werden sollen ❸.

4. Wählen Sie im Kontextmenü eine Einfügeoption aus, in diesem Fall das Anpassen der Inhalte an die bereits bestehenden Zellformatierungen ❹. Schon ist Ihre Excel-Tabelle fertig!

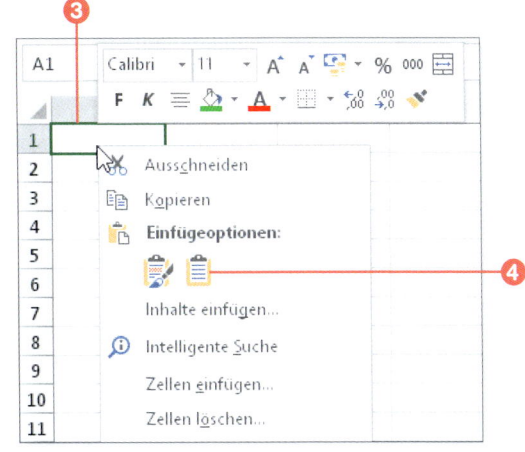

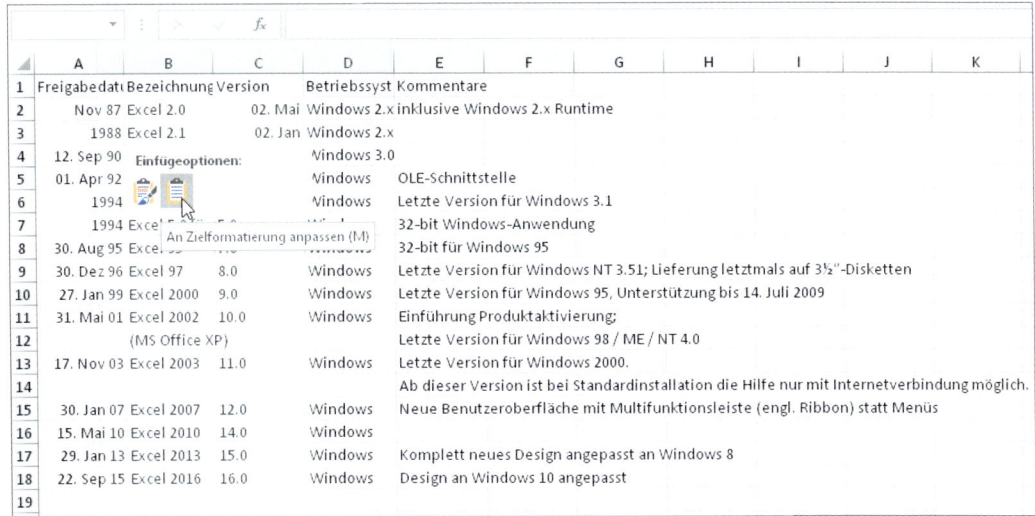

TIPP

Copy & Paste per Tastenkombination

Diese nützlichen Tastenkombinationen für das Kopieren und Einfügen können Sie nicht nur in Excel, sondern in vielen weiteren Anwendungen einsetzen: Verwenden Sie [Strg] + [C] zum Kopieren bzw. [Strg] + [X] zum Ausschneiden von ausgewählten Inhalten; um die Inhalte aus der Zwischenablage einzufügen, drücken Sie [Strg] + [V].

Rechtschreibung und Grammatik prüfen

Was die Texte in Ihren Excel-Dateien betrifft, können sich schnell mal Rechtschreib- oder Grammatikfehler einschleichen. Um diese auszumerzen, verwenden Sie einfach die in Excel eingebaute Rechtschreibprüfung:

1. Ich habe ein Wort bewusst falsch geschrieben ❶, um die Rechtschreibprüfung darstellen zu können.

2. Entscheiden Sie sich im Menüband für den Reiter **Überprüfen**.

3. Klicken Sie nun auf die Schaltfläche **Rechtschreibung** ❷. Alternativ können Sie zum Aktivieren der Rechtschreibprüfung auch die Taste F7 drücken.

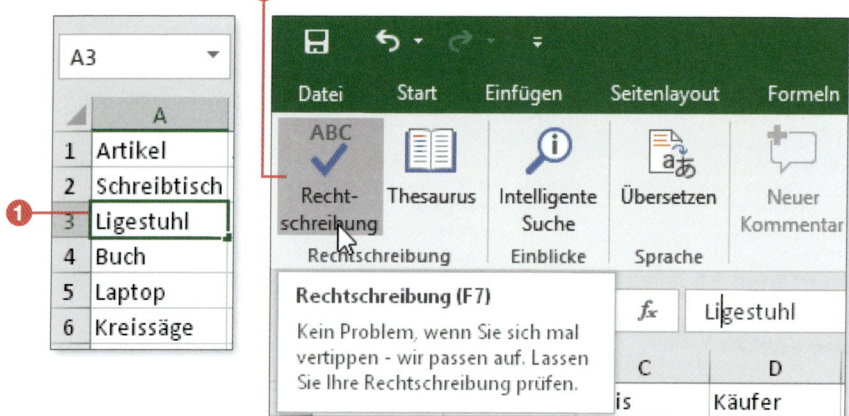

4. Im folgenden Fenster wird – der Reihe nach – alles angezeigt, was Excel als Fehler erkennt, bzw. auch, was Excel nicht als Begriff erkennt. Handelt es sich nicht um einen Fehler, wählen Sie die Schaltfläche **Einmal ignorieren** bzw. **Alle ignorieren** ❸, oder Sie fügen einen Begriff mit **Zum Wörterbuch hinzufügen** ❹ dem Office-Wörterbuch hinzu. Wenn es sich tatsächlich um einen Fehler handelt, wählen Sie im Feld **Vorschläge** ❺ einen Korrekturvorschlag aus und bestätigen mit der Schaltfläche **Ändern** bzw. **Immer ändern** ❻. Wird der passende Vorschlag nicht angezeigt, können Sie die Korrektur auch direkt in der Tabelle durchführen wie im Abschnitt »Eingaben korrigieren« ab Seite 127 beschrieben.

Rechtschreibung und Grammatik prüfen

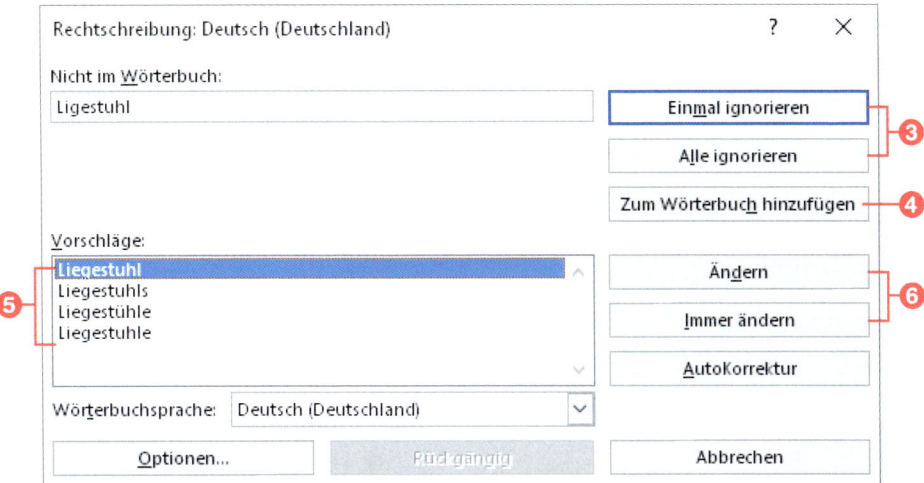

5. Nachdem alle Fehler korrigiert wurden, bestätigen Sie mit **OK**, um die Rechtschreib- und Grammatikprüfung abzuschließen.

> **INFO**
>
> **Einstellungen für die AutoKorrektur vornehmen**
>
> Bestimmte Fehler korrigiert Excel automatisch – auch dann, wenn dies nicht immer gewünscht ist. Ein Beispiel sind zwei Großbuchstaben am Wortanfang. Die *AutoKorrektur*-Optionen ändern Sie hier: Klicken Sie links oben in Excel auf **Datei**, und wählen Sie im Backstage-Bereich den Eintrag **Optionen**. Klicken Sie im Optionsfenster links auf **Dokumentprüfung** und dann rechts auf die Schaltfläche **AutoKorrektur-Optionen**. Bestimmen Sie im folgenden Fenster (siehe die Abbildung auf Seite 150) durch Aktivierung der entsprechenden Kontrollkästchen, welche Korrekturen automatisch durchgeführt werden sollen und welche nicht. Bestätigen Sie Ihre Einstellungen mit **OK**.

Kapitel 4 – Daten richtig eingeben

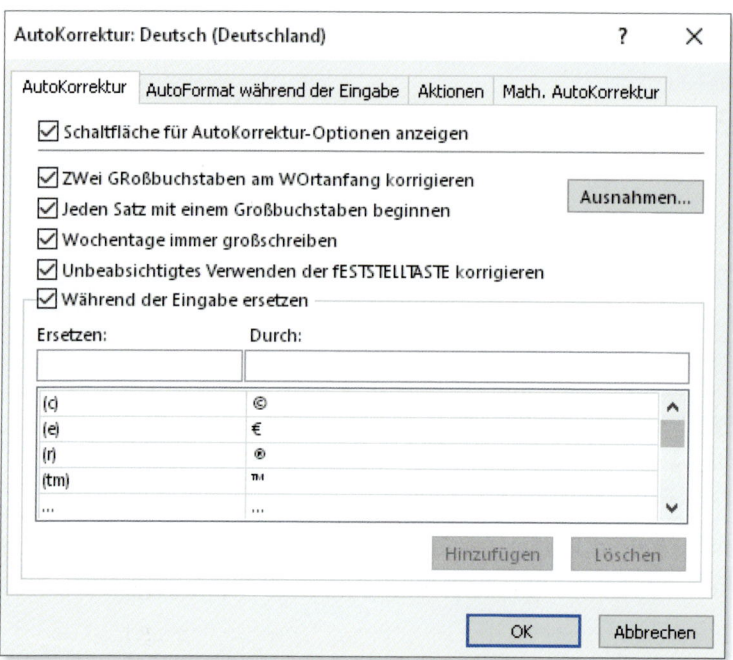

Legen Sie die AutoKorrektur-Optionen individuell fest.

Kapitel 5
Bezüge herstellen

Excel ist ein wahres Rechengenie und kann selbst komplexeste Berechnungen durchführen. Bei diesen Berechnungen wird häufig Bezug auf andere Zellen genommen, das heißt, in einer Formel können Werte aus ganz verschiedenen Zellen verwendet werden. Man spricht in diesem Zusammenhang von *Zellbezügen* bzw. auch nur von Bezügen. Alles, was Sie rund um die Bezüge wissen müssen, erlernen Sie in diesem Kapitel. Machen Sie sich darüber hinaus mit dem Aufbau von Formeln, mit Verknüpfungen sowie mit Zellnamen vertraut. Auch die sogenannten *Arrayformeln* werden Sie in diesem Kapitel kennenlernen.

Was sind Bezüge?

Sie wissen bereits, dass jede Zelle einen Namen hat, z. B. A1, A2, B3, C4 etc. Dieser Name wird in Excel dazu verwendet, um einen Bezug zu der Zelle bzw. dem darin enthaltenen Wert herzustellen. So müssen Sie an anderer Stelle nicht erneut den Wert eingeben, sondern können einfach auf die Zelle verweisen.

Um das Prinzip der Zellbezüge zu veranschaulichen, genügt eine simple Tabelle, die in Spalte A mit den Zahlen von 1 bis 5 gefüllt ist. Ich empfehle Ihnen, alle Übungstabellen unter einem eigenen Namen zu

Kapitel 5 – Bezüge herstellen

speichern, um zu einem späteren Zeitpunkt noch einmal darauf zurückgreifen zu können.

In eine Zelle können Sie nun nicht nur feste Zahlen- oder Textwerte einfügen (sogenannte *Konstanten*, weil diese sich nicht ändern), sondern auch Formeln. Formeln können neben Konstanten auch Bezüge enthalten.

Dass Sie in eine Zelle eine Formel eintragen, teilen Sie Excel dadurch mit, dass Sie ein Gleichheitszeichen voranstellen. Die einfachste Form eines Zellbezugs stellen Sie dadurch her, dass Sie dem Gleichheitszeichen einfach den Zellnamen folgen lassen, also beispielsweise *=A3* in eine andere Zelle eintragen.

Hier wird ein einfacher Zellbezug hergestellt.

Sobald Sie mit der Taste ⏎ bestätigen, wird in der Zelle nicht mehr die Formel angezeigt, sondern deren Ergebnis, hier also der in der Zelle A3 enthaltene Wert, da ja ein Bezug auf diese Zelle hergestellt wurde.

Der Zellbezug wurde hergestellt, und die Zelle zeigt den entsprechenden Wert.

Was sind Bezüge?

Standardmäßig handelt es sich bei einem so erstellten Zellbezug um einen sogenannten *relativen Bezug*. Wenn Sie den Wert in der ursprünglichen Zelle ändern, so wird der neue Wert automatisch auch in der Zelle verwendet, die auf die ursprüngliche Zelle Bezug nimmt.

Hier wurde die 3 durch eine 7 ersetzt – der Zellbezug wurde automatisch angepasst.

Natürlich kann in einer Formel auch Bezug auf mehrere Zellen gleichzeitig genommen werden, das ist sogar Sinn der Sache. Dies möchte ich mit Ihnen Schritt für Schritt am Beispiel einer simplen Addition durchgehen:

1. Klicken Sie eine beliebige Zelle an, in die Sie Ihre Formel mit den Zellbezügen einfügen möchten.

2. In diesem Fall sollen die Werte in den Zellen A1, A3 und A5 addiert werden. Die Formel lautet entsprechend: =A1+A3+A5. Sobald Sie die Formel eingegeben haben, werden die Zellen, auf die Bezug genommen wird, farblich hervorgehoben.

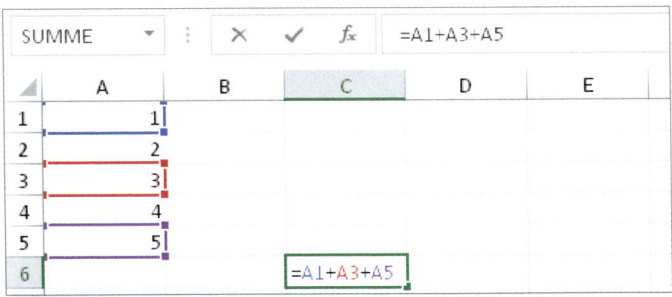

3. Bestätigen Sie mit ⏎, um die Berechnung der Formel durchzuführen. Die Werte aus den Zellen wurden addiert, und das Ergebnis wird angezeigt.

	A	B	C	D
1	1			
2	2			
3	3			
4	4			
5	5			
6			9	
7				

C6 : =A1+A3+A5

> **INFO**
>
> **Sie möchten die Formel statt des Werts angezeigt bekommen?**
>
> Wenn Sie in Excel eine Zelle markieren, die eine Formel enthält, wird Ihnen standardmäßig das Ergebnis der Berechnung angezeigt. Wenn Sie die Formel betrachten möchten, werfen Sie einfach einen Blick in die Bearbeitungsleiste. Formeln lassen sich aber auch direkt in den Zellen einblenden, dazu klicken Sie im Menüband unter **Formeln** auf die Schaltfläche **Formeln anzeigen**. Um die Formeln wieder auszublenden, klicken Sie die Schaltfläche einfach erneut an. Statt der Schaltfläche können Sie zum Ein- und Ausblenden der Formeln auch die Tastenkombination Strg + ⇧ + ´ verwenden.

Bezugsoperatoren einsetzen

Neben konstanten Werten oder Bezügen sind auch Funktionen sowie Operatoren wichtige Bestandteile von Formeln. Als *Operatoren* werden dabei einfach Vorschriften bezeichnet, die in einer Formel ausgeführt werden. So ist das Zeichen + ein Operator, weil es vorschreibt, dass die Werte links und rechts von diesem Zeichen addiert werden sollen. Aber es gibt in Excel auch drei Operatoren im Hinblick auf die Zellbezüge. Diese *Bezugsoperatoren* haben in Excel die höchste Rangfolge, werden also vor allen anderen Operatoren ausgeführt.

Bezugsoperatoren einsetzen

Die Bezugsoperatoren dienen dazu, mehrere Bezüge zusammenzufassen. Zunächst werde ich Ihnen zeigen, wie Sie mit dem Doppelpunkt (:) einen Bezug auf mehrere Zellen in einer Reihe herstellen:

1. Klicken Sie wieder eine beliebige Zelle an, in die Sie eine Formel mit Zellbezügen einfügen möchten.

2. Vorhin haben Sie eine Summe gebildet, indem Sie einfach die Werte von drei Zellen durch den Operator + addiert haben. Nun gehen Sie etwas anders vor. Beginnen Sie die Formel mit =SUMME (dies ist bereits ein kleiner Vorgriff auf Kapitel 6, »Mit Funktionen rechnen«).

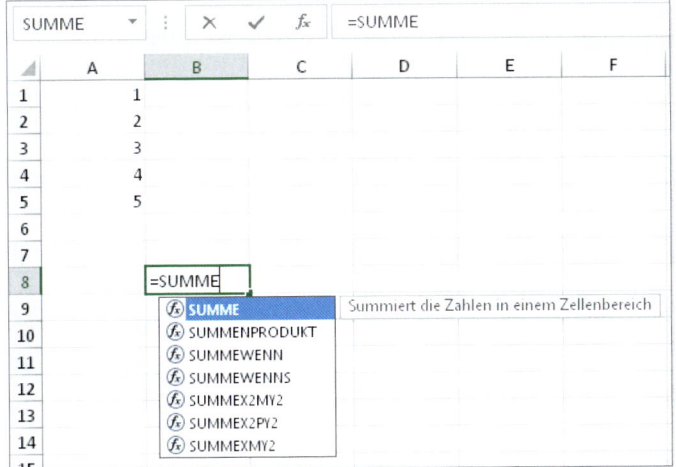

3. Geben Sie nun in Klammern den Namen der ersten Zelle in der Reihe ein. Lassen Sie einen Doppelpunkt folgen. Geben Sie die letzte Zelle der Reihe ein, und schließen Sie die Klammer.

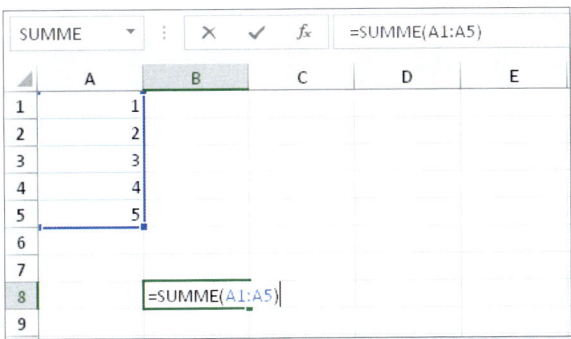

4. Bestätigen Sie mit der Taste ⏎ – schon wird Ihnen das Ergebnis der Berechnung (**15**) angezeigt.

Vielleicht möchten Sie aber auch mehrere beliebige Bezüge und Reihen kombinieren? Diesem Zweck dient ein weiterer Bezugsoperator, nämlich der Strichpunkt, das Semikolon (;). Auch dazu eine kleine Anleitung:

1. Lassen Sie uns zunächst die Tabelle aus unserem Beispiel um zwei Spalten mit weiteren Zahlenreihen erweitern, die wir dann in unseren Zellbezügen verwenden können.

2. Klicken Sie dann wieder in eine Zelle, in die Sie Ihre Formel einfügen möchten.

3. Beginnen Sie die Formel erneut mit =SUMME. Sie können sich aber bereits denken, dass sich Zellbezüge auch noch in unzähligen weiteren Funktionen einsetzen lassen. Doch hier geht es uns zunächst darum, das Prinzip am Beispiel dieser einfachen Funktion zu verstehen.

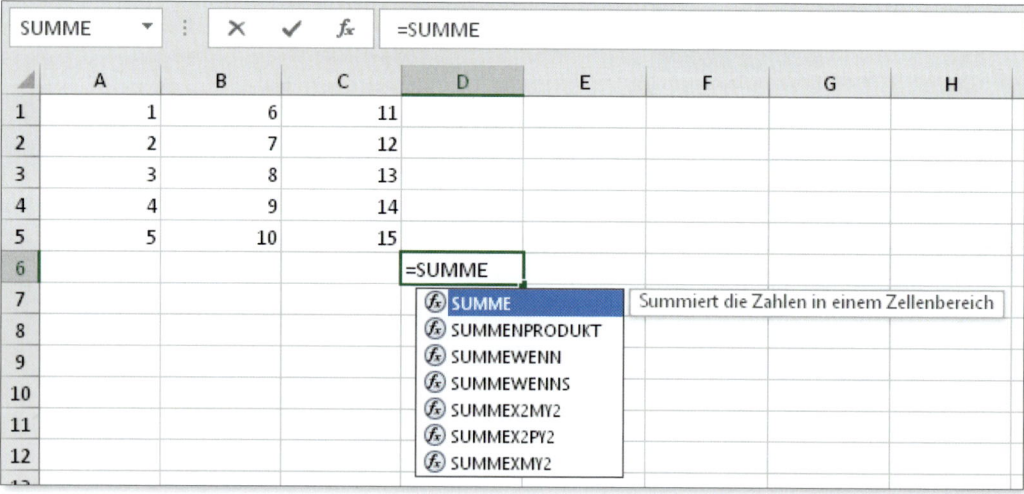

4. In Klammern können Sie wieder – mithilfe des Doppelpunkts – eine Reihe von Zellbezügen übernehmen, hier etwa die Reihe *A1:A5*.

Bezugsoperatoren einsetzen

5. Sie könnten die Reihe auch bis C5 erweitern, dann würde die Eingabe einfach lauten: *A1:C5*. Doch Sie möchten aus der zweiten Spalte B lediglich Bezüge auf B2 sowie auf B5 herstellen. Nun kommt das Semikolon ins Spiel: Fügen Sie Zellbezüge außerhalb der Reihe durch Strichpunkte getrennt hinzu, hier lautet die bisherige Eingabe A1:A5;B2;B5. Die entsprechenden Zellen werden farblich hervorgehoben.

6. Sie können aber auch mehrere Reihen kombinieren. Beispielsweise könnten aus der dritten Spalte noch Bezüge auf die Zellen C2 bis C5 hergestellt werden. Die vollständige Formel lautet dann: =SUMME(A1:A5;B2;B5;C2:C5).

7. Bestätigen Sie mit ⏎. Das Ergebnis der Berechnung wird prompt sichtbar. In diesem speziellen Fall gibt Excel einen Warnhinweis aus. Beachten Sie dazu auch den Kasten »Wenn Excel einen Warnhinweis ausgibt« auf Seite 158.

Kapitel 5 – Bezüge herstellen

Schließlich steht in Excel noch ein dritter Bezugsoperator zur Verfügung, der aber lediglich aus einem Leerzeichen besteht. Mithilfe dieses Bezugsoperators lassen sich Schnittmengen ausgeben. Auf unsere Tabelle bezogen, könnte die Formel beispielsweise lauten: *=A1:A5 A3:C3* – Excel zeigt Ihnen die entsprechende Schnittmenge an.

Um eine Schnittmenge anzuzeigen, trennen Sie die Bezüge per Leerzeichen.

> **INFO**
>
> **Wenn Excel einen Warnhinweis ausgibt**
>
> Sollte Excel, nachdem Sie eine Formel eingegeben haben, einen Warnhinweis in Form eines Warnsymbols ❶ links neben der Zelle ausgeben, muss nicht tatsächlich ein Fehler vorliegen. In diesem Fall meckert Excel einfach darüber, dass nicht alle angrenzenden Zellen in die Formel eingeschlossen wurden. Klicken Sie da getrost auf **Fehler ignorieren** ❷.

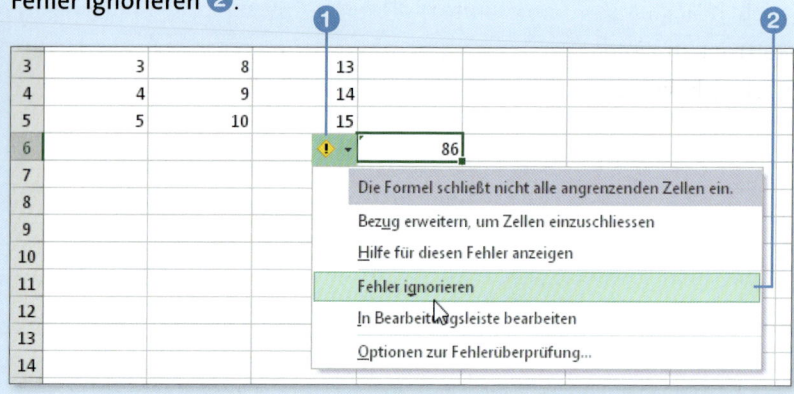

Fehler lassen sich oft automatisch korrigieren; wenn kein Fehler vorliegt, ignorieren Sie den Warnhinweis einfach.

Formeln verwenden

An dieser Stelle werde ich Ihnen das Thema Formeln noch etwas näherbringen, da Formeln für die Excel-Nutzung wesentlich sind. Eine Formel ist in Excel eine Gleichung, mit der eine beliebige Berechnung durchgeführt wird. Dass Sie eine Formel anwenden wollen, teilen Sie Excel mit, indem Sie der Formel ein Gleichheitszeichen voranstellen.

Dies sind die Bestandteile, die eine Formel enthält bzw. enthalten kann:

- *Operatoren*: Sie erinnern sich, das sind die Vorschriften, die in einer Formel ausgeführt werden, z. B. +.
- *Funktionen*: Bei einer Funktion geht es im weitesten Sinn darum, eine Beziehung zwischen Werten herzustellen, z. B. SUMME.
- *Bezüge*: Mit den Bezügen sind Sie bereits vertraut, das sind Verweise auf Werte in anderen Zellen.
- *Konstanten*: Auch den Begriff der Konstanten kennen Sie schon, das sind feste Zahlen- oder Textwerte, die ebenfalls Bestandteil einer Formel sein können.

Die einfachsten Formeln in Excel bestehen aus Operatoren und Konstanten. So lassen sich beispielsweise Berechnungen in den Grundrechenarten durchführen. Den Operator + zum Addieren kennen Sie bereits. Eine entsprechende Formel könnte lauten: *=123+456*. Geben Sie diese Formel ein, und drücken Sie die Taste ⏎, um von Excel das Ergebnis der Addition geliefert zu bekommen.

Die Addition zweier Konstanten

Auch das Subtrahieren ist für Excel gar kein Problem. Der entsprechende Operator ist das Minuszeichen bzw. der Bindestrich (-). Geben Sie in Excel z. B. =456-123 ein, und drücken Sie ⏎, um das Ergebnis der Subtraktion geliefert zu bekommen.

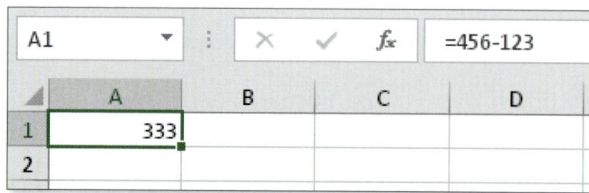

Die Subtraktion zweier Konstanten

Als Operator für die Multiplikation dient in Excel das Zeichen *, das Sie durch Drücken von ⇧ + + in eine Zelle einfügen. Ein Beispiel für die Multiplikation zweier Konstanten lautet =12*34. Drücken Sie ↵, um das Ergebnis der Multiplikation zu erhalten.

Die Multiplikation zweier Konstanten

Auch die vierte Grundrechenart, die Division, beherrscht Excel aus dem Effeff. Für eine Division verwenden Sie in Excel den Operator /, den Sie durch Drücken von ⇧ + 7 in eine Zelle einfügen. Hier ein Beispiel für eine Division: =100/4. Drücken Sie die Taste ↵, um das Ergebnis der Division zu erhalten.

Die Division zweier Konstanten

Natürlich lassen sich auch mehrere Operatoren kombinieren. Excel hält hierbei mathematische Regeln – etwa Punkt vor Strich – ein. Auch dazu ein Beispiel: =4+5*2. In diesem Fall wird zunächst die Punktrechnung durchgeführt (5*2) und das Produkt der Multiplikation zur 4 addiert.

Excel hält bei der Kombination von Operatoren mathematische Regeln ein.

Wenn Sie die Reihenfolge der Berechnungen selbst bestimmen möchten, setzen Sie Klammern ein. Um beim Beispiel =4+5*2 zu bleiben: Möchten Sie, dass zunächst die Addition und dann erst die Multiplikation durchgeführt wird, so schreiben Sie =(4+5)*2.

A1		:	×	✓	f_x	=(4+5)*2
	A		B		C	D
1	18					

Mit Klammern bestimmen Sie die Reihenfolge der Berechnungen.

Wie Sie bereits wissen, lassen sich statt der Konstanten auch Bezüge auf andere Zellen in Formeln verwenden. Konstanten und Bezüge lassen sich ebenfalls mischen, eine mögliche Formel lautet: =A1+5*2. In diesem Fall wird der Wert in Zelle A1 zum Produkt von 5*2 addiert.

A2		:	×	✓	f_x	=A1+5*2
	A		B		C	D
1	4					
2	14					
3						

Eine Formel kann gleichzeitig sowohl Konstanten als auch Bezüge enthalten.

Das vierte Element, das in einer Formel zum Einsatz kommen kann, sind die Funktionen, denen sich Kapitel 6, »Mit Funktionen rechnen«, widmet. Excel beherrscht einige Hundert Funktionen aus den unterschiedlichsten Bereichen. Eine Funktion kennen Sie bereits, nämlich SUMME: =SUMME(123;456) ist dabei einfach eine andere Schreibweise für =123+456.

A1		:	×	✓	f_x	=SUMME(123;456)	
	A		B		C	D	E
1	579						
2							

Hier wurde – wie ein Blick in die Bearbeitungsleiste zeigt – die Summe per Excel-Funktion berechnet.

Kapitel 5 – Bezüge herstellen

Während bei einfachen Berechnungen wie der aus dem Beispiel die Variante mit dem Operator einfacher erscheint, werden bei umfangreicheren Berechnungen schnell die Vorteile der Funktionen deutlich, auf die wir, wie gesagt, später zurückkommen.

Entnehmen Sie der folgenden Tabelle die Rangfolge der Operatoren in Excel, also die Reihenfolge, in der diese in einer Formel ausgeführt werden. Bei gleicher Rangfolge erfolgt die Ausführung von links nach rechts.

Operator	Kurzbeschreibung
: ; Leerzeichen	Bezugsoperatoren zur Verbindung mehrerer Zellbezüge
-	Negation (wie in -1)
%	Prozent
^	Potenzierung
* /	mathematische Operatoren zur Durchführung von Multiplikation und Division
+ -	mathematische Operatoren zur Durchführung von Addition und Subtraktion
&	Operator zur Verknüpfung von Textzeichenfolgen
= < > <= >= <>	Vergleichsoperatoren zum Vergleichen von Werten (Gleich, Kleiner, Größer, Kleiner oder gleich, Größer oder gleich, Ungleich)

Absolute Bezüge

Wenn Sie Zellbezüge herstellen, handelt es sich dabei standardmäßig um relative Bezüge. Dies bedeutet, dass die Bezüge automatisch angepasst werden, wenn sich die Werte in den Zellen ändern, auf die Bezug genommen wird. Demgegenüber stehen die absoluten Bezüge, bei denen diese Anpassung nicht erfolgt.

Einen absoluten Bezug erkennen Sie an den Dollarzeichen vor der Spalten- und Zeilenangabe. Die Zelle A1 wird bei einem absoluten Bezug als $A$1 bezeichnet, die Zelle B2 als $B$2 usw. Dies bedeutet also, dass Sie nur die Dollarzeichen einfügen müssen, um aus einem relativen einen absoluten Bezug zu machen.

Hier wurden absolute Bezüge auf die Zellen A1 und B2 hergestellt.

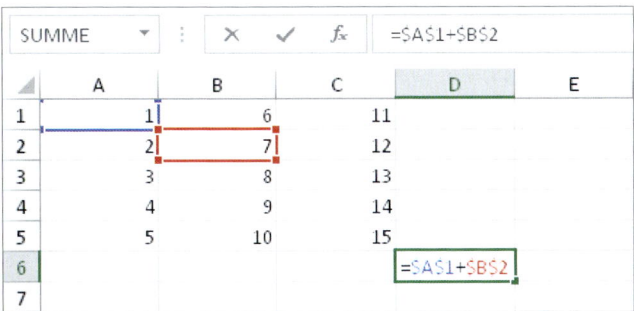

Absolute Bezüge können insbesondere dann wichtig werden, wenn Sie Zellen kopieren. Folgen Sie meiner kleinen Anleitung, um sich mit dem Unterschied zwischen relativem und absolutem Zellbezug vertraut zu machen:

1. Erstellen Sie eine kleine Tabelle. Diese enthält in Zelle B1 den Gewinnanteil am Umsatz, der im Jahr 2015 (Zelle B2) erreicht wurde. In den Zellen B3 bis B6 wird der Umsatz für die Quartale 1 bis 4 des Jahres 2015 dargestellt. Beispielsweise wurden im ersten Quartal 2015 10.000 € Umsatz erzielt, daraus resultiert ein Quartalsgewinn von 0,12*10000=1200 €.

Kapitel 5 – Bezüge herstellen

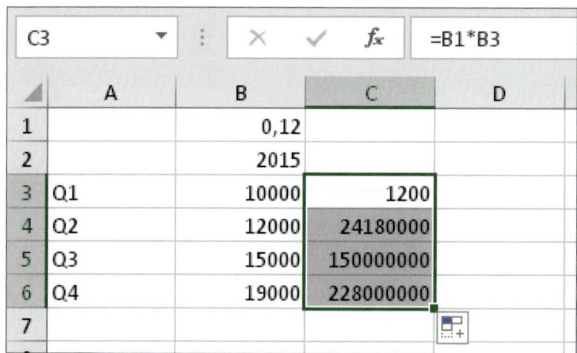

2. Nun möchten Sie die einzelnen Quartalsgewinne durch Zellbezüge berechnen. Dazu geben Sie in eine Zelle – hier etwa C3 – ein: =B1*B3. Es handelt sich um die gleiche Berechnung wie zuvor, nämlich 0,12*10000.

3. Nach dem Betätigen der Taste ⏎ erscheint das korrekte Ergebnis in der Zelle C3. Um sich Tipparbeit zu sparen, möchten Sie die Zelle nun für die anderen Quartale kopieren. Dazu bewegen Sie den Mauszeiger in die rechte untere Ecke der Zelle; sobald das schwarze Kreuz erscheint, klicken Sie die Ecke mit der Maus an und ziehen die Zelle dann bei gedrückter Maustaste auf diejenigen Zellen, in die die Formel kopiert werden soll.

4. Lassen Sie die Maustaste los. Sie merken sofort, dass an den Ergebnissen – hier in den Zellen C4 bis C6 – etwas nicht stimmen kann.

5. Wenn Sie eine Zelle mit fehlerhaftem Ergebnis (❶ auf Seite 165) anklicken und einen Blick in die Bearbeitungsleiste ❷ werfen, bemerken Sie, dass Excel eigenständig die Zellbezüge angepasst hat, was in diesem Fall nicht gewünscht ist. Den Bezug auf B1 hat Excel in einen Bezug auf B2 geändert, den Bezug auf B3 in einen Bezug auf B4.

Absolute Bezüge

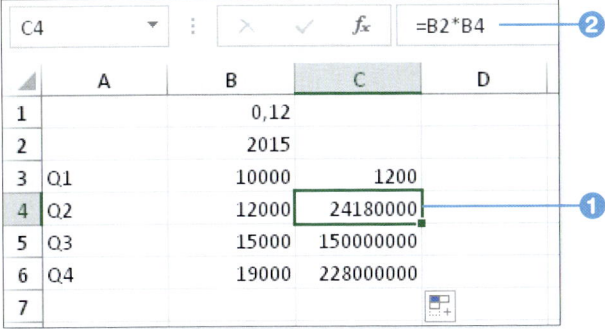

6. Nun kommt der absolute Bezug ins Spiel. Sie möchten, dass bei jedem Quartal der Wert aus Zelle B1 für die Gewinnberechnung herangezogen wird. Deshalb geben Sie anstelle des in Schritt 2 eingegebenen relativen Bezugs =*B1*B3* nun =*$B$1*B3* ein. Der Bezug auf die Zelle B1 wird dadurch zu einem absoluten Bezug geändert.

7. Kopieren Sie die Zelle erneut für die weiteren Quartale, um auch für diese die Gewinnberechnung durchzuführen.

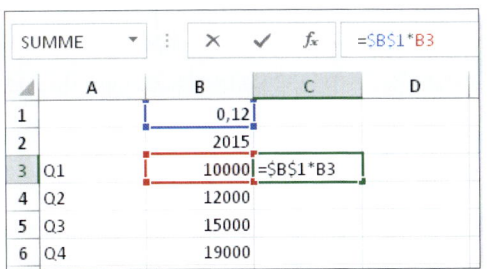

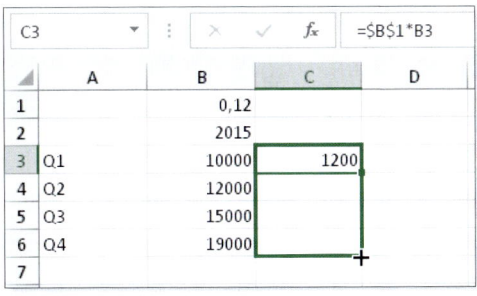

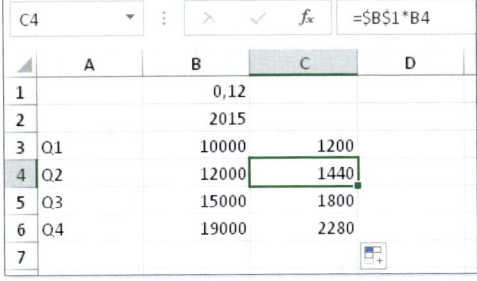

Perfekt! Diesmal stimmen – dank absolutem Zellbezug – alle Ergebnisse.

TIPP

Noch schnellere Umwandlung in absoluten Zellbezug

Um einen relativen Zellbezug in einen absoluten Zellbezug umzuwandeln, brauchen Sie die Dollarzeichen nicht manuell einzugeben. So geht's auch: Markieren Sie mit der Maus einen Bezug. Drücken Sie anschließend die Taste [F4]. Sie stellen fest, dass die Dollarzeichen automatisch hinzugefügt wurden.

Gemischte Bezüge

Ein absoluter Bezug muss nicht unbedingt die ganze Zelle betreffen, sondern kann auch nur auf eine Spalte oder Zeile hergestellt werden. In diesem Fall spricht man von einem *gemischten Bezug*. Lassen Sie uns die gerade erstellte Gewinnberechnung etwas ausweiten, um zu betrachten, wann gemischte Bezüge sinnvoll werden können:

1. Fügen Sie der Tabelle eine weitere Spalte für das Jahr 2016 hinzu. (Sie erinnern sich: Das Einfügen einer Spalte erfolgt per Rechtsklick auf die Spaltenüberschrift und die anschließende Menüwahl **Zellen einfügen**.)

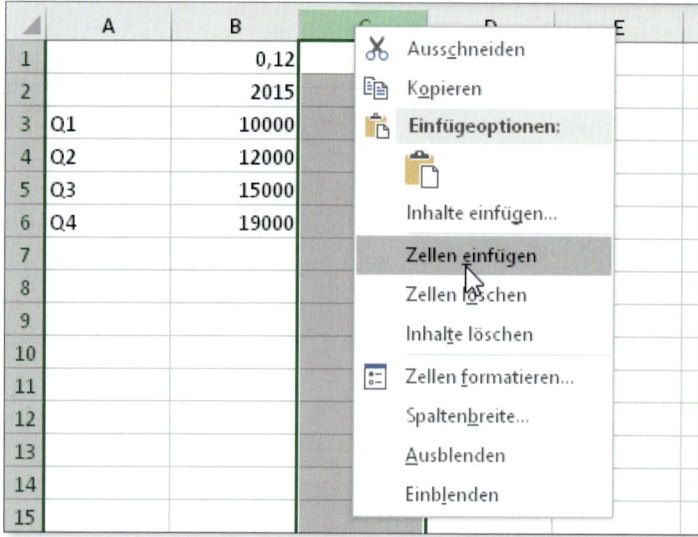

Gemischte Bezüge

2. Geben Sie auch in dieser Spalte den Gewinnanteil vom Umsatz (C1), das Jahr (C2) sowie die vier Quartalsumsätze ein (C3 bis C6).

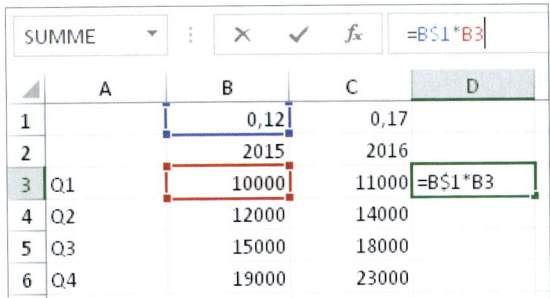

3. Sie möchten nun, dass der Bezug auf die Zeile erhalten bleibt, nicht jedoch der Bezug auf die Spalte. Statt *$B$1* machen Sie deshalb die Angabe B$1. Die Formel lautet also in diesem Fall =B$1*B3.

4. Kopieren Sie die Zelle zunächst innerhalb der Spalte, indem Sie in die rechte untere Ecke der Zelle klicken und diese bei gedrückter Maustaste in die weiteren Zellen kopieren.

5. Kopieren Sie die Zellen anschließend in die nächste Spalte, ebenfalls indem Sie mit der rechten Maustaste in die Zellen klicken und den Markierungsrahmen bei gedrückter Maustaste über den weiteren Zellen aufziehen.

D3			fx	=B$1*B3		
	A	B	C	D	E	F
1		0,12	0,17			
2		2015	2016			
3	Q1	10000	11000	1200		
4	Q2	12000	14000	1440		
5	Q3	15000	18000	1800		
6	Q4	19000	23000	2280		
7						
8						

Sie stellen fest, dass die Ergebnisse korrekt sind – dies haben die gemischten Bezüge möglich gemacht.

E3			fx	=C$1*C3		
	A	B	C	D	E	F
1		0,12	0,17			
2		2015	2016			
3	Q1	10000	11000	1200	1870	
4	Q2	12000	14000	1440	2380	
5	Q3	15000	18000	1800	3060	
6	Q4	19000	23000	2280	3910	
7						
8						

Auch zum Erstellen der gemischten Bezüge (siehe auch den Kasten »Noch schnellere Umwandlung in absoluten Zellbezug« auf Seite 166) lässt sich die Taste F4 einsetzen. Nehmen Sie als Beispiel den Bezug B1. Wenn Sie diesen markieren und F4 einmalig drücken, so wird daraus der absolute Bezug $B$1. Drücken Sie nochmals F4, so wird daraus der gemischte Bezug B$1 (bei dem die Zeile absolut ist). Das erneute Drücken von F4 bewirkt den gemischten Bezug $B1 (bei dem die Spalte absolut ist). Drücken Sie F4 ein weiteres Mal, so erhalten Sie wieder den relativen Bezug B1.

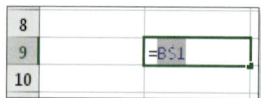

Ein absoluter Bezug lässt sich auch per Tastendruck in einen gemischten Bezug umwandeln.

3D-Bezüge

Eine spezielle Form der Zellbezüge stellen die 3D-Bezüge dar, die sich auf die jeweils gleiche Zelle in mehreren Blättern einer Arbeitsmappe beziehen und sich dadurch in unterschiedlichen Funktionen einsetzen lassen. Auch die 3D-Bezüge stelle ich Ihnen anhand einer Schrittanleitung vor:

1. Öffnen Sie doch noch einmal die Tabelle, in der Sie – verteilt auf drei Spalten – die Zahlen von 1 bis 15 eingegeben haben (siehe ab Seite 151). Klicken Sie unten in der Registerleiste zweimal hintereinander auf das Plussymbol ❶, um innerhalb der Arbeitsmappe zwei weitere Blätter zu erstellen, sodass Sie also in der Arbeitsmappe insgesamt drei Blätter vorliegen haben.

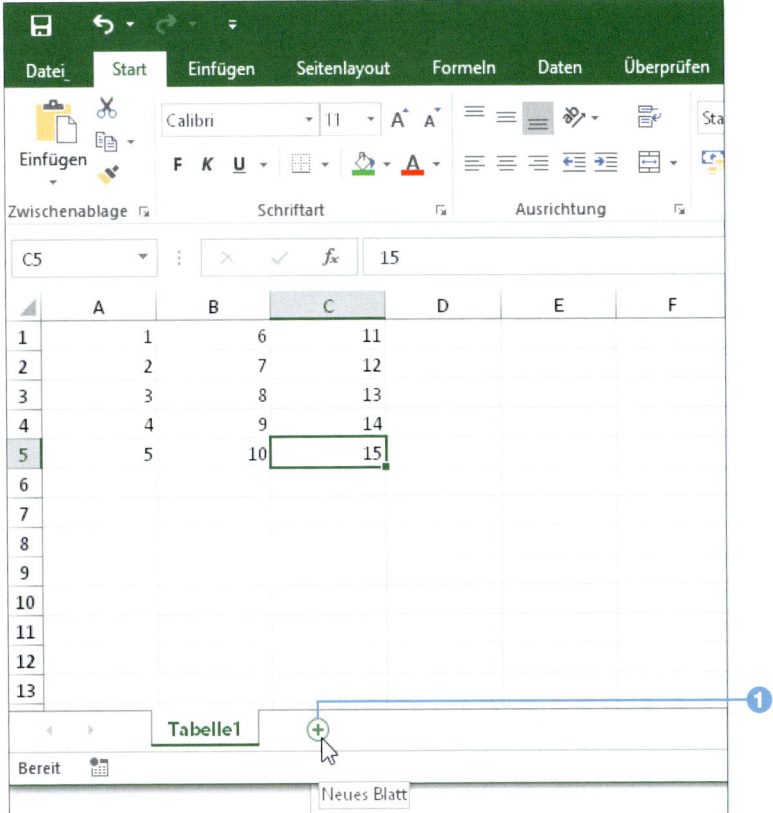

Kapitel 5 – Bezüge herstellen

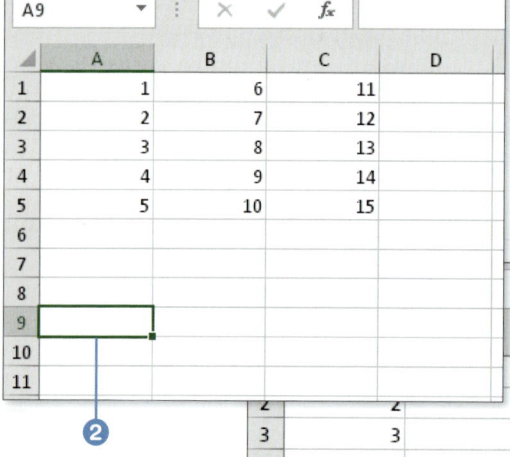

2. Füllen Sie die neuen Blätter ebenfalls mit Zahlen. Hier gebe ich beispielsweise in das Blatt **Tabelle2** – wieder über drei Spalten verteilt – die Zahlen von 16 bis 30 ein.

3. In Blatt **Tabelle3** lasse ich die Zahlen von 31 bis 45 folgen, Sie können aber natürlich auch andere Zahlen verwenden.

4. Klicken Sie jetzt in einem der Blätter in diejenige Zelle, in der Sie den 3D-Bezug erstellen möchten ❷.

5. Geben Sie die Formel ein. Verwenden Sie beispielsweise wieder die Funktion SUMME. In Klammern lassen Sie den Arbeitsblattbereich folgen sowie – durch ein Ausrufezeichen eingeführt – die Zelle, auf die Bezug genommen werden soll. Die komplette Formel lautet in diesem Fall: =SUMME(Tabelle1:Tabelle3!B2).

6. Die Berechnung wird prompt ausgeführt, hier die Addition der Zelle B2 aus drei Arbeitsblättern (7 + 22 + 37 = 66).

	A	B	C	D	E	F
				=SUMME(Tabelle1:Tabelle3!B2)		
1	1	6	11			
2	2	7	12			
3	3	8	13			
4	4	9	14			
5	5	10	15			
6						
7						
8						
9	66					
10						

Die 3D-Bezüge werden Sie zwar nicht so häufig benötigen wie die anderen Bezugsarten, aber es ist doch gut, sie einmal kennengelernt zu haben. Beispielsweise erlauben es die 3D-Bezüge, die Ergebnisse von Bilanzen zu addieren, die auf mehreren Blättern erstellt wurden.

Verknüpfungen

Neben den soeben dargestellten 3D-Bezügen zwischen Tabellenblättern lassen sich auch noch Bezüge auf Zellen anderer Arbeitsmappen erstellen. In diesem Zusammenhang wird dann von *Verknüpfungen* bzw. externen Bezügen gesprochen – die externen Bezüge dienen, genauso wie die Bezüge innerhalb eines Tabellenblatts, dazu, sich das erneute Eintippen der Daten zu ersparen, seien es Ergebnisse Ihrer Berechnungen oder Daten aus Ihren Kontaktlisten. Um eine Verknüpfung zu erstellen, empfehle ich die folgende Vorgehensweise:

1. Öffnen Sie sowohl die Quelldatei (also die Arbeitsmappe, aus der Sie Daten entnehmen möchten, etwa unsere im Abschnitt »Absolute Bezü-

Kapitel 5 – Bezüge herstellen

ge« ab Seite 163 erstellte Umsatztabelle) als auch die Zieldatei (also die Arbeitsmappe, in der Sie die Daten verknüpfen möchten, hier z. B. unsere Tabelle aus dem vorigen Abschnitt). Klicken Sie in der Zieldatei in eine Zelle, in der die Verknüpfung erstellt werden soll.

2. Geben Sie in die Zelle zunächst ='[ein. Das Hochkomma erstellen Sie übrigens durch die Tastenkombination ⇧ + #, die eckige Klammer durch AltGr + 8.

	A	B	C	D
1	1	6	11	
2	2	7	12	
3	3	8	13	
4	4	9	14	
5	5	10	15	
6				
7				
8				
9	='[			
10				

3. Im nächsten Schritt folgen der Dateiname des Arbeitsblatts und das Schließen der eckigen Klammer mittels AltGr + 9. Statt des Dateinamens einer geöffneten Quelldatei – hier: Kapitel5b.xlsx – können Sie auch den vollständigen Dateipfad angeben, also z. B. *C:\Users\Andreas\Documents\Kapitel5b.xlsx*.

	A	B	C	D	E
1	1	6	11		
2	2	7	12		
3	3	8	13		
4	4	9	14		
5	5	10	15		
6					
7					
8					
9	='[Kapitel5b.xlsx]				
10					

4. Geben Sie als Nächstes die Bezeichnung des Tabellenblatts ein – in diesem Fall »Tabelle1« –, und setzen Sie danach ein weiteres Hochkomma.

5. Im letzten Schritt geben Sie, eingeführt durch ein Ausrufezeichen, den Zellbezug ein, also die Zelle, auf die in der Quelldatei Bezug genommen werden soll. Die vollständige Formel lautet: `='[Kapitel5b.xlsx]Tabelle1'!B3`.

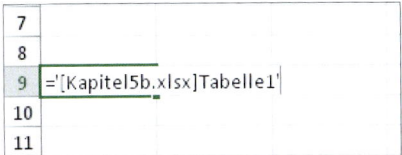 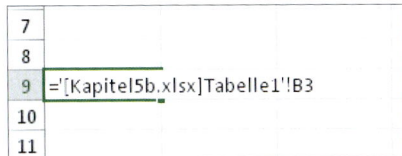

6. Nachdem Sie die Taste ⏎ gedrückt haben, wird Ihnen der Wert aus der anderen Datei angezeigt.

   Übrigens: Ist die andere Arbeitsmappe nicht geöffnet, wird in der Bearbeitungsleiste automatisch der vollständige Dateipfad angezeigt.

Namen vergeben

Die automatischen Zellnamen A1, A2, A3, B1, B2 usw. sind zwar schlüssig und hilfreich, aber nicht immer optimal. Die gute Nachricht lautet da, dass Sie in Excel sowohl einzelne Zellen als auch von Ihnen festgelegte Zellbereiche individuell benennen können, um in anderen Zellen darauf zu verweisen. Der Bezug auf einen Zellnamen ist ein absoluter Bezug. Kramen Sie zur Veranschaulichung noch einmal die im Abschnitt »Absolute Bezüge« ab Seite 163 erstellte Tabelle mit der Gewinnermittlung hervor, und machen Sie Folgendes:

1. In Zelle B1 wird der Gewinnanteil am Umsatz des Jahres 2015 dargestellt. Klicken Sie diese Zelle an.

	A	B	C	D	E
1		0,12	0,17		
2		2015	2016		
3	Q1	10000	11000	1200	1870
4	Q2	12000	14000	1440	2380
5	Q3	15000	18000	1800	3060
6	Q4	19000	23000	2280	3910
7					

2. Klicken Sie links oberhalb der Tabelle auf das *Namenfeld*, sodass der automatisch vergebene Name blau unterlegt erscheint.

3. Geben Sie einen individuellen, schlüssigen Namen für die Zelle ein, hier wähle ich beispielsweise den Namen »Gewinnanteil2015«. Bestätigen Sie Ihre Eingabe mit der Taste ⏎. Gut zu wissen: Auch nachdem ein neuer Name vergeben wurde, bleibt der automatisch vergebene Name für die Zelle zusätzlich erhalten, es kann nun also sowohl auf die Zelle B1 als auch auf die Zelle *Gewinnanteil2015* Bezug genommen werden.

4. Nun soll der neue Zellname für einen absoluten Bezug eingesetzt werden. Klicken Sie dazu auf die Zelle mit der Gewinnermittlung für das erste Quartal 2015 ❶.

Namen vergeben

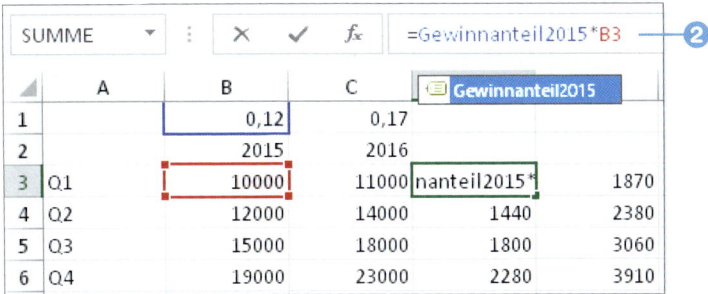

5. Klicken Sie in die Bearbeitungsleiste, und geben Sie statt *B$1* den Zellnamen »Gewinnanteil2015« ein ❷. Der Rest der Formel bleibt gleich.

6. Sie stellen fest, dass sich am Ergebnis der Berechnung nichts ändert, und Sie können die Bezüge nun auch durch Kopieren zur Gewinnberechnung auf die weiteren Quartale des Jahres 2015 anwenden – in diesem Fall jedoch nicht für die Gewinnberechnungen des Jahres 2016.

Besonders praktisch sind die Namen, wenn es gilt, mehrere Zellen zu einem Bereich zusammenzufassen. So erstellen Sie in der Datei mit der Gewinnermittlung für einzelne Quartale einen Bezug auf das Gesamtjahr:

Kapitel 5 – Bezüge herstellen

1. Markieren Sie mit der Maus die Zellen, die Sie zu einem Bereich zusammenfassen möchten.

2. Klicken Sie links oberhalb der Tabelle in das Namenfeld, sodass der automatisch vergebene Name blau unterlegt erscheint.

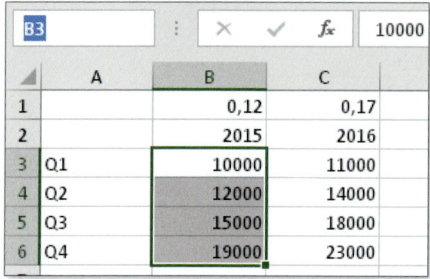

3. Geben Sie Ihre Bezeichnung für den Zellbereich ein, und bestätigen Sie mit ⏎. Hier wird der Name »Umsatz2015« vergeben.

4. Nun möchten Sie die beiden erstellten Namen *Gewinnanteil2015* (für eine einzelne Zelle) sowie *Umsatz2015* (für einen Zellbereich) in einer Formel anwenden. Dazu klicken Sie zunächst die Zelle an, in die Sie die Formel eingeben möchten.

Namen vergeben

	A	B	C	D	E
1		0,12	0,17		
2		2015	2016		
3	Q1	10000	11000	1200	1870
4	Q2	12000	14000	1440	2380
5	Q3	15000	18000	1800	3060
6	Q4	19000	23000	2280	3910
7					
8					

(Zelle B7 ausgewählt)

5. Beginnen Sie die Formel mit =Gewinnanteil2015*. Statt den Namen »Gewinnanteil2015« zu verwenden, könnten Sie auch $B$1 schreiben.

	A	B	C	D	E
1		0,12	0,17		
2		2015	2016		
3	Q1	10000	11000	1200	1870
4	Q2	12000	14000	1440	2380
5	Q3	15000	18000	1800	3060
6	Q4	19000	23000	2280	3910
7		=Gewinnanteil2015*			

6. Jetzt erinnern Sie sich, dass der zweite Name einen Zellbereich bezeichnet. In diesem Fall soll der Bereich mit der SUMME-Funktion verwendet werden. Ergänzen Sie die Formel so: SUMME(Umsatz2015). Die gesamte Formel lautet nun: =Gewinnanteil2015*SUMME(Umsatz2015). Statt den Namen »Umsatz2015« zu verwenden, könnten Sie genauso schreiben: $B$3:$B$6 – in beiden Fällen wird ein absoluter Bezug auf den Zellbereich hergestellt.

	A	B	C	D	E	F	G
1		0,12	0,17				
2		2015	2016				
3	Q1	10000	11000	1200	1870		
4	Q2	12000	14000	1440	2380		
5	Q3	15000	18000	1800	3060		
6	Q4	19000	23000	2280	3910		
7		=Gewinnanteil2015*SUMME(Umsatz2015)					

7. Drücken Sie ⏎, um das Ergebnis der Berechnung zu erhalten.

	A	B	C	D	E	F	G
1		0,12	0,17				
2		2015	2016				
3	Q1	10000	11000	1200	1870		
4	Q2	12000	14000	1440	2380		
5	Q3	15000	18000	1800	3060		
6	Q4	19000	23000	2280	3910		
7		6720					
8							

B7: =Gewinnanteil2015*SUMME(Umsatz2015)

> **INFO**
>
> **Diese Namensregeln müssen beachtet werden**
>
> Bei der Namensvergabe für Zellen sind Sie relativ, aber nicht völlig frei. So dürfen Namen aus maximal 255 Zeichen bestehen. Das erste Zeichen des Namens muss entweder ein Buchstabe, ein Unterstrich (_) oder ein Backslash (\) sein, die weiteren Zeichen können neben Buchstaben und Unterstrichen auch Ziffern oder Punkte sein. Verboten sind Leerzeichen sowie Zellbezüge. Übrigens unterscheidet Excel in Zellnamen nicht zwischen Groß- und Kleinschreibung, darauf müssen Sie also weder bei der Namensvergabe noch in Formeln Rücksicht nehmen.

Falls Ihnen die Verwendung des Namenfeldes links oberhalb der Tabelle zu unübersichtlich sein sollte: Sie können auch im Menüband unter **Formeln** auf die Schaltfläche **Namen definieren** klicken. Damit rufen Sie ein Dialogfenster auf, in dem Sie nicht nur den Namen ❶ eingeben, sondern sich auch den Zellbereich ❷ ansehen können. Auch das Eingeben eines zusätzlichen Kommentars ist hier möglich.

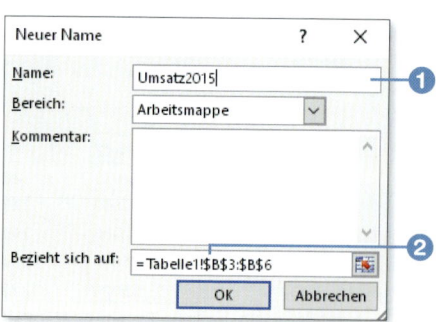

Namen für Zellen bzw. Zellbereiche lassen sich auch per Dialogfenster vergeben.

Den Namens-Manager verwenden

Einzelnen Zellen, aber auch Zellbereichen lassen sich mehrere Namen zuweisen – etwa der gleiche Begriff in unterschiedlichen Sprachen (Umsatz, revenue usw.). Falls Sie viele Namen vergeben, kann das ganz schnell unübersichtlich werden. Um auch bei vielen Namen den Überblick zu behalten, verwenden Sie den *Namens-Manager*, den Sie in Excel aufrufen, indem Sie im Menüband unter **Formeln** auf die Schaltfläche **Namens-Manager** ❶ klicken. Alternativ verwenden Sie zum Aufrufen des Namens-Managers die Tastenkombination [Strg] + [F3].

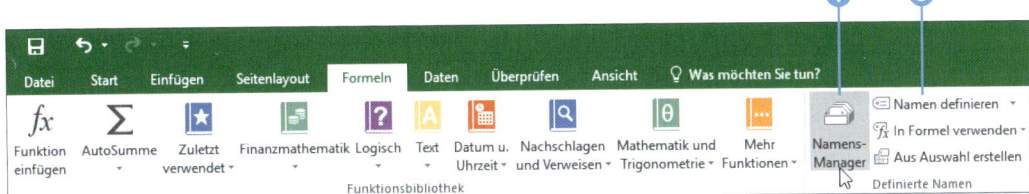

Hier wird im Menüband der Namens-Manager aufgerufen.

Der Namens-Manager bietet Ihnen alle wichtigen Verwaltungsoperationen rund um die Namen für einzelne Zellen oder Zellbereiche:

- Neuen Namen erstellen: Dazu klicken Sie links oben im Namens-Manager auf die Schaltfläche **Neu** ❷. Es öffnet sich das Dialogfenster, das Sie auch erhalten, wenn Sie im Menüband unter **Formeln** auf die Schaltfläche **Namen definieren** (❸ in der Abbildung oben) klicken.

- Namen bearbeiten: Dazu klicken Sie entweder einen Namen an ❹ und wählen dann die Schaltfläche **Bearbeiten** ❺, oder Sie doppelklicken auf einen Namen. Im folgenden Dialogfenster lassen sich Name, Zellbezug und Co. anpassen.

- Namen löschen: Hierzu klicken Sie einen Namen an und wählen die Schaltfläche **Löschen** ❻; alternativ klicken Sie einen Namen an und drücken dann die Taste `Entf`. Das Löschen muss in beiden Fällen in einem Dialogfenster mit **OK** bestätigt werden.

- Namen filtern: Sollen in der Übersicht nur bestimmte Namen angezeigt werden? Dazu wählen Sie unter der Schaltfläche **Filter** ❼ eine Option aus.

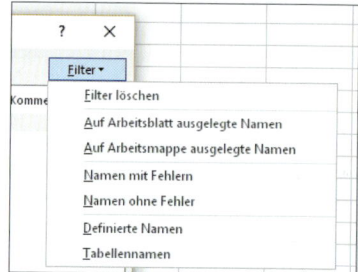

Arrayformeln

Auch die sogenannten *Arrayformeln* oder *Matrixformeln* ermöglichen es Ihnen, die Werte aus mehreren Zellen gleichzeitig zu berechnen und für alle Berechnungen die Ergebnisse zu liefern. Das eröffnet in Excel unzählige Anwendungsmöglichkeiten, doch ein einfaches Beispiel soll genügen.

Nehmen Sie wieder die Tabelle hervor, die – auf drei Spalten verteilt – die Zahlen von 1 bis 15 enthält. Das Ziel ist nun, die Werte aus allen Zeilen zu multiplizieren und die Produkte in der vierten Spalte darzustellen. Ohne Arrayformel würden Sie hierzu folgendermaßen vorgehen:

1. Klicken Sie in die Spalte D1 (siehe die Abbildung auf der folgenden Seite) – dort soll das Produkt der Multiplikation der Werte in den Zellen A1, B1 sowie C1 dargestellt werden.

2. Tragen Sie die einfache Formel ein: =A1*B1*C1. Bestätigen Sie mit der Taste `↵`, um das Ergebnis anzuzeigen.

Arrayformeln

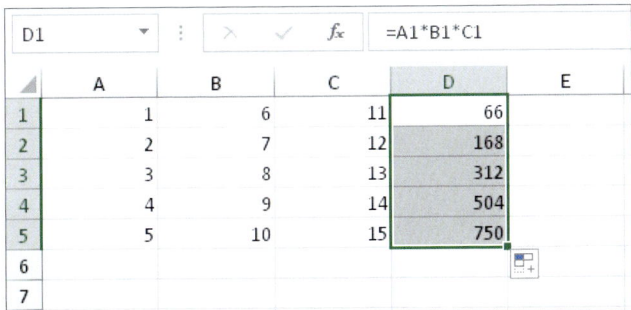

3. Klicken Sie in die rechte untere Ecke der Zelle D1. Kopieren Sie die Zelle durch Ziehen bei gedrückter Maustaste auf die Zellen D2 bis D5.

4. Excel passt die relativen Bezüge automatisch für die weiteren Zeilen an und liefert auch für diese die korrekten Produkte.

Das Ganze lässt sich nun auch mit einer Arrayformel berechnen. Arrayformeln erkennen Sie daran, dass sie in geschweiften Klammern {} stehen. So führen Sie die obigen Berechnungen mit einer Arrayformel durch:

1. Löschen Sie die Produkte aus den Zellen D1 bis D5. Markieren Sie die Zellen mit der Maus.

2. Geben Sie nun diese Formel ein: =A1:A5*B1:B5*C1:C5. Sie bemerken, dass die Zellbereiche für die Berechnung direkt in die Formel eingegeben werden. Um die Arrayformel zu erstellen, drücken Sie anschließend nicht nur ⏎, sondern verwenden die Tastenkombination Strg + ⇧ + ⏎.

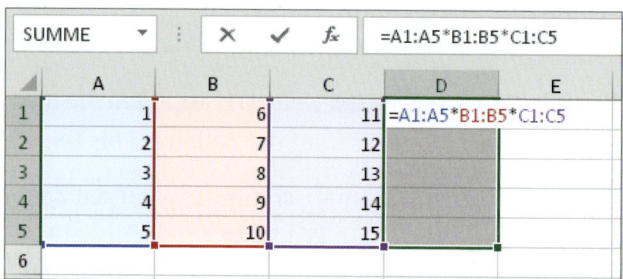

3. Die Arrayformel wird erstellt und mit geschweiften Klammern versehen. Die Produkte werden im markierten Bereich eingefügt.

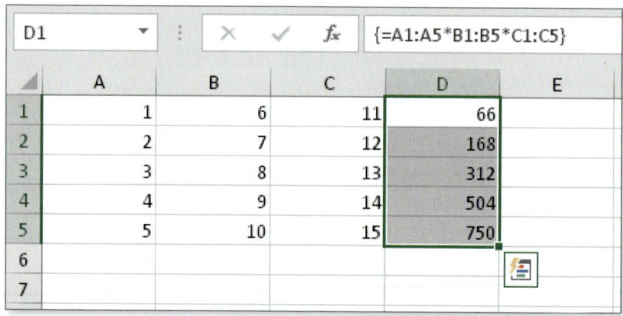

Dies ist natürlich nur ein sehr einfaches Beispiel für eine Arrayformel. Sie wären also in unserem Beispiel im Grunde genauso schnell mit der ersten Methode zurechtgekommen. Bei komplexeren Berechnungen aber werden Sie den Einsatz von Arrayformeln bestimmt zu schätzen wissen.

Kapitel 6
Mit Funktionen rechnen

Aus dem letzten Kapitel wissen Sie, dass ein Bestandteil von Formeln die Funktionen sein können. Excel beherrscht mehrere Hundert Funktionen aus ganz unterschiedlichen Bereichen: Finanzmathematik, Statistik, Logik, Technik und mehr. Wie Sie mit Funktionen allgemein umgehen und wie Sie die wichtigsten Excel-Funktionen in der Praxis anwenden, erfahren Sie in diesem Kapitel.

So sind Funktionen aufgebaut

Eine Formel kann eine, aber auch mehrere Funktionen beinhalten. Eine Formel, die Sie in Excel in eine Zelle einfügen, beginnt grundsätzlich mit dem Gleichheitszeichen (=). Eine Funktion setzt sich aus diesen beiden Elementen zusammen:

- dem Namen der Funktion: Funktionsnamen werden in Excel immer in Großbuchstaben dargestellt. Sie können den Namen jedoch auch in Kleinbuchstaben eintippen – Excel macht dann automatisch Großbuchstaben daraus. Ein Beispiel für einen Funktionsnamen: SUMME.

- den Argumenten der Funktion: Dem Funktionsnamen folgen in Klammern die *Funktionsargumente*, also Angaben darüber, welche Werte mit der Funktion berechnet werden sollen. Ein Beispiel für Funktionsargumente: (123;456).

Eine Formel mit einer Funktion könnte also beispielsweise lauten: =SUMME(123;456). Diese Funktion addiert die Zahlen, die in Klammern angegeben sind.

Kapitel 6 – Mit Funktionen rechnen

Hier wird eine Funktion in einer Formel eingesetzt.

Dieser grundlegende Aufbau ist bei allen Funktionen gleich, wobei sich mit den verschiedenen Funktionen in Excel nicht nur einfache Berechnungen wie das Addieren durchführen lassen, sondern auch richtig komplexe Berechnungen.

Selbstverständlich lassen sich in einer Funktion nicht nur Konstanten, also feste Werte, sondern auch Bezüge einsetzen. In diesem Fall werden die Zellen, auf die Bezug genommen wird, farblich hervorgehoben. Die verwendeten Farben werden auch in den Funktionsargumenten dargestellt – was in vielen Fällen hilfreich sein kann, um sich auch einen visuellen Überblick zu verschaffen.

Die in der Funktion verwendeten Zellbezüge werden farblich hervorgehoben.

Schließlich können innerhalb von Funktionen weitere Funktionen zum Einsatz kommen, das heißt, Funktionen lassen sich verschachteln.

Doch verschaffen Sie sich zunächst einmal einen Überblick, welche Funktionen in Excel zur Verfügung stehen und welchen Zwecken diese jeweils dienen. Folgen Sie dazu dieser kleinen Schrittanleitung:

So sind Funktionen aufgebaut

1. Klicken Sie im Menüband auf den Reiter **Formeln**.

2. Sie finden nun einige Schaltflächen von Funktionskategorien ❶ vor. Klicken Sie eine Kategorie an, die Sie interessiert.

3. In einem Menü werden Ihnen nun die der jeweiligen Kategorie zugeordneten Funktionen angezeigt. Bewegen Sie den Mauszeiger auf eine Funktion, um in einem Infofenster ❷ nähere Angaben zur Funktion zu erhalten.

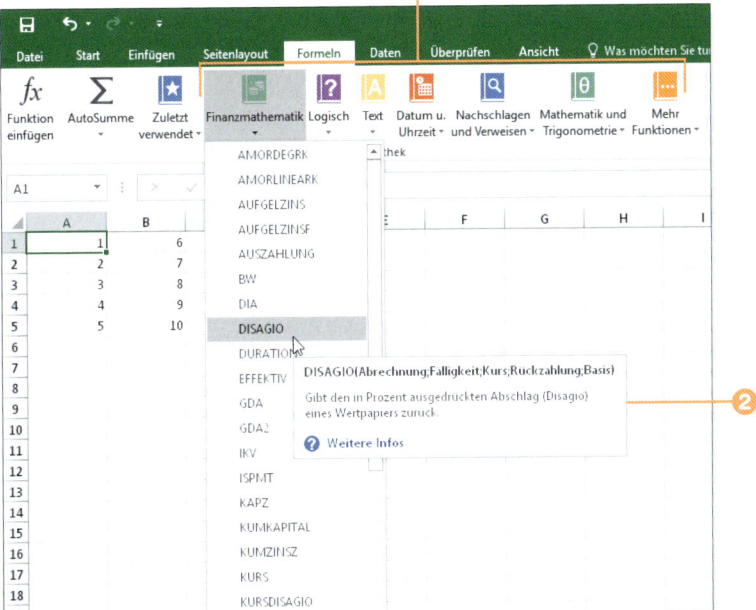

4. Wenn Sie eine Funktion anklicken, wird diese in die aktive Zelle eingefügt. Gleichzeitig öffnet sich ein Assistent zur Eingabe der **Funktionsargumente** (siehe die folgende Seite). Füllen Sie die Felder im Assistenten aus, und bestätigen Sie mit **OK**. Alternativ lassen sich die Funktionsargumente direkt in die Zelle bzw. in die Bearbeitungsleiste eingeben.

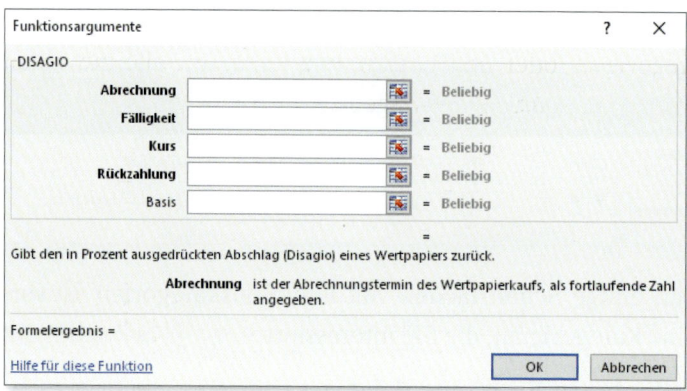

Funktionen einfügen

Zum Einfügen sowie zum Bearbeiten von Funktionen bietet sich Ihnen außer den im vorigen Abschnitt genannten Optionen eine weitere Möglichkeit. So gehen Sie – unabhängig von der Funktion, die Sie verwenden möchten – zum Einfügen einer Funktion in eine Zelle vor:

1. Klicken Sie in die Zelle, in welche die Funktion eingefügt werden soll.

2. Klicken Sie nun in der Bearbeitungsleiste auf das Symbol **Funktion einfügen** ❶. Sollte die Bearbeitungsleiste ausgeblendet sein, klicken Sie im Menüband unter **Formeln** auf die Schaltfläche **Funktion einfügen** ❷.

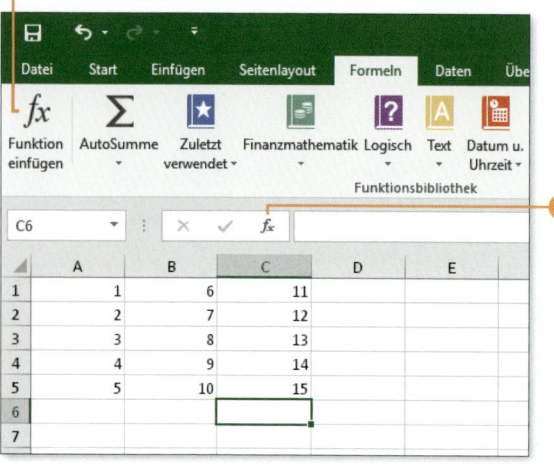

3. Im sich dadurch öffnenden Fenster finden Sie ein Suchfeld ❸, in das Sie eintippen, welche Art Funktion Sie ausführen möchten. Hier gebe ich z. B. den Suchbegriff »addition« ein. Bestätigen Sie Ihre Eingabe mit **OK**.

4. Es werden im Feld **Funktion auswählen** ❹ einige Funktionen empfohlen. Wenn die gewünschte nicht dabei ist, öffnen Sie über

Funktionen einfügen

den Pfeil das Menü **Kategorie auswählen** ❺ und wählen entweder eine Funktionskategorie ❻ oder den Eintrag **Alle** ❼, damit alle auf Ihren Suchbegriff passenden Funktionen angezeigt werden.

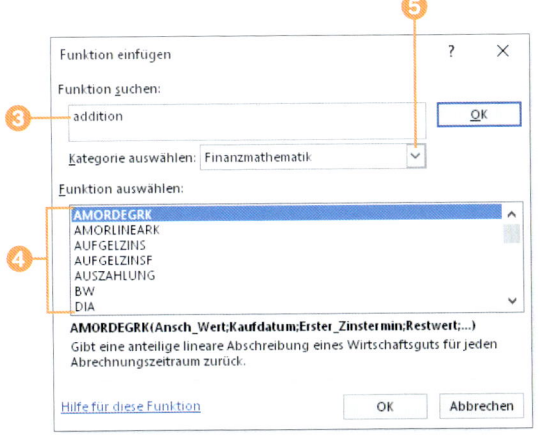
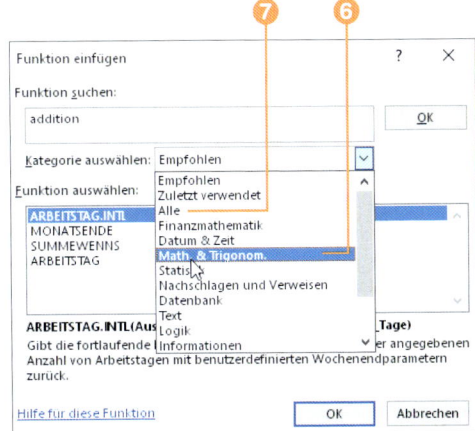

5. Wählen Sie eine Funktion per Mausklick aus ❽. Um detaillierte Informationen zur Funktion und deren Anwendung zu erhalten, klicken Sie links unten im Fenster auf **Hilfe für diese Funktion** ❾.

6. Die detaillierten Informationen zur Funktion werden in einem eigenen Fenster der Excel-Hilfe geöffnet. Rechts in dem Fenster finden Sie eine Bildlaufleiste ❿, um den angezeigten Text nach unten zu rollen. Um das Fenster der Excel-Hilfe zu schließen, klicken Sie auf das Kreuzsymbol rechts oben im Fenster.

7. Zum Einfügen einer Funktion klicken Sie diese an und bestätigen mit **OK**. Alternativ doppelklicken Sie im Feld **Funktion auswählen** auf die Funktion.

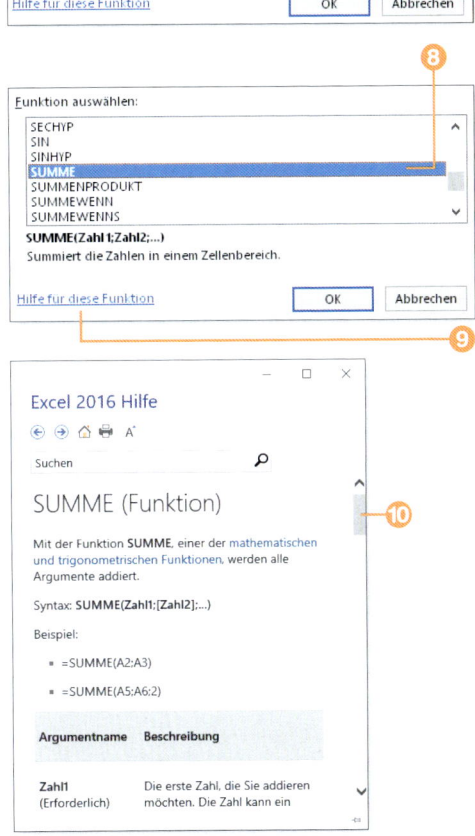

187

8. Gleichzeitig mit dem Einfügen der Funktion öffnet sich auch in diesem Fall der Assistent zur Eingabe der **Funktionsargumente**. Diese können in die einzelnen Felder manuell eingetippt werden.

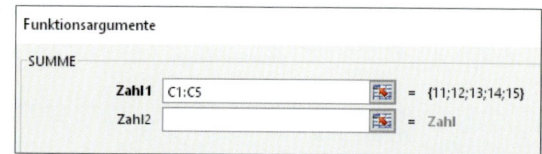

9. Es lassen sich aber auch mit der Maus Bereiche festlegen. Dazu wählen Sie den gewünschten Bereich durch Ziehen bei gedrückter Maustaste aus.

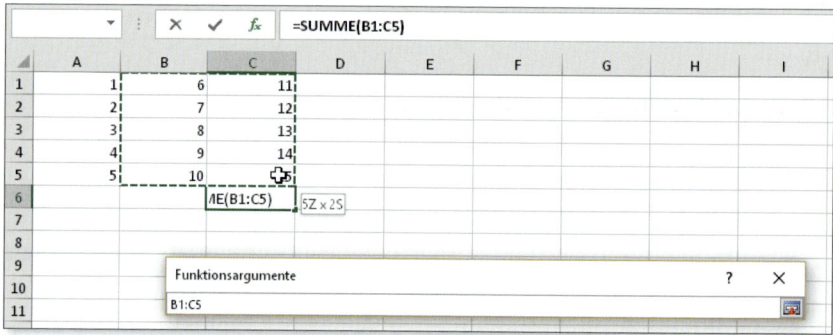

10. Bestätigen Sie die Eingaben zum Schluss mit **OK**. Die Berechnung wird prompt durchgeführt und das Ergebnis in der Zelle angezeigt ⓫.

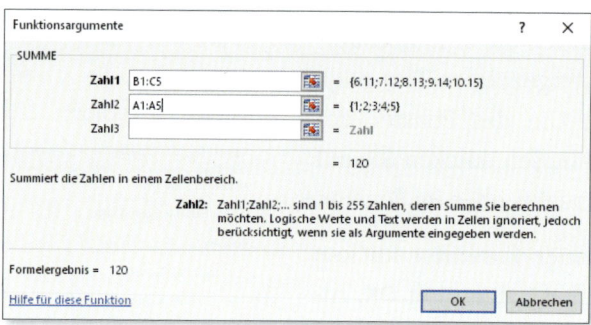

Um eine Funktion bzw. die Funktionsargumente zu bearbeiten, können Sie das Fenster **Funktionsargumente** jederzeit erneut aufrufen. Dazu klicken Sie auf die Zelle, welche die Funktion enthält ⓫. Wählen Sie dann erneut in der Bearbeitungsleiste das Symbol **Funktion einfügen** ⓬.

Die Funktionsargumente lassen sich auch nachträglich im Assistenten bearbeiten.

Alternativ lassen sich die Funktionsargumente direkt in der Bearbeitungsleiste oder auch in der Zelle bearbeiten. Dazu klicken Sie auf die Zelle und dann in die Bearbeitungsleiste bzw. doppelklicken – um die Zelle zu bearbeiten – auf die Zelle. Nehmen Sie Ihre Änderungen direkt in der Formel vor.

Funktionen lassen sich jederzeit auch in der Bearbeitungsleiste bzw. direkt in der Zelle bearbeiten.

In den folgenden Abschnitten werden wir uns die gängigsten Funktionen von Excel nun genauer vornehmen. Damit sind Sie dann bestens gerüstet, wenn es darum geht, Excel für Ihre individuellen Anwendungszwecke voll auszureizen.

SUMME

Der Funktion SUMME sind Sie in diesem Buch bereits mehrfach begegnet. Sie dient, wie der Name unschwer erkennen lässt, dazu, Werte zu addieren. Das funktioniert mit Konstanten – z. B. =SUMME(123;456) – genauso wie mit Bezügen – z. B. =SUMME(A1:A5). Am schnellsten gelingt die Summenbildung in Excel mit der *AutoSumme*-Funktion, deren Anwendung Sie nun kennenlernen:

1. Erstellen Sie mit mir gemeinsam doch einmal eine Art Einkaufs- bzw. Ausgabenliste. In Spalte A stehen die Produkte, in Spalte B die zugehörigen Preise.

2. Die Werte in Spalte B sollen nun noch als Währung formatiert werden. Das haben Sie bereits in Kapitel 4, »Daten richtig eingeben«, gelernt. Zur Erinnerung: Markieren Sie dazu die entsprechenden Zellen, klicken Sie diese mit der rechten Maustaste an, und wählen Sie im Kontextmenü den Eintrag **Zellen formatieren** ❶.

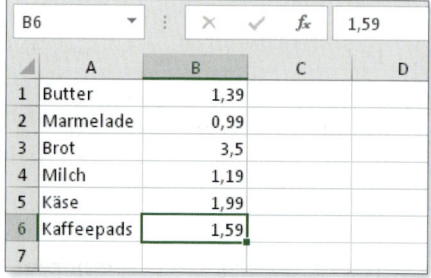

3. Wählen Sie im sich öffnenden Dialogfenster links **Währung** ❷, bestimmen Sie rechts das Währungssymbol ❸ sowie gegebenenfalls die **Dezimalstellen** ❹, und bestätigen Sie mit **OK**.

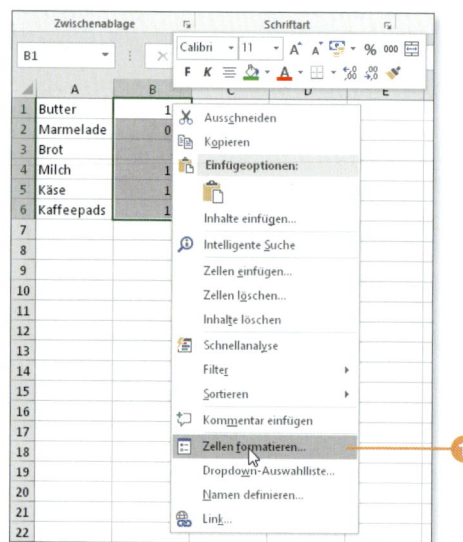

SUMME

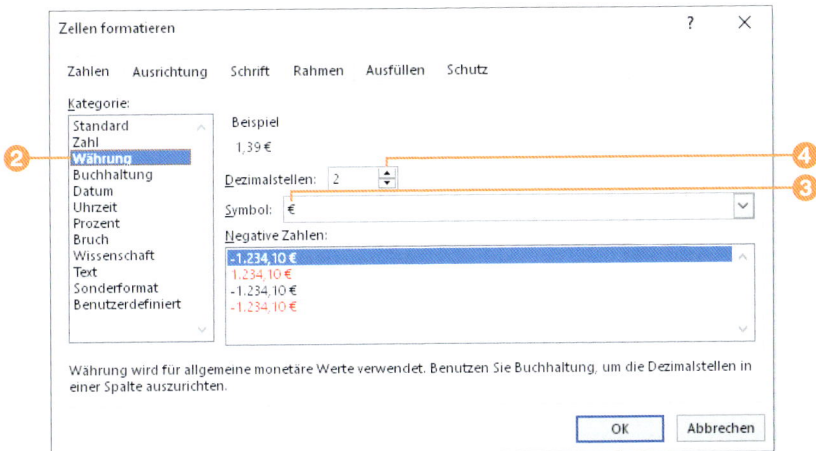

4. Das Währungssymbol wurde den Werten in Spalte B hinzugefügt. Die Zellen in Spalte B sind immer noch mit einem Auswahlrahmen versehen.

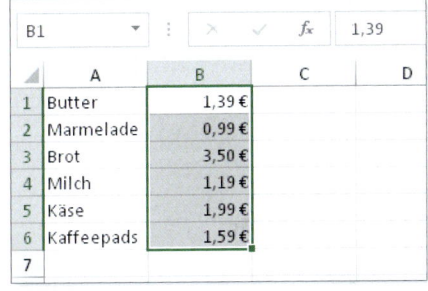

5. Um die Werte zu addieren, brauchen Sie jetzt nur noch im Menüband auf die Schaltfläche **AutoSumme** ❺ zu klicken. Sie finden diese Schaltfläche sowohl unter **Start** als auch unter **Formeln**. Alternativ zum Klicken auf die Schaltfläche können Sie auch die Tastenkombination Alt + ⇧ + 0 drücken.

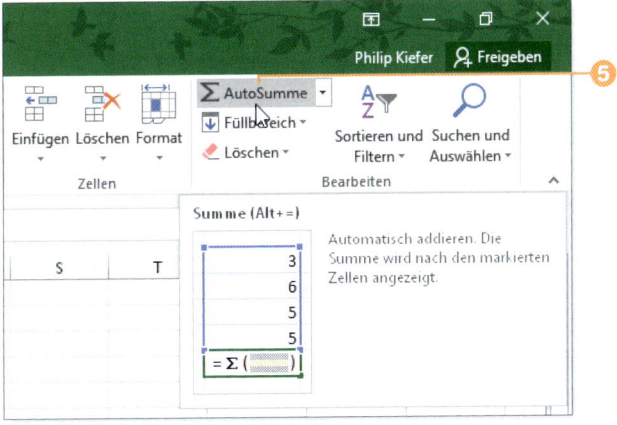

6. Die Summe wird in die Zelle unterhalb der Werte eingefügt. Wenn Sie diese Zelle anklicken und einen Blick in die Bearbeitungsleiste werfen, sehen Sie die Formel mit der Funktion SUMME, die Sie auch manuell hätten eintippen können.

Sie können die AutoSumme-Funktion auch gleich auf mehrere Spalten anwenden, dann werden jeweils die Werte der einzelnen Spalten addiert. Genauso lassen sich natürlich auch die Werte in einer Zeile oder in mehreren Zeilen addieren.

MITTELWERT, ANZAHL, MAX, MIN

Unter der Schaltfläche **AutoSumme** finden Sie noch vier weitere Funktionen in einem Auswahlmenü, das Sie aufrufen, indem Sie auf den Pfeil neben der Schaltfläche klicken.

Öffnen Sie per Pfeil ein Menü, um auf weitere Funktionen zuzugreifen.

MITTELWERT, ANZAHL, MAX, MIN

Die Funktionen dieses Menüs, MITTELWERT, ANZAHL, MAX sowie MIN, probieren wir nun ebenfalls am Beispiel unserer Einkaufs- bzw. Ausgabenliste aus. Wie beim Bilden der **AutoSumme** (siehe Seite 191) markieren Sie für die Anwendung einer der Funktionen zuvor den gewünschten Bereich. Und das bewirken die Funktionen:

- MITTELWERT: Diese Funktion zeigt den Mittelwert der Werte im markierten Bereich an, also die Summe aller Werte geteilt durch deren Anzahl.

	A	B	C	D	E
B7			fx	=MITTELWERT(B1:B6)	
1	Butter	1,39 €			
2	Marmelade	0,99 €			
3	Brot	3,50 €			
4	Milch	1,19 €			
5	Käse	1,99 €			
6	Kaffeepads	1,59 €			
7		1,78 €			
8					

- ANZAHL: Mit dieser Funktion lassen Sie sich die Anzahl der Werte im markierten Bereich anzeigen, was bei längeren Listen durchaus nützlich sein kann. Lassen Sie sich nicht davon irritieren, dass in unserem Beispiel auch die Währungsformatierung übernommen wird. Es sind sechs Werte – daraus ergibt sich die Anzahl 6.

	A	B	C	D	E
B7			fx	=ANZAHL(B1:B6)	
1	Butter	1,39 €			
2	Marmelade	0,99 €			
3	Brot	3,50 €			
4	Milch	1,19 €			
5	Käse	1,99 €			
6	Kaffeepads	1,59 €			
7		6,00 €			
8					

- MAX: Mithilfe dieser Funktion lassen Sie sich den höchsten Wert im markierten Bereich anzeigen, in der Tabelle ist dies der Wert **3,50 €**.

	A	B	C	D	E
1	Butter	1,39 €			
2	Marmelade	0,99 €			
3	Brot	3,50 €			
4	Milch	1,19 €			
5	Käse	1,99 €			
6	Kaffeepads	1,59 €			
7		3,50 €			
8					

Zelle B7, Formel =MAX(B1:B6)

- MIN: Diese Funktion schließlich zeigt Ihnen den niedrigsten Wert im markierten Bereich an, in der Tabelle ist dies der Wert **0,99 €**.

	A	B	C	D	E
1	Butter	1,39 €			
2	Marmelade	0,99 €			
3	Brot	3,50 €			
4	Milch	1,19 €			
5	Käse	1,99 €			
6	Kaffeepads	1,59 €			
7		0,99 €			
8					

Zelle B7, Formel =MIN(B1:B6)

Wie bei der SUMME-Funktion gilt auch für diese Funktionen, dass sie nicht nur im Menü ausgewählt, sondern auch direkt in eine Formel eingegeben werden können. Wenn Sie etwas üben wollen, dann greifen Sie doch noch einmal auf die in den vorigen Kapiteln erstellten Tabellen zurück, und wenden Sie die bisher kennengelernten Funktionen darauf an!

WENN

Excel kann auch die Werte in einer Zelle mit von Ihnen festgelegten Bedingungen abgleichen und eines von zwei Ergebnissen liefern: ein Ergebnis, wenn die Bedingung erfüllt ist, und ein anderes Ergebnis, wenn die Bedingung nicht erfüllt ist. Diesem Zweck dient die Funktion WENN.

Die Funktionsargumente dieser Funktion sehen etwas anders aus als die der bisher kennengelernten Funktionen. Sie bestehen bei der Funktion WENN aus drei Teilen, nämlich

- der zu prüfenden Bedingung,
- dem Dann-Wert, der ausgegeben wird, wenn die Bedingung wahr ist,
- sowie dem Sonst-Wert, der ausgegeben wird, wenn die Bedingung falsch ist.

Klingt vermutlich sehr theoretisch. Nun gut, dann lassen Sie uns das Ganze doch wieder auf unsere Einkaufs- bzw. Ausgabenliste anwenden. Nachdem wir die Summe der Ausgaben gebildet haben, soll eine weitere Funktion entscheiden, ob das Budget überschritten oder eingehalten wurde. So geht es Schritt für Schritt:

1. Markieren Sie die Werte in Spalte B, und klicken Sie im Menüband auf die Schaltfläche **AutoSumme**, um die Summe der Werte zu bilden.

2. Klicken Sie in die Zelle rechts neben der Summe – dort soll die WENN-Funktion zum Einsatz kommen.

3. Beginnen Sie die Formel mit =WENN.

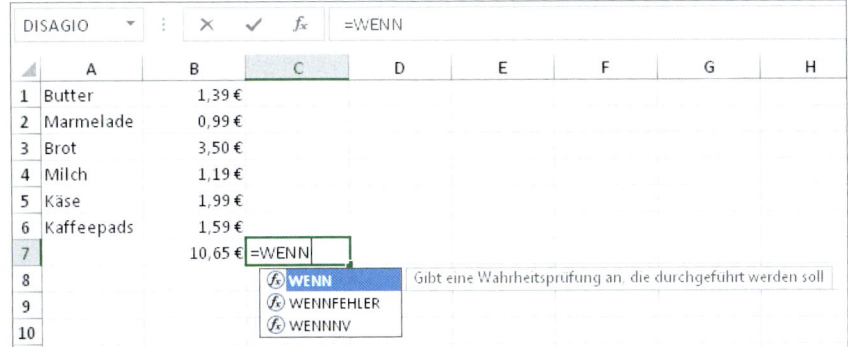

Kapitel 6 – Mit Funktionen rechnen

4. Geben Sie eine öffnende Klammer ein, und lassen Sie die zu prüfende Bedingung folgen. Hier soll geprüft werden, ob der Wert in Zelle B7 den Wert 20 überschreitet. Entsprechend lautet die Bedingung: B7>20.

	A	B	C	D	E
1	Butter	1,39 €			
2	Marmelade	0,99 €			
3	Brot	3,50 €			
4	Milch	1,19 €			
5	Käse	1,99 €			
6	Kaffeepads	1,59 €			
7		10,65 €	=WENN(B7>20		
8			WENN(Prüfung; [Dann_Wert]; [Sonst_Wert])		
9					

Formelzeile: =WENN(B7>20

5. Es folgt, durch ein Semikolon getrennt, der Dann-Wert. In diesem Fall soll der Text *Budget überschritten!* ausgegeben werden, wenn die Bedingung erfüllt ist. Geben Sie dazu einfach den Text in Anführungszeichen ein.

	A	B	C	D	E	F
1	Butter	1,39 €				
2	Marmelade	0,99 €				
3	Brot	3,50 €				
4	Milch	1,19 €				
5	Käse	1,99 €				
6	Kaffeepads	1,59 €				
7		10,65 €	=WENN(B7>20;"Budget überschritten!"			
8			WENN(Prüfung; [Dann_Wert]; [Sonst_Wert])			

Formelzeile: =WENN(B7>20;"Budget überschritten!"

6. Nun geben Sie noch, wiederum durch ein Semikolon getrennt, den Sonst-Wert ein. Auch der Sonst-Wert ist in diesem Fall ein Text, nämlich *Im Budget*, den Sie in der Formel in Anführungszeichen setzen. Beenden Sie Ihre Eingabe mit der schließenden Klammer und durch Drücken der Taste ⏎.

	A	B	C	D	E	F	G
	DISAGIO ▼ : × ✓ fx		=WENN(B7>20;"Budget überschritten!";"Im Budget")				
1	Butter	1,39 €					
2	Marmelade	0,99 €					
3	Brot	3,50 €					
4	Milch	1,19 €					
5	Käse	1,99 €					
6	Kaffeepads	1,59 €					
7		10,65 €	=WENN(B7>20;"Budget überschritten!";"Im Budget")				
8							

7. In der Zelle wird der Sonst-Wert angezeigt, da 10,65 ein geringerer Wert ist als 20. Die Bedingung in der Formel ist also nicht erfüllt.

	A	B	C	D	E	F	G
	C7 ▼ : × ✓ fx		=WENN(B7>20;"Budget überschritten!";"Im Budget")				
1	Butter	1,39 €					
2	Marmelade	0,99 €					
3	Brot	3,50 €					
4	Milch	1,19 €					
5	Käse	1,99 €					
6	Kaffeepads	1,59 €					
7		10,65 €	Im Budget				
8							

8. Sie können zur Probe eine Summe über 20 eintippen und stellen fest, dass anschließend prompt der Dann-Wert angezeigt wird.

5	Käse	1,99 €	
6	Kaffeepads	1,59 €	
7		33,00 €	Budget überschritten!
8			

Natürlich ist das noch längst nicht alles. In Excel können bis zu 64 WENN-Funktionen ineinander verschachtelt werden. Außerdem lassen sich natürlich nicht nur Texte ausgeben, sondern es können als Werte auch weitere Berechnungen durchgeführt werden. Tasten Sie sich mit der Zeit Schritt für Schritt an die unglaubliche Funktionsvielfalt von Excel heran! An unserem einfachen Beispiel haben Sie das Prinzip dieser mächtigen Funktion kennengelernt.

INFO

Fehlerwerte in Excel verstehen

Manchmal kann es vorkommen, dass Ihnen Excel in einer Zelle statt des gewünschten Ergebnisses einen Fehlerwert anzeigt. Ein solcher Fehlerwert beginnt stets mit dem Zeichen #:

- *#BEZUG*: Dieser Fehlerwert wird ausgegeben, wenn Zellen, auf die sich eine Formel bezieht, nicht mehr vorhanden sind.
- *#DIV/0!*: Wird eine Division durch eine Null oder eine leere Zelle durchgeführt, wird dieser Fehlerwert ausgegeben.
- *#NAME?*: Sollte der Name einer Funktion nicht richtig geschrieben sein oder mit den Funktionsargumenten etwas nicht stimmen, gibt Excel diesen Fehlerwert aus.
- *#NULL!*: Diesen Fehlerwert gibt Excel aus, wenn sich eine von Ihnen angegebene Schnittmenge gar nicht überschneidet.
- *#NV*: Steht ein Wert in einer Formel nicht zur Verfügung, wird diese Fehlermeldung ausgegeben.
- *#WERT!*: Dieser Fehlerwert erscheint, wenn in einer Formel auf einen falschen Typ (z. B. auf Text statt eine Zahl) verwiesen wird.
- *#ZAHL!*: Hat Excel schließlich Probleme mit einer in einer Formel verwendeten Zahl, so wird dieser Fehlerwert ausgegeben.

Einen Fehlerwert zeigt Excel auch durch ein kleines grünes Dreieck links oben in der Zelle an. Wenn Sie in die Zelle klicken, erscheint außerdem das Warnhinweissymbol, das Sie anklicken, um Hinweise zum Fehler sowie Lösungsmöglichkeiten zu erhalten.

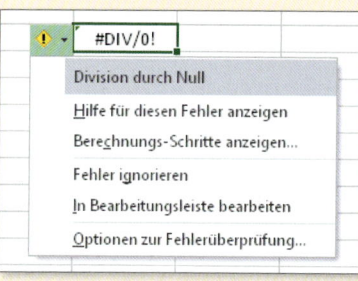

Hier wurde eine Zahl durch 0 geteilt; Excel gibt prompt den entsprechenden Fehlerwert aus.

Werden statt einer Zahl die Zeichen ###### angezeigt, bedeutet das, dass die Spalte für die Anzeige der Zahl nicht breit genug ist – verbreitern Sie die Spalte, und das Problem ist gelöst.

SVERWEIS

Eine weitere hilfreiche Funktion in Excel ist die Verweisfunktion SVERWEIS. Das S in diesem Funktionsnamen steht für *senkrecht*, da die Verweise auf Spalten bezogen sind. Es gibt eine analoge Funktion für Zeilen, die entsprechend WVERWEIS heißt – das W in diesem Funktionsnamen steht also für *waagerecht*. Was ich Ihnen hier zur Funktion SVERWEIS erkläre, können Sie auch leicht auf die Funktion WVERWEIS übertragen.

Die Funktion SVERWEIS ermöglicht es, die Inhalte einer Spalte nach bestimmten Werten zu durchsuchen und in einer anderen Spalte auf diese Werte zu verweisen. Um die Funktion SVERWEIS anhand der folgenden Anleitung zu erschließen, greifen Sie am besten erneut auf Ihre Ausgabenliste zurück (siehe ab Seite 190).

1. Unsere Liste steht bisher auf dem Blatt **Tabelle1**. Klicken Sie unten in der Registerleiste auf das Plussymbol ❶, um ein weiteres Blatt anzulegen, das Blatt **Tabelle2**. Das Ziel: Die Werte vom Blatt **Tabelle1** sollen als Vorlage dienen für eine Liste, die Sie gleich auf dem Blatt **Tabelle2** aufschreiben werden.

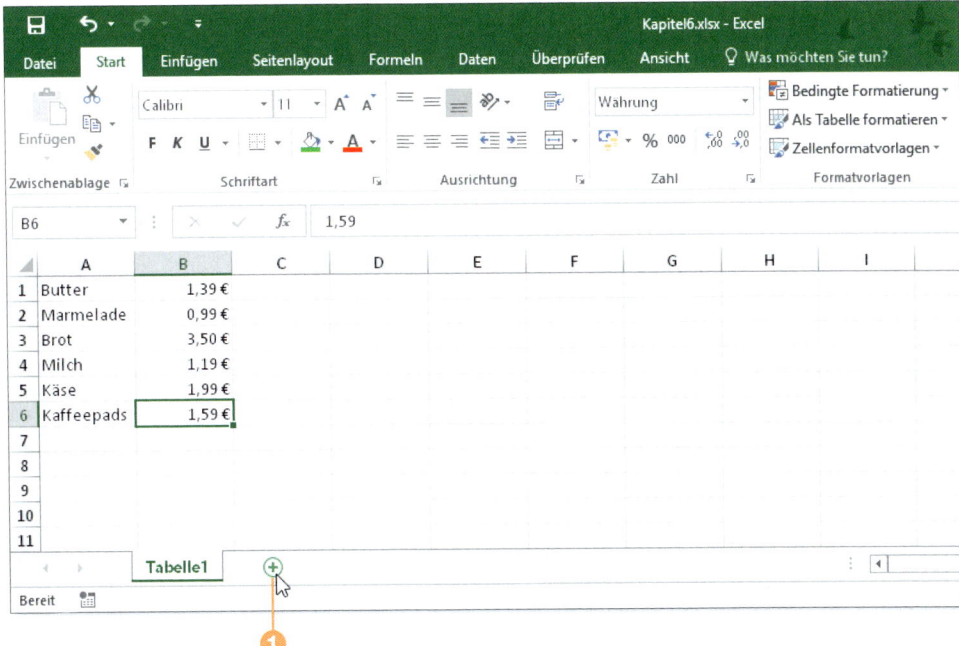

2. Die Liste auf dem Blatt **Tabelle2** soll aus einer einfachen Auflistung der Produkte bestehen, die bereits in **Tabelle1** vorkommen. Notieren Sie in den Zellen in Spalte A in beliebiger Reihenfolge und Häufigkeit die Produkte, in unserem Beispiel also Butter, Marmelade, Brot, Milch, Käse und Kaffeepads.

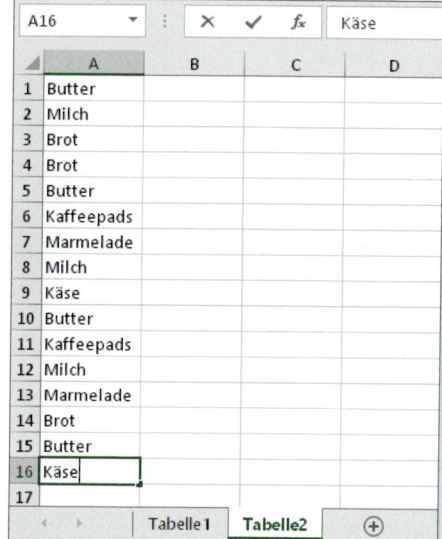

3. Klicken Sie nun auf dem Blatt **Tabelle2** auf die Zelle B1.

4. Klicken Sie anschließend in der Bearbeitungsleiste auf das Symbol **Funktion einfügen** ❷. (Sie könnten die Formel natürlich auch wieder direkt in die Zelle eingeben, doch in diesem Fall empfiehlt es sich, den Assistenten zum Einfügen der Funktionsargumente einzusetzen.)

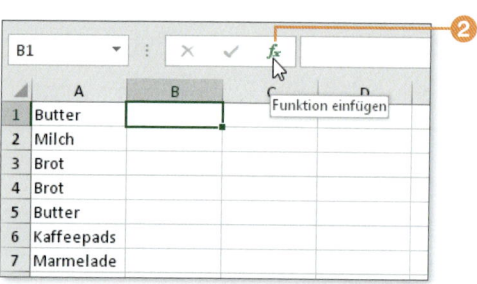

5. Suchen Sie – wie im Abschnitt »Funktionen einfügen« ab Seite 186 bereits dargestellt – nach der Funktion **SVERWEIS** (mit dem Suchbegriff »sverweis«) ❸, wählen Sie diese aus ❹, und fügen Sie sie mit **OK** in die Zelle B1 ein.

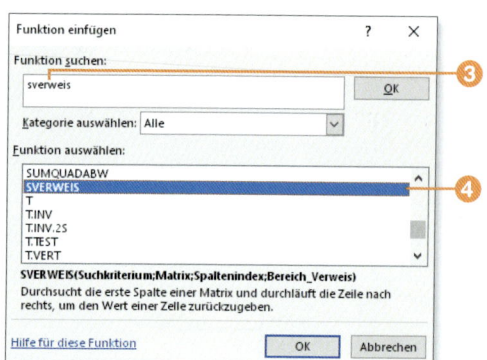

6. Geben Sie in das Eingabefeld **Suchkriterium** ❺ den Zellnamen A1 ein, und schon wird der enthaltene Wert automatisch ausgelesen und rechts neben dem Eingabefeld angezeigt ❻.

SVERWEIS

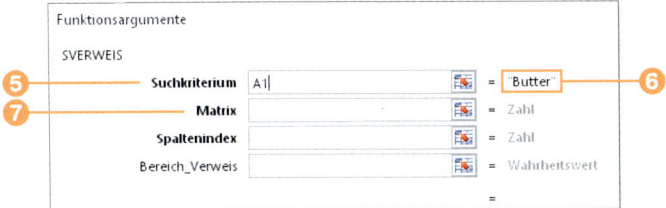

7. Klicken Sie als Nächstes in das Eingabefeld **Matrix** ❼.

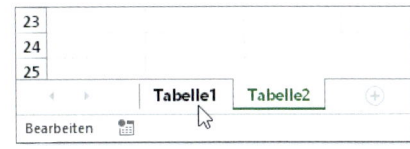

8. Wechseln Sie per Registerleiste zum Blatt **Tabelle1**.

9. Markieren Sie mit der Maus die in den Spalten A und B ausgefüllten Zellen.

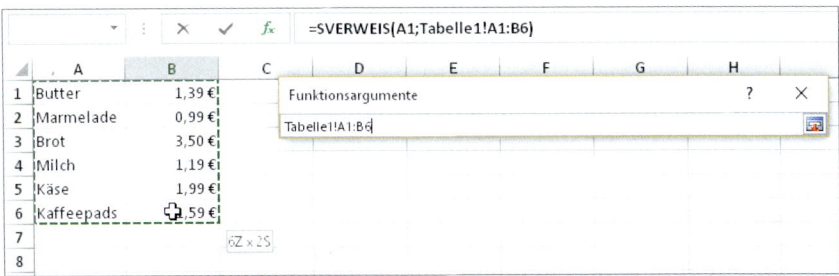

10. Wandeln Sie die so erzeugten relativen Bezüge im Eingabefeld **Matrix** in absolute Bezüge um, indem Sie diese mit den Dollarzeichen versehen ❽. Am einfachsten gelingt dies, indem Sie die Bezüge mit der Maus markieren und die Taste F4 drücken.

11. Klicken Sie als Nächstes in das Eingabefeld **Spaltenindex** ❾. Dort tragen Sie die Spalte ein, deren Werte übernommen werden sollen. In diesem Fall handelt es sich um die zweite Spalte, also tragen Sie die Zahl 2 ein.

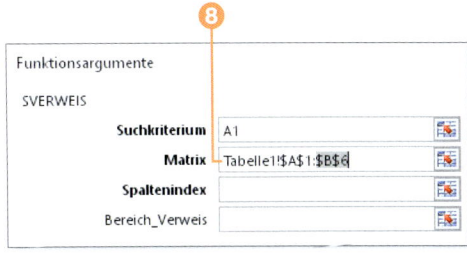
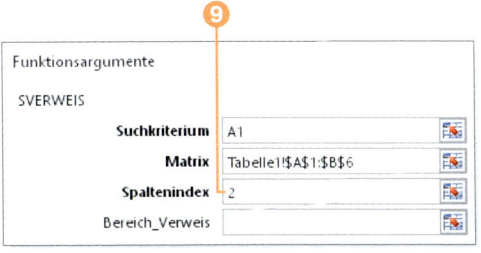

201

12. In das Eingabefeld **Bereich_Verweis** ❿ geben Sie schließlich noch FALSCH ein. Damit bewirken Sie, dass nur identische Suchwerte zurückgegeben werden. Wenn Sie hingegen *WAHR* eingeben würden, würde lediglich der passendste Suchwert zurückgegeben werden.

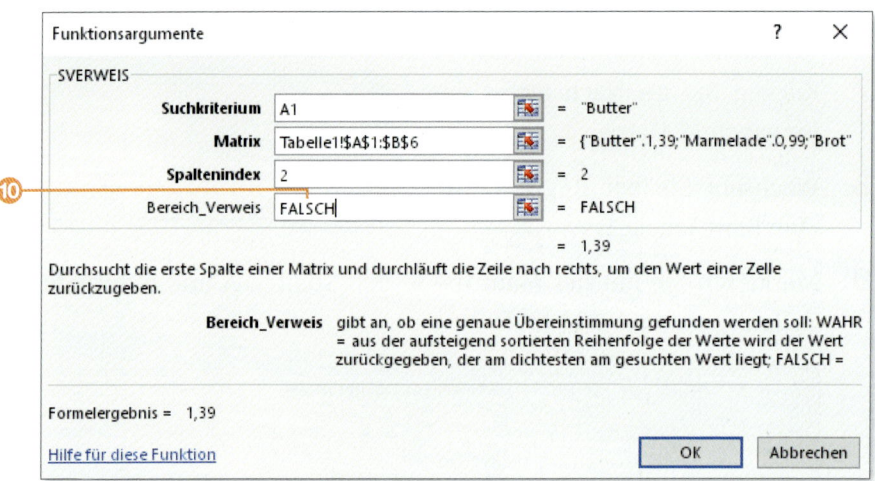

13. Bestätigen Sie Ihre Eingaben mit **OK**.

14. Kopieren Sie bei gedrückter Maustaste die Formel aus Zelle B1 auf die weiteren auszufüllenden Zellen in Spalte B auf Blatt **Tabelle2**.

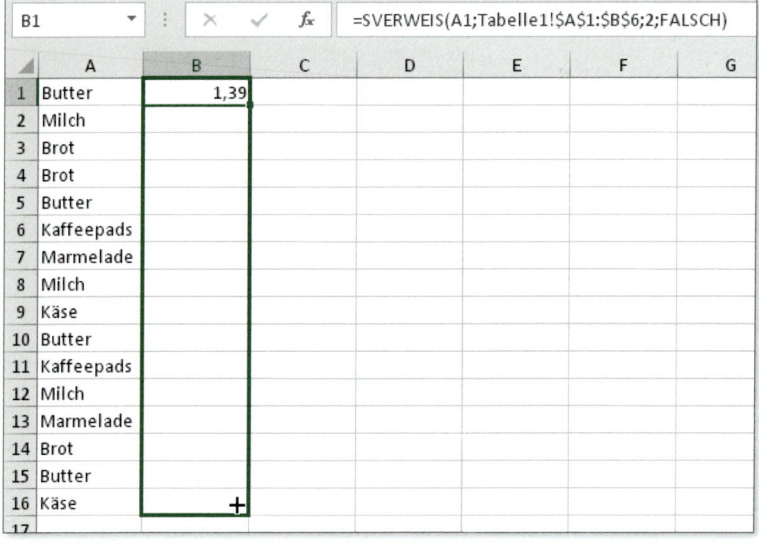

15. Nun sehen Sie, dass bei jedem Produkt auf den korrekten Wert verwiesen wird. Lediglich die Zellformatierung müssen Sie gegebenenfalls noch anpassen.

	A	B
1	Butter	1,39
2	Milch	1,19
3	Brot	3,5
4	Brot	3,5
5	Butter	1,39
6	Kaffeepads	1,59
7	Marmelade	0,99
8	Milch	1,19
9	Käse	1,99
10	Butter	1,39
11	Kaffeepads	1,59
12	Milch	1,19
13	Marmelade	0,99
14	Brot	3,5
15	Butter	1,39
16	Käse	1,99

Formel in B1: =SVERWEIS(A1;Tabelle1!$A$1:$B$6;2;FALSCH)

Die Anwendungsmöglichkeiten der Funktion SVERWEIS sind vielfältig. Sicher fallen Ihnen in der Praxis noch etliche Beispiele ein, für die Sie die Funktion nutzen können. Etwa für die komfortable Übertragung von monatlichen Fixkosten in einer Jahres-Ausgabenliste, die auch variable Kosten erfasst. Mit der Zeit und mit Übung gehen Ihnen diese Dinge dann bestimmt leicht von der Hand.

Rechnen mit Datum

Excel hat eine ganz eigene Art, das Datum zu berechnen. Die Zeitrechnung beginnt für Excel am 1. Januar 1900. Ab diesem Tag werden einfach die Tage gezählt, und aus der so gebildeten Zahl wird ein Datum berechnet. Auch diese Möglichkeit erlernen Sie am besten, indem Sie die folgende Anleitung gleich in der Praxis mitmachen:

Kapitel 6 – Mit Funktionen rechnen

1. Öffnen Sie eine neue leere Arbeitsmappe, und geben Sie in die ersten beiden Zellen der Spalte zwei Datumsangaben ein: 01.01.1900 sowie ein aktuelles Datum. Ich gebe hier z. B. den **03.06.2016** ein.

2. Markieren Sie die beiden Zellen mit der Maus.

3. Entweder Sie klicken die markierten Zellen mit der rechten Maustaste an, entscheiden sich im Kontextmenü für den Eintrag **Zellen formatieren** und im folgenden Fenster für die Zellformatierung **Standard**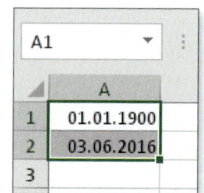

und bestätigen mit **OK**. Oder Sie verwenden das Auswahlmenü im Menüband unter **Start** und entscheiden sich dort für den Eintrag **Standard** ❶, was zu demselben Ergebnis führt.

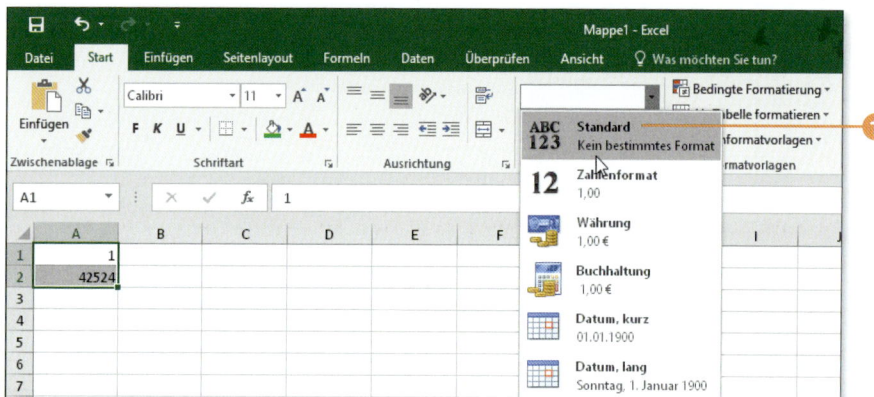

4. Die Datumsangaben in den beiden Zellen werden prompt in der Excel-Zählweise ❷ dargestellt: Der 01.01.1900 ist der erste Tag, der 03.06.2016 ist der 42524. Tag nach dem Startdatum.

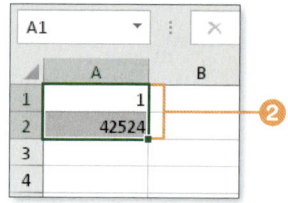

Mit einer einfachen Datumsberechnung können Sie ermitteln, wie viele Tage zwischen zwei verschiedenen Daten liegen, etwa wenn Sie gerne wüssten, wie weit entfernt ein Geburtstag oder der Urlaubsbeginn sind. Dazu notieren Sie die Daten in unterschiedlichen Zellen und subtrahieren anschließend vom jüngeren Datum das ältere. In der folgenden Beispielberechnung lautet die Formel =A2-A1.

Rechnen mit Datum

	A	B	C	D
A3			fx	=A2-A1
1	05.05.2016			
2	25.07.2016			
3	81			
4				

Hier wird die Anzahl der Tage ausgegeben, die zwischen zwei Datumsangaben liegt.

Statt aller Tage zwischen zwei Datumsangaben lässt sich auch nur die Anzahl der Arbeitstage angeben – ohne Wochenendtage sowie Feiertage. Hierzu dient in Excel die Funktion NETTOARBEITSTAGE. Die Anwendung erfolgt in der Form =NETTOARBEITSTAGE(A1;A2).

	A	B	C	D	E	F
A3				fx	=NETTOARBEITSTAGE(A1;A2)	
1	05.05.2016					
2	25.07.2016					
3	58					
4						

Hier werden die Nettoarbeitstage zwischen zwei Datumsangaben berechnet.

> **INFO**
>
> **Das Datum nach einer bestimmten Zahl von Arbeitstagen berechnen**
>
> Die Funktion NETTOARBEITSTAGE berechnet, wie oben auf dieser Seite gezeigt, die Arbeitstage zwischen zwei Datumsangaben. Mit einer weiteren Funktion lässt sich auch ein Datum ausgeben, das eine bestimmte Anzahl von Arbeitstagen ab einem bestimmten Datum entfernt liegt. Diese Funktion heißt ARBEITSTAG und wird in der Form =ARBEITSTAG(<Datum>;<Arbeitstage>) angewandt. Beispielsweise liefert die Formel =ARBEITSTAG(42454;27) – die Zahl 42454 steht für den 25. März 2016 nach Excel-Rechnung – als Ergebnis den 3. Mai 2016.

Vielleicht benötigen Sie in einer Zelle lediglich den Tag, Monat oder das Jahr eines bestimmten Datums? Auch dazu stehen in Excel entsprechende Funktionen zur Verfügung:

Kapitel 6 – Mit Funktionen rechnen

- **TAG**: Diese Funktion zieht aus dem in einer Zelle eingegebenen Datum die Angabe des Tags. Die Funktion wird in der Form `=TAG(A2)` eingegeben.

- **MONAT**: Möchten Sie aus dem in einer Zelle eingegebenen Datum die Angabe des Monats ziehen? Dazu verwenden Sie diese Funktion in der Form `=MONAT(A2)`.

- **JAHR**: Diese Funktion erlaubt es Ihnen schließlich, aus dem in einer Zelle eingegebenen Datum die Angabe des Jahres zu ziehen. Geben Sie die Funktion dazu in der Form `=JAHR(A2)` ein.

Oder möchten Sie ermitteln, an was für einem Wochentag Sie geboren wurden? Auch dazu können Sie in Excel eine Funktion einsetzen, nämlich die Funktion WOCHENTAG. Verweisen Sie in dieser Funktion wiederum auf ein bestimmtes Datum. Es wird dann eine Zahl ausgegeben, die den Wochentag repräsentiert: Die Zahl 1 steht für den Sonntag, die 2 für den Montag, die 3 für den Mittwoch usw. Ein Formelbeispiel lautet: `=WOCHENTAG(A2)`.

Der Wochentag eines Datums wird in Excel als Zahl ausgegeben – in diesem Fall repräsentiert die 2 den Montag, da die Standardzählung mit dem Sonntag beginnt.

206

Eine weitere nützliche Datumsfunktion in Excel ist die Funktion ISOKALEN-DERWOCHE. Damit lässt sich zu einem bestimmten Datum die zugehörige Kalenderwoche angeben. Ein Formelbeispiel lautet: =ISOKALENDERWOCHE(A2).

Lassen Sie von Excel die Kalenderwoche eines Datums ausgeben.

> **TIPP**
>
> **In Excel jeweils das aktuelle Datum anzeigen**
>
> Soll in einer Zelle jeweils das aktuelle Datum angezeigt und täglich aktualisiert werden? Dazu geben Sie einfach in die Zelle die Formel =HEUTE() ein.

Excel bietet noch einige weitere Funktionen, um mit dem Datum zu rechnen. Doch die genannten dürften Ihnen zum Üben und Ausprobieren als Einstieg genügen. Berechnen Sie doch beispielsweise mal die Wochentage von den Geburtstagen Ihrer Lieben!

Prozentrechnung

Wenn Sie Excel auch für die Prozentrechnung einsetzen möchten, verwenden Sie dazu einfache mathematische Formeln. Im Folgenden zeige ich Ihnen, wie Sie Excel dazu nutzen können, um prozentuale Preisunterschiede zu berechnen:

1. Ergänzen Sie die bereits erstellte Ausgabenliste (siehe ab Seite 190) um eine weitere Spalte mit (fiktiven) Preisen, die zu einem späteren Zeitpunkt ermittelt wurden.

Kapitel 6 – Mit Funktionen rechnen

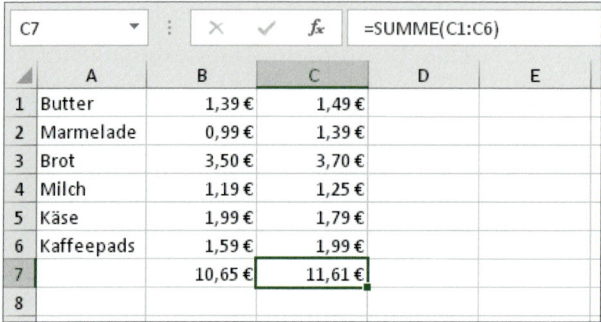

2. Zur Berechnung des prozentualen Preisunterschieds teilen Sie den späteren Preis durch den früheren und ziehen dann noch 1 ab. Im Beispiel lautet die Formel =C1/B1-1. Bestätigen Sie mit der Taste ⏎.

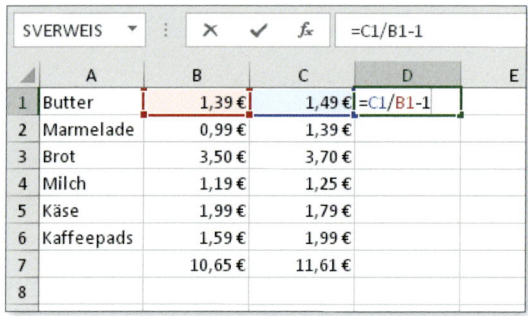

3. Markieren Sie die Zelle mit der nun angezeigten Dezimalzahl ❶, und klappen Sie im Menüband unter **Start** das Menü zur Auswahl der Zellenformatierung auf ❷.

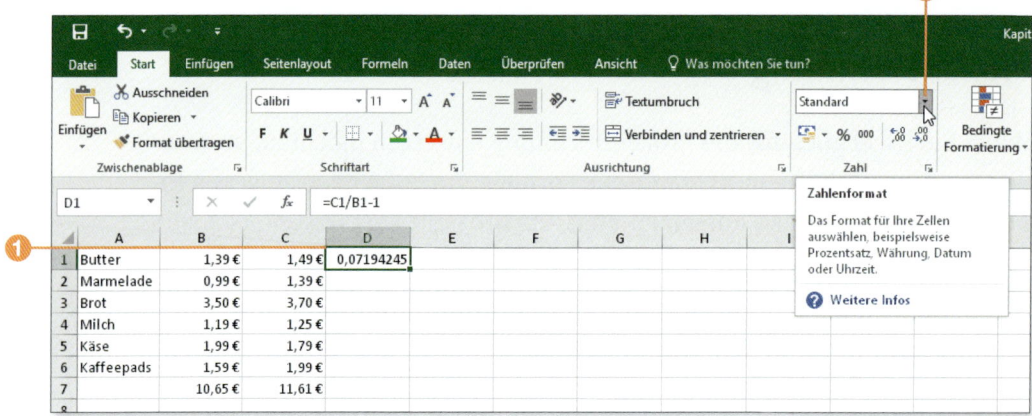

Prozentrechnung

4. Entscheiden Sie sich im Menü für den Eintrag **Prozent** ❸.

5. Nun wird in der Zelle die gewünschte Prozentangabe angezeigt. Klicken Sie in die rechte untere Ecke der Zelle, und kopieren Sie die Formel bei gedrückter Maustaste in die weiteren Zellen.

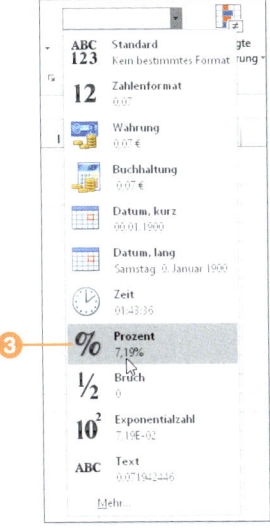

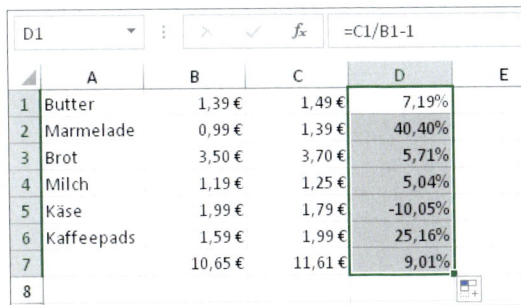

Schon werden Ihnen die prozentualen Preisunterschiede angezeigt. Wenn etwas günstiger geworden ist, so wird die Prozentangabe mit einem Minuszeichen versehen.

> **Prozente richtig eingeben**
>
> In der obigen Anleitung ab Seite 208 wurde eine Dezimalzahl in einen Prozentwert umgewandelt, indem die Zelle entsprechend formatiert wurde. Dabei ist es wichtig zu wissen, dass die Dezimalzahl den Bruchteil von 100 angibt, z. B. sind 0,07 = 7%. Wenn Sie die Ziffer 7 eingeben würden und die Zelle als **Prozent** formatieren, ergäbe sich der Prozentwert 700%. Übrigens können Sie in eine Zelle auch direkt den Prozentwert eingeben und mit dem Zeichen % versehen – die Zellformatierung als Prozent erfolgt dann automatisch.

Preise kalkulieren

Lassen Sie uns noch eine etwas komplexere Tabelle erstellen, um die Prozentrechnung in Excel anzuwenden. Es soll darum gehen, den Verkaufspreis für einen aus China bezogenen Blu-ray-Player zu ermitteln, der im Internet zum Verkauf angeboten werden soll. So gehen Sie vor:

1. Bevor Sie den Verkaufspreis eines Artikels sinnvoll berechnen können, müssen Sie zunächst den genauen Selbstkostenpreis kennen. Geben Sie in Spalte A – ab Zelle A2, da die erste Zeile den Überschriften dienen soll – die relevanten Punkte ein wie »Listeneinkaufspreis«, »Händlerrabatt« und »Abwicklungsgebühren« und in eine weitere Zeile den »Selbstkostenpreis« als Zielwert. Falls Sie sich übrigens daran stören, dass der Text bis in Spalte B hineinragt – im Abschnitt »Spaltenbreite und Zeilenhöhe verändern« ab Seite 219 erfahren Sie, wie man das beeinflusst.

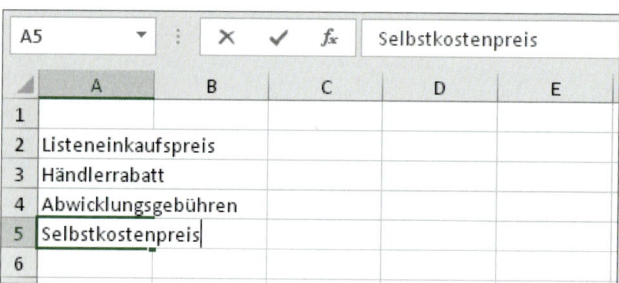

2. Die eingegebenen Punkte können sowohl Prozentwerte als auch Preise enthalten. Geben Sie deshalb als Überschrift in Zelle B1 »in Prozent« ein und als Überschrift in Zelle C1 »in Euro«.

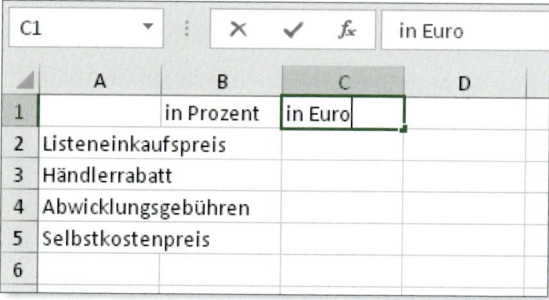

Preise kalkulieren

3. Geben Sie nun in den entsprechenden Spalten den Listeneinkaufspreis, den Händlerrabatt sowie die Abwicklungsgebühren ein.

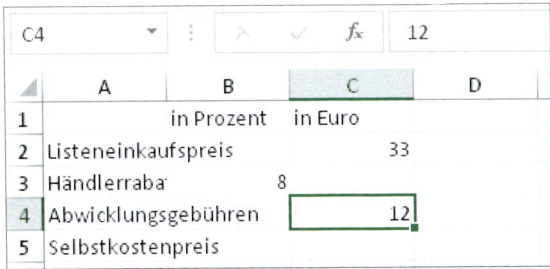

4. Beim Händlerrabatt fehlt noch die Auswirkung in Euro. Um also den Euro-Wert zu ermitteln, geben Sie in die Zelle C3 bzw. in die Bearbeitungsleiste die Formel =SUMME(-C2/100*B3) ein und bestätigen mit ⏎.

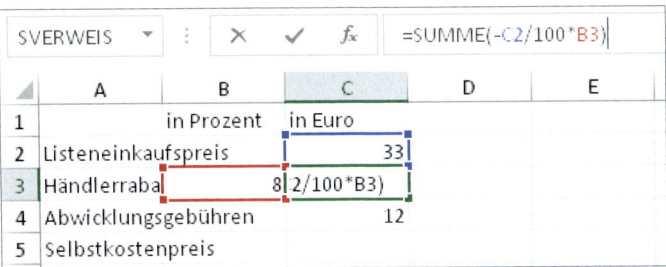

5. Markieren Sie im nächsten Schritt die Zellen C2 bis C5.

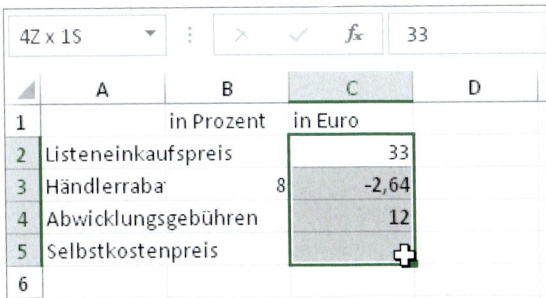

6. Klicken Sie im Menüband unter **Start** auf **AutoSumme**, um den Selbstkostenpreis zu ermitteln und in die Zelle C5 einzufügen.

7. Nachdem Sie den Selbstkostenpreis ermittelt haben, geben Sie als Nächstes weitere Punkte in Spalte A ein, um den Verkaufspreis zu ermitteln, in diesem Fall den »Zielgewinn«, die anfallende »Verkaufsprovision« sowie die abzuführende »Umsatzsteuer«. In eine weitere Zeile geben Sie den »Verkaufspreis« als Zielwert ein.

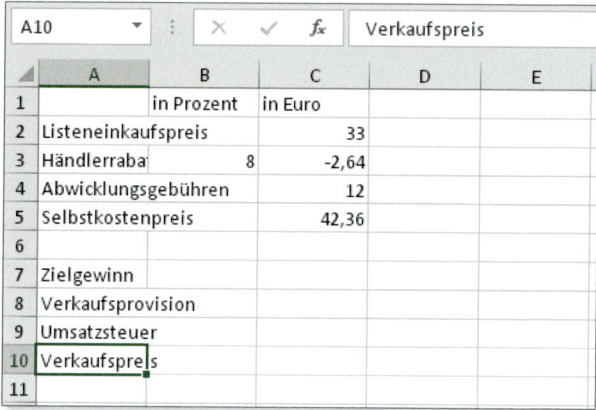

8. Machen Sie wieder die zugehörigen Angaben, in diesem Fall wurden drei Prozentwerte in die Zellen B7, B8 und B9 eingegeben.

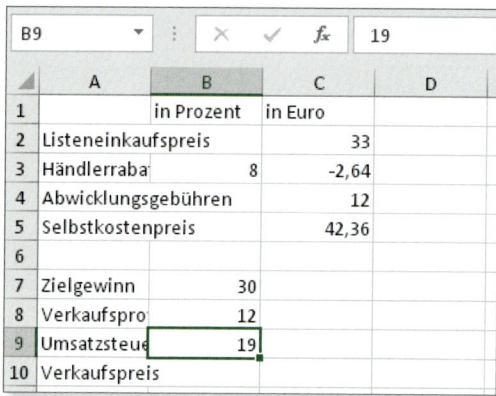

9. In die Zelle C7 geben Sie nun die Formel =SUMME(C5/100*B7) ein. Diese Formel berechnet auf der Basis des Selbstkostenpreises und der Prozentangabe in Zelle B7 den gewünschten Gewinn.

10. Die Verkaufsprovision wird auf den Nettoverkaufspreis berechnet. Dieser ergibt sich aus der Summe von Selbstkostenpreis und Zielgewinn. In der Formel zur Ermittlung der Verkaufsprovision müssen diese beiden Werte also addiert werden. Die Formel lautet: =SUMME((C5+C7)/100*B8). Wichtig: Setzen Sie die Addition C5 + C7 in extra Klammern, da Excel der Punkt-vor-Strich-Regel folgt.

11. Auch die Umsatzsteuer wird auf den Nettoverkaufspreis berechnet, der aus der Summe von Selbstkostenpreis und Zielgewinn gebildet wird;

die Verkaufsprovision wird hierbei außer Acht gelassen. Die Formel lautet entsprechend ähnlich wie bei der Berechnung der Verkaufsprovision: =SUMME((C5+C7)/100*B9).

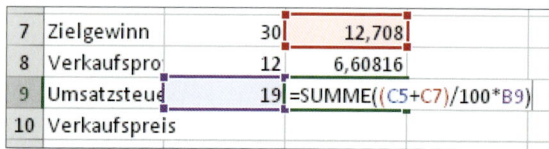

12. Markieren Sie jetzt einschließlich der Zelle für den zu berechnenden Verkaufspreis bei gedrückter Maustaste die Zellen, die den Selbstkostenpreis, den Zielgewinn, die anfallende Verkaufsprovision sowie die Umsatzsteuer enthalten.

13. Klicken Sie im Menüband unter **Start** auf **AutoSumme**.

14. In Zelle C10 erhalten Sie nun den Verkaufspreis des Artikels. Führen Sie Änderungen bei einzelnen Werten durch, etwa beim Zielgewinn, so wird der Verkaufspreis automatisch angepasst.

Mit Excel sind noch viel komplexere Preiskalkulationen möglich. Eigene Kalkulationen zu erstellen wird immer mit ein wenig Rechnen und Tüfteln verknüpft sein, doch Sie werden schnell merken, dass das richtig Spaß machen kann!

Währungsrechner

Wenn Sie in Excel bestimmte Funktionen vermissen, so lassen sich diese unter Umständen durch ein sogenanntes *Add-In* nachrüsten. Im Internet kursieren eine Menge der verschiedensten Add-Ins. Wie Sie ein Add-In in Excel nutzen, zeige ich Ihnen nun Schritt für Schritt am Beispiel eines kostenlosen Währungsrechners:

1. Laden Sie die Add-In-Datei aus dem Internet. Das hier verwendete Währungsrechner-Add-In finden Sie unter der Webadresse *www.office-plugins.de/kostenloser-excel-waehrungsrechner*. Klicken Sie dort auf die Schaltfläche **Download** ❶.

2. Speichern Sie die Datei auf dem Computer ab ❷.

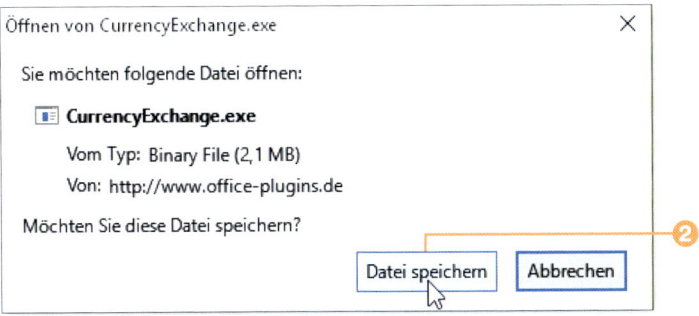

3. Doppelklicken Sie in Ihrem Datei-Manager (Explorer) auf die heruntergeladene Datei ❸, um diese zu öffnen.

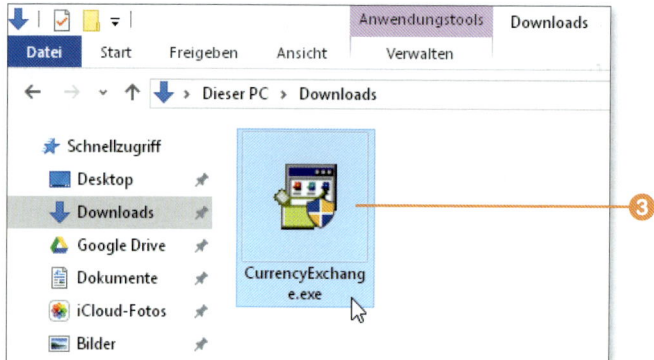

4. Führen Sie nun mithilfe des Assistenten die Installation des Add-Ins durch. (Die genaue Vorgehensweise unterscheidet sich je nach Add-In ein wenig, ist aber dank des Assistenten ganz einfach zu bewerkstelligen.)

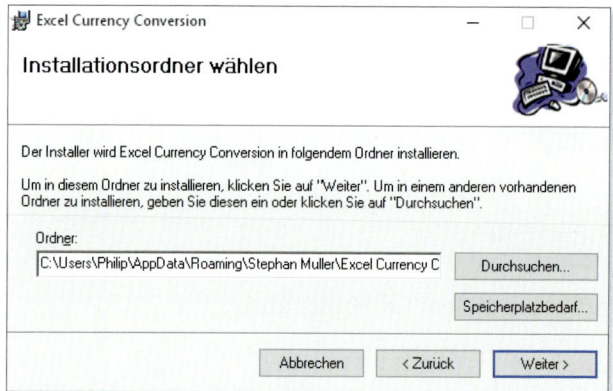

5. Nach der Installation des Add-Ins steht Ihnen in Excel die zusätzliche Funktion WR (für Währungsrechner) zur Verfügung. Die Anwendung der Funktion erfolgt in der Form =WR(Betrag; <Quellwährung>; <Zielwährung>), also z. B. =WR(9,99; "USD"; "EUR"). Eine Übersicht über die zur Verfügung stehenden Währungen finden Sie auf der Download-Seite des Add-Ins.

Add-Ins verwalten

Das Verwalten der Add-Ins erfolgt in den Excel-Optionen: Klicken Sie links oben in Excel auf **Datei**, wählen Sie im Backstage-Bereich den Eintrag **Optionen**, und entscheiden Sie sich dort in der Navigationsleiste links für **Add-Ins** ❹. Um ein Add-In zu verwalten, klicken Sie dieses in der Liste an ❺. Anschließend klicken Sie unten auf die Schaltfläche **Los** ❻. Im folgenden Fenster lassen sich Add-Ins unter anderem aktivieren bzw. deaktivieren.

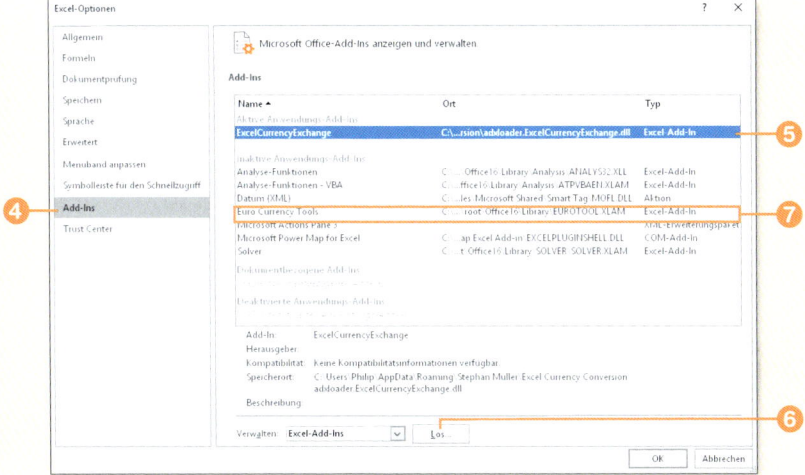

Das Verwalten von Excel-Add-Ins erfolgt in den Excel-Optionen.

Ein Add-In zum Umrechnen von Eurowerten in die ursprünglichen Währungen steht in Excel übrigens bereits zur Verfügung und muss nur auf die soeben beschriebene Weise in den Excel-Optionen aktiviert werden, nämlich das Add-In **Euro Currency Tools** ❼, das die zusätzliche Funktion EUROCONVERT liefert.

Kapitel 7
Tabellen formatieren

Ihre Daten in Excel einzugeben ist das eine – die Daten übersichtlich zu halten das andere. Darum geht es in diesem Kapitel. Erfahren Sie auf den nächsten Seiten ausführlich, wie Sie die Spaltenbreite und Zeilenhöhe wunschgemäß festlegen, wie Sie gerade nicht benötigte Spalten oder Zellen für mehr Übersicht ausblenden, wie Sie Zellen ansprechend formatieren, Zellrahmen einfügen und anpassen und noch vieles mehr.

Spaltenbreite und Zeilenhöhe verändern

Bei einigen Tabellen, die ich Ihnen in diesem Buch bereits präsentiert habe, mussten Sie feststellen, dass die Inhalte in bestimmten Zellen nicht mehr ganz sichtbar waren – sie sind zwar in den Zellen enthalten, aber man muss dann in die Zelle klicken, um sich den vollständigen Zellinhalt ansehen zu können.

Die Abbildung auf Seite 220 zeigt einen sehr einfachen Haushaltsplan, bei dem die Inhalte einiger Zellen nicht in die Standardzellen passen. Dies betrifft die Zellen A1 (*Einnahmen im Juni 2016*), C1 (*Ausgaben im Juni 2016*), A4 (*Verkäufe im Internet*) sowie C5 (*Versicherungen*).

Wenn Sie die folgenden Arbeitsschritte praktisch nachvollziehen möchten, legen Sie diese Beispieltabelle bei sich in Excel an. Geben Sie dazu die gerade genannten Texte in die Zellen A1, C1, A4 und C5 in einer neuen leeren Arbeitsmappe ein, und ergänzen Sie die Texte und Zahlen gemäß der Abbildung in den übrigen Zellen. Die Werte in den Zellen B5 `=SUMME(B2:B4)` und D7 =SUMME(D2:D6) können Sie dabei als Summen und den Wert in Zelle F8 als Differenz =B5-D7 bilden; Sie können aber auch diese Werte direkt eintragen.

	A	B	C	D	E	F
1	Einnahmen im Juni 2016		Ausgaben im Juni 2016			
2	Gehalt	2.000 €	Miete	790 €		
3	Kindergeld	350 €	Auto	213 €		
4	Verkäufe im	111 €	Einkaufen	564 €		
5	GESAMT	2.461 €	Versicherun;	120 €		
6			Sonstiges	310 €		
7			GESAMT	1.997 €		
8					ÜBERSCHUSS	464 €
9						

In dieser Tabelle sind einige Zellinhalte nicht komplett sichtbar, da die Zellen zu klein sind.

Sie können nun jederzeit die Größe der Spalten oder Zeilen den Inhalten anpassen. Dazu haben Sie mehrere Möglichkeiten. Am simpelsten ist die manuelle Methode, bei der Sie eine Spalte oder Zeile bei gedrückter Maustaste größer ziehen:

- Spalte vergrößern: Klicken Sie in der Spaltenüberschrift mit der Maus auf den Rand einer Spalte ❶, und ziehen Sie diese dann bei gedrückter Maustaste größer (oder kleiner). In einem kleinen Infofenster ❷ wird die jeweilige Spaltenbreite angezeigt, und zwar sowohl als Anzahl der Zeichen, die in der Standardschriftart und Standardformatierung angezeigt werden können, als auch in Pixel.

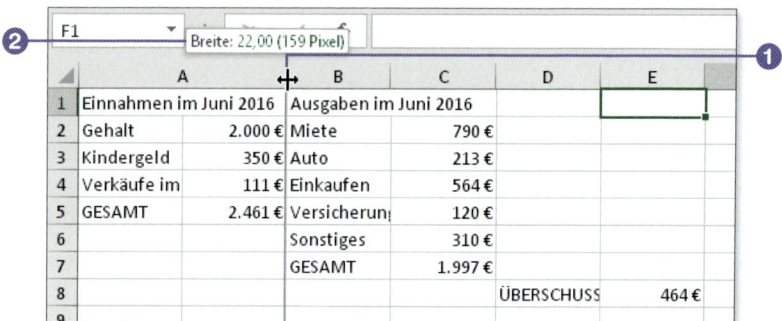

Spaltenbreite und Zeilenhöhe verändern

- Zeile vergrößern: Klicken Sie in der Zeilenüberschrift mit der Maus auf den Rand einer Zeile ❸, und ziehen Sie diese dann bei gedrückter Maustaste größer (oder kleiner). Beim Ändern der Zeilenhöhe wird in einem kleinen Infofenster ❹ die jeweilige Zeilenhöhe sowohl in *Punkt* (1 Punkt entspricht ca. 0,3527 mm) als auch in Pixel angezeigt.

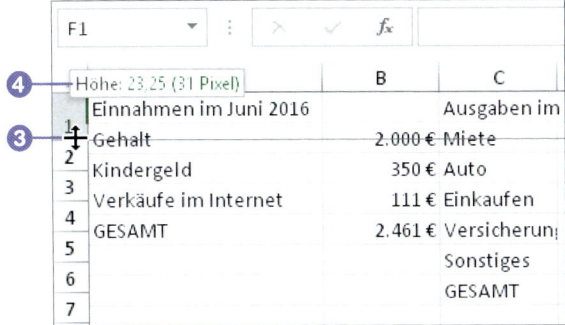

Die Spaltenbreite und die Zeilenhöhe lassen sich aber auch automatisch den aktuellen Zellinhalten anpassen. Wie einfach das geht, zeigt Ihnen die folgende kleine Anleitung:

1. Markieren Sie die Spalte oder Zeile, deren Größe Sie automatisch anpassen möchten. Sie erinnern sich: Das Markieren erfolgt durch Anklicken der entsprechenden Spalten- bzw. Zeilenüberschrift.

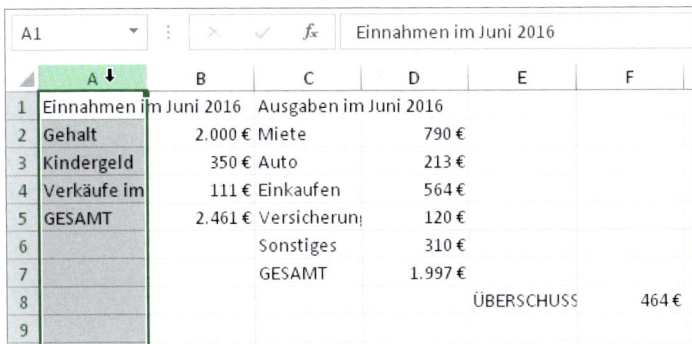

2. Entscheiden Sie sich als Nächstes im Menüband unter **Start** für die Schaltfläche **Format**.

Kapitel 7 – Tabellen formatieren

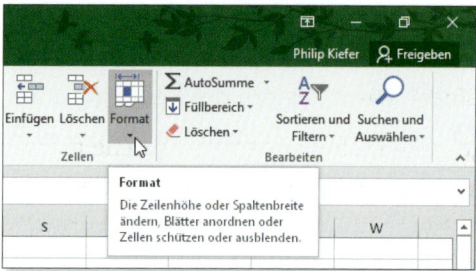

3. Im sich öffnenden Menü wählen Sie nun den Eintrag **Spaltenbreite automatisch anpassen** ❶ bzw. **Zeilenhöhe automatisch anpassen** ❷.

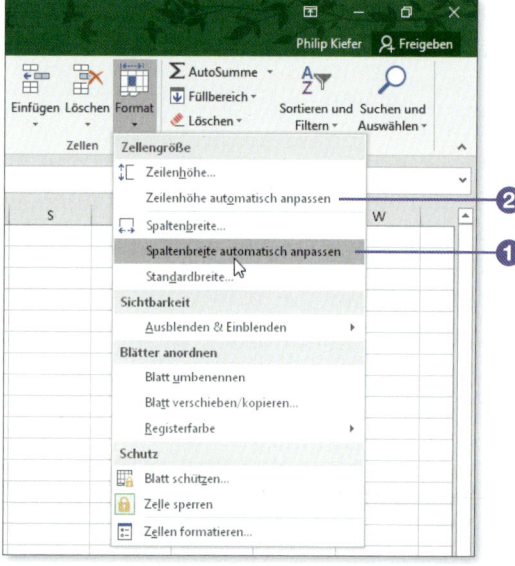

4. Die markierte Spalte oder Zeile wird prompt den Zellinhalten angepasst. In diesem Fall beansprucht die Zelle A1 am meisten Platz, die Spaltenbreite wird deshalb nach dieser Zelle ausgerichtet.

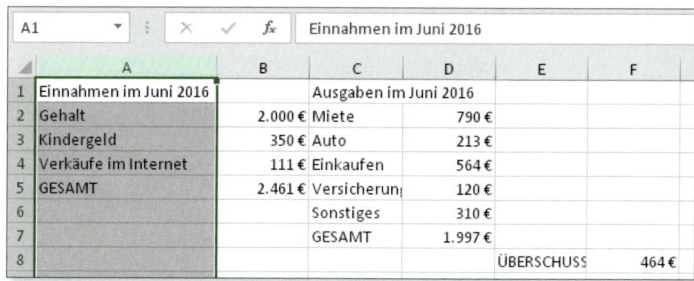

Spaltenbreite und Zeilenhöhe verändern

Das automatische Anpassen der Spaltenbreite oder Zeilenhöhe kann auch für mehrere Spalten oder Zeilen gleichzeitig durchgeführt werden, indem Sie diese einfach gleichzeitig markieren.

Übrigens: Wenn Sie statt der ganzen Spalte eine einzelne Zelle markieren, so erfolgt die automatische Anpassung der Spaltenbreite auf der Basis der Inhalte in der markierten Zelle. Bei der Zeilenhöhe ist dies nicht der Fall.

Sowohl die Spaltenbreite als auch die Zeilenhöhe lassen sich auch exakt festlegen. Hierzu eine kleine Anleitung, die das Anpassen der Zeilenhöhe für eine markierte Zeile darstellt:

1. Markieren Sie eine Zeile, indem Sie auf die entsprechende Zeilenüberschrift ❶ klicken. Alternativ markieren Sie einfach eine Zelle innerhalb der Zeile.

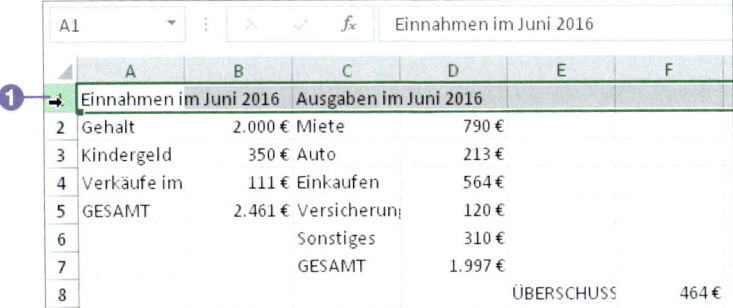

2. Entscheiden Sie sich auch hier im Menüband unter **Start** für die Schaltfläche **Format** ❷.

3. Wählen Sie im sich öffnenden Menü den Eintrag **Zeilenhöhe** ❸. Zum Festlegen der Spaltenbreite würde die Auswahl **Spaltenbreite** ❹ lauten.

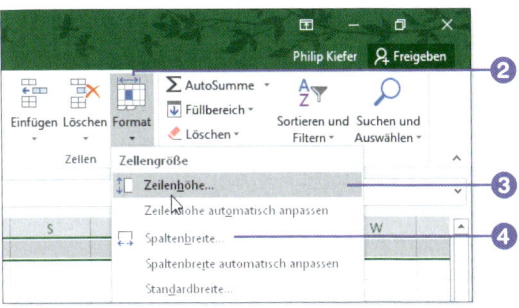

4. Es öffnet sich ein kleines Fenster. Geben Sie die gewünschte Zeilenhöhe (in Punkt) ein ❺, und bestätigen Sie mit der Schaltfläche **OK** bzw. mit der Taste ⏎.

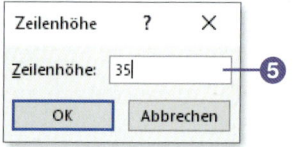

5. Die Zeile wird sofort in der von Ihnen gewählten Zeilenhöhe dargestellt.

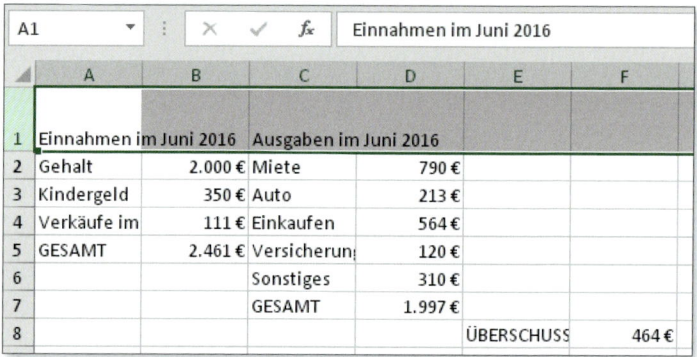

Was die Zeilenhöhe anbelangt, werden Sie feststellen, dass diese sowieso automatisch angepasst wird, wenn Sie die Schrift über die Option **Schriftgrad** im Register **Start** vergrößern. Bei den Spalten ist dies hingegen nicht der Fall.

> **TIPP**
>
> **Die Standardbreite der Spalten anpassen**
>
> Die Standardspaltenbreite beträgt in Excel 10,71 Zeichen in der Standardschriftart und Standardformatierung. Dieser Standard lässt sich jedoch für jedes Tabellenblatt ändern. Klicken Sie dazu im Menüband unter **Start** auf die Schaltfläche **Format**, und wählen Sie im Menü den Eintrag **Standardbreite**. Im folgenden Fenster geben Sie die gewünschte **Standardspaltenbreite** ein und bestätigen mit **OK** bzw. mit ⏎.
>
>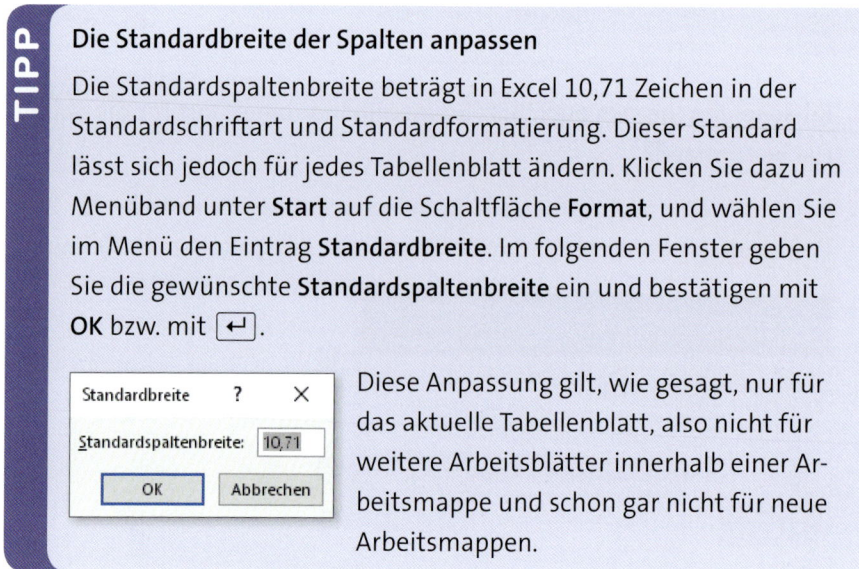
>
> Diese Anpassung gilt, wie gesagt, nur für das aktuelle Tabellenblatt, also nicht für weitere Arbeitsblätter innerhalb einer Arbeitsmappe und schon gar nicht für neue Arbeitsmappen.

Textumbruch verwenden

Wenn Sie die Spaltenbreite nicht verändern, aber dennoch die Zellinhalte vollständig, also ohne die Zellgrenze visuell zu überschreiten angezeigt bekommen möchten, aktivieren Sie in Excel den *Textumbruch*. Dieser sorgt dafür, dass die Inhalte in einer Zelle bei Bedarf auf mehrere Zeilen (innerhalb der Zelle) verteilt werden.

In der folgenden kleinen Anleitung erfahren Sie, wie Sie den Textumbruch aktivieren:

1. Markieren Sie die Spalte(n) oder Zeile(n), in der Sie einen Textumbruch wünschen. Der Textumbruch lässt sich aber auch für einzelne Zellen aktivieren. Hier markiere ich durch Anklicken der Zeilenüberschrift die erste Zeile unserer Tabelle.

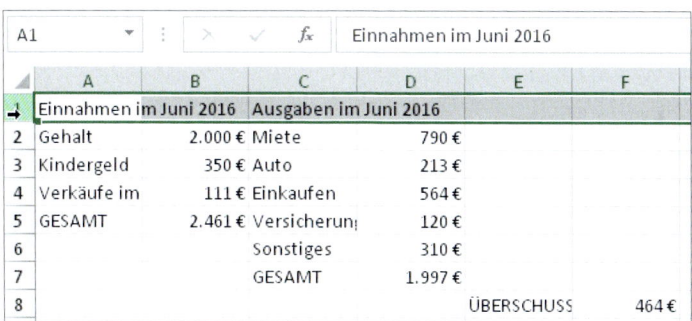

2. Klicken Sie im Menüband unter **Start** in der Gruppe **Ausrichtung** auf die Schaltfläche **Textumbruch**.

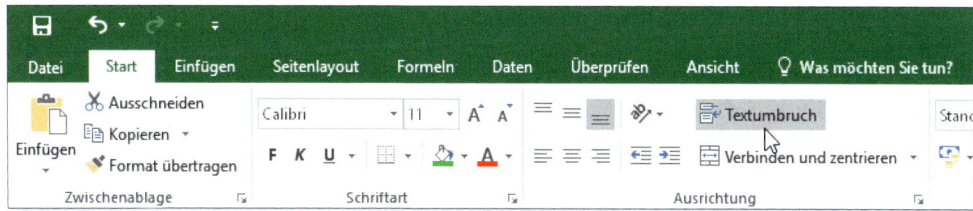

Der Effekt: Die Zellinhalte werden nun innerhalb der Zellgrenzen dargestellt, ohne dass die Spaltenbreite verändert werden musste.

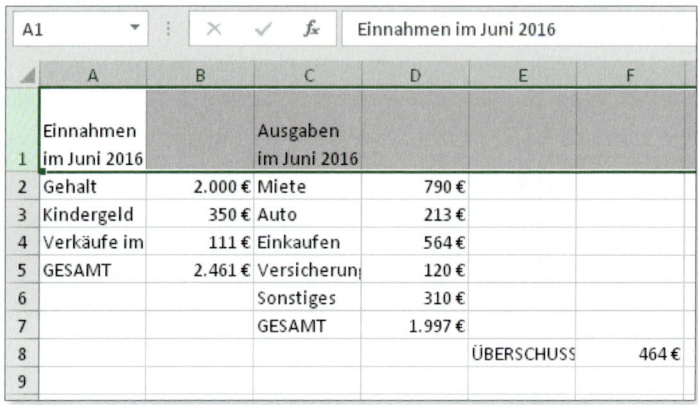

Textumbrüche lassen sich innerhalb einer Zelle auch manuell setzen. Dazu verwenden Sie die Tastenkombination Alt + ↵.

Spalten und Zeilen ausblenden

Wenn Sie bestimmte Spalten oder Zeilen in einem Tabellenblatt gerade nicht benötigen, können Sie diese ausblenden, um mehr Übersicht über die tatsächlich benötigten Spalten und Zeilen zu erhalten.

Das Ausblenden bedeutet im Prinzip nichts anderes, als die Spaltenbreite bzw. Zeilenhöhe zuvor markierter Spalten bzw. Zeilen auf 0 zu setzen (siehe die Anleitung ab Seite 223). Die gängigere Methode zum Ausblenden von Spalten oder Zeilen ist aber die folgende:

1. Wählen Sie die Spalte(n) oder Zeile(n), die ausgeblendet werden sollen, aus – z. B. indem Sie die Spalten C und D durch Ziehen bei gedrückter Maustaste in der Spaltenüberschrift markieren.

2. Klicken Sie die markierten Spalten mit der rechten Maustaste an, und entscheiden Sie sich im Kontextmenü für den Eintrag **Ausblenden** ❶. (Sie finden die Optionen zum Aus- und Einblenden auch im Menüband unter **Start**, und zwar unter der Schaltfläche **Format**; bewegen Sie den Mauszeiger auf den Eintrag **Ausblenden & Einblenden**, um eine Option auswählen zu können.)

Spalten und Zeilen ausblenden

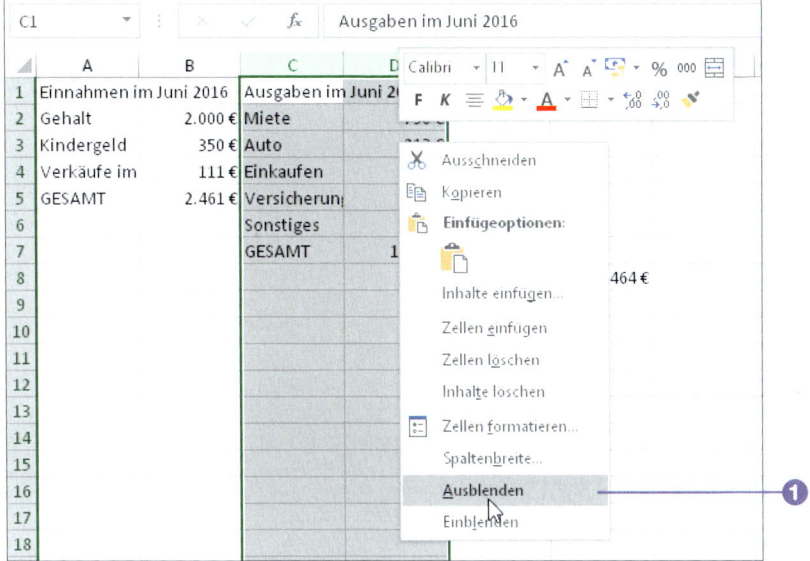

3. Die markierten Spalten werden prompt ausgeblendet. Die Spalten C und D werden nicht mehr angezeigt bzw. nur noch durch eine Markierung in der Spaltenüberschrift ❷ dargestellt. Um die Spalten wieder einzublenden, markieren Sie in der Spaltenüberschrift die Zellen B und E.

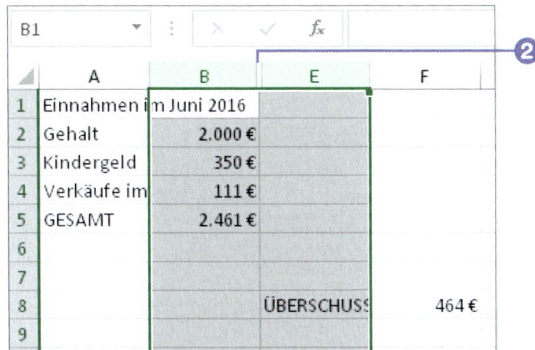

4. Klicken Sie die markierten Spalten mit der rechten Maustaste an, und wählen Sie im Kontextmenü den Eintrag **Einblenden** ❸. Sie können die Spalten aber auch durch Ziehen bei gedrückter Maustaste in der Spaltenüberschrift einblenden. Die zuvor ausgeblendeten Spalten werden sofort wieder eingeblendet.

Kapitel 7 – Tabellen formatieren

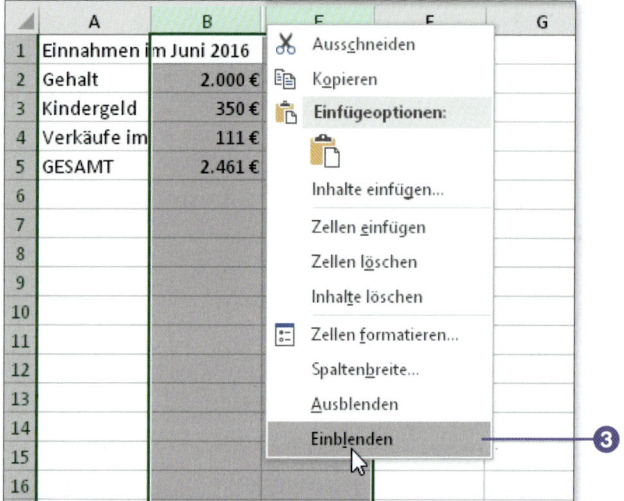

> **Ein ganzes Tabellenblatt ausblenden**
>
> Neben einzelnen Spalten oder Zeilen lassen sich in Excel auch ganze Tabellenblätter ausblenden, wobei aber immer mindestens ein Blatt eingeblendet sein muss. Um ein Blatt auszublenden, klicken Sie es unten im Registerbereich mit der rechten Maustaste an und wählen dann im Kontextmenü den Eintrag **Ausblenden**.
>
>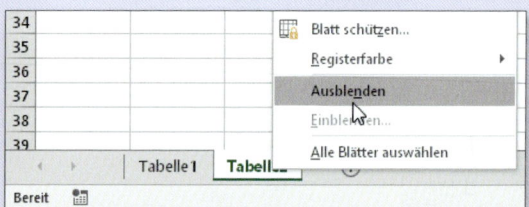
>
> *Hier blende ich das Blatt »Tabelle2« aus.*
>
> Um ein Tabellenblatt wieder einzublenden, klicken Sie mit der rechten Maustaste auf ein eingeblendetes Tabellenblatt und wählen im Kontextmenü den Eintrag **Einblenden**. Es öffnet sich ein Fenster, in dem Sie das einzublendende Tabellenblatt auswählen und dann mit **OK** bestätigen.

Kopieren zwischen mehreren Blättern

Bereits in Kapitel 4, »Daten richtig eingeben«, haben Sie erfahren, wie Sie neue Spalten und Zeilen in eine Tabelle einfügen bzw. Spalten und Zeilen innerhalb eines Arbeitsblatts kopieren bzw. ausschneiden und an einer anderen Stelle wieder einfügen. Mit der folgenden Anleitung zeige ich Ihnen, dass das Kopieren und Einfügen auch zwischen mehreren Blättern bzw. Arbeitsmappen funktioniert:

1. Markieren Sie mit der Maus die Spalten, Zeilen oder einzelnen Zellen, die Sie kopieren bzw. ausschneiden möchten.

2. Klicken Sie die markierten Spalten, Zeilen oder Zellen mit der rechten Maustaste an, und wählen Sie im Kontextmenü den Eintrag **Kopieren** ❶ bzw. **Ausschneiden** ❷.

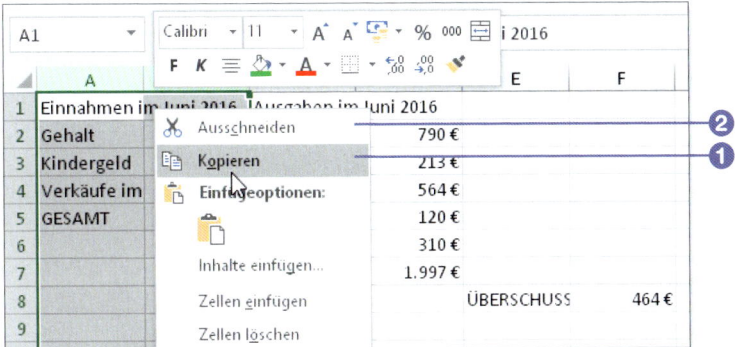

3. Öffnen Sie ein anderes Blatt, gegebenenfalls in einer anderen Arbeitsmappe. Klicken Sie mit der rechten Maustaste in die Zelle, ab welcher die kopierten bzw. ausgeschnittenen Zellen eingefügt werden sollen. Wählen Sie im Kontextmenü das entsprechende Symbol zum Einfügen ❸. (Um sich über

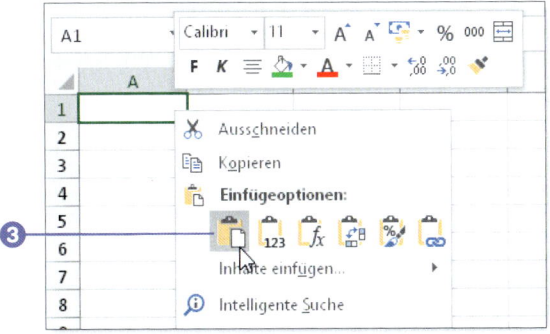

die einzelnen Einfügeoptionen zu informieren, schlagen Sie noch mal im Abschnitt »Kopieren und Einfügen von Zellen« ab Seite 137 nach.)

4. In diesem Fall wurden zwei Spalten in ein anderes Tabellenblatt kopiert.

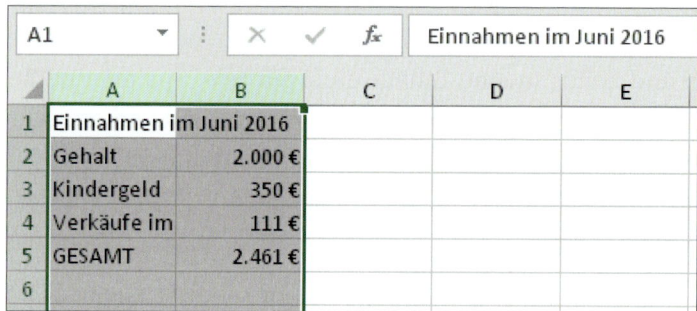

Zellen tauschen

In einigen Fällen wollen Sie vielleicht eine Spalte, eine Zeile oder eine einzelne Zelle mit einer anderen tauschen. Bei Spalten und Zeilen läuft das einfach per Ausschneiden und Einfügen, wie ich es bereits im Abschnitt »Kopieren und Einfügen von Zellen« ab Seite 137 dargestellt habe. Bei einzelnen Zellen machen Sie dazu einen kleinen Umweg:

1. In unserem Haushaltsplan wurden die Zellen B4 und D5 versehentlich verwechselt. Um die Zellen zu vertauschen, klicken Sie im ersten Schritt eine der Zellen mit der rechten Maustaste an, hier die Zelle D5.

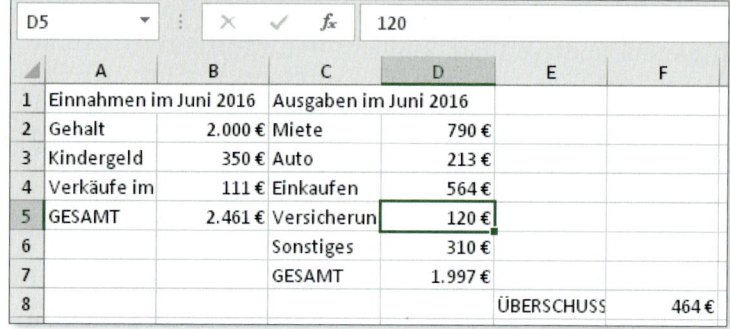

2. Entscheiden Sie sich im Kontextmenü für den Eintrag **Kopieren**.

Zellen tauschen

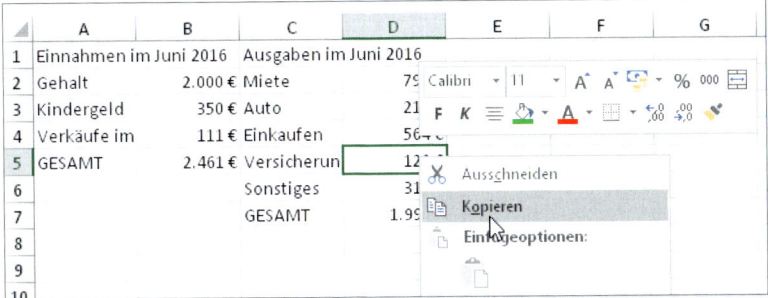

3. Klicken Sie nun mit der rechten Maustaste in eine beliebige leere Zelle, und wählen Sie im Kontextmenü das Symbol zum Einfügen.

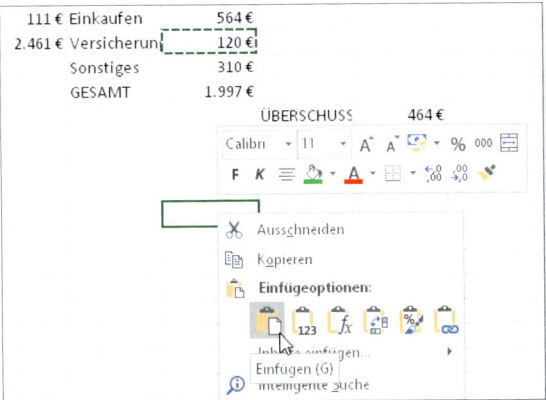

4. Klicken Sie jetzt mit der rechten Maustaste auf die zweite Zelle (in unserem Beispiel also auf B4), und wählen Sie im Kontextmenü ebenfalls **Kopieren**.

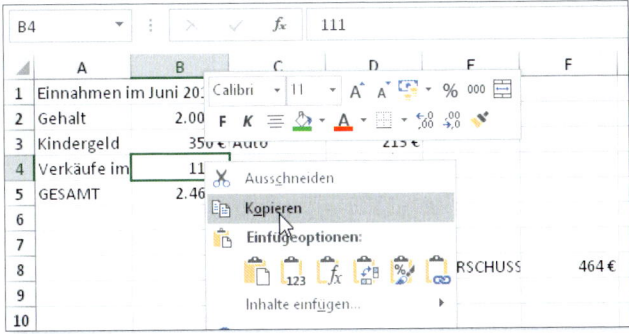

Kapitel 7 – Tabellen formatieren

5. Klicken Sie mit der rechten Maustaste auf die erste Zelle (D5), und wählen Sie das Symbol zum Einfügen.

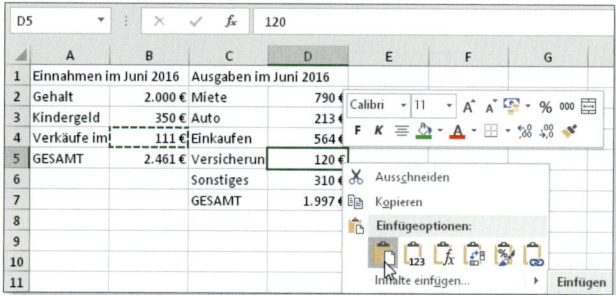

6. Fast fertig! Klicken Sie mit der rechten Maustaste auf die in Schritt 3 eingefügte Zelle, und wählen Sie im Kontextmenü den Eintrag **Ausschneiden**.

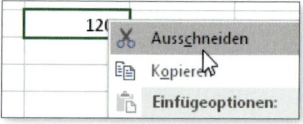

7. Klicken Sie mit der rechten Maustaste wiederum auf die zweite Zelle (B4) und dann im Kontextmenü auf das Symbol zum Einfügen – schon haben Sie die Zellen getauscht, und in Ihrer Tabelle ist anschließend in Zelle B4 *120 €* zu lesen.

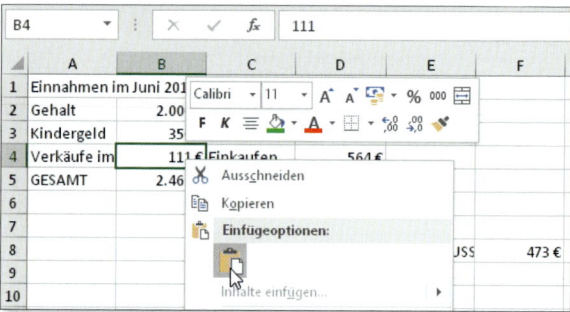

Zellen einfärben

Um unterschiedliche Inhalte besser voneinander unterscheiden zu können, bieten sich Farben an. Deshalb zeige ich Ihnen zunächst, wie Sie von Ihnen markierte Zellen individuell einfärben:

Zellen einfärben

1. Markieren Sie mit der Maus die Zelle(n), die Sie einfärben möchten. Sie können natürlich auch ganze Spalten, ganze Zeilen oder das gesamte Tabellenblatt markieren.

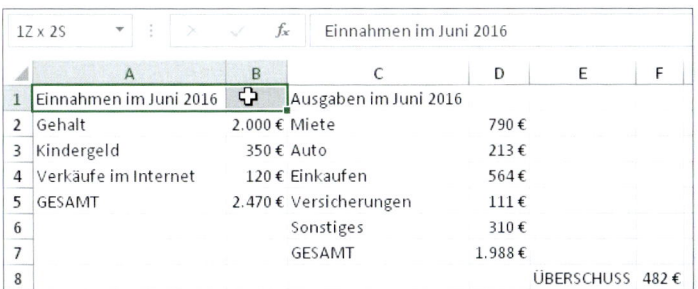

2. Klicken Sie im Menüband unter **Start** auf den zum Symbol **Füllfarbe** gehörenden kleinen Pfeil ❶.

   Übrigens, wenn Sie direkt auf das Symbol **Füllfarbe** klicken statt auf den zugehörigen Pfeil, so wird die zuletzt verwendete Füllfarbe erneut verwendet. Die Farbe wird jeweils auf dem Symbol angezeigt.

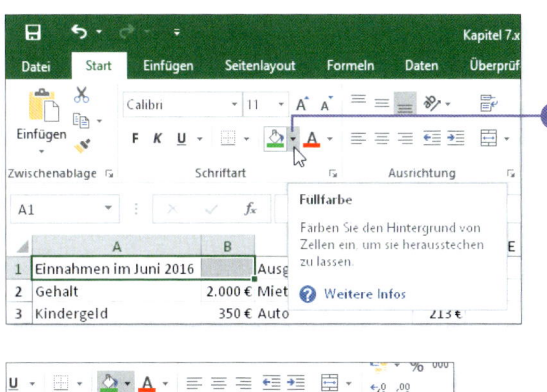

3. Wählen Sie per Mausklick eine der vorgeschlagenen **Designfarben** ❷ oder eine der **Standardfarben** ❸ aus. Falls die gewünschte Farbe nicht dabei ist, klicken Sie unten im Menü auf **Weitere Farben** ❹.

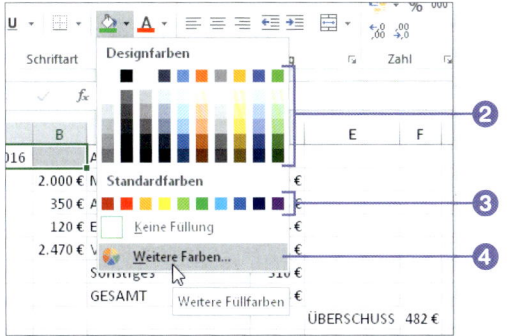

4. Klicken Sie im sich öffnenden Dialog unter dem bereits ausgewählten Reiter **Standard** eine Farbe (❺ auf Seite 234) an, und bestätigen Sie mit OK.

5. Oder wählen Sie eine Farbe unter dem Reiter **Benutzerdefiniert** ❻ aus, bzw. geben Sie die zugehörigen Farbwerte ❼, also den jeweiligen Anteil der Farben **Rot**, **Grün** und **Blau**, ein. Bestätigen Sie mit **OK**, um die von Ihnen selbst gemischte Farbe zu übernehmen.

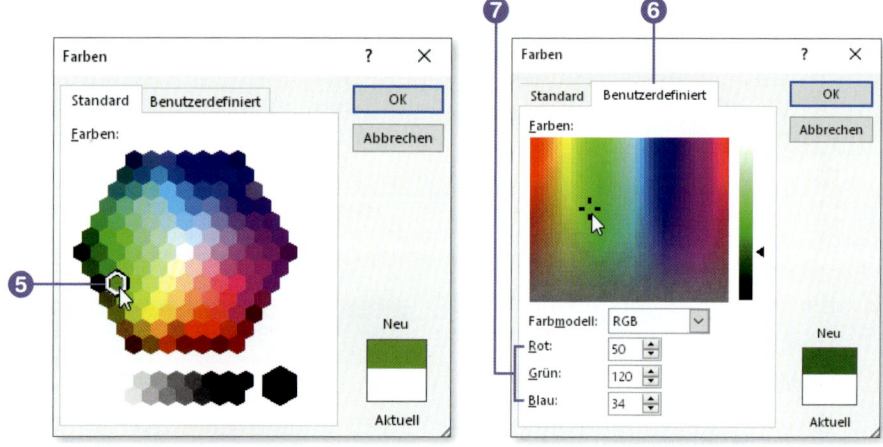

6. Die markierten Zellen werden entsprechend Ihrer Farbauswahl eingefärbt.

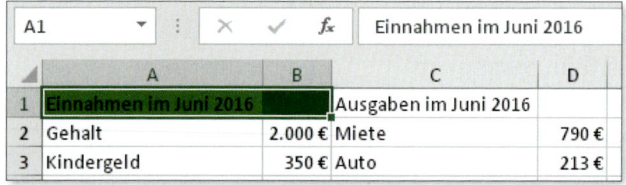

> **INFO**
>
> **Zellfarbe wieder entfernen**
>
> Möchten Sie, dass eingefärbte Zellen wieder ohne Hintergrund dargestellt werden? Dazu markieren Sie die Zellen erneut und klicken auf den zum Symbol **Füllfarbe** gehörenden Pfeil. Wählen Sie im sich öffnenden Menü den Eintrag **Keine Füllung**.

Statt Zellen bloß einzufärben, können Sie auch eine von verschiedenen Zellenformatvorlagen einsetzen, um die Zellen übersichtlich zu gestalten. Welche Zellenformatvorlagen zur Verfügung stehen, hängt vom jeweils ausgewählten Design ab (dazu gleich noch mehr). Lassen Sie mich Ihnen in der

Zellen einfärben

folgenden Schrittanleitung zeigen, wie Sie eine Zellenformatvorlage auf die von Ihnen markierten Zellen anwenden:

1. Markieren Sie zunächst die zu formatierenden Zellen. In diesem Fall markiere ich nacheinander – bei gedrückter [Strg]-Taste – die beiden Zellen A1 und C1.

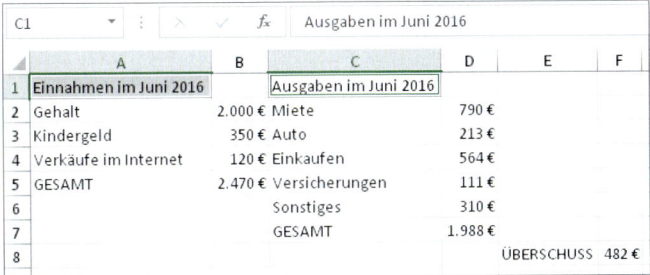

2. Im Menüband unter **Start** finden Sie in der Gruppe **Formatvorlagen** einen Kasten mit den Zellenformatvorlagen ❶. Klicken Sie rechts unten im Kasten auf den kleinen Pfeil, um den Kasten auszuklappen.

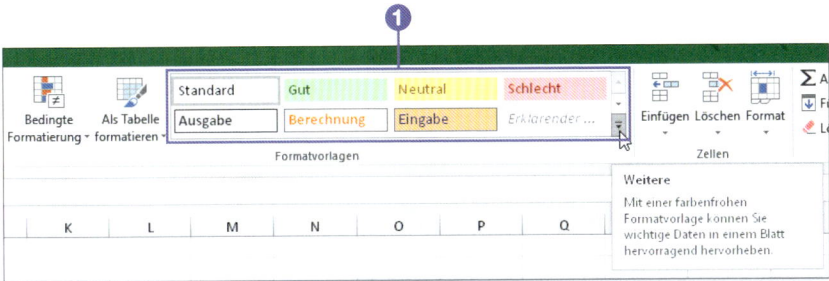

3. Klicken Sie die gewünschte Zellenformatvorlage an, um diese für die markierten Zellen zu übernehmen. In diesem Fall lautet die Auswahl **Überschrift 1** ❷.

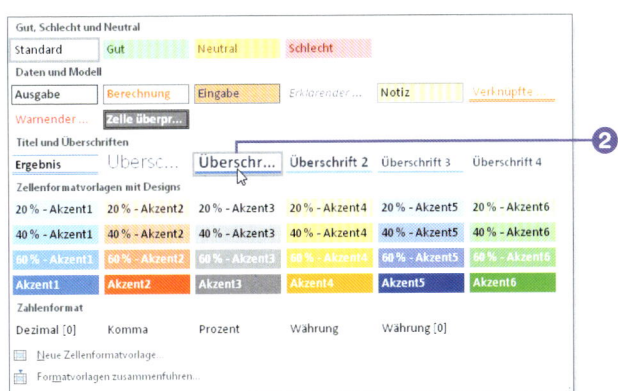

235

Kapitel 7 – Tabellen formatieren

4. Wie die folgende Abbildung zeigt, wird die Formatierung übernommen, aber das Ganze passt noch nicht richtig.

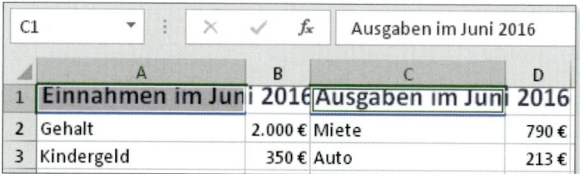

5. Klicken Sie im Menüband unter **Start** auf die Schaltfläche **Format**, und nutzen Sie die bereits bekannten Optionen zum Anpassen von Spaltenbreite und Zeilenhöhe. Wählen Sie etwa **Spaltenbreite automatisch anpassen** ❸.

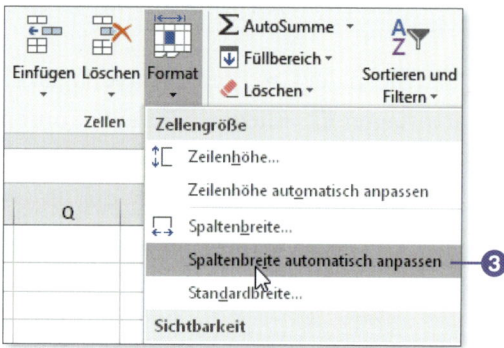

6. Mit der angepassten Spaltenbreite und Zeilenhöhe sieht es nun richtig gut aus. Formatieren Sie die weiteren Zellen zur Übung doch einmal auf eigene Faust!

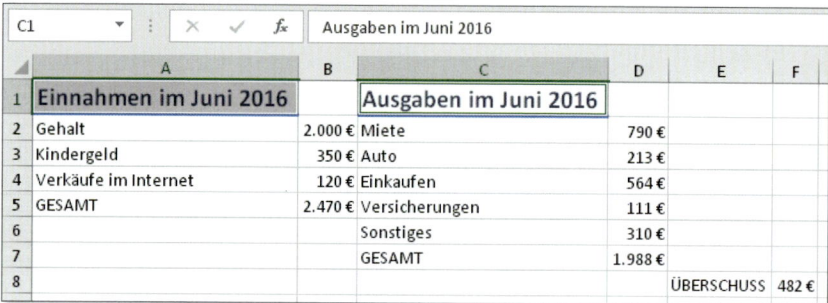

Tabellenformatvorlagen verwenden

> **INFO**
>
> **Sämtliche Formatierungen aus einer Zelle entfernen**
>
> Wenn Sie eine Zellenformatvorlage einsetzen, so wird nicht nur die Zelle eingefärbt, sondern es werden weitere Formatierungen vorgenommen. Um sämtliche Formatierungen aus einer Zelle zu entfernen, klicken Sie diese an. Entscheiden Sie sich dann im Menüband unter **Start** für die Schaltfläche **Löschen**, und wählen Sie im sich öffnenden Menü den Eintrag **Formate löschen**.
>
>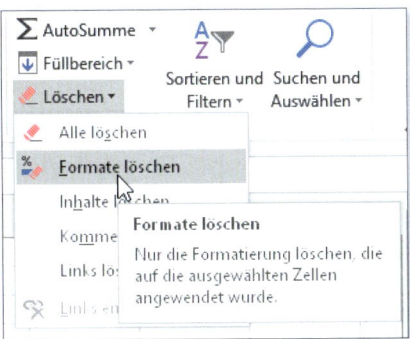
>
> *Auch die kompletten Formatierungen einer Zelle lassen sich mit wenigen Mausklicks wieder beseitigen.*

Tabellenformatvorlagen verwenden

Sie möchten mehrere Zellen zu einer Tabelle zusammenfassen? Dazu stehen Ihnen in Excel verschiedene attraktive Tabellenformatvorlagen zur Verfügung. Deren Anwendung ist genauso einfach wie die der Zellenformatvorlagen:

1. Markieren Sie bei gedrückter Maustaste die Zellen, die Sie als Tabelle formatieren möchten.

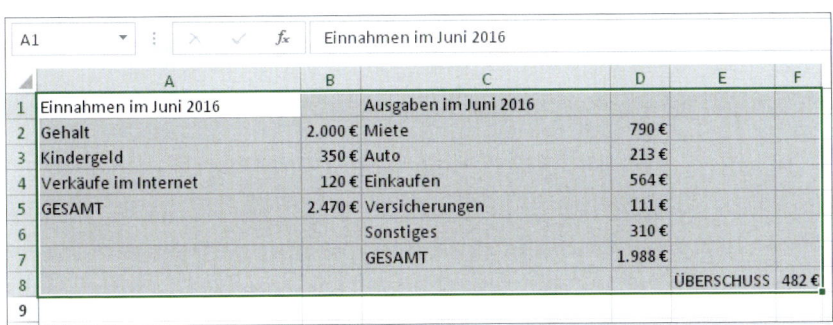

Kapitel 7 – Tabellen formatieren

2. Entscheiden Sie sich im Menüband unter **Start** für die Schaltfläche **Als Tabelle formatieren** ❶.

3. Wählen Sie nun per Mausklick eine Tabellenformatvorlage ❷ aus, die Ihnen zusagt.

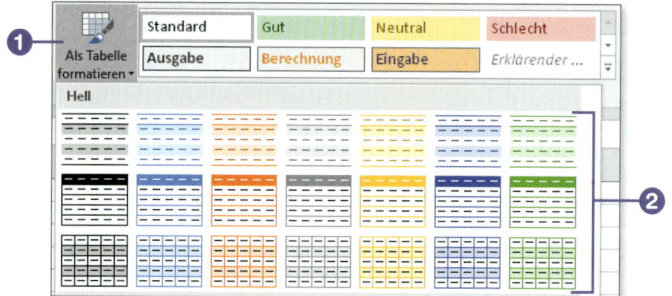

4. Im folgenden Fenster wird noch einmal der Zellbereich angezeigt, der als Tabelle formatiert werden soll. Wenn die Tabelle über Überschriften verfügt, aktivieren Sie das Kontrollkästchen **Tabelle hat Überschriften** ❸, bevor Sie mit **OK** bestätigen.

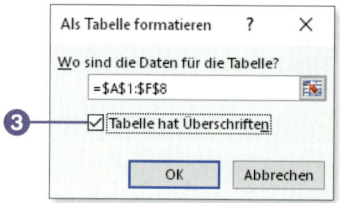

5. Die Tabellenformatvorlage wird entsprechend Ihrer Auswahl angewendet. Sie stellen dabei fest, dass die Überschriften mit einer Filterfunktion ❹ versehen wurden – zu diesem Thema aber erst in Kapitel 9, »Die Daten im Griff«, Weiteres.

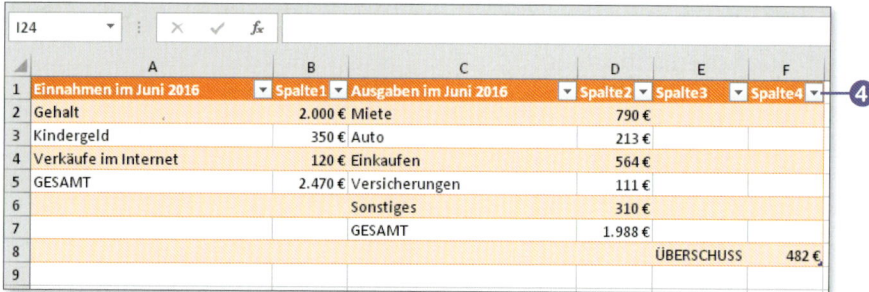

Weitere Optionen für die Tabelle finden Sie nach dem Formatieren in den im Menüband angezeigten **Tabellentools**, z. B. zum Entfernen von Duplikaten oder zum Einfügen einer Ergebniszeile.

> **INFO**
>
> **Tabelle in normalen Bereich konvertieren**
>
> Wenn Sie eine Tabelle wieder in einen normalen Bereich konvertieren, die Zellformatierungen jedoch beibehalten möchten, klicken Sie mit der rechten Maustaste in die Tabelle, bewegen Sie im Kontextmenü den Mauszeiger auf den Eintrag **Tabelle**, und wählen Sie **In Bereich konvertieren**.

Ein Design auswählen

Die Ihnen angebotenen Zellenformat- als auch Tabellenformatvorlagen richten sich nach dem von Ihnen in Excel ausgewählten Design. Jedes Design verwendet bestimmte Farben, Schriftarten sowie Effekte, die auf Objekte angewendet werden. So einfach wechseln Sie das Design:

1. Entscheiden Sie sich im Menüband für den Reiter **Seitenlayout** ❶.
2. Klicken Sie nun links im Menüband auf die Schaltfläche **Designs** ❷.
3. Bewegen Sie den Mauszeiger auf ein Design ❸, um die Anpassungen in einer Vorschau zu sehen. Wenn Sie ein Design anklicken, wird es für die gesamte Arbeitsmappe übernommen.

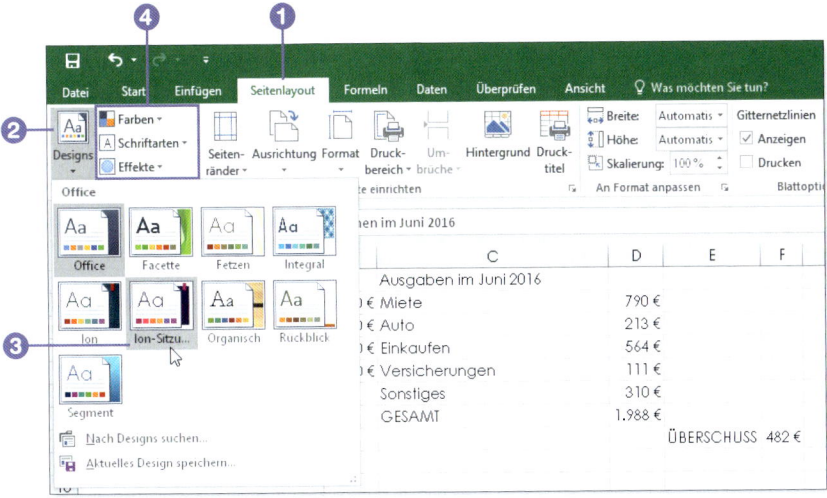

Kapitel 7 – Tabellen formatieren

Statt das komplette Design zu ändern, lassen sich auch einzelne Elemente des Designs anpassen. Hierzu finden Sie im Menüband unter **Seitenlayout** in der Gruppe **Designs** die drei Schaltflächen **Farben**, **Schriftarten** und **Effekte** (❹ auf Seite 239). Im Einzelnen:

- **Farben**: Klicken Sie auf diese Schaltfläche, um die Farbpalette für das Excel-Design auszuwählen. Die verschiedenen Farben betreffen Textfarben, Akzentfarben sowie Farben von Links.

> **INFO**
>
> **Farben anpassen**
>
> Die zur Auswahl stehenden Farbpaletten sind nicht in Stein gemeißelt, sondern lassen sich individuell anpassen. Dazu klicken Sie unten im Menü, das Sie per Mausklick auf die Schaltfläche **Farben** öffnen, auf den Eintrag **Farben anpassen**. Wählen Sie im folgenden Fenster die einzelnen Farben aus ❺, die dann jeweils rechts im Fenster in einer Vorschau ❻ angezeigt werden. Geben Sie dem Design einen Namen ❼, und klicken Sie auf die Schaltfläche **Speichern**, um das Design zu verwenden. Wenn Sie die Schaltfläche **Farben** erneut anklicken, stellen Sie fest, dass Ihre eigene Farbpalette im Abschnitt **Benutzerdefiniert** angezeigt wird. Um eine eigene Farbpalette wieder zu entfernen, klicken Sie diese mit der rechten Maustaste an und wählen im Kontextmenü den Eintrag **Löschen**.

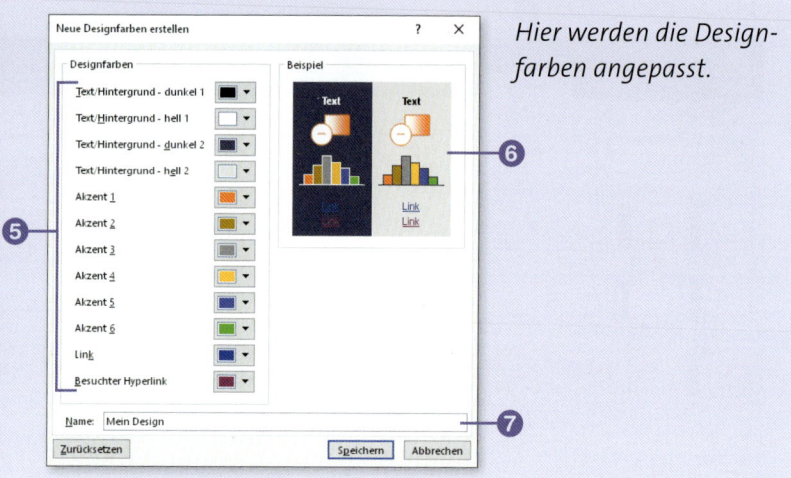

Hier werden die Designfarben angepasst.

Ein Design auswählen

- **Schriftarten**: Wählen Sie unter dieser Schaltfläche die Schriftart aus, die im Design generell verwendet werden soll. Wie Sie die Schriftart unabhängig vom gewählten Design jederzeit ändern können, zeige ich Ihnen dann gleich noch.
- **Effekte**: Unter dieser Schaltfläche lässt sich schließlich noch das Design von eingefügten Objekten verändern, etwa eines eingefügten Blockpfeils. Klicken Sie einfach eine Effektpalette an, die Ihnen zusagt.

Wenn Sie ein Excel-Design individuell angepasst haben, möchten Sie dieses vielleicht speichern. Kein Problem! Dazu sind nur wenige Schritte erforderlich:

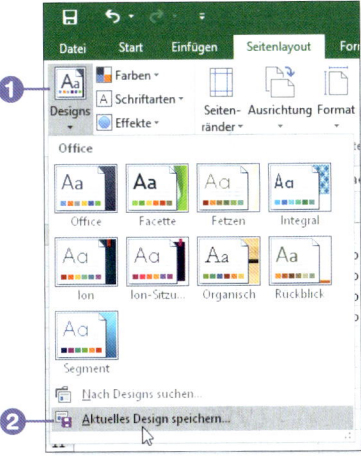

1. Klicken Sie im Menüband unter **Seitenlayout** auf die Schaltfläche **Designs** ❶, und wählen Sie unten im sich öffnenden Menü den Eintrag **Aktuelles Design speichern** ❷.

2. Der passende Speicherort für das Design wird automatisch vorgeschlagen. Passen Sie gegebenenfalls noch den Designnamen ❸ an, bevor Sie mit **Speichern** bestätigen.

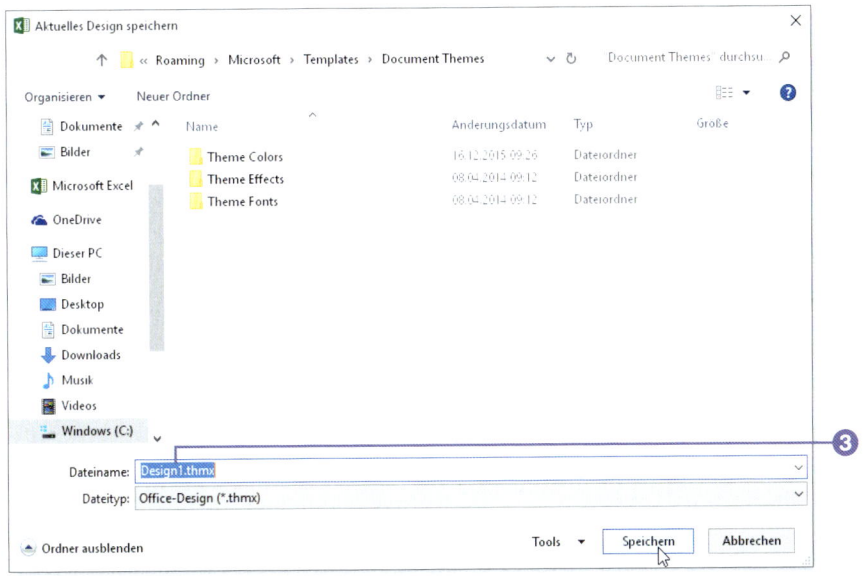

3. Das gespeicherte Design ❹ wird nun ebenfalls angezeigt, wenn Sie im Menüband unter **Seitenlayout** auf die Schaltfläche **Designs** klicken.

Wichtig zu wissen: Haben Sie ein Design an einem anderen Ort gespeichert, so wird es nicht unter der Schaltfläche **Designs** zur Auswahl angeboten. Sie können es jedoch öffnen, indem Sie unter der Schaltfläche **Designs** auf den Eintrag **Nach Designs suchen** ❺ klicken und dann den Speicherpfad angeben.

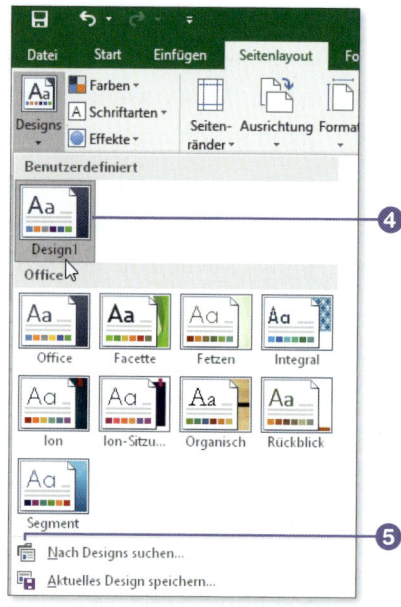

Die Schrift ändern

Die in Excel verwendete Schrift wird durch das jeweils ausgewählte Design bestimmt. Unabhängig vom gewählten Design lässt sich die Schrift jedoch auch für einzelne ausgewählte Zellen bzw. auch für einen ausgewählten Text innerhalb einer Zelle anpassen. Die folgende Anleitung zeigt, wie Sie die Schriftart von Text innerhalb einer Zelle ändern:

1. Doppelklicken Sie auf die Zelle, die den Text enthält. Markieren Sie nun den Text innerhalb der Zelle mit der Maus. Um, wie in der folgenden Abbildung, ein Wort zu markieren, doppelklicken Sie einfach darauf.

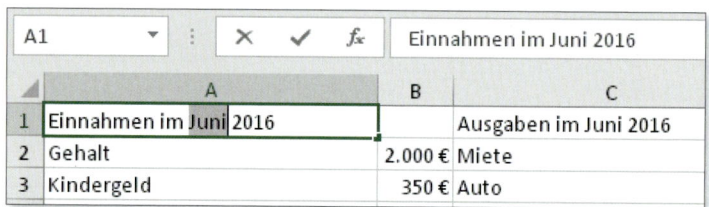

2. Im Menüband unter **Start** finden Sie in der Gruppe **Schriftart** ein Menü, in dem die aktuelle Schriftart angezeigt wird, standardmäßig **Calibri**. Klicken Sie auf den zu diesem Menü gehörenden Pfeil ❶.

Die Schrift ändern

3. Bewegen Sie den Mauszeiger auf eine Schriftart ❷, um eine Vorschau ❸ zu erhalten. Um den markierten Text in der Schriftart zu formatieren, klicken Sie diese an.

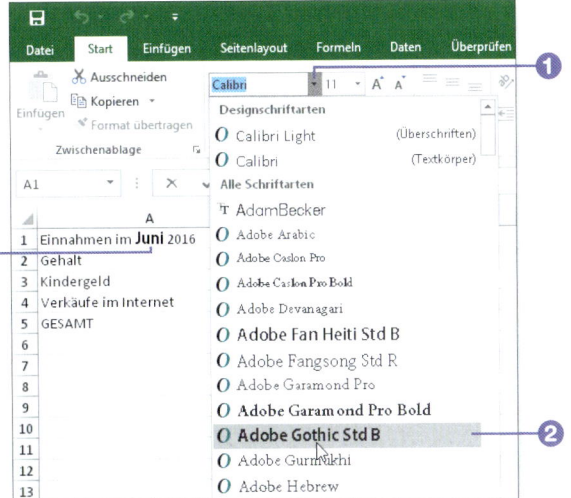

Neben der Schriftart stehen Ihnen in Excel noch einige weitere Formatierungsoptionen zur Verfügung, die ich Ihnen gerne kurz vorstelle.

- *Schriftgrad*: Zum Verändern der Schriftgröße finden Sie rechts neben dem Menü zur Auswahl der Schriftart ein Menü. Sie können dort entweder eine Schriftgröße auswählen ❹ oder diese direkt in das Feld ❺ eingeben. Die Angabe erfolgt in Punkt (ca. 0,3527 mm Schrifthöhe pro Punkt). Rechts neben dem Menü zum Ändern der Schriftgröße finden Sie zwei Symbole, mithilfe derer Sie die Schriftgröße jeweils um einen Punkt erhöhen ❻ oder verringern ❼.

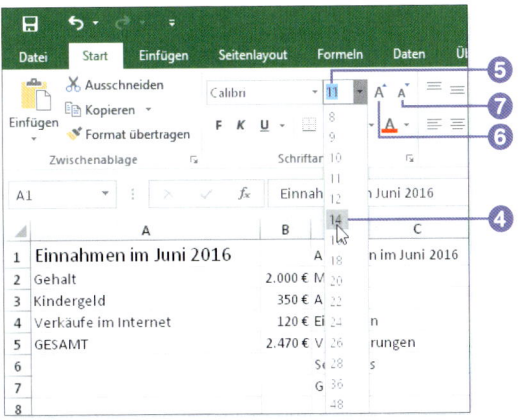

- *Schriftfarbe*: Um die Schriftfarbe für die markierte Zelle oder den innerhalb einer Zelle markierten Text zu ändern, klicken Sie in der Gruppe **Schriftart** auf den zum Symbol **Schriftfarbe** gehörenden Pfeil und wählen dann eine Farbe aus (bzw. klicken Sie direkt

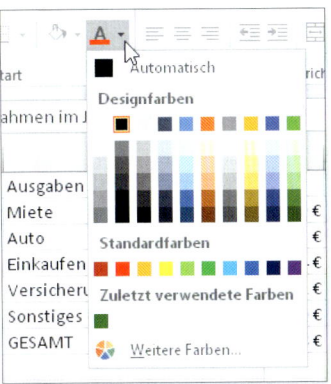

243

auf das Symbol, um die auf dem Symbol angezeigte Schriftfarbe auszuwählen). Das Vorgehen bei der Farbauswahl entspricht dem bereits kennengelernten Vorgehen beim Einfärben von Zellen.

- *Fett*: Die Standardformatierung Fett erhalten Sie, indem Sie entweder in der Gruppe **Schriftart** auf das Symbol **Fett** ❽ klicken oder alternativ die Tastenkombination [Strg] + [2] drücken.

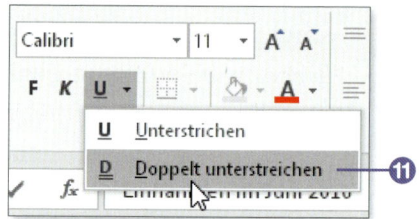

- *Kursiv*: Wünschen Sie die Standardformatierung Kursiv, so klicken Sie in der Gruppe **Schriftart** auf das Symbol **Kursiv** ❾ oder drücken alternativ die Tastenkombination [Strg] + [3].

- *Unterstrichen*: Zum Auswählen der Standardformatierung Unterstrichen klicken Sie in der Gruppe **Schriftart** auf das Symbol **Unterstrichen** ❿; alternativ drücken Sie die Tastenkombination [Strg] + [4].

- *Doppelt unterstrichen*: Auch das doppelte Unterstreichen ist möglich. Hierzu klicken Sie auf den zum Symbol **Unterstrichen** gehörenden Pfeil und wählen im sich öffnenden Menü den Eintrag **Doppelt unterstreichen** ⓫.

TIPP

Formatierungsoptionen per Rechtsklick aufrufen

Praktisch, wenn im Menüband gerade eine andere Registerkarte geöffnet ist: Die wichtigsten Formatierungsoptionen für die Schrift werden Ihnen auch in einem Menü angeboten, wenn Sie eine Zelle bzw. markierten Text mit der rechten Maustaste anklicken.

Per Rechtsklick wird nicht nur ein Kontextmenü, sondern auch ein Menü mit den wichtigsten Formatierungsoptionen geöffnet.

Die Schrift ändern

Weitere Formatierungsoptionen erhalten Sie in den **Schriftarteinstellungen**. Um diese zu öffnen, klicken Sie im Menüband unter **Start** in der Gruppe **Schriftart** rechts unten auf den kleinen Pfeil. Alternativ drücken Sie – bei bereits markiertem Text – die Tastenkombination [Strg] + [1], um die Schriftarteinstellungen zu öffnen.

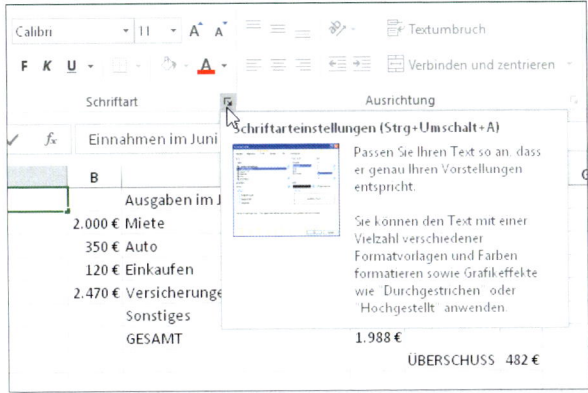

Die Schriftarteinstellungen bieten noch einige weitere Formatierungsoptionen für die Schrift.

Auch in den Schriftarteinstellungen finden Sie die Ihnen bereits bekannten Formatierungsoptionen. Zusätzlich werden Ihnen die Effekte **Durchgestrichen**, **Hochgestellt** sowie **Tiefgestellt** ⓬ angeboten, die Sie jeweils per Kontrollkästchen aktivieren bzw. wieder deaktivieren. Bestätigen Sie Ihre Auswahl mit **OK**.

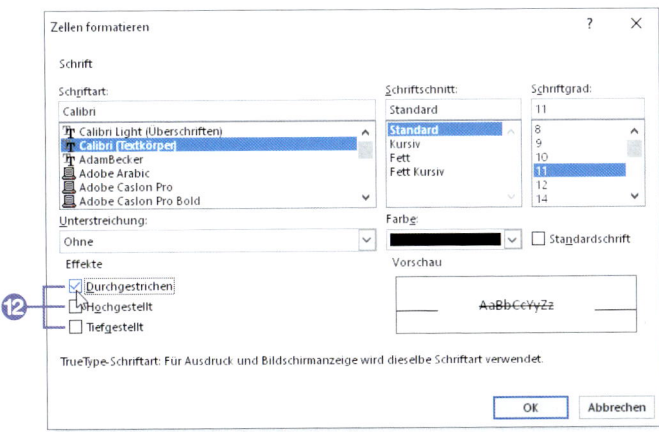

Greifen Sie in den Schriftarteinstellungen auf alle für die Schrift zur Verfügung stehenden Formatierungsoptionen zu.

Kapitel 7 – Tabellen formatieren

> **INFO**
>
> **Symbole einfügen**
>
> Bestimmte Zeichen lassen sich nicht so einfach über die Tastatur eingeben. Excel hält für Sie deshalb Funktionen zum Einfügen aller möglichen Symbole bereit. Um eine Übersicht zu erhalten, wählen Sie im Menüband den Reiter **Einfügen**. Klicken Sie dann rechts im Menüband auf die Schaltfläche **Symbol**. Zum Einfügen eines Symbols doppelklicken Sie einfach darauf.
>
>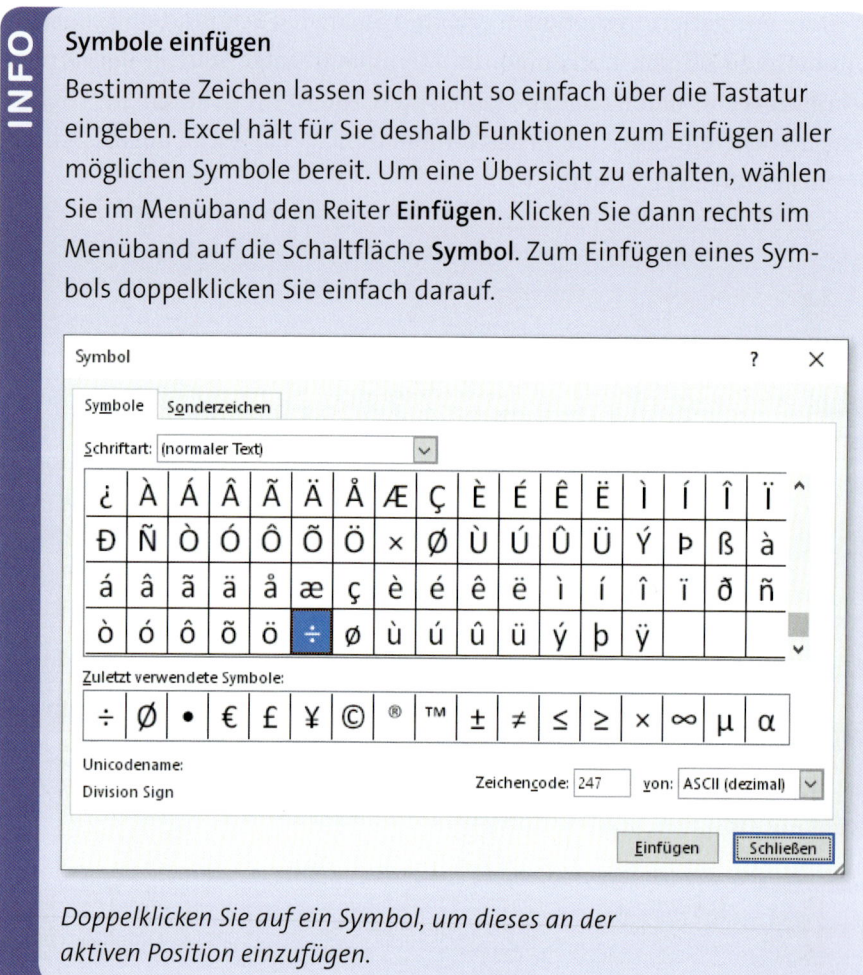
>
> Doppelklicken Sie auf ein Symbol, um dieses an der aktiven Position einzufügen.

Die Ausrichtung ändern

Die Inhalte einer Zelle lassen sich beliebig ausrichten, das heißt innerhalb der Zelle ausrichten. So können Sie die Inhalte beispielsweise sowohl horizontal (in der Waagerechten) als auch vertikal (in der Senkrechten) zentrieren. Wie das geht, zeigt die folgende Anleitung:

Die Ausrichtung ändern

1. Als Beispiel soll die Zelle E8 in unserem Haushaltsplan dienen, den wir zu Kapitelbeginn erstellt haben. Vergrößern Sie auf die bereits gelernte Weise sowohl die Spaltenbreite als auch die Zeilenhöhe.

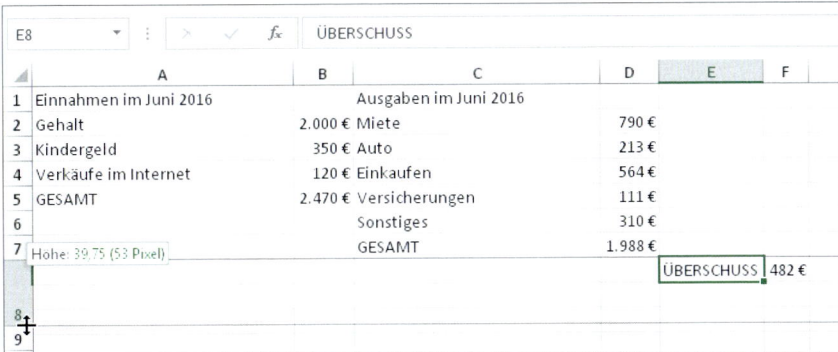

2. Sie stellen fest, dass der Text in der Zelle links unten ausgerichtet dargestellt wird.

3. Klicken Sie nun im Menüband unter **Start** in der Gruppe **Ausrichtung** auf das Symbol **Zentriert** ❶.

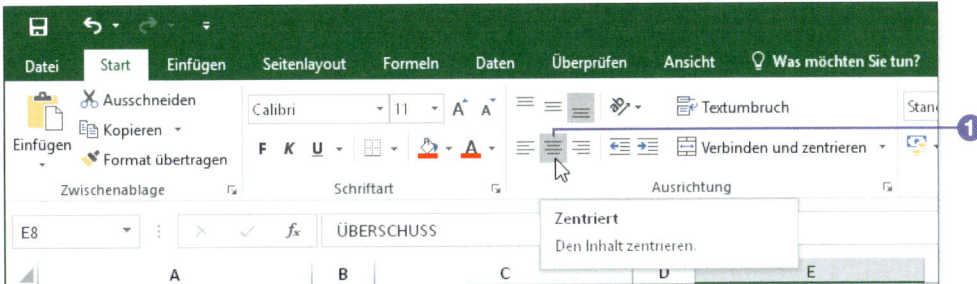

4. Der Inhalt in Zelle E8 wird prompt horizontal zentriert ausgerichtet.

247

5. Als Nächstes klicken Sie in der Gruppe **Ausrichtung** noch auf das Symbol **Zentriert ausrichten** ❷.

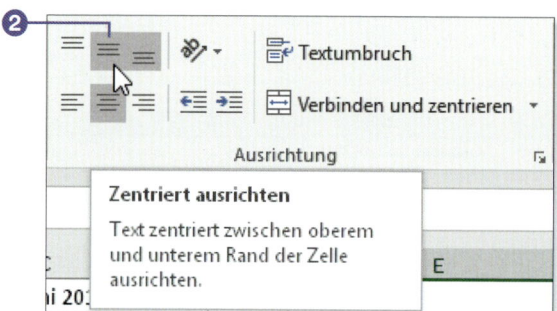

6. Der Inhalt in Zelle E8 wird nun auch noch vertikal zentriert ausgerichtet und also in der Mitte der Zelle platziert.

Die folgende Tabelle gibt Ihnen einen Überblick über die verschiedenen Symbole, die der Ausrichtung von Inhalten dienen. Sie finden diese jeweils im Menüband unter **Start** und dort in der Gruppe **Ausrichtung**.

Symbol	Effekt
≡	linksbündig ausrichten
≡	horizontal zentrieren
≡	rechtsbündig ausrichten
≡	oben ausrichten
≡	vertikal zentrieren
≡	unten ausrichten

Die Ausrichtung ändern

INFO

Einzug vergrößern

Was die horizontale Ausrichtung der Inhalte betrifft, können Sie diese auch in Schritten vom linken bzw. rechten Zellenrand wegschieben. Dazu klicken Sie im Menüband unter **Start** in der Gruppe **Ausrichtung** auf das Symbol **Einzug vergrößern** ❸. Um den Einzug wieder zu verkleinern, wählen Sie entsprechend das Symbol **Einzug verkleinern** ❹.

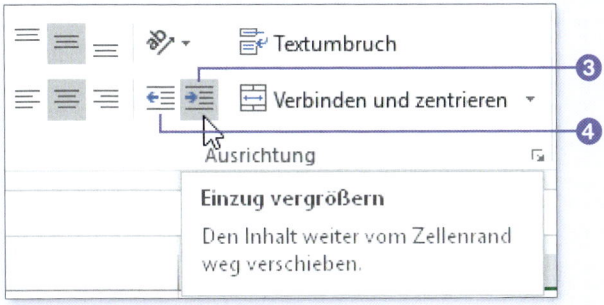

Der Einzug in einer Zelle lässt sich per Symbol vergrößern und auch wieder verkleinern.

Der Zellinhalt lässt sich auch drehen, so kann der Text in Zelle E8 beispielsweise vertikal statt horizontal dargestellt werden. Auch dazu eine kleine Anleitung:

1. Markieren Sie die Zelle mit der Maus.

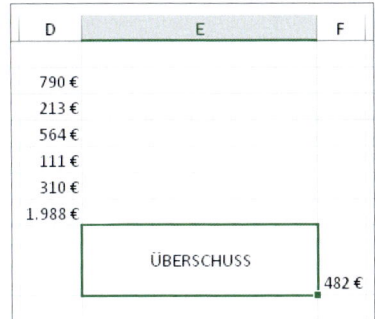

2. Entscheiden Sie sich im Menüband unter **Start** in der Gruppe **Ausrichtung** für das Symbol **Ausrichtung** (❶ auf Seite 250).

3. Im sich öffnenden Menü wählen Sie die gewünschte Ausrichtung aus, hier etwa **Vertikaler Text** ❷.

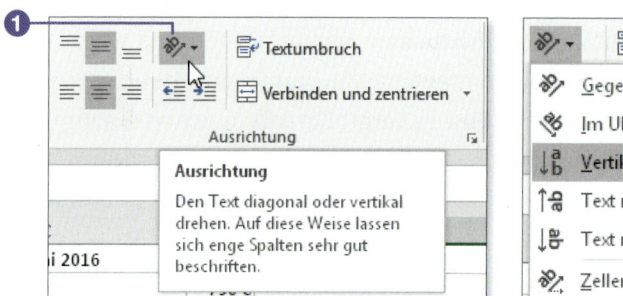
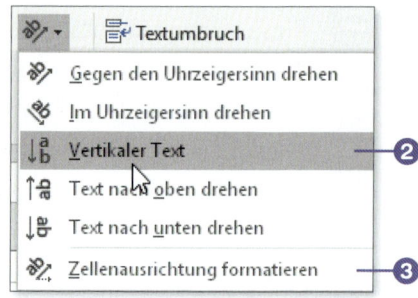

4. Der Text wird in entsprechender Weise ausgerichtet. Jetzt muss nur noch die Zeilenhöhe angepasst werden. Wie das funktioniert, haben Sie ausführlich im Abschnitt »Spaltenbreite und Zeilenhöhe verändern« ab Seite 219 erfahren.

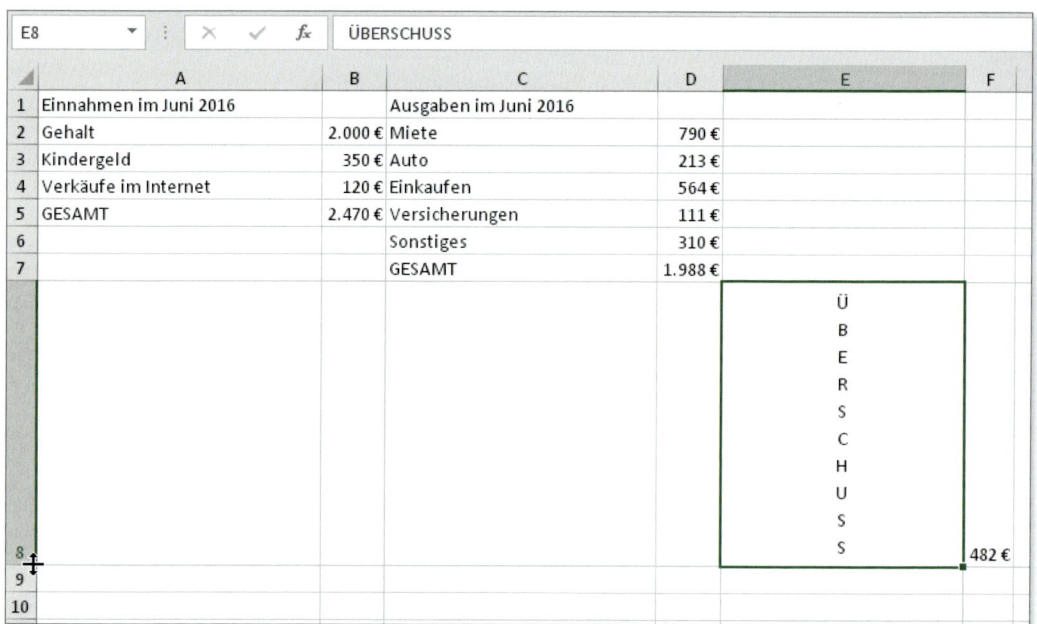

TIPP

Text individuell drehen

Text lässt sich auch nach einer von Ihnen eingestellten Gradzahl drehen. Dazu klicken Sie im Menüband unter **Start** in der Gruppe **Ausrichtung** wiederum auf das Symbol **Ausrichtung** und wählen im sich öffnenden Menü den Eintrag **Zellenausrichtung formatieren** (❸ in der Abbildung auf Seite 250). Im folgenden Fenster nehmen Sie unter **Ausrichtung** die gewünschte Drehung vor – entweder durch Ziehen bei gedrückter Maustaste oder durch Eingabe der Gradzahl ❹. Bestätigen Sie Ihre Einstellung mit **OK**.

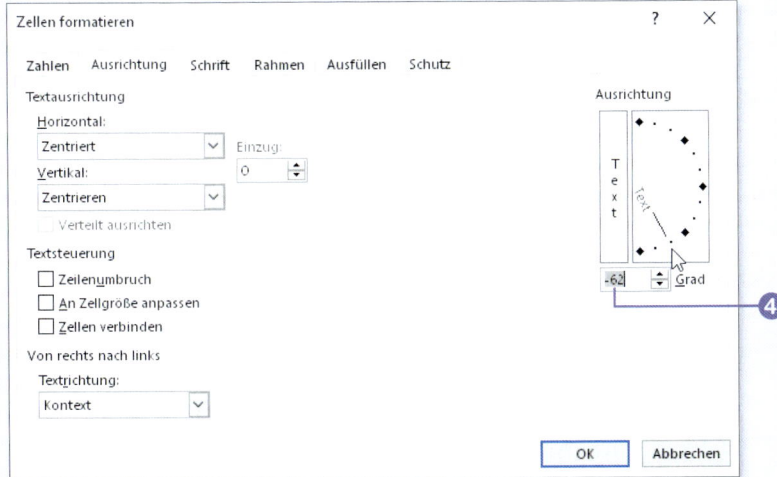

Stellen Sie die Gradzahl ein, nach der ein Text innerhalb einer Zelle gedreht werden soll.

Zellen verbinden

In manchen Fällen werden Sie mehrere Zellen zu einer verbinden wollen. Um beim Beispiel unseres Haushaltsplans zu bleiben: Hier steht in Spalte A eine Überschrift, die sich eigentlich über die Spalten A und B erstrecken sollte. Mit wenigen Handgriffen lassen sich die Zellen A1 und B1 zu einer verbinden:

1. Markieren Sie durch Ziehen bei gedrückter Maustaste die zu verbindenden Zellen.

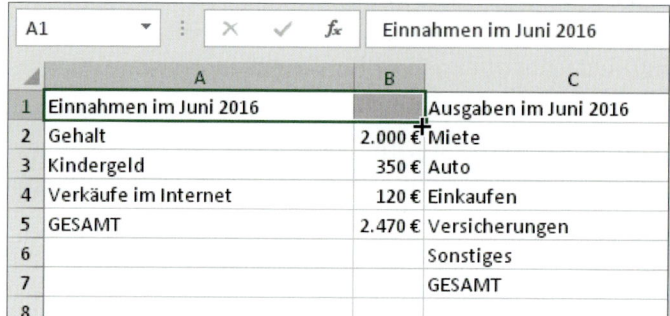

2. Klicken Sie im Menüband unter **Start** in der Gruppe **Ausrichtung** auf den zum Menü **Verbinden und zentrieren** gehörenden Pfeil.

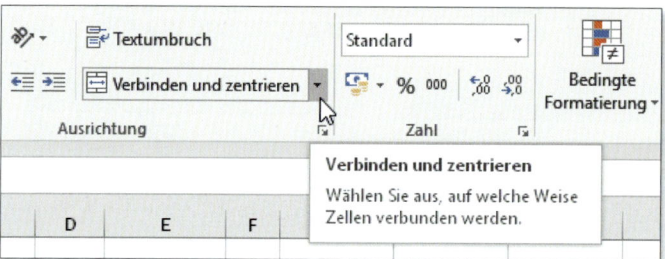

3. Wählen Sie im Menü die gewünschte Option aus, in unserem Beispiel **Zellen verbinden**.

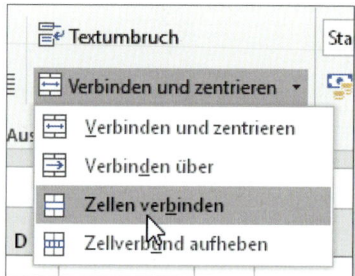

4. Fertig! Aus den Zellen A1 und B1 wurde eine einzige Zelle A1 gemacht.

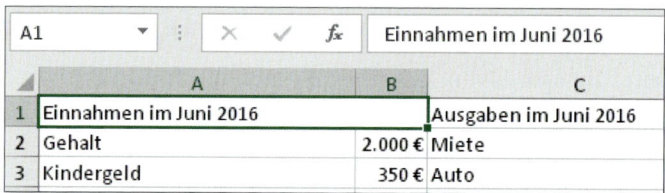

Wenn Sie das Verbinden der Zellen wieder rückgängig machen möchten, markieren Sie die Zellen erneut. Entscheiden Sie sich dann im Menü aus Schritt 3 für den Eintrag **Zellverbund aufheben**.

Rahmen erstellen

Die Zellen werden in Excel standardmäßig durch Gitternetzlinien dargestellt, die aber beispielsweise beim Speichern als PDF-Datei oder in einem Ausdruck nicht sichtbar sind. Sie können aber jederzeit Rahmen um einzelne oder mehrere Zellen ziehen.

Zunächst zeige ich Ihnen, wie einfach Sie die markierten Zellen mit einem Standardrahmen versehen:

1. Markieren Sie im ersten Schritt die Zellen, die Sie mit einem Rahmen versehen möchten.

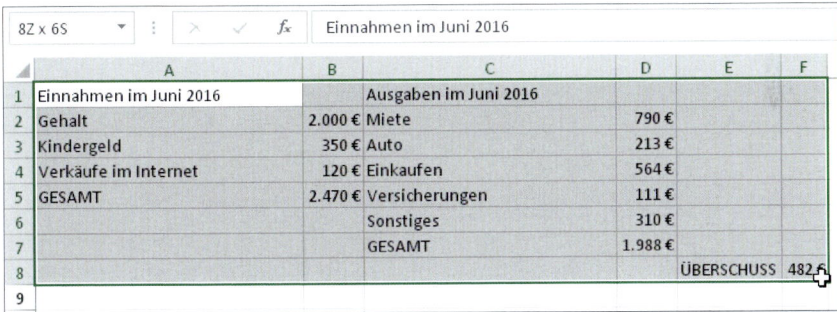

2. Sie finden im Menüband unter **Start** in der Gruppe **Schriftart** ein Symbol zum Hinzufügen von Rahmenlinien. Klicken Sie auf den zu diesem Symbol gehörenden Pfeil (❶ auf Seite 254). (Wenn Sie direkt auf das Symbol klicken, so wird der jeweils angezeigte Rahmen hinzugefügt.)

3. Es öffnet sich ein Menü, in dem Sie – im Abschnitt **Rahmenlinien** – eine Option zum Hinzufügen des Rahmens auswählen. Die Zellen können insgesamt eingerahmt werden, es lassen sich aber auch nur Teile der Zelle mit einem Rahmen versehen. Auch ist es möglich, die Zellen unterschiedlich einzurahmen, etwa durch eine normale Rahmenlinie oben und eine dicke Rahmenlinie unten. Für unser Beispiel entscheide ich mich für die Option **Alle Rahmenlinien** ❷.

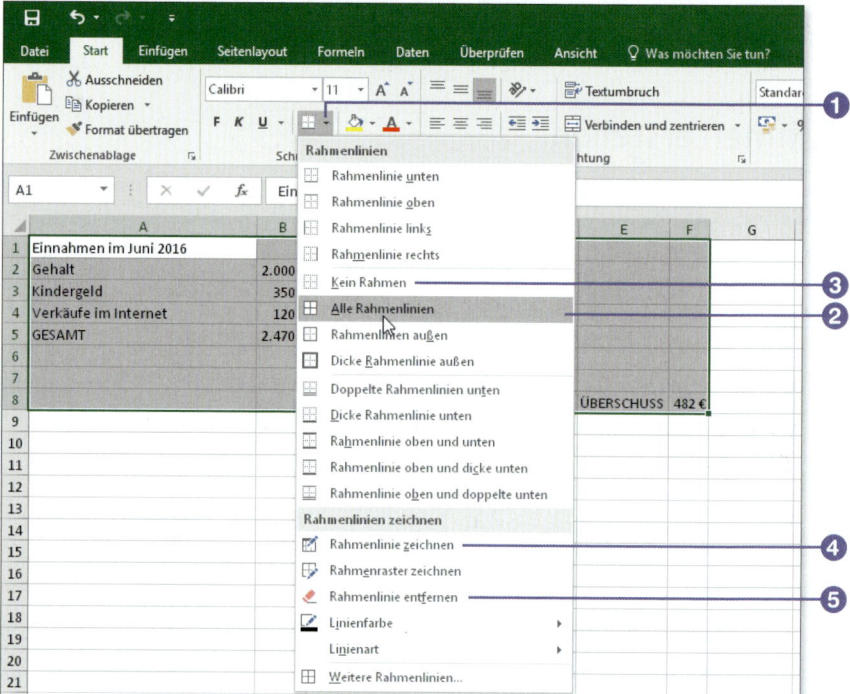

4. Die markierten Zellen werden entsprechend eingerahmt.

Um die Rahmenlinien wieder zu entfernen, markieren Sie die entsprechenden Zellen erneut. Klicken Sie dann wieder auf den zum Rahmenlinien-Symbol gehörenden Pfeil, und wählen Sie im Menü nun den Eintrag **Kein Rahmen** ❸.

> **TIPP**
>
> **Rahmenlinien mit der Maus zeichnen**
>
> Statt Zellen zu markieren und dann eine Rahmenoption zu wählen, können Sie Rahmenlinien auch mit der Maus zeichnen. Dazu entscheiden Sie sich im Menü aus Schritt 3 auf Seite 254 im Abschnitt **Rahmenlinien zeichnen** für den Eintrag **Rahmenlinie zeichnen** ❹. Klicken Sie dann auf einen Zellrand, um dort einen Rahmen zu setzen. Sie können einen Rahmen bei gedrückter Maustaste über mehrere Zellen hinweg zeichnen. Zum Entfernen einzelner Rahmenlinien wählen Sie im Menü den Eintrag **Rahmenlinie entfernen** ❺ und gehen anschließend auf gleiche Weise vor.

Neben dem Standardrahmen lassen sich auch weitere Rahmenarten einsetzen; außerdem lässt sich die Farbe des Rahmens individuell festlegen. Wie das funktioniert, zeigt Ihnen die folgende Anleitung:

1. Klicken Sie auf den zum Rahmenlinien-Symbol gehörenden Pfeil (siehe ❶ in der Abbildung auf Seite 254), und bewegen Sie den Mauszeiger im sich öffnenden Menü auf den im Abschnitt **Rahmenlinien zeichnen** befindlichen Eintrag **Linienfarbe** ❷.

2. Wählen Sie im Ausklappmenü die gewünschte Rahmenfarbe aus. Wie bei der Auswahl von Füllfarbe und Schriftfarbe stehen Ihnen auch für die Rahmenfarbe sowohl **Designfarben**, **Standardfarben** als auch unter **Weitere Farben** beliebige weitere Farben zur Auswahl zur Verfügung.

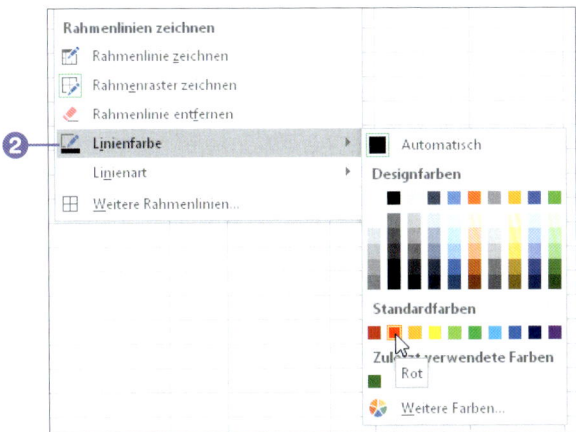

Kapitel 7 – Tabellen formatieren

3. Öffnen Sie das Menü erneut, bewegen Sie den Mauszeiger nun auf den Eintrag **Linienart**, und wählen Sie im Ausklappmenü eine Linienart für den Rahmen aus.

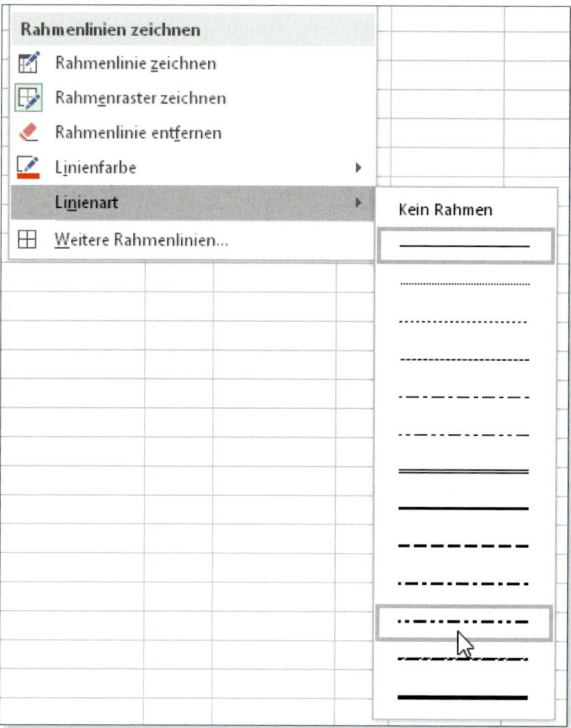

4. Markieren Sie nun einfach mit der Maus die Zellen, die Sie mit einem Rahmen versehen möchten, um den Rahmen hinzuzufügen.

TIPP: Außenrahmen per Tastenkombination erzeugen

Ein Außenrahmen um die von Ihnen markierten Zellen lässt sich auch erzeugen, indem Sie die Tastenkombination [Strg] + [⇧] + [-] drücken. Um den erzeugten Außenrahmen wieder zu entfernen, verwenden Sie die Tastenkombination [Strg] + [Alt] + [⇧] + [-].

Farbverlauf verwenden

Sie haben bereits gelernt, wie einfach sich Zellen in Excel mit einer Füllfarbe einfärben lassen. Die folgende Anleitung zeigt, wie Sie in einer Zelle einen Farbverlauf aus zwei verschiedenen Farben darstellen können:

1. Markieren Sie die Zellen, die Sie mit einem Farbverlauf einfärben möchten.

2. Entscheiden Sie sich im Menüband unter **Start** für den kleinen Pfeil rechts unten in der Gruppe **Schriftart** ❶. (Oder drücken Sie alternativ die Tastenkombination [Strg] + [⇧] + [A].)

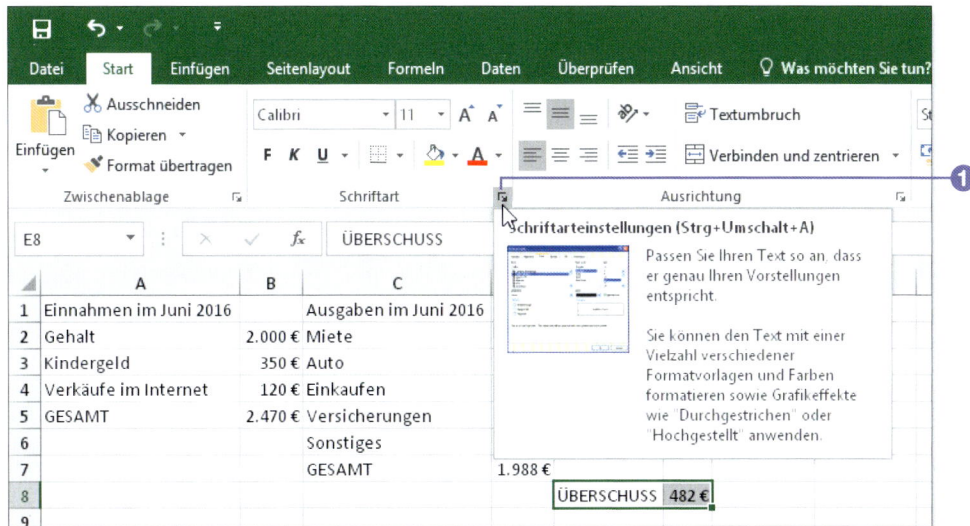

3. Im folgenden Fenster wählen Sie den Reiter **Ausfüllen** ❷.

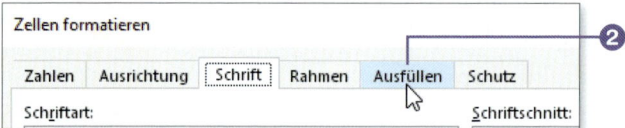

4. Wählen Sie nun die Schaltfläche **Fülleffekte** ❸.

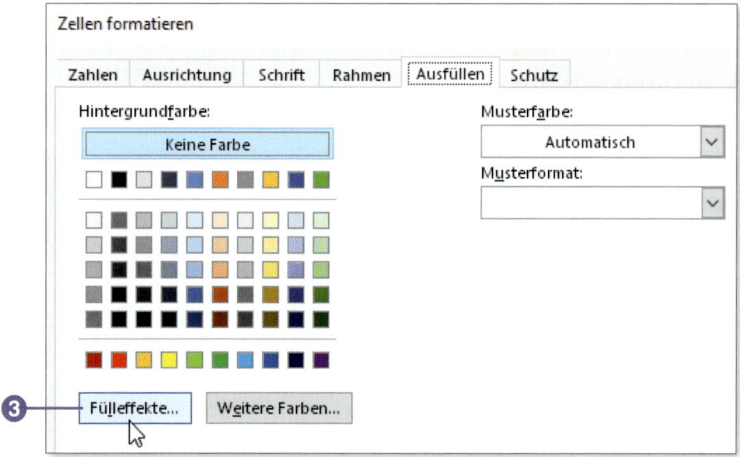

5. Bestimmen Sie jetzt – jeweils per Menü – die beiden Farben ❹, die Sie für den Farbverlauf verwenden möchten, ich wähle hier z. B. als zweite Farbe neben Orange Rot ❺ aus.

6. Im Abschnitt **Schattierungsarten** können Sie noch eine andere Art des Farbverlaufs (❻ auf Seite 259) festlegen, bevor Sie mit **OK** bestätigen.

7. Bestätigen ein weiteres Mal mit **OK**.

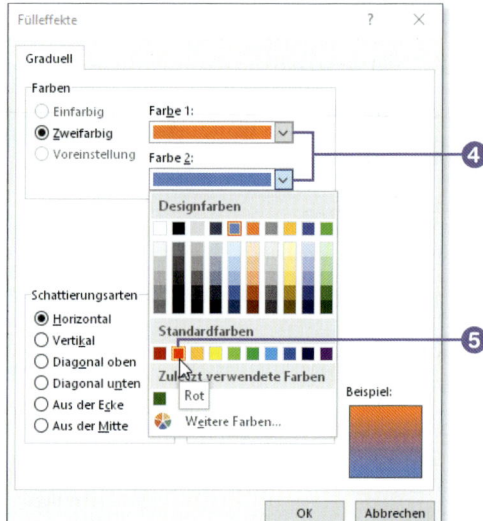

8. Sie stellen fest, dass die in Schritt 1 markierten Zeilen mit dem entsprechenden Farbverlauf ausgefüllt wurden.

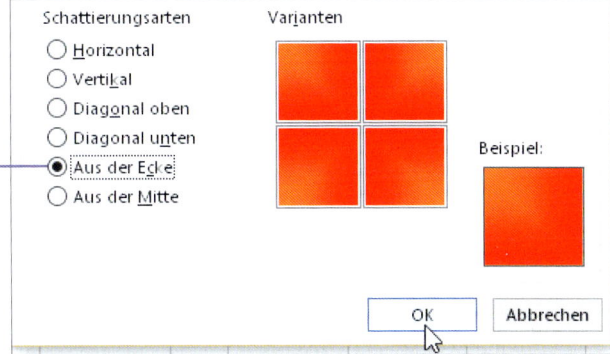

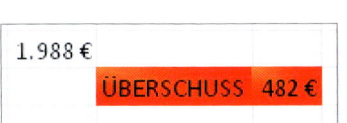

Eigene Formatvorlagen erstellen

Die bereits vorhandenen Zellenformat- und Tabellenformatvorlagen reichen Ihnen nicht aus? Dann erstellen Sie doch einfach passende Formatvorlagen für Ihre eigenen Zwecke.

Zunächst zu den Zellenformatvorlagen. Diese können alle Formatierungen beinhalten, die sich im bereits mehrfach verwendeten Dialogfenster **Zellen formatieren** bearbeiten lassen. Als da wären:

- Zahlenformat
- Ausrichtung
- Schriftart
- Rahmen
- Füllbereich
- Zellschutz (siehe dazu den Abschnitt »Schutz« ab Seite 409)

So gehen Sie vor, um eine eigene Zellenformatvorlage zu erstellen:

1. Markieren Sie in Excel eine Zelle, die Sie formatieren möchten.

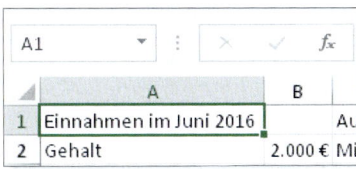

2. Wählen Sie zunächst die gewünschten Formatierungsoptionen (zur Schrift und Farbe) aus, die Ihnen im Menüband unter **Start** angeboten werden.

3. Klicken Sie im Menüband unter **Start** in der Gruppe **Schriftart** auf den kleinen Pfeil rechts unten in der Gruppe ❶.

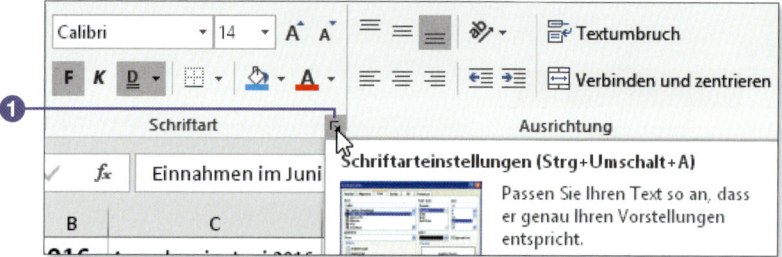

4. Im Dialogfenster **Zellen formatieren** nehmen Sie die weiteren gewünschten Formatierungen vor. Hier wird beispielsweise unter dem Reiter **Rahmen** ❷ eine Rahmenlinie hinzugefügt. Bestätigen Sie mit **OK**.

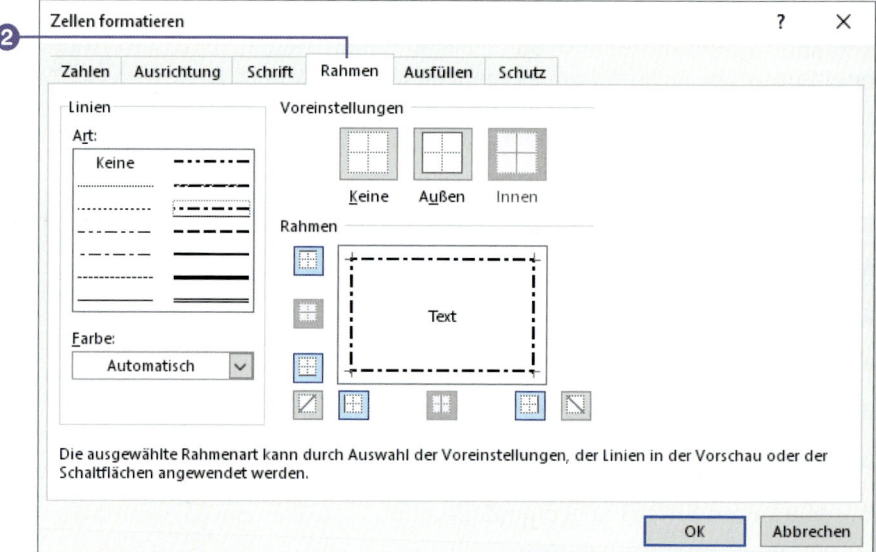

Eigene Formatvorlagen erstellen

5. Nachdem Sie die Zelle fertig formatiert haben, klicken Sie im Menüband unter **Start** auf den zum Kasten mit den Zellenformatvorlagen gehörenden Pfeil ❸.

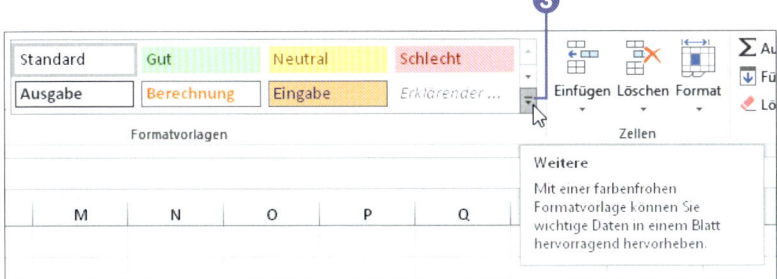

6. Sie bekommen die verfügbaren Zellenformatvorlagen angeboten. Klicken Sie unterhalb der Zellenformatvorlagen auf den Eintrag **Neue Zellenformatvorlage** ❹.

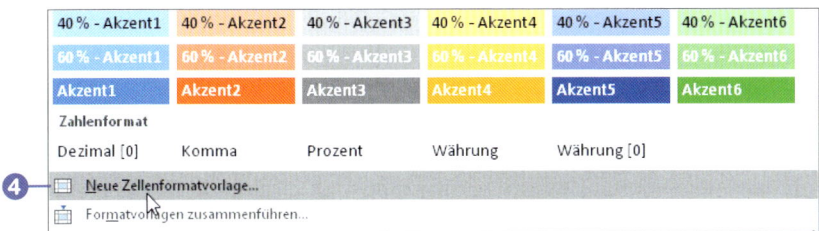

7. Geben Sie der Zellenformatvorlage eine sinnvolle Bezeichnung ❺, und wählen Sie per Kontrollkästchen ❻ aus, welche Formatierungen übernommen werden sollen bzw. welche nicht. Bestätigen Sie das Erstellen der Zellenformatvorlage mit **OK**.

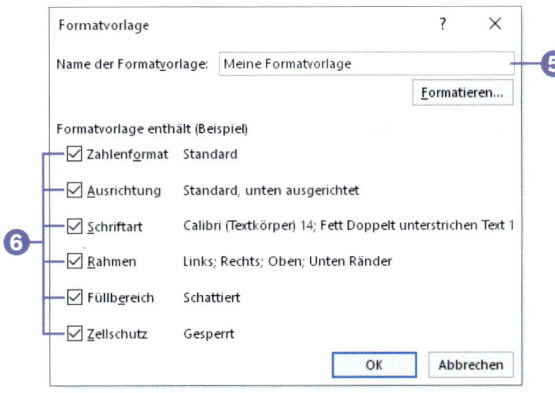

8. Die Zellenformatvorlage lässt sich ab sofort im Kasten mit den Zellenformatvorlagen – und dort im Abschnitt **Benutzerdefiniert** – aufrufen und auf die ausgewählten Zellen anwenden.

Kapitel 7 – Tabellen formatieren

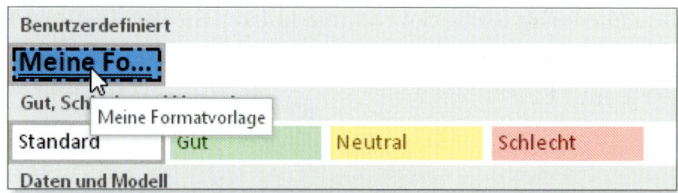

Auch Tabellenformatvorlagen lassen sich individuell anlegen. Folgen Sie dazu einfach der Anleitung:

1. Entscheiden Sie sich im Menüband unter **Start** in der Gruppe **Formatvorlagen** für die Schaltfläche **Als Tabelle formatieren**.

2. Wählen Sie unterhalb der angebotenen Tabellenformatvorlagen den Eintrag **Neue Tabellenformatvorlage**.

3. Im folgenden Fenster geben Sie der neuen Tabellenformatvorlage zunächst eine sinnvolle Bezeichnung.

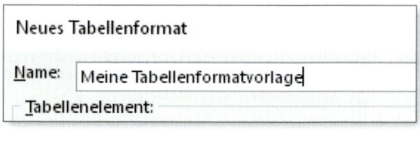

4. Markieren Sie ein Tabellenelement, das Sie für die Tabellenformatvorlage formatieren möchten ❶, und klicken Sie auf die Schaltfläche **Formatieren** ❷.

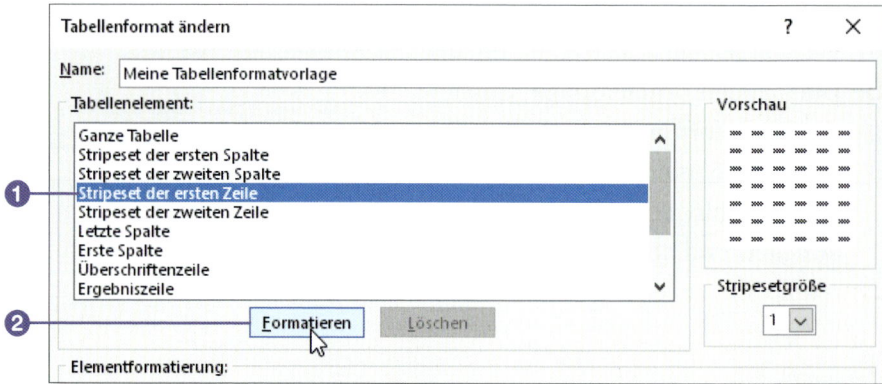

Eigene Formatvorlagen erstellen

5. Nehmen Sie die gewünschte Formatierung vor, hier wird beispielsweise eine Zeile mit einer Hintergrundfarbe ❸ und einem Muster ❹ versehen. Bestätigen Sie Ihre Einstellungen mit **OK**.

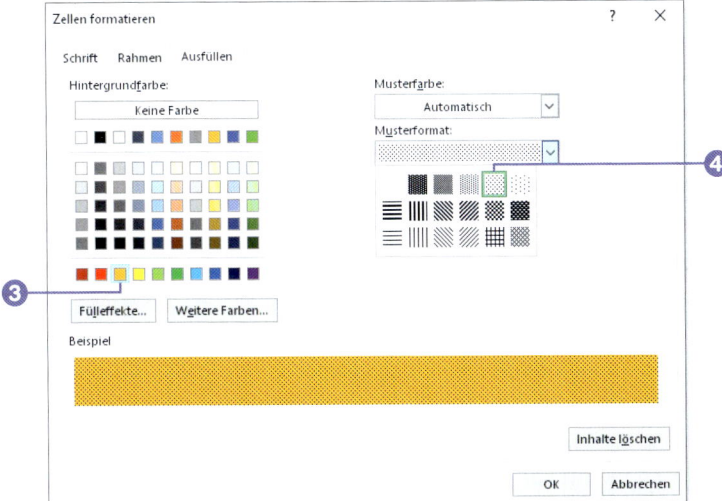

6. Nehmen Sie Formatierungen für weitere Tabellenelemente vor, und bestätigen Sie zum Schluss mit **OK**. Per Kontrollkästchen können Sie zuvor noch festlegen, dass die Tabellenformatvorlage als Standard ❺ verwendet werden soll.

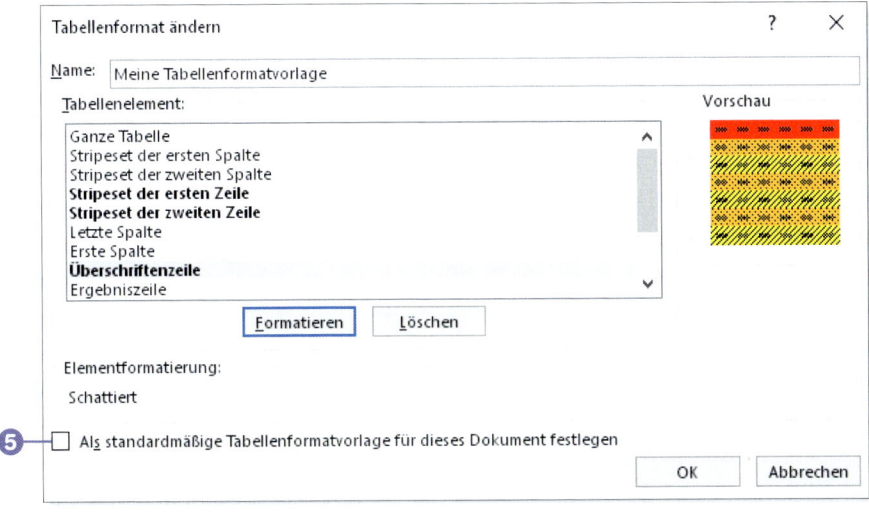

7. Die Tabellenformatvorlage lässt sich ab sofort – im Abschnitt **Benutzerdefiniert** – unter der Schaltfläche **Als Tabelle formatieren** aufrufen.

> **INFO**
>
> **Was ist ein Stripeset?**
>
> Beim Erstellen einer Tabellenformatvorlage stoßen Sie auf den Begriff *Stripeset*. Damit ist einfach die unterschiedliche Darstellung der Zeilen oder Spalten in einer Tabelle gemeint – die erste Zeile kann orange sein, die zweite gelb usw.

Bedingte Formatierungen

Als besonders praktisch erweisen sich in vielen Fällen die *bedingten Formatierungen*, bei denen Zellformatierungen nach bestimmten Regeln automatisch durchgeführt werden.

Als Beispiel für bedingte Formatierungen soll erneut unser Haushaltsplan dienen. Diesmal sollen alle Zellen, die Ausgaben über 500 € beinhalten, rot eingefärbt werden. So gehen Sie dazu Schritt für Schritt vor:

1. Markieren Sie mit der Maus die Zellen, denen Sie eine bedingte Formatierung zuweisen möchten, in diesem Fall also die Zellen mit den Ausgabenwerten.

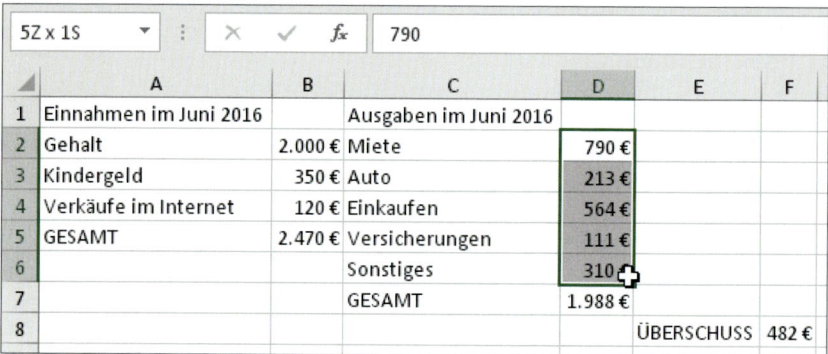

Bedingte Formatierungen

2. Entscheiden Sie sich im Menüband unter **Start** in der Gruppe **Formatvorlagen** für die Schaltfläche **Bedingte Formatierung** ❶.

3. Im sich öffnenden Menü bewegen Sie den Mauszeiger auf den Eintrag **Regeln zum Hervorheben von Zellen** ❷. Wählen Sie im Ausklappmenü die Option **Größer als**. Ziel ist es ja, Zellen mit Werten größer als 500 von Excel automatisch rot einfärben zu lassen.

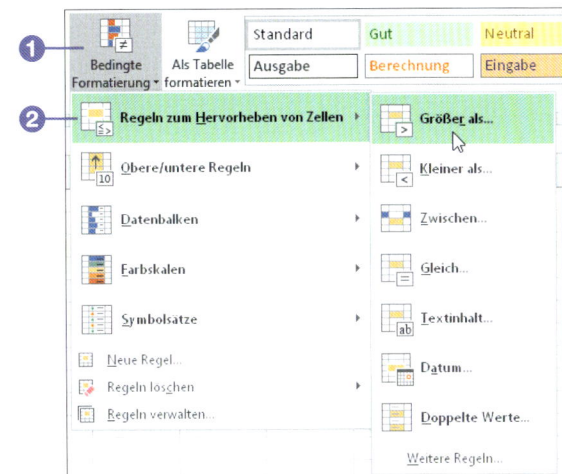

4. Es öffnet sich ein kleines Fenster. Geben Sie in das Feld links den Wert 500 ein. Im Menü rechts bestimmen Sie per Klick auf den Pfeil ❸ die gewünschte Formatierung bei Zutreffen der Regel.

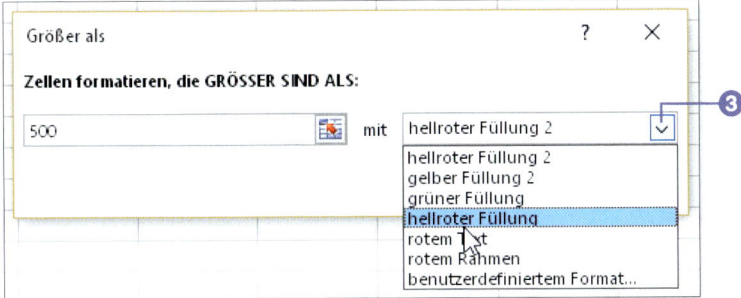

5. Bestätigen Sie Ihre Einstellungen mit **OK**.

6. Sie stellen fest, dass die Regel auf die markierten Zellen angewandt wird: Alle Zellen, die Ausgaben über 500 € enthalten, werden unserem Beispiel entsprechend hellrot eingefärbt.

Sie finden im Menü aus Schritt 3 auf Seite 265 noch eine Reihe weiterer Optionen zur bedingten Formatierung der markierten Zellen. So lassen sich etwa die Werte in den Zellen durch Datenbalken visualisieren. Dazu bewegen Sie den Mauszeiger im Menü auf **Datenbalken**. Klicken Sie dann im Aufklappmenü eine Farbe für die Datenbalken an.

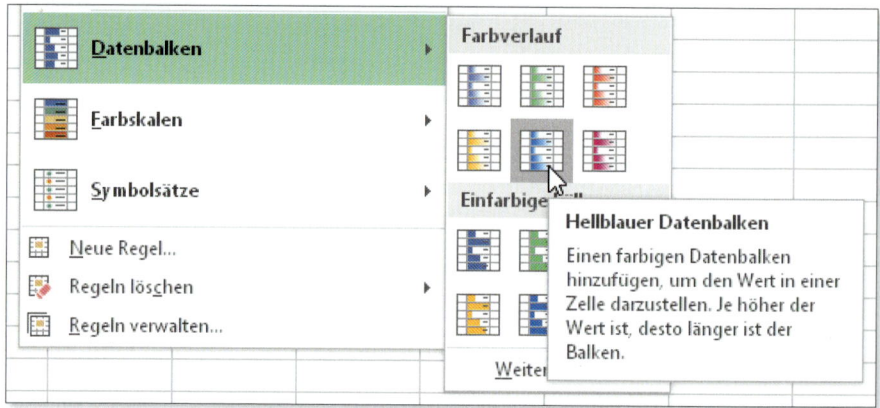

Hier werden hellblaue Datenbalken für die bedingte Formatierung ausgewählt.

Die Datenbalken werden innerhalb der Zellen eingefügt, wobei beim höchsten Wert die Zelle ganz ausgefüllt und bei den weiteren Zellen der Datenbalken in Relation zum höchsten Wert gesetzt wird.

Probieren Sie die weiteren angebotenen Regeln ruhig einmal auf eigene Faust aus. So können Sie beispielsweise auch doppelte Werte markieren, die oberen 10 % der Werte hervorheben oder Farbskalen und Symbole einfügen.

Die Datenbalken werden in die markierten Zellen eingefügt.

Falls Ihnen die verfügbaren Regeln nicht ausreichen sollten, lassen sich mit wenigen Handgriffen auch neue Regeln erstellen. Wie das funktioniert, zeigt Ihnen die folgende Anleitung:

1. Markieren Sie zunächst die Zellen, auf die Sie Ihre neue Regel anwenden möchten.

Bedingte Formatierungen

2. Entscheiden Sie sich im Menüband unter **Start** unter der Schaltfläche **Bedingte Formatierung** für den Menüeintrag **Neue Regel**.

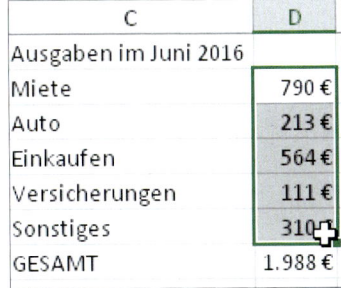
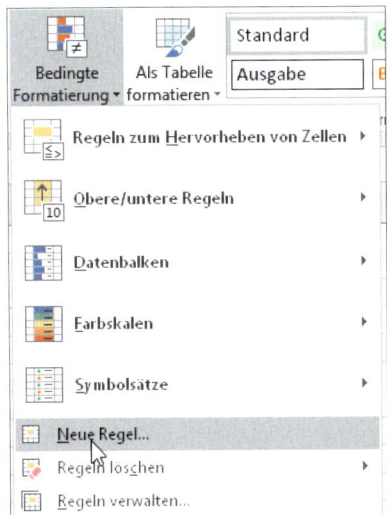

3. Wählen Sie im folgenden Fenster zunächst einen Regeltyp aus, hier z. B. **Nur Zellen formatieren, die enthalten**.

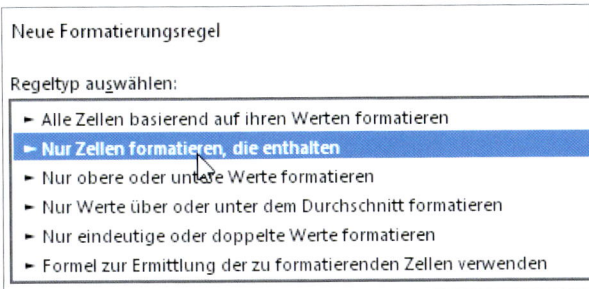

4. Es folgt die Regelbeschreibung. In diesem Fall sollen diejenigen Zellen markiert werden, die Werte zwischen 100 und 400 enthalten.

5. Nun legen Sie noch fest, wie die Zellen, auf welche die Regel zutrifft, formatiert werden sollen. Dazu klicken Sie auf die Schaltfläche **Formatieren**.

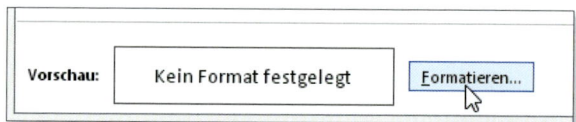

6. Bestimmen Sie im bereits bekannten Dialogfenster **Zellen formatieren** die gewünschte Formatierung (z. B. indem Sie für die Zellen eine hellblaue Füllfarbe festlegen), und bestätigen Sie mit **OK**.

7. Bestätigen Sie schließlich auch noch das Erstellen der neuen Regel selbst mit **OK**.

8. Die bedingte Formatierung wird sogleich auf die von Ihnen markierten Zellen angewandt.

C	D
Ausgaben im Juni 2016	
Miete	790 €
Auto	213 €
Einkaufen	564 €
Versicherungen	111 €
Sonstiges	310 €
GESAMT	1.988 €

> **INFO**
>
> **Bedingte Formatierungen entfernen**
>
> Um bedingte Formatierungen wieder aus den markierten Zellen zu entfernen, bewegen Sie den Mauszeiger unter der Schaltfläche **Bedingte Formatierung** auf den Eintrag **Regeln löschen** und wählen dann **Regeln in ausgewählten Zellen löschen**. Bei mehreren angewandten Regeln lassen sich diese unter **Regeln verwalten** einzeln löschen.

Kapitel 8
Diagramme und Co. einfügen

Excel erlaubt es Ihnen nicht nur, mit unglaublichen Datenmengen zu hantieren. Diese lassen sich außerdem in den unterschiedlichsten Diagrammen veranschaulichen. Wie Sie in Excel Diagramme erstellen und perfekt anpassen, erklärt Ihnen ausführlich dieses Kapitel. Erfahren Sie darüber hinaus, wie Sie Formen, SmartArts, Formeln, Bilder oder Dateien aus anderen Programmen in eine Excel-Datei einbinden.

Sparklines – Minidiagramme erzeugen

Die einfachste Form der Diagramme sind die sogenannten *Sparklines*. Dabei handelt es sich um Minidiagramme, die in eine einzelne Zelle eingefügt werden. Sparklines können entweder Liniendiagramme sein, aber auch Säulendiagramme oder eine Gewinn-Verlust-Darstellung.

Zunächst erstellen wir ein Liniendiagramm. Es dient dazu, die Werte der zugrunde liegenden Zellen in Form einer Linie nachzuzeichnen:

1. Hier wurde eine einfache Tabelle erstellt, welche die Gewinne eines Onlineshops für die Jahre 2006 bis 2015 darstellt. In zwei Jahren, nämlich 2009 und 2012, hat der Onlineshop Verlust gemacht. Erstellen Sie in Excel die gleiche Tabelle, und markieren Sie bei gedrückter Maustaste die Eurobeträge.

2. Entscheiden Sie sich nun im Menüband für den Reiter **Einfügen**.

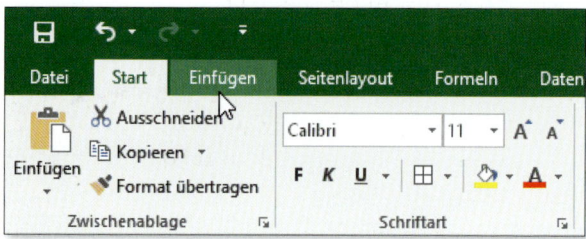

3. Klicken Sie in der Gruppe **Sparklines** auf die Schaltfläche **Linie**.

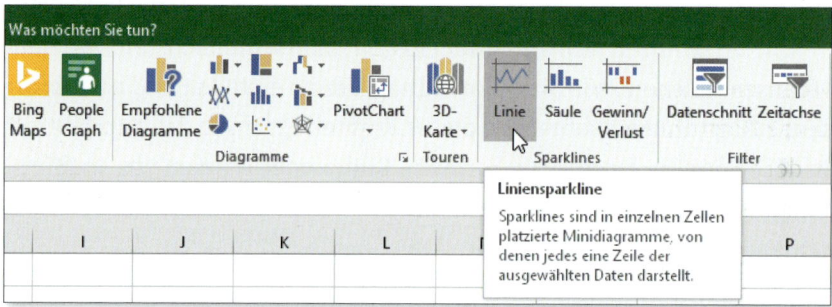

4. Klicken Sie die Zelle an, in der die Sparkline erstellt werden soll ❶, und bestätigen Sie im gleichzeitig geöffneten Fenster **Sparklines erstellen** mit **OK**. (Sie können die Position für die Sparkline ❷ genauso wie den **Datenbereich** ❸ auch manuell eintragen.)

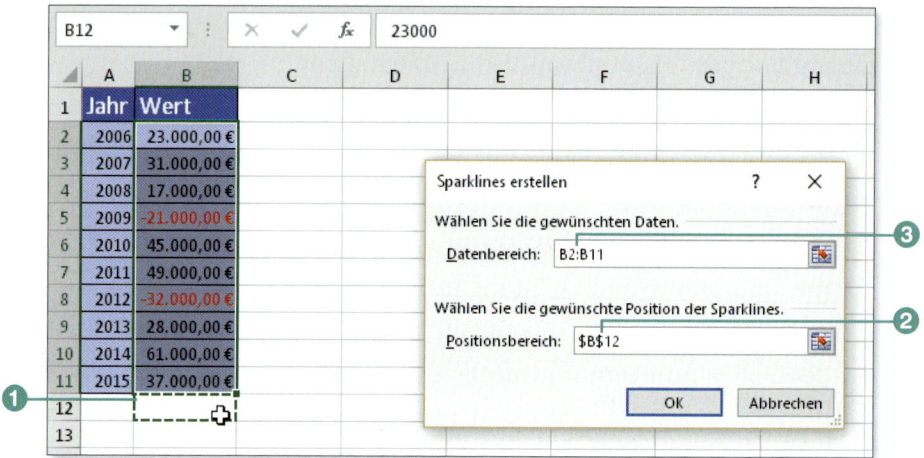

Sparklines – Minidiagramme erzeugen

5. Die Sparkline wird in die Zelle eingefügt ❹. Wenn Sie die Werte in den zugrunde liegenden Zellen ändern, wird die Sparkline automatisch entsprechend angepasst.

Wenn Sie eine Zelle auswählen, die eine Sparkline enthält, so werden im Menüband automatisch die **Sparklinetools** angezeigt. Diese bieten verschiedene Optionen zur Formatierung der Sparkline.

Möchten Sie die Farbe der Sparkline ändern? Dazu klicken Sie in den **Sparklinetools** in der Gruppe **Formatvorlage** auf die Schaltfläche **Sparklinefarbe** ❺ und wählen im sich öffnenden Menü die gewünschte Farbe aus. Auch die Strichstärke für die Liniensparkline ❻ lässt sich in diesem Menü festlegen.

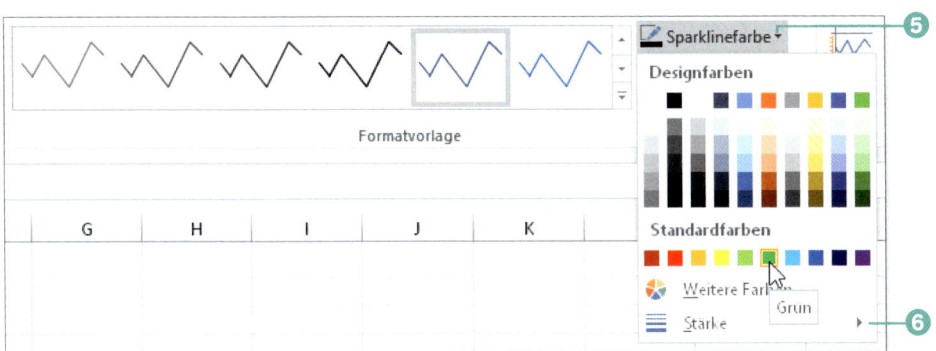

Legen Sie Farbe und Linienstärke für die Sparkline individuell fest.

Auf der Liniensparkline lassen sich diverse Datenpunkte einblenden. Dies erfolgt per Kontrollkästchen in der Gruppe **Anzeigen**. So lässt sich etwa der **Höchstpunkt** (❼ auf Seite 272) im Minidiagramm kenntlich machen, oder Sie blenden per Mausklick sämtliche **Markierungen** ❽ ein.

Kapitel 8 – Diagramme und Co. einfügen

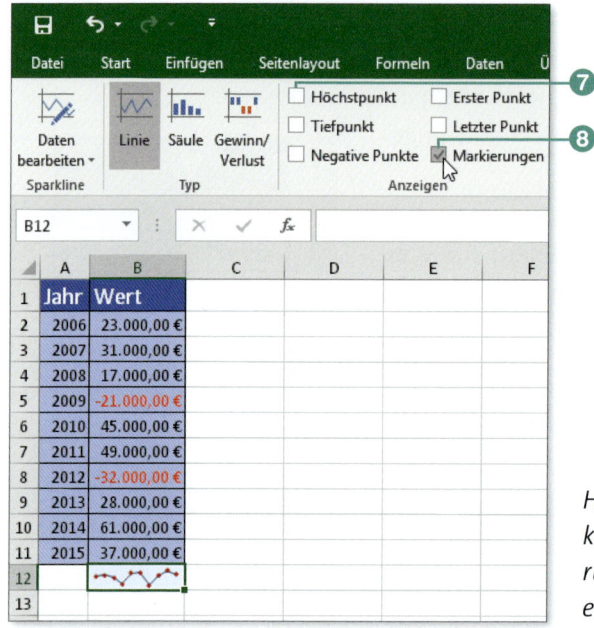

Hier werden per Kontrollkästchen alle Markierungen in der Sparkline eingeblendet.

Auch die eingeblendeten Datenpunkte lassen sich formatieren. Dazu klicken Sie in den **Sparklinetools** in der Gruppe **Formatvorlage** auf die Schaltfläche **Datenpunktfarbe** ❾ und wählen Farben für die einzelnen Datenpunkte aus.

Für die Sparklines stehen zudem verschiedene Formatvorlagen zur Verfügung, die sowohl die **Sparklinefarbe** ❿ als auch die Datenpunktfarbe betreffen. Wählen Sie eine Formatvorlage im Kasten in der Gruppe **Formatvorlage** aus.

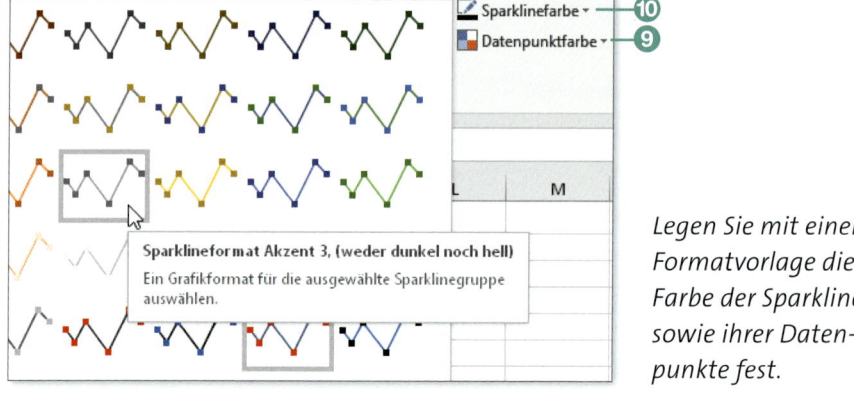

Legen Sie mit einer Formatvorlage die Farbe der Sparkline sowie ihrer Datenpunkte fest.

Sparklines – Minidiagramme erzeugen

Um negative Werte besser kenntlich zu machen, bietet sich das Einblenden einer horizontalen Achse an. Um das zu bewerkstelligen, klicken Sie in den **Sparklinetools** in der Gruppe **Gruppieren** auf die Schaltfläche **Achse** ⓫ und wählen im sich öffnenden Menü den Eintrag **Achse anzeigen**.

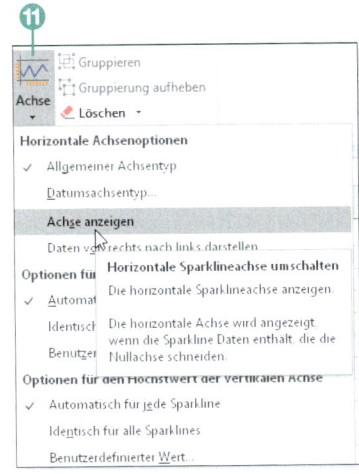

Das Erstellen von Säulensparklines sowie von Gewinn/Verlust-Sparklines erfolgt auf die gleiche Weise. In den **Sparklinetools** ⓬ können Sie sogar per Mausklick zwischen den einzelnen Diagrammtypen umschalten.

Blenden Sie per Mausklick eine horizontale Achse ein – und wieder aus.

- Wählen Sie als Sparklinetyp die Schaltfläche **Säule** ⓭, so werden die zugrunde liegenden Werte als Säulen in relativer Höhe zueinander dargestellt ⓮.

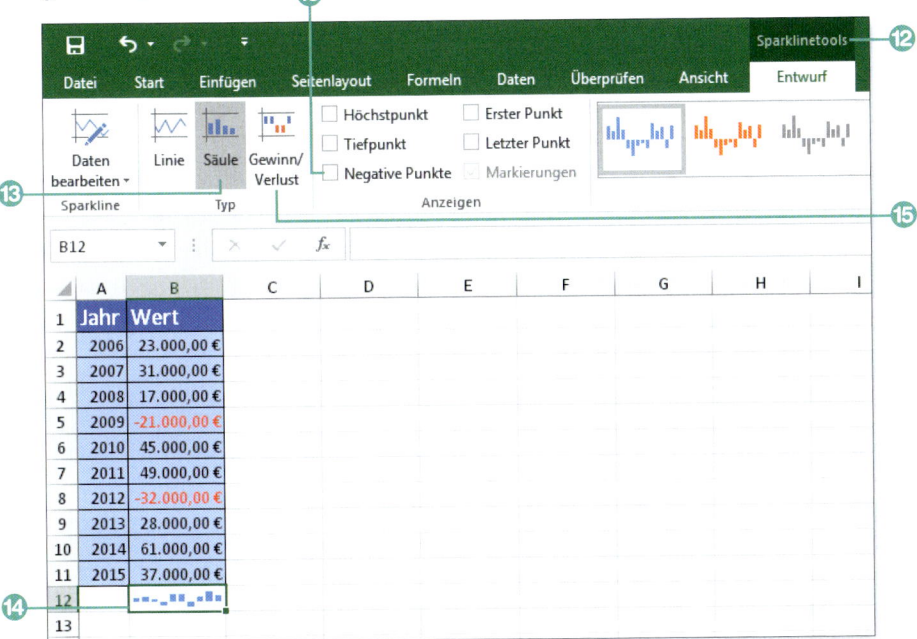

- Um positive und negative Werte zu unterscheiden, klicken Sie auf die Schaltfläche **Gewinn/Verlust** (⑮ auf Seite 273). Zur besseren Unterscheidung empfiehlt es sich, zusätzlich die Option **Negative Punkte** ⑯ zu aktivieren.

Ein Standarddiagramm per Tastendruck erstellen

Excel bietet Ihnen ganz verschiedene Diagrammtypen für die unterschiedlichsten Zwecke an. Am schnellsten lässt sich ein Standarddiagramm erstellen – hierzu ist lediglich ein Tastendruck erforderlich.

Markieren Sie zunächst wieder mit der Maus die Zellen, die als Grundlage für das Diagramm dienen sollen. Zum Erstellen eines simplen Diagramms markiere ich die Werte in Spalte B sowie die Spaltenüberschrift.

Nun drücken Sie auf der Tastatur einfach die Taste F11. Ja, so einfach ist das! Es wird daraufhin ein Diagrammblatt ❶ in die Arbeitsmappe eingefügt. Mithilfe der Registerleiste unten in Excel können Sie jederzeit zum Tabellenblatt ❷ zurückwechseln.

Markieren Sie mit der Maus die Zellen, deren Inhalte in das Diagramm übernommen werden sollen.

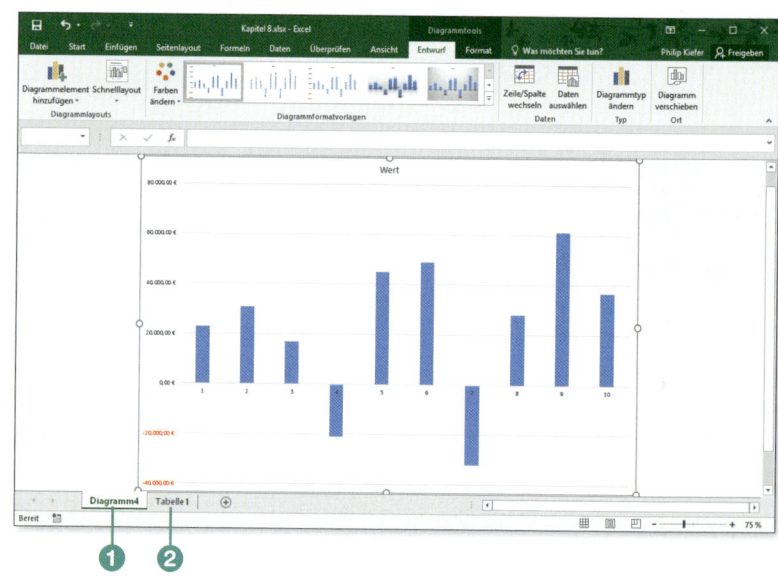

Das Standarddiagramm wurde in ein eigenes Diagrammblatt eingefügt.

Statt in ein eigenes Diagrammblatt lässt sich das Diagramm aber auch in das Tabellenblatt einfügen. Hierzu wählen Sie im Menüband unter **Einfügen** in der Gruppe **Diagramme** einen Diagrammtyp aus.

> **TIPP**
>
> **Eingefügtes Diagramm auf Diagrammblatt verschieben**
>
> Wenn Sie ein Diagramm in das Tabellenblatt eingefügt haben, können Sie es von dort auf ein Diagrammblatt verschieben – und umgekehrt. Klicken Sie dazu das Diagramm an, und entscheiden Sie sich in den im Menüband eingeblendeten **Diagrammtools** für die Schaltfläche **Diagramm verschieben**. Wählen Sie die gewünschte Verschiebeoption aus, und bestätigen Sie mit **OK**.
>
>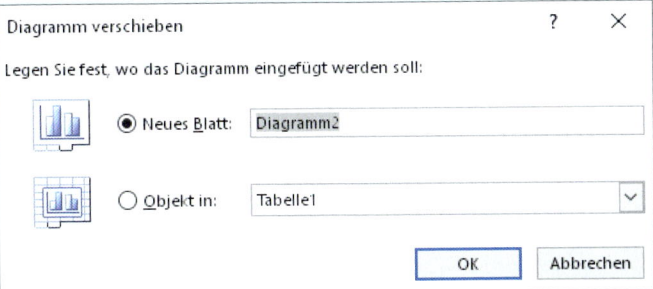
>
> *Ein Diagramm lässt sich von einem Tabellenblatt auf ein Diagrammblatt verschieben, aber auch von einem Diagrammblatt auf ein Tabellenblatt.*

Das richtige Diagramm wählen

Für die Auswahl des richtigen Diagrammtyps bietet sich die Übersicht an, die Sie im Fenster **Diagramm einfügen** bzw. im Fenster **Diagrammtyp ändern** erhalten. Um dieses Fenster bei einem bereits eingefügten Diagramm zu öffnen, klicken Sie das Diagramm an und wählen dann in den im Menüband eingeblendeten **Diagrammtools** die Schaltfläche **Diagrammtyp ändern**. Falls Sie noch kein Diagramm erstellt haben, klicken Sie im Menüband unter **Einfügen** in der Gruppe **Diagramme** rechts unten auf den kleinen Pfeil.

Kapitel 8 – Diagramme und Co. einfügen

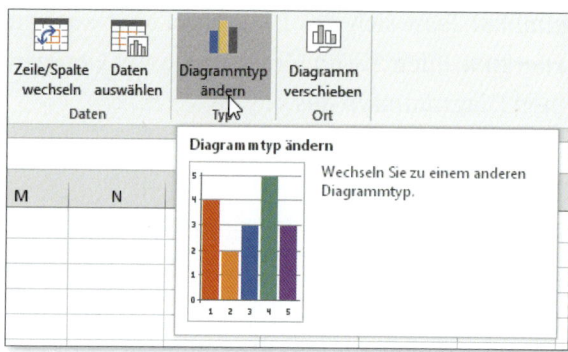

In diesem Fall soll der Typ eines bereits eingefügten Diagramms geändert werden.

Im Fenster **Diagrammtyp ändern** finden Sie – unter dem Reiter **Alle Diagramme** – links die verschiedenen Diagrammkategorien. Rechts werden Ihnen die zu einer Kategorie gehörenden Diagramme zur Auswahl angeboten. Klicken Sie ein Diagramm an, und bestätigen Sie mit **OK**, um es zu übernehmen.

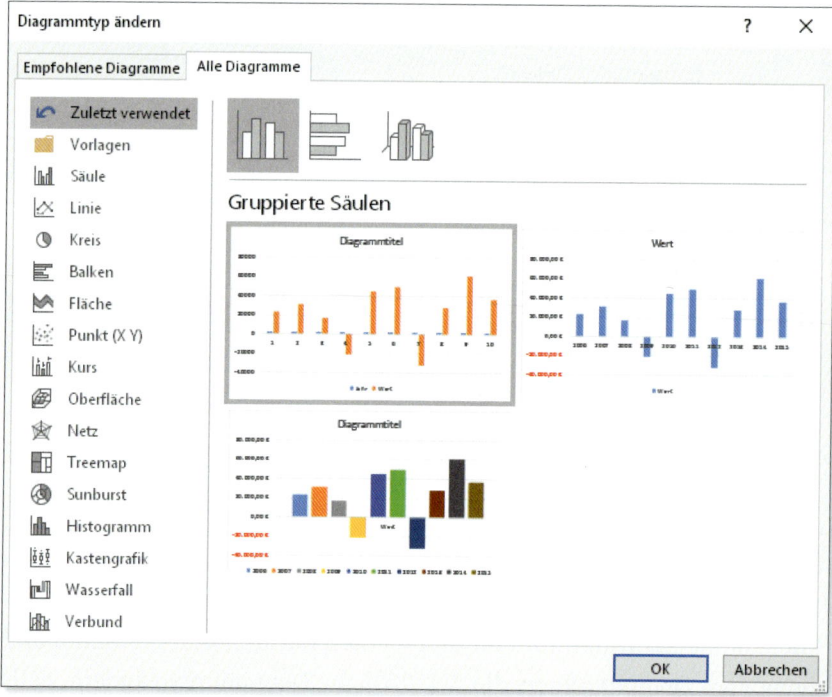

Die unterschiedlichen Diagrammtypen sind übersichtlich in Kategorien sortiert.

Das richtige Diagramm wählen

Bevor ich Ihnen gleich zeige, wie Sie Diagramme bearbeiten und anpassen, werde ich Ihnen zunächst einen Überblick über die einzelnen Diagrammkategorien geben. Für die meisten Diagrammkategorien stehen mehrere Diagrammtypen zur Verfügung.

- Die Diagrammkategorie **Säule** kennen Sie bereits vom Einfügen des Standarddiagramms her. Gut zu wissen: Statt der standardmäßigen zweidimensionalen Säulen lassen sich auch 3D-Säulen auswählen.
- In der Diagrammkategorie **Linie** finden Sie sowohl einfache Liniendiagramme als auch Liniendiagramme mit Datenpunkten sowie ein 3D-Liniendiagramm.
- Die Diagrammkategorie **Kreis** beinhaltet verschiedene Kreisdiagramme. Die Kreise eignen sich besonders gut, um Anteile mehrerer Elemente am Gesamtwert (dem Kreis) darzustellen, also etwa einzelne Ausgabenposten in Relation zu den Gesamtausgaben zu setzen. Sie sehen dadurch auf einen Blick, welcher Posten den größten Anteil am redensartlichen Kuchen hat.

Mit einem Kreisdiagramm lassen sich prima die einzelnen Stücke des ganzen Kuchens darstellen.

- Die Diagrammkategorie **Balken** ähnelt der Diagrammkategorie **Säule**, wobei die Säulen vertikal, die Balken hingegen horizontal dargestellt werden. Auch bei den Balken gibt es sowohl 2D- als auch 3D-Varianten.

Kapitel 8 – Diagramme und Co. einfügen

- Die Diagrammkategorie **Fläche** kann vom Prinzip her mit der Diagrammkategorie **Linie** verglichen werden, nur dass statt Linien ausgefüllte Flächen dargestellt werden – ebenfalls entweder in 2D oder in 3D.

- Bei der Diagrammkategorie **Punkt (X Y)** geht es um Diagramme zur Darstellung von Datenpunkten – diese Darstellung kann ohne, aber auch mit Verbindungslinien erfolgen. Auch Blasendiagramme, die ich Ihnen später noch näher vorstellen möchte, fallen in diese Kategorie.

- Bei der Diagrammkategorie **Kurs** dreht es sich speziell um die Darstellung von Wertpapierkursen. Die Daten müssen dafür auf eine Weise eingegeben werden, die beim jeweiligen Diagramm der Kategorie angezeigt wird.

- Die Diagrammkategorie **Oberfläche** stellt die zugrunde liegenden Daten in Form unterschiedlicher Flächen dar, wobei auch hier 2D- sowie 3D-Varianten zur Verfügung stehen.

- In der Diagrammkategorie **Netz** werden unterschiedliche Netzdiagramme zur Auswahl angeboten. Das Erstellen eines Netzdiagramms wird Ihnen später in diesem Kapitel ausführlicher vorgestellt.

- Die Diagrammkategorie **Treemap** enthält lediglich einen einzigen Diagrammtyp – eine *Treemap* oder zu Deutsch: eine Baumkarte. Die Treemap dient dazu, innerhalb eines Diagramms hierarchische Strukturen aufzuzeigen.

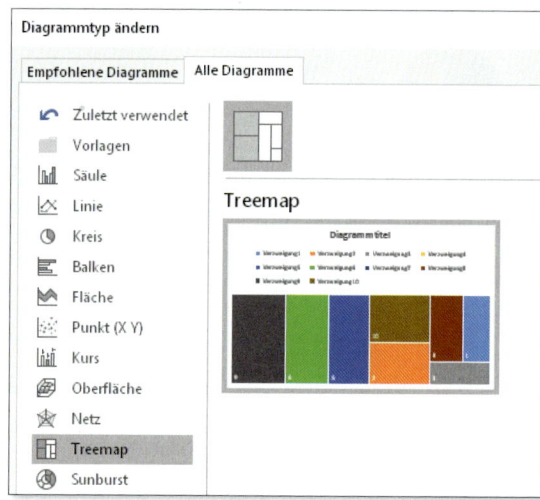

Eine Treemap zeigt hierarchische Strukturen auf.

Das richtige Diagramm wählen

- Die Diagrammkategorie **Sunburst** enthält ebenfalls lediglich einen gleichlautenden Diagrammtyp. Auch das Sunburst-Diagramm dient der Anzeige von Hierarchien, wobei der innerste Kreis die oberste Hierarchieebene repräsentiert und die äußeren Kreise weitere Hierarchieebenen.

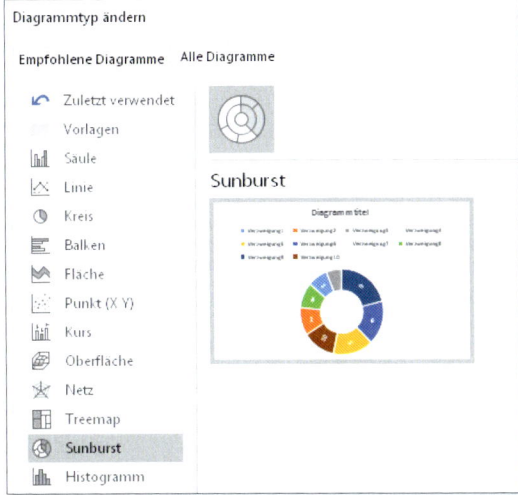

Auch das Sunburst-Diagramm wurde für die Darstellung hierarchischer Strukturen entwickelt.

- In der Diagrammkategorie **Histogramm** finden Sie zwei Diagrammtypen, die jeweils über die Häufigkeit bestimmter Datenmengen Auskunft geben.

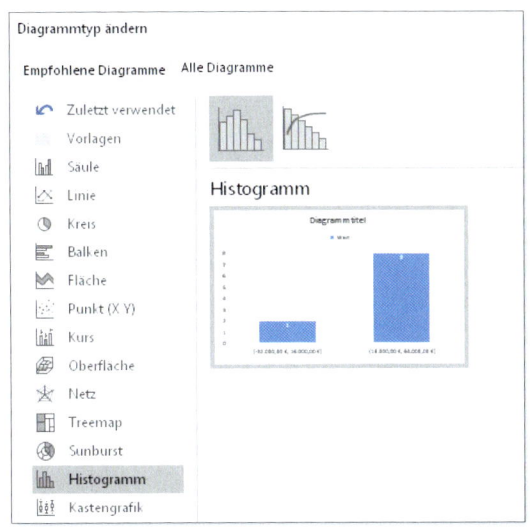

Wie häufig kommen bestimmte Datenmengen vor? Das Histogramm zeigt es Ihnen an.

Kapitel 8 – Diagramme und Co. einfügen

- Der Diagrammtyp, den Sie in der Diagrammkategorie **Kastengrafik** finden, dient in erster Linie der Darstellung statistischer Auswertungen. Das Kastengrafikdiagramm stellt Daten als sogenannte *Quartile* dar und hebt Mittelwerte sowie Ausreißer gesondert hervor.

- Ebenfalls nur einen einzigen Diagrammtyp bietet die Diagrammkategorie **Wasserfall**. Ein Wasserfalldiagramm ist eine besondere Form des Säulendiagramms. Es dient dazu, Wertveränderungen in Form von Säulen aufzuzeigen. Auch zum Wasserfalldiagramm später in diesem Kapitel mehr.

- Schließlich lassen sich auch verschiedene Diagrammtypen miteinander kombinieren. Dazu treffen Sie in der Diagrammkategorie **Verbund** Ihre Auswahl. Die Abbildung zeigt als Beispiel, wie Säulendiagramm und Liniendiagramm miteinander kombiniert werden.

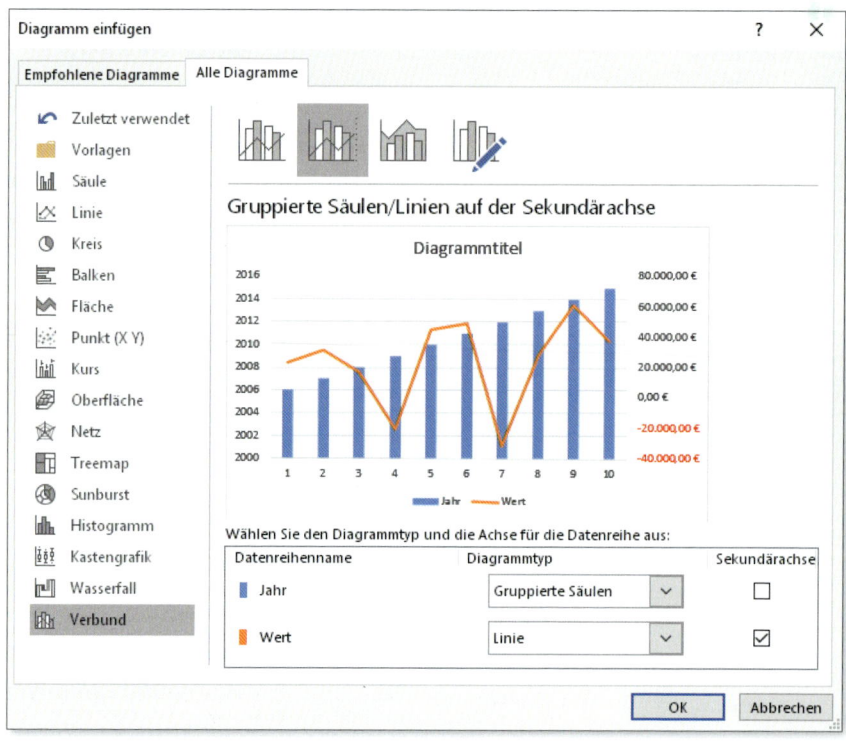

Auch das geht: die Kombination von zwei verschiedenen Diagrammtypen.

Diagrammformatvorlagen verwenden

TIPP

Empfohlene Diagrammtypen anzeigen

Möchten Sie sich von Excel passende Diagrammtypen für Ihre Zwecke anzeigen lassen? Dazu klicken Sie im Fenster **Diagrammtyp ändern** auf den Reiter **Empfohlene Diagramme**, wählen links einen Diagrammtyp aus und bestätigen Ihre Auswahl mit **OK**.

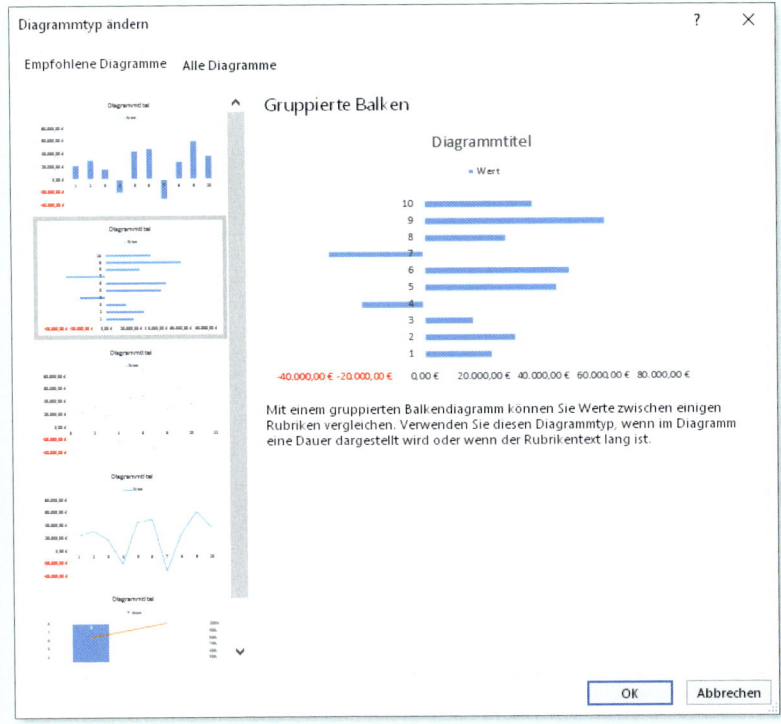

Lassen Sie sich von Excel passende Diagrammtypen empfehlen.

Diagrammformatvorlagen verwenden

Die Diagramme, die Sie mit Excel erstellen, sind nicht in Stein gemeißelt, sondern lassen sich ganz individuell anpassen. Am einfachsten gelingen Anpassungen mithilfe der verfügbaren Formatvorlagen. Die folgende kleine Anleitung stellt die Vorgehensweise dar:

Kapitel 8 – Diagramme und Co. einfügen

1. Markieren Sie die Daten, die Sie Ihrem Diagramm zugrunde legen möchten.

2. Entscheiden Sie sich für einen passenden Diagrammtyp, hier z. B. wird im Menüband unter **Einfügen** in der Gruppe **Diagramme** der Diagrammtyp **Gestapelte 3D-Säulen** ausgewählt.

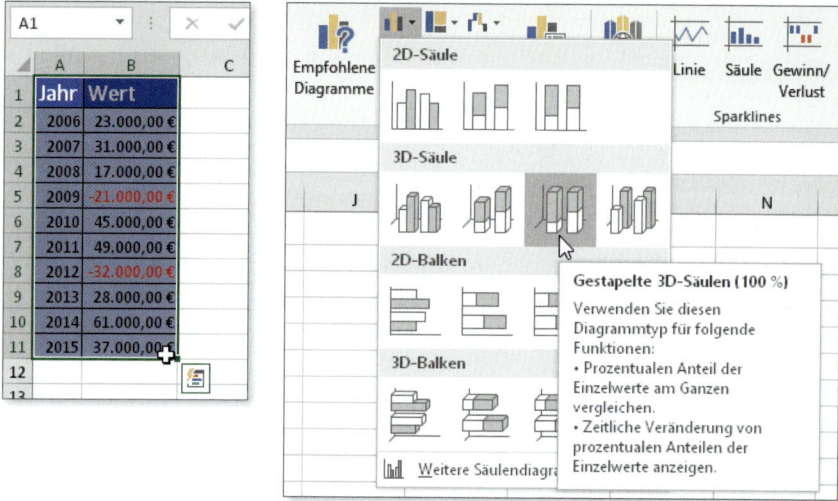

3. Das Diagramm wird in das Tabellenblatt eingefügt. Aber Sie stellen fest, dass die Beschriftungen fehlen, die Sie sich eigentlich gewünscht hatten. Das lässt sich aber schnell ändern.

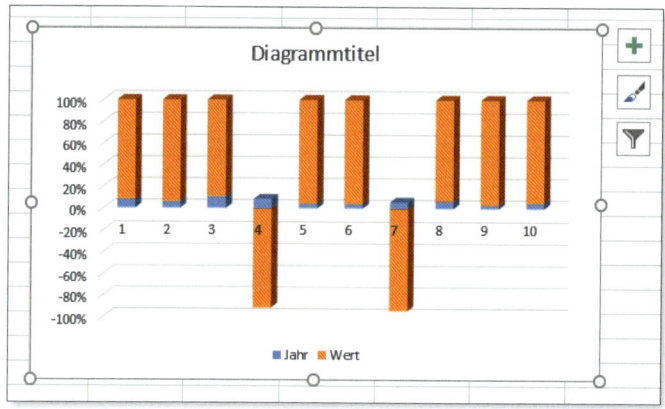

Diagrammformatvorlagen verwenden

4. Entscheiden Sie sich in den **Diagrammtools** ❶ für eine der verfügbaren Diagrammformatvorlagen – wenn Sie den Mauszeiger auf eine Vorlage ❷ bewegen, so wird Ihnen direkt im Diagramm die Vorschau dieser Vorlage angezeigt.

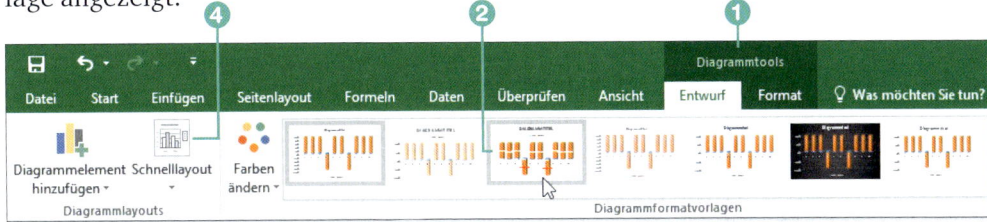

5. Die Beschriftungen werden dank Diagrammformatvorlage hinzugefügt. Um die Beschriftungen besser sichtbar zu machen, können Sie das Diagramm vergrößern – bewegen Sie dazu den Mauszeiger in eine Ecke des Diagramms ❸, und ziehen Sie es bei gedrückter Maustaste größer.

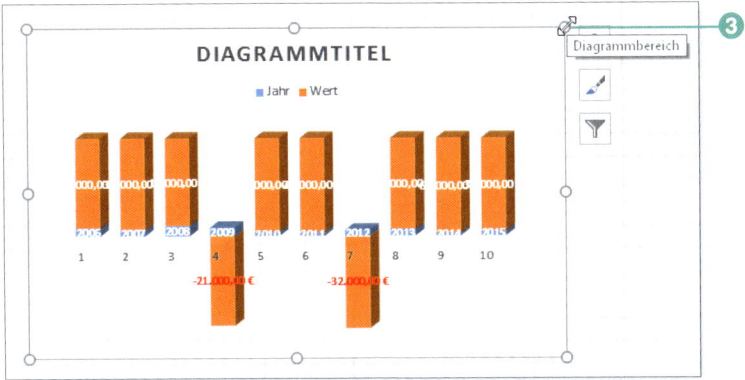

> **TIPP**
>
> **Ein Schnelllayout verwenden**
>
> Ebenfalls in den **Diagrammtools** finden Sie die Schaltfläche **Schnelllayout** ❹, um per Mausklick das Layout eines Diagramms zu wechseln, das heißt, der Diagrammtyp bleibt erhalten, aber die Darstellung des Diagramms wird auf verschiedene Weise angepasst. Bewegen Sie auch hier den Mauszeiger auf eine Option, um direkt im Diagramm die Vorschau zu erhalten.

Die Daten richtig zuordnen

Wenn Sie beim Erstellen des Diagramms dem Beispiel aus dem vorigen Abschnitt gefolgt sind, so werden die Jahreszahlen und Werte unserer zu Kapitelbeginn erstellten Tabelle beide als Werte dargestellt. Tatsächlich wünschen Sie sich aber, dass die Jahreszahlen als Kategorien den Werten zugeordnet werden.

Die folgende Abbildung zeigt, was gemeint ist: Sowohl die Eurobeträge als auch die Jahreszahlen werden als 3D-Säulen dargestellt; als Kategorien dienen die Zahlen von 1 bis 10. Ziel ist es, die Zahlen von 1 bis 10 durch die Jahreszahlen zu ersetzen, diese also den Säulen mit den Eurobeträgen zuzuordnen.

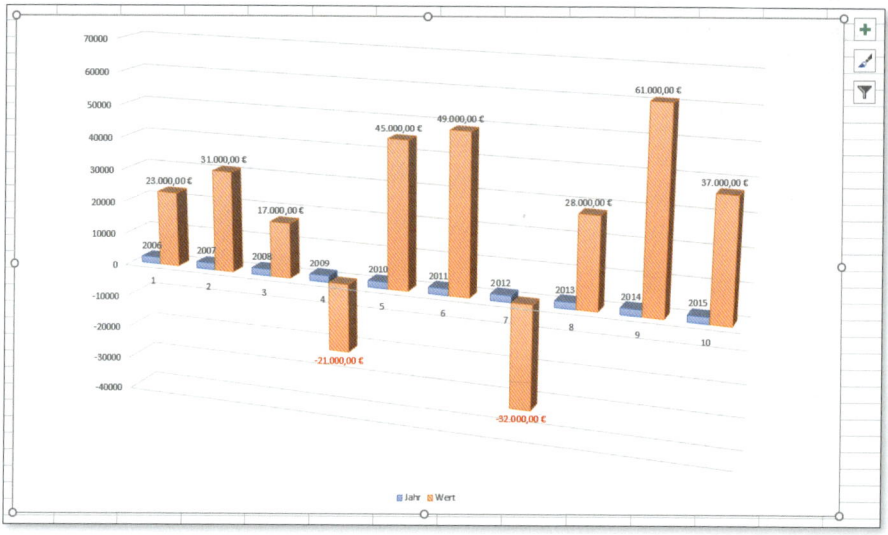

In diesem Beispieldiagramm sind die Daten noch nicht richtig zugeordnet.

Zum richtigen Zuordnen der Daten sind nur wenige Schritte erforderlich. Gehen Sie hierzu folgendermaßen vor:

1. Klicken Sie das Diagramm mit der rechten Maustaste an, und entscheiden Sie sich im Kontextmenü für den Eintrag **Daten auswählen** ❶. Sie können auf diese Option alternativ auch per Schaltfläche im Menüband zugreifen.

Die Daten richtig zuordnen

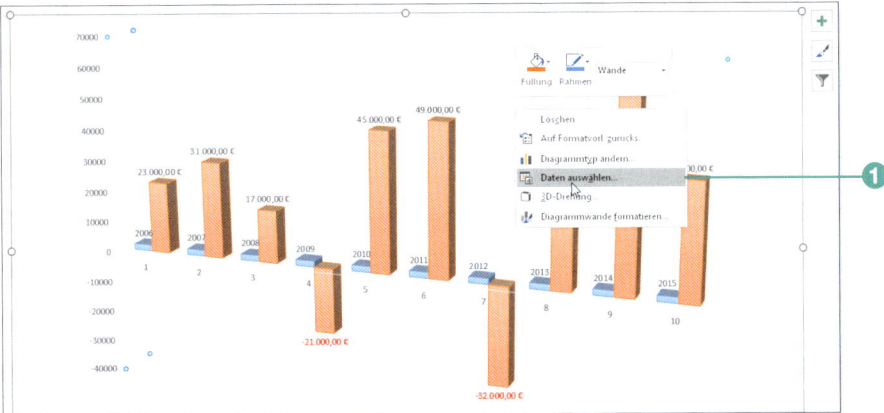

2. Im folgenden Fenster deaktivieren Sie im Feld **Legendeneinträge** das Kontrollkästchen **Jahr** ❷. Sie blenden damit die Jahreszahl-Säulen im Diagramm aus (nach dem Bestätigen mit **OK**, doch so weit sind wir noch nicht).

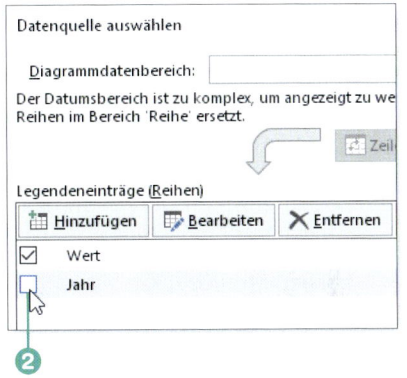

3. Klicken Sie als Nächstes beim Feld **Horizontale Achsenbeschriftungen** auf die Schaltfläche **Bearbeiten** ❸.

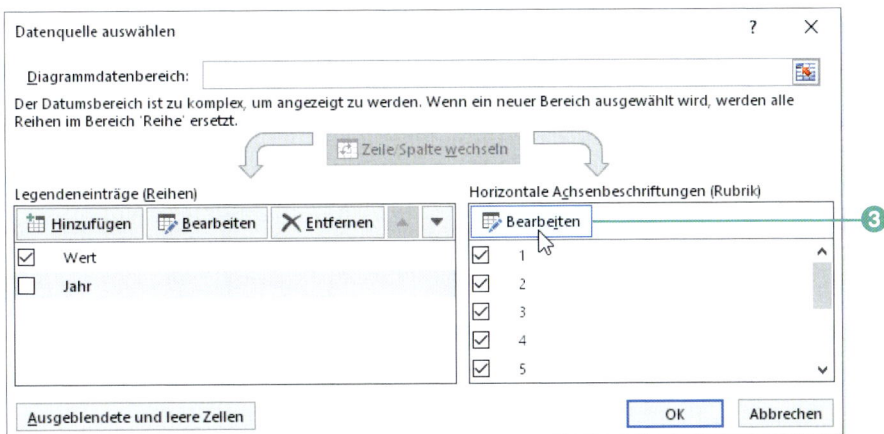

Kapitel 8 – Diagramme und Co. einfügen

4. Markieren Sie mit der Maus die Jahreszahlen, um den entsprechenden Achsenbeschriftungsbereich festzulegen.

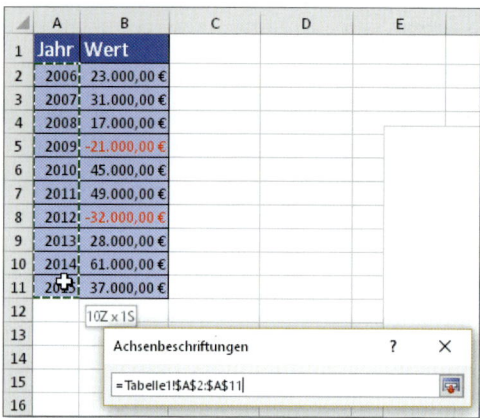

5. Bestätigen Sie den Achsenbeschriftungsbereich mit **OK**.

6. Bestätigen Sie auch im folgenden Fenster **Datenquelle auswählen** mit **OK**.

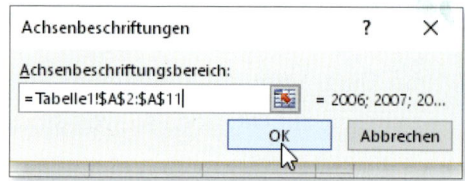

7. Wie gewünscht: Die Jahreszahl-Säulen werden im Diagramm ausgeblendet, die Kategorien 1 bis 10 in 2006 bis 2015 umbenannt.

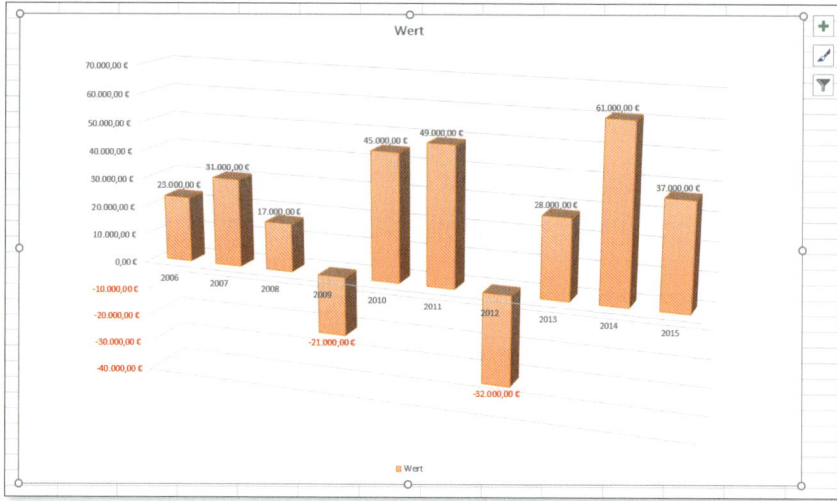

Diagramme formatieren

> **TIPP**
>
> **Diagrammelemente per Kontrollkästchen aus- oder einblenden**
>
> Einzelne Diagrammelemente lassen sich am schnellsten aus- und wieder einblenden, wenn Sie ein Diagramm anklicken und dann rechts oben neben dem Diagramm entweder das Symbol **Diagrammelemente** ❶ oder das Symbol **Diagrammfilter** ❷ wählen. Bestimmen Sie per Kontrollkästchen, welche Elemente angezeigt werden sollen und welche nicht.
>
>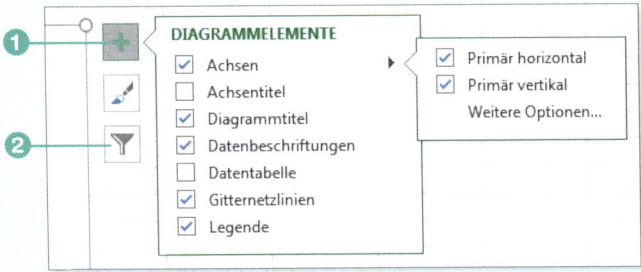
>
> *Einzelne Diagrammelemente lassen sich per Kontrollkästchen aus- und wieder einblenden.*
>
> Das Ausblenden von Diagrammelementen kann ansonsten auch durch Anklicken eines Elements und das anschließende Betätigen der Taste ⬅ erfolgen.

Diagramme formatieren

Sie haben vorhin bereits den Umgang mit Diagrammformatvorlagen kennengelernt. Statt das gesamte Diagramm mithilfe einer solchen Formatvorlage anzupassen, können Sie auch jedes Diagrammelement einzeln formatieren. Dies gelingt entweder mithilfe der im Menüband eingeblendeten **Diagrammtools** oder aber mit einer zusätzlichen Leiste mit Formatierungsoptionen.

Die folgende Schrittanleitung zeigt Ihnen zunächst, wie Sie die Diagrammtools im Menüband verwenden, um einige Formatierungen des Diagramms zu ändern. Sie basiert auf der Darstellung unserer Daten in einem Liniendiagramm, Sie können die Formatierungen aber natürlich auch in einem anderen Diagramm durchführen:

1. Klicken Sie im Diagramm das Element an, das Sie formatieren möchten. Hier klicke ich z. B. die sogenannte *Zeichnungsfläche* ❶ an.

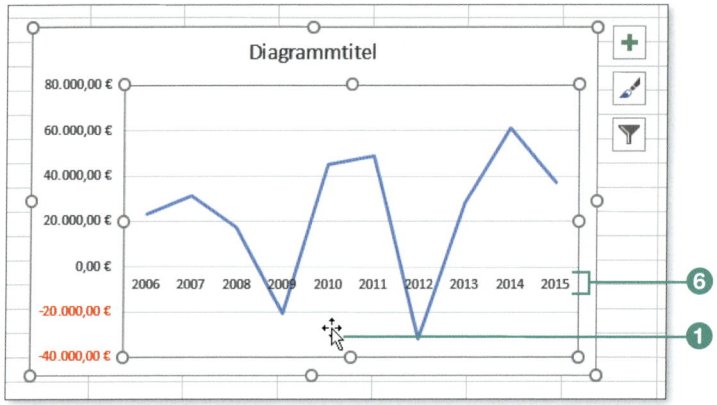

2. Entscheiden Sie sich im Menüband unter **Diagrammtools** für den Reiter **Format** ❷.

3. Die Zeichnungsfläche soll mit einer Hintergrundfarbe versehen werden. Dazu könnte in der Gruppe **Formenarten** unter der Schaltfläche **Fülleffekt** ❸ eine Farbe ausgewählt werden. In diesem Fall soll aber eine Formatvorlage verwendet werden, die in dem Kasten zur Verfügung steht. Klappen Sie den Kasten per Klick auf das Pfeilsymbol ❹ auf.

4. Bewegen Sie den Mauszeiger auf eine Farbe ❺, um direkt im Diagramm eine Vorschau zu erhalten. Um eine Farbe auszuwählen, klicken Sie diese an.

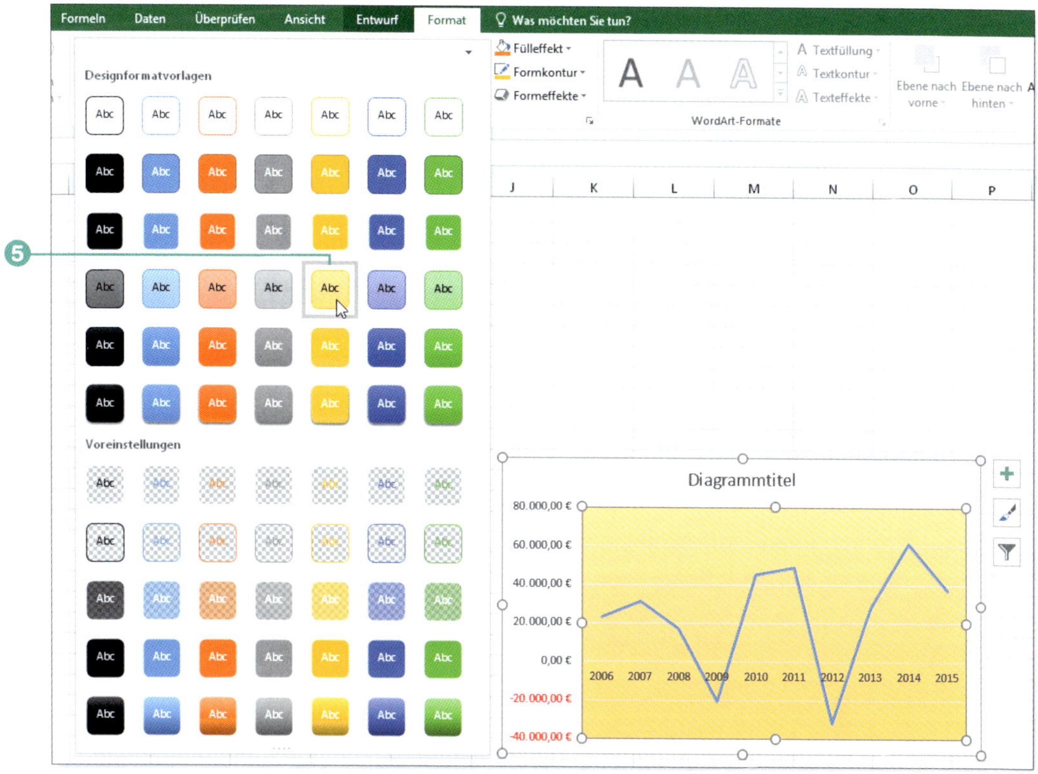

Diagramme formatieren

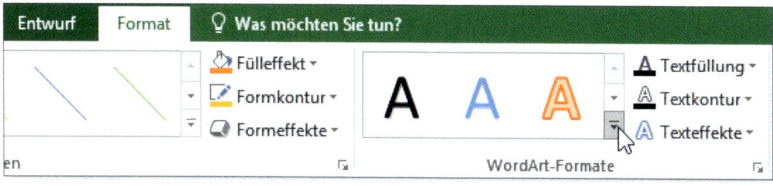

5. Als Nächstes soll die horizontale Kategoriebeschriftung hervorgehoben werden. Klicken Sie dazu wieder das entsprechende Element (**6** auf Seite 288) im Diagramm an, um es auszuwählen.

6. In diesem Fall soll der Kategoriebeschriftung ein *WordArt-Format* zugewiesen werden, das in den **Diagrammtools** unter **Format** in der Gruppe **WordArt-Formate** zur Verfügung steht. Klicken Sie auf den zum Kasten gehörenden Pfeil, um den Kasten aufzuklappen.

7. Auch hier gilt: Wenn Sie den Mauszeiger auf eine Vorlage bewegen, wird im Diagramm die Vorschau angezeigt. Die Auswahl einer Vorlage erfolgt per Mausklick.

8. Die WordArt-Formatierung wird gleich übernommen ❼. Nun soll die Datenreihe formatiert werden. Klicken Sie diese im Diagramm an ❽.

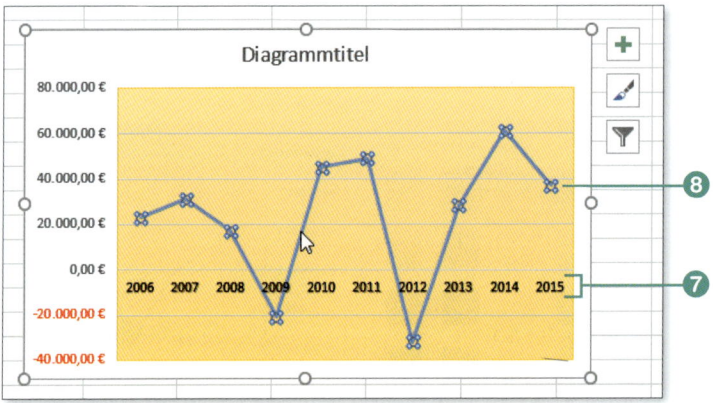

9. Die Datenreihe soll nun mit einem speziellen Effekt versehen werden. Dieser wird in den **Diagrammtools** unter **Format** in der Gruppe **Formenarten** unter der Schaltfläche **Formeffekte** ❾ ausgewählt. In unserem Beispiel entscheide ich mich für einen **Leuchteffekt** ❿ im Ausklappmenü.

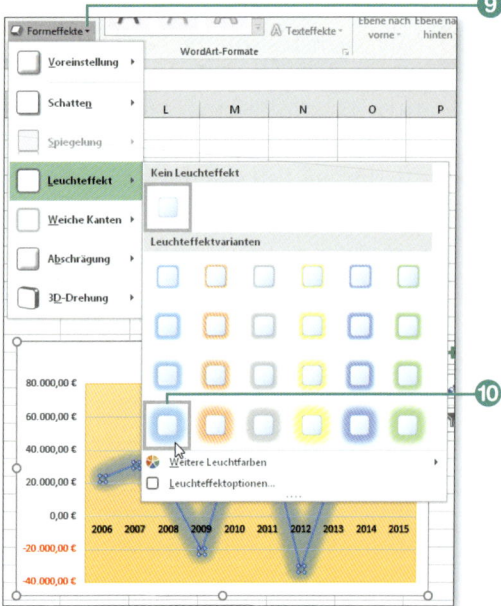

290

Diagramme formatieren

10. Schließlich soll noch die Farbe der vertikalen Wertbeschriftung geändert werden. Wählen Sie auch dieses Diagrammelement per Mausklick aus.

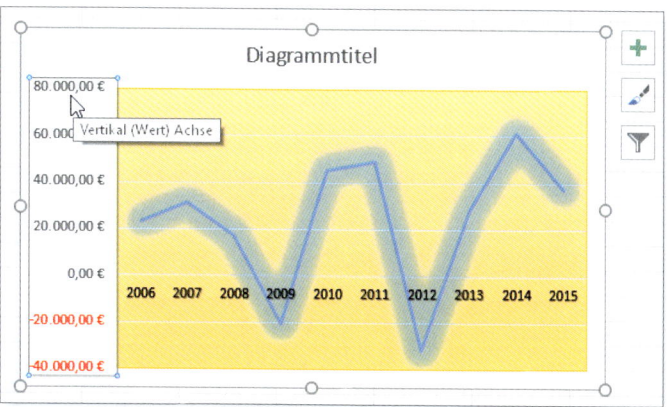

11. Klicken Sie in den **Diagrammtools** unter **Format** in der Gruppe **WordArt-Formate** auf die Schaltfläche **Textfüllung** ⓫.

12. Klicken Sie eine Farbe an, um diese für das Diagrammelement zu übernehmen.

Nun haben Sie eine Menge Formatierungsoptionen für Diagramme kennengelernt, aber Sie werden noch weitere entdecken. Wenn Sie Lust haben, versehen Sie als kleine Übung doch noch auf eigene Faust den gesamten Diagrammbereich mit einer Hintergrundfarbe sowie einem farbigen Rahmen!

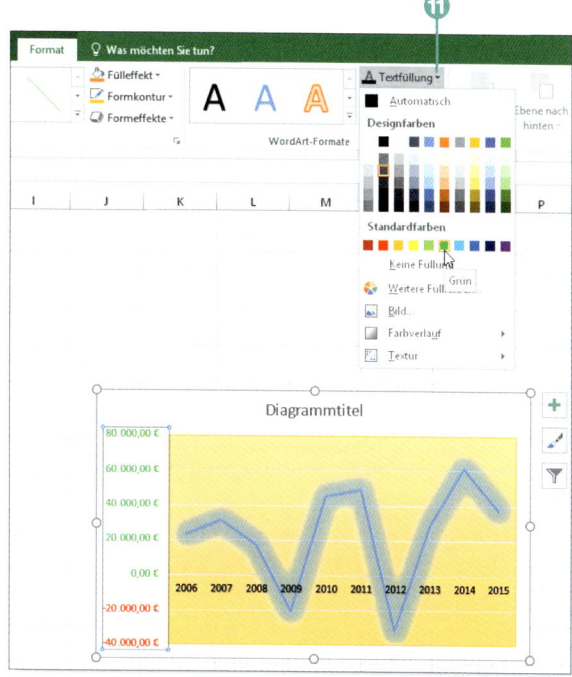

Kapitel 8 – Diagramme und Co. einfügen

> **INFO**
>
> **So ändern Sie den Diagrammtitel**
>
> Um einen Diagrammtitel zu ändern, klicken Sie diesen im Diagramm zunächst an, um ihn auszuwählen. Doppelklicken Sie anschließend auf den bereits vorhandenen Text, und geben Sie den gewünschten neuen Diagrammtitel ein.
>
>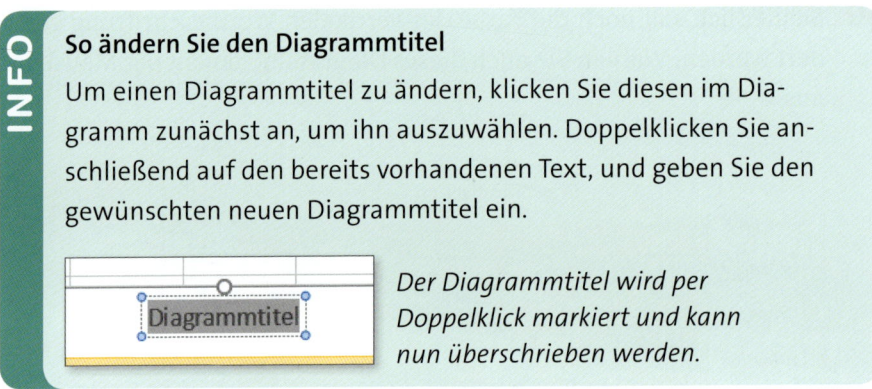
>
> *Der Diagrammtitel wird per Doppelklick markiert und kann nun überschrieben werden.*

Für die Formatierung des Diagramms lässt sich, wie bereits erwähnt, nicht nur das Menüband einsetzen, sondern auch eine zusätzliche Leiste mit Formatierungsoptionen, die rechts in Excel eingeblendet wird, indem Sie auf ein Diagrammelement doppelklicken.

In der folgenden Anleitung setzen wir unser zuvor formatiertes Diagramm zunächst wieder auf die ursprüngliche Formatvorlage zurück und formatieren es dann mithilfe der rechts eingeblendeten Leiste:

1. Klicken Sie die zuvor formatierten Diagrammelemente nacheinander mit der rechten Maustaste an, und wählen Sie im Kontextmenü den Eintrag **Auf Formatvorl. zurücks.** ❶ (Auf Formatvorlage zurücksetzen).

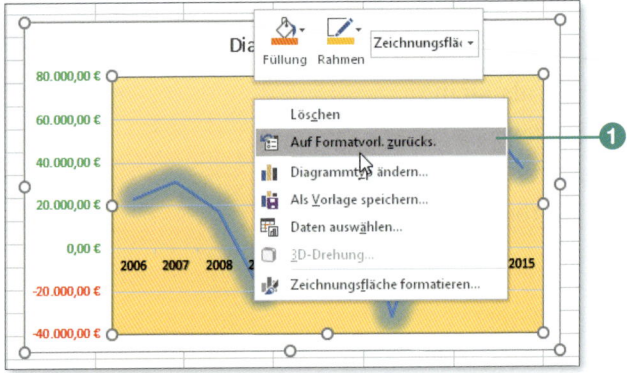

2. Doppelklicken Sie auf ein Diagrammelement, hier etwa die Zeichnungsfläche, um rechts eine Leiste mit den passenden Formatierungsoptionen einzublenden.

Diagramme formatieren

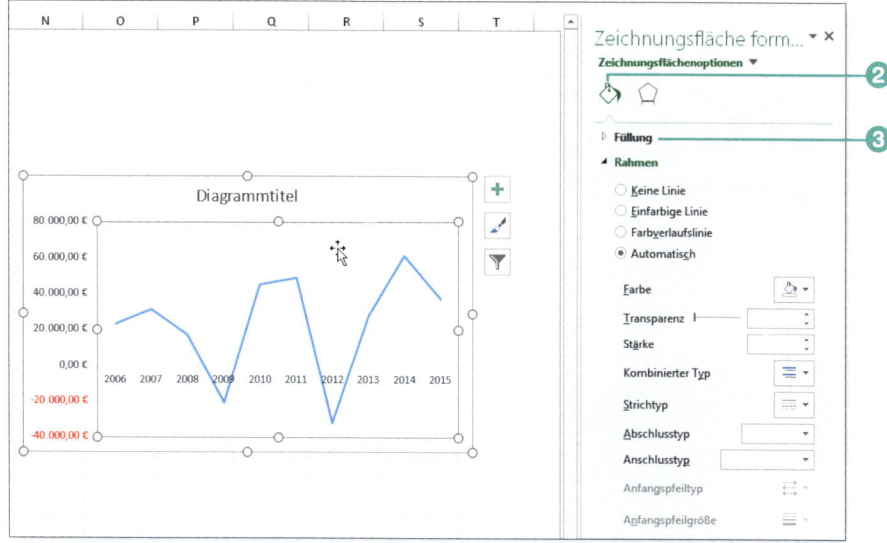

3. Wieder soll die Zeichnungsfläche mit einer Hintergrundfarbe versehen werden. Dazu klicken Sie in der Kategorie **Füllung und Linie** ❷ (die standardmäßig aktiviert ist und ansonsten per Symbol ausgewählt werden kann) auf den Eintrag **Füllung** ❸, um die entsprechenden Optionen aufzuklappen.

4. Aktivieren Sie die Option für die gewünschte Füllung. Hier entscheide ich mich für die Option **Einfarbige Füllung** ❹.

5. Wählen Sie per Menü eine Füllfarbe aus. Durch Anklicken einer Farbe wird diese für die Zeichnungsfläche übernommen.

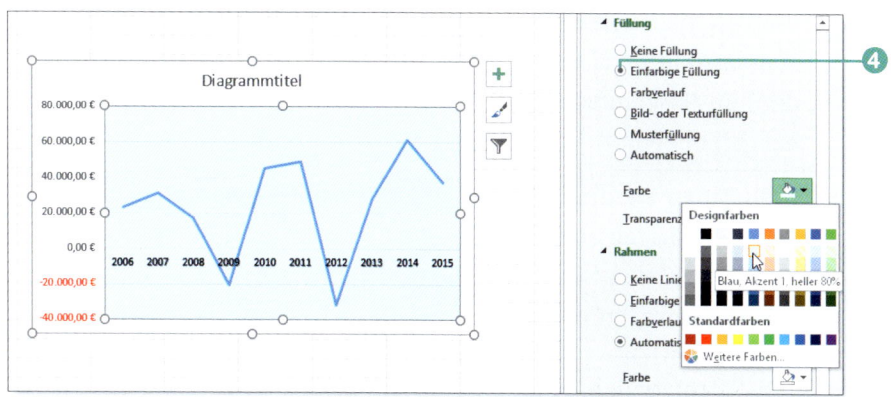

6. Nun ändern wir die horizontale Kategoriebeschriftung. Wenn die Leiste rechts bereits eingeblendet ist, genügt ein einfacher Klick auf das entsprechende Diagrammelement.

   Soll die Leiste eingeblendet werden, doppelklicken Sie auf das Diagrammelement ❺.

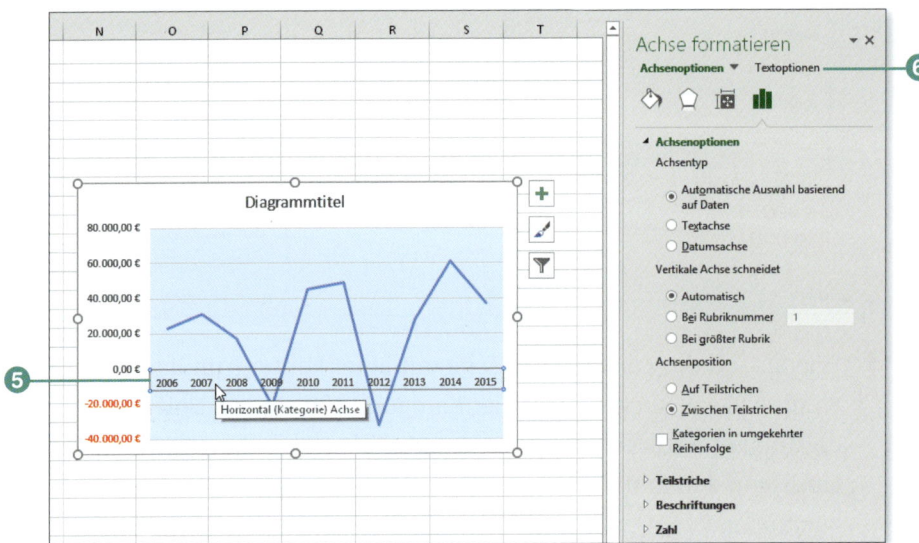

7. Die passenden Formatierungsoptionen zum Formatieren der horizontalen Achse werden nun in der Leiste eingeblendet. Entscheiden Sie sich hier für **Textoptionen** ❻.

8. Wieder werden Ihnen zahlreiche Formatierungsoptionen angeboten. Wählen Sie beispielsweise in der Kategorie **Textfüllung und -kontur** (ist standardmäßig aktiviert, kann ansonsten per Symbol ausgewählt werden) im Abschnitt **Textkontur** die Option **Einfarbige Linie** ❼, um den Text hervorzuheben.

9. Bestimmen Sie die **Farbe** ❽, indem Sie nach einem Klick auf den Pfeil der zugehörigen Schaltfläche einen Farbton im Ausklappmenü auswählen, und wählen Sie weitere Optionen wie z. B. die Strichstärke ❾ aus. Links im Diagramm können Sie sofort sehen, wie Ihre Änderungen umgesetzt werden.

Diagramme formatieren

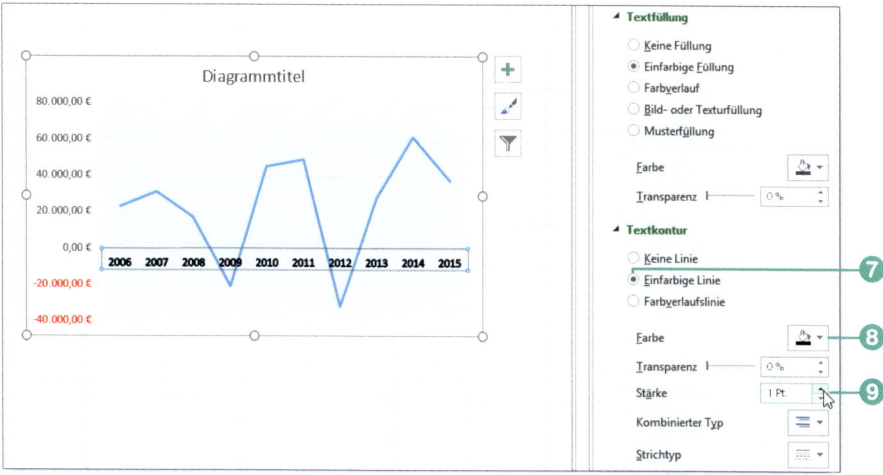

10. Sie erinnern sich, wie wir vorhin die Datenreihe mithilfe der Formatierungsoptionen im Menüband zum Leuchten gebracht haben. Auch diese Option gibt es in der Leiste rechts: Wählen Sie dazu die Datenreihen im Diagramm aus, und entscheiden Sie sich in der Leiste für die Kategorie **Effekte** ❿. Im Abschnitt **Leuchteffekt** können Sie nun eine entsprechende **Farbe** ⓫ auswählen – nebst weiteren Optionen wie Effektvariante oder Größe.

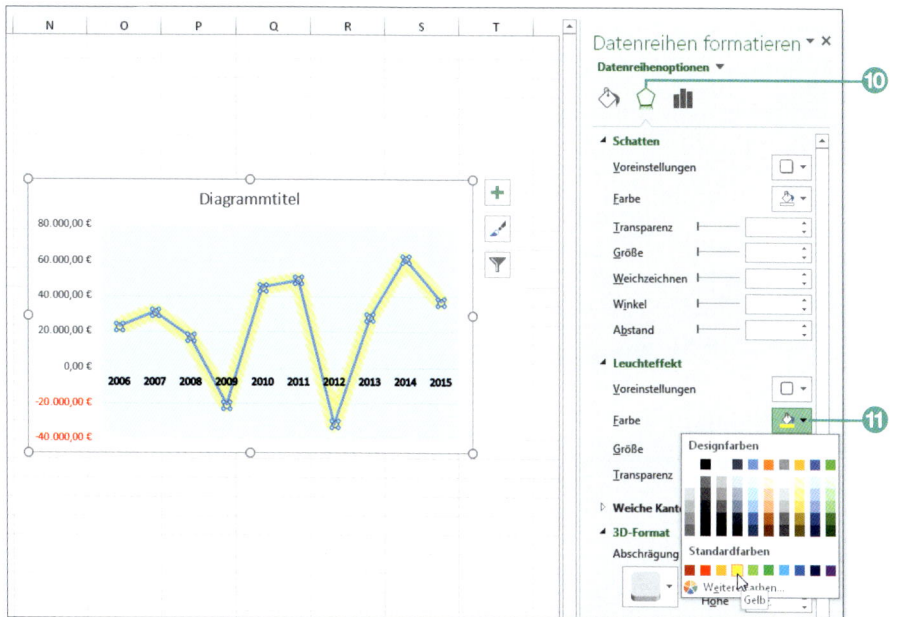

Kapitel 8 – Diagramme und Co. einfügen

11. Schließlich können Sie noch der vertikalen Wertbeschriftung eine andere Farbe zuweisen. Wählen Sie diese im Diagramm aus, entscheiden Sie sich in der Leiste rechts für **Textoptionen** ⑫, und wählen Sie in der Kategorie **Textfüllung und -kontur** ⑬ im Abschnitt **Textfüllung** die gewünschte Farbe ⑭ aus.

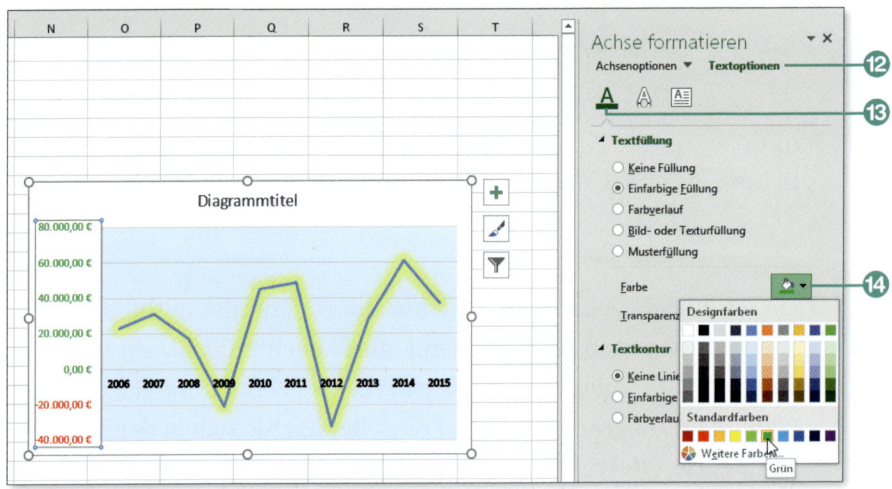

> **TIPP**
>
> **Diagrammelement per Leiste auswählen**
>
> Statt ein Diagrammelement im Diagramm auszuwählen, um die passenden Optionen in der Leiste rechts anzuzeigen, können Sie Ihre Auswahl auch direkt in der Leiste vornehmen. Oben in der Leiste wird das jeweils ausgewählte Diagrammelement angezeigt. Klicken Sie auf den zugehörigen Pfeil, um ein Menü zu öffnen, in dem Sie dann ein anderes Diagrammelement auswählen.
>
>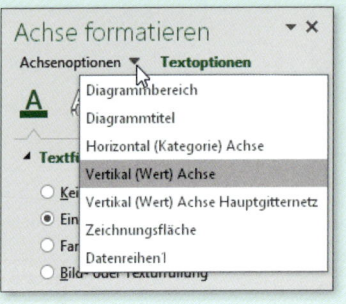
>
> *Diagrammelemente lassen sich auch per Menü auswählen.*

Diagrammvorlagen speichern

Nachdem Sie ein Diagramm ganz individuell gestaltet haben, werden Sie es vielleicht zu einem späteren Zeitpunkt für weitere Zwecke einsetzen wollen. Speichern Sie ein Diagramm hierzu als Vorlage ab, die sich dann jederzeit wieder aufrufen lässt. So geht's:

1. Klicken Sie das Diagramm mit der rechten Maustaste an, und entscheiden Sie sich im Kontextmenü für den Eintrag **Als Vorlage speichern** ❶.

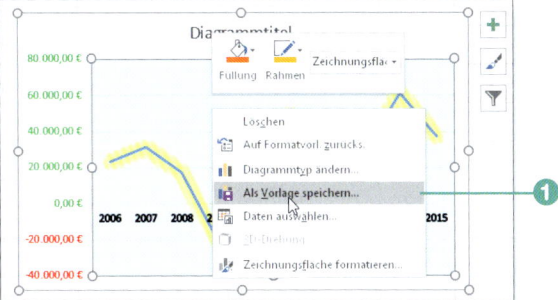

2. Im folgenden Fenster werden der richtige Speicherort ❷ und der richtige Dateityp ❸ automatisch vorgeschlagen. Geben Sie der Diagrammvorlage noch eine passende Bezeichnung ❹, bevor Sie das Erstellen mit **Speichern** bestätigen.

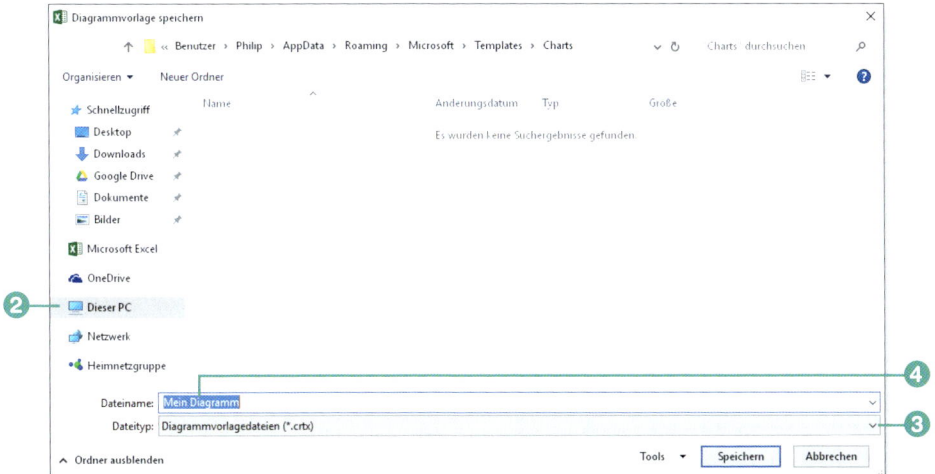

3. Um die Diagrammvorlage zu verwenden, rufen Sie das Fenster **Diagrammtyp ändern** bzw. **Diagramm einfügen** per Klick auf das Pfeilsymbol auf.

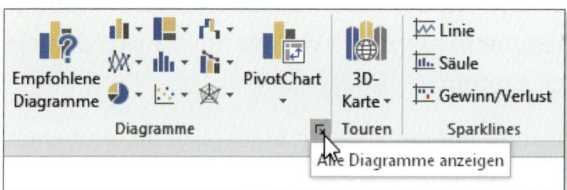

4. Entscheiden Sie sich unter dem Reiter **Alle Diagramme** ❺ für den Eintrag **Vorlagen** ❻.

5. Wählen Sie die zuvor gespeicherte Vorlage aus ❼, und bestätigen Sie mit **OK**.

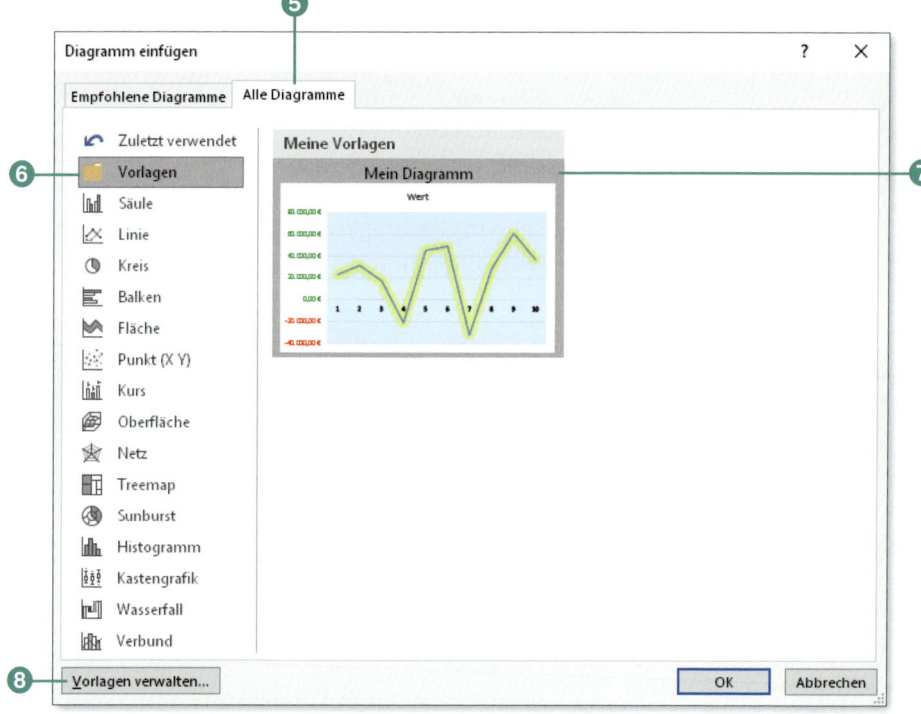

Zum Speicherort Ihrer Diagrammvorlagen gelangen Sie, wenn Sie links unten auf die Schaltfläche **Vorlagen verwalten** ❽ klicken.

Diagrammgröße und -position ändern

Im Abschnitt »Diagrammformatvorlagen verwenden« ab Seite 281 habe ich Ihnen bereits kurz gezeigt, wie Sie ein Diagramm bei gedrückter Maustaste größer ziehen, wobei dies nur für Diagramme gilt, die Sie in ein Tabellenblatt eingefügt haben. Dazu wird der Mauszeiger in eine Ecke des Diagramms bewegt und die Ecke angeklickt – durch Ziehen bei gedrückter Maustaste lässt sich das Diagramm nun vergrößern, aber auch verkleinern.

Wenn das Diagramm lediglich in der Höhe oder Breite verändert werden soll, bewegen Sie den Mauszeiger entsprechend auf den Rand des Diagramms, klicken diesen an und ziehen das Diagramm wiederum bei gedrückter Maustaste größer oder kleiner.

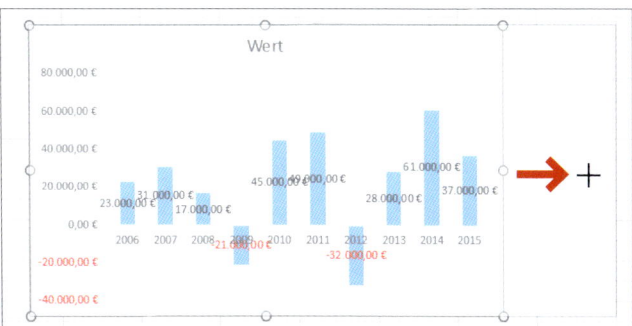

Hier wird ein Diagramm in der Breite aufgezogen.

Die Größe eines Diagramms, das Sie in ein Tabellenblatt eingefügt haben, lässt sich aber auch exakt festlegen:

1. Wählen Sie das Diagramm per Mausklick aus ❶. Achten Sie darauf, dass Sie nicht ein einzelnes Diagrammelement anklicken!

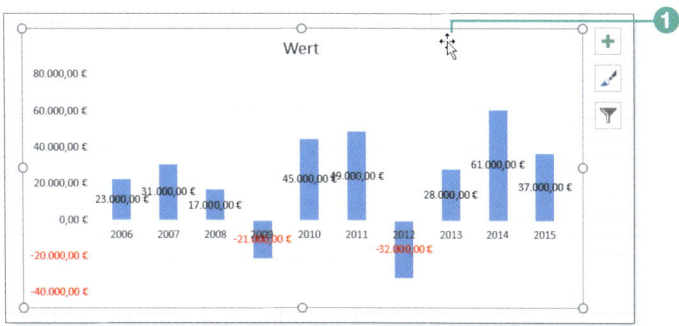

2. Entscheiden Sie sich im Menüband unter **Diagrammtools** für den Reiter **Format**.

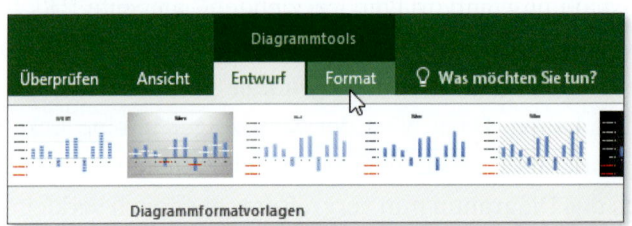

3. In der Gruppe **Größe** finden Sie zwei Eingabefelder zum Festlegen der **Höhe** sowie der **Breite** des Diagramms. Um weitere Größenoptionen aufzurufen (dann in der Leiste rechts), klicken Sie auf den kleinen Pfeil rechts unten in der Gruppe ❷.

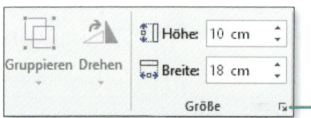

Um ein Diagramm anders zu positionieren, klicken Sie es an und halten die Maustaste gedrückt (achten Sie wieder darauf, dass Sie das Diagramm als Ganzes erwischen, nicht ein einzelnes Diagrammelement!). Ziehen Sie das Diagramm nun bei gedrückter Maustaste in die gewünschte neue Position, und lassen Sie dann die Maustaste los.

> **TIPP**
>
> **Diagramm fixieren**
>
> Standardmäßig wird ein Diagramm mit verschoben, wenn Sie an entsprechender Stelle neue Zeilen oder Spalten einfügen bzw. die Zeilenhöhe oder Spaltenbreite verändern. Wenn Sie dies nicht wünschen, doppelklicken Sie auf das Diagramm, um rechts die Leiste mit den Formatierungsoptionen einzublenden. Treffen Sie in der Kategorie **Größe und Eigenschaften** im Abschnitt **Eigenschaften** eine andere Auswahl.
>
>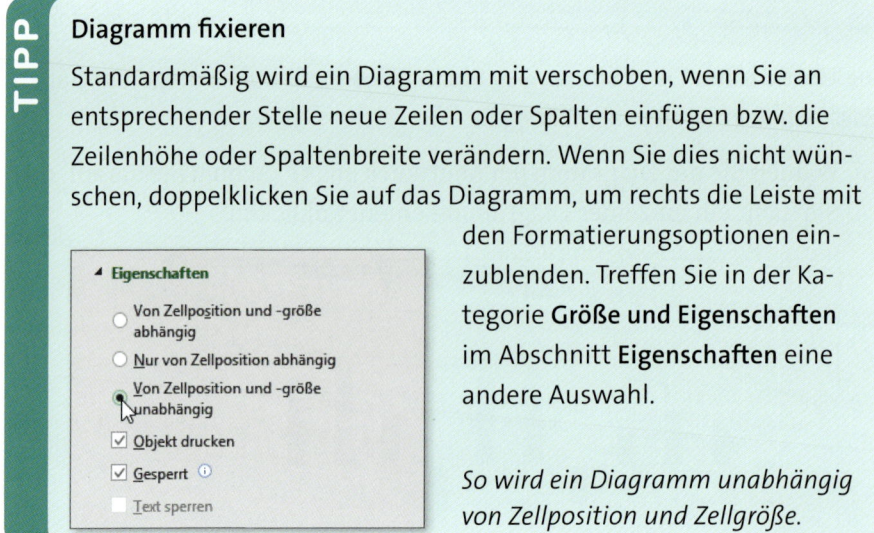
>
> *So wird ein Diagramm unabhängig von Zellposition und Zellgröße.*

Die Datenbeschriftungen anpassen

Auch Diagrammelemente innerhalb eines Diagramms lassen sich bei gedrückter Maustaste verschieben, indem Sie ein Element anklicken und bei gedrückter Maustaste in eine andere Position ziehen. Gegebenenfalls muss hierzu allerdings zunächst das Diagramm insgesamt vergrößert werden. Die folgende Abbildung zeigt als Beispiel, wie der Diagrammtitel in eine andere Position verschoben wird.

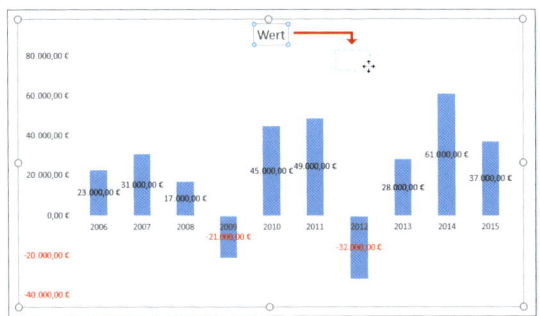

Der Diagrammtitel wird bei gedrückter Maustaste in eine andere Position gezogen.

Die Datenbeschriftungen anpassen

Wenn Sie Daten in der einem Diagramm zugrunde liegenden Tabelle ändern, so werden diese im Diagramm automatisch angepasst. Sie können Datenbeschriftungen im Diagramm jedoch unabhängig von der zugrunde liegenden Tabelle abändern und auch deren Erscheinungsbild verändern. Die folgende Anleitung zeigt Ihnen, wie Sie dazu vorgehen:

1. Blenden Sie die **Datenbeschriftungen** ❶ gegebenenfalls zunächst ein. Sie erinnern sich: Wenn Sie ein Diagramm anklicken, finden Sie rechts oben neben dem Diagramm das Symbol **Diagrammelemente**, um einzelne Elemente per Kontrollkästchen ein- bzw. auszublenden.

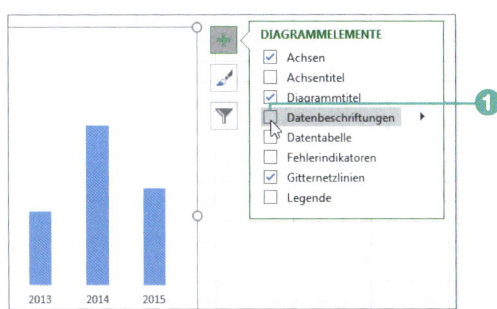

301

2. Zunächst soll die Form der Datenbeschriftung verändert werden. Dazu klicken Sie eine der Datenbeschriftungen mit der rechten Maustaste an und bewegen den Mauszeiger im Kontextmenü auf den Eintrag **Datenbeschriftungsformen ändern** ❷.

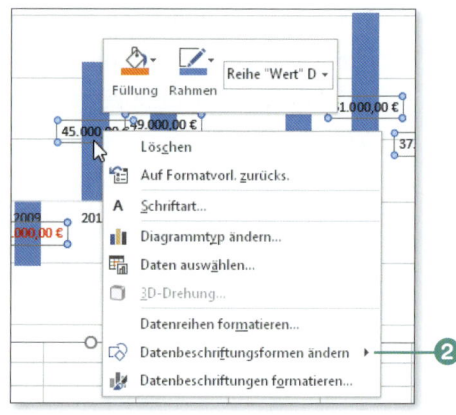

3. Wählen Sie im Ausklappmenü eine Form aus, die Ihnen zusagt.

4. Um die Datenbeschriftung selbst zu bearbeiten, klicken Sie so oft langsam hintereinander auf eine Datenbeschriftung, bis diese komplett grau unterlegt dargestellt wird.

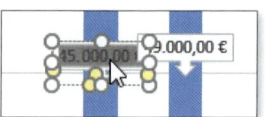

5. Überschreiben Sie nun einfach die bisherige Datenbeschriftung. Wenn Sie fertig sind, klicken Sie mit der Maus an eine Stelle außerhalb der Datenbeschriftung.

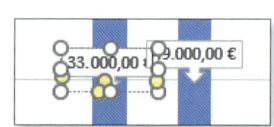

6. Wieder den ursprünglichen Wert einsetzen oder ein anderes Feld einfügen: Dazu klicken Sie den in einem Datenbeschriftungsfeld markierten Text mit der rechten Maustaste an und entscheiden sich im Kontextmenü für den Eintrag **Datenbeschriftungsfeld einfügen** ❸.

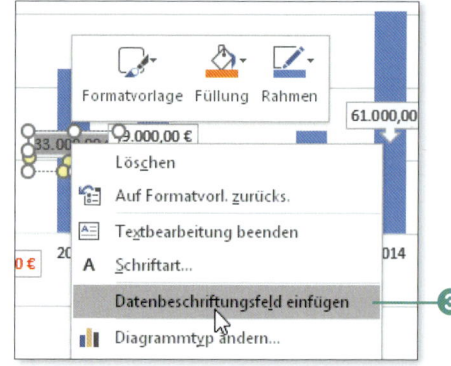

7. Wählen Sie im folgenden Menü das Feld aus, das eingefügt werden soll, hier beispielsweise den ursprünglich verwendeten Wert.

Wenn Sie auf eine Datenbeschriftung doppelklicken, werden in der Leiste rechts Formatierungsoptionen angezeigt, um beispielsweise die Schriftfarbe der Datenbeschriftungen zu verändern. Für die Formatierungen lassen sich einzelne Datenbeschriftungen, aber auch die Datenbeschriftungen insgesamt auswählen.

Diagrammelement hinzufügen

Sie wissen bereits, dass sich Diagrammelemente per Kontrollkästchen unter dem Symbol **Diagrammelemente** einblenden lassen. Es gibt aber auch noch eine etwas übersichtlichere Methode, die ich Ihnen hier vorstellen möchte. Dazu eine Anleitung gleich zum Mitmachen:

1. Wählen Sie per Mausklick das Diagramm aus, um im Menüband die **Diagrammtools** einzublenden.

2. Klicken Sie in den **Diagrammtools** unter dem Reiter **Entwurf** auf die Schaltfläche **Diagrammelement hinzufügen** ❶.

3. Wählen Sie im Menü die Elemente aus, die eingeblendet bzw. geändert werden sollen. In diesem Fall soll eine **Datentabelle** ❷ eingefügt werden.

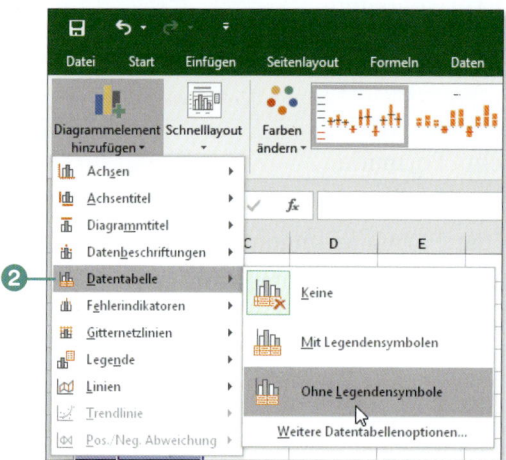

4. Geschafft! Die Datentabelle wird unten im Diagramm eingeblendet.

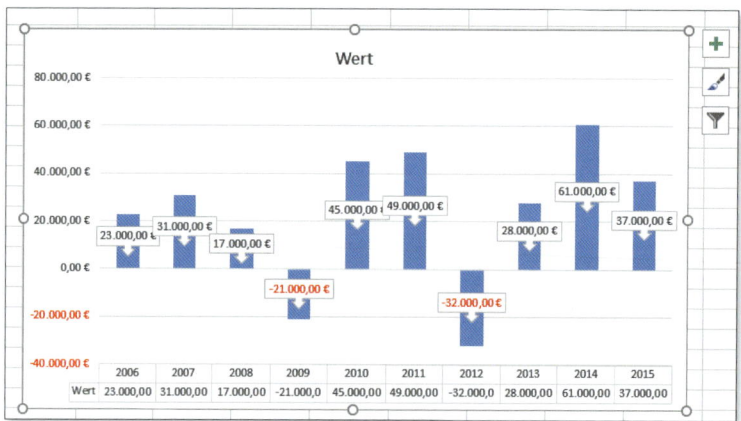

Diagramme für Besserwisser: Blasen-, Netz- und Wasserfalldiagramm

Lassen Sie uns nun noch einige spezielle Diagrammtypen näher betrachten: das *Blasendiagramm*, das *Netzdiagramm* sowie das *Wasserfalldiagramm*.

Blasen-, Netz- und Wasserfalldiagramm

Schließlich sollen Sie nicht nur die Standarddiagramme einsetzen können. Alle drei Diagrammtypen stelle ich Ihnen im Folgenden jeweils anhand eines Praxisbeispiels vor.

Zunächst zum Blasendiagramm. Mithilfe dieses Diagrammtyps werden die Datenpunkte innerhalb eines Diagramms in Form von Blasen dargestellt. Im folgenden Beispiel sollen sowohl Umsatz als auch Marktanteil einzelner Produkte in einem Diagramm präsentiert werden.

1. Erstellen Sie eine Tabelle mit den Daten, die dem Blasendiagramm zugrunde gelegt werden sollen. In diesem Fall werden in Spalte A verschiedene Produkte aufgelistet, in Spalte B deren Umsatz und in Spalte C deren weltweiter Marktanteil.

	A	B	C
1	Produkt	Umsatz	Marktanteil weltweit
2	Planetenrührmaschine	12.213.563 €	67%
3	Brötchenanlage	3.575.467 €	15%
4	Ausrollmaschine	7.745.373 €	39%
5	Semmelmühle	654.533 €	7%
6	Belaugungsanlage	21.543.433 €	28%
7	Etagenbackofen	9.887.643 €	11%
8			

2. Markieren Sie im nächsten Schritt die Werte in Spalte B und Spalte C, wobei Sie aber die Überschriften außen vor lassen.

	A	B	C
1	Produkt	Umsatz	Marktanteil weltweit
2	Planetenrührmaschine	12.213.563 €	67%
3	Brötchenanlage	3.575.467 €	15%
4	Ausrollmaschine	7.745.373 €	39%
5	Semmelmühle	654.533 €	7%
6	Belaugungsanlage	21.543.433 €	28%
7	Etagenbackofen	9.887.643 €	11%
8			
9			

Kapitel 8 – Diagramme und Co. einfügen

3. Klicken Sie im Menüband unter **Einfügen** in der Gruppe **Diagramme** auf das Symbol **Punkt (XY)- oder Blasendiagramm einfügen** ❶.

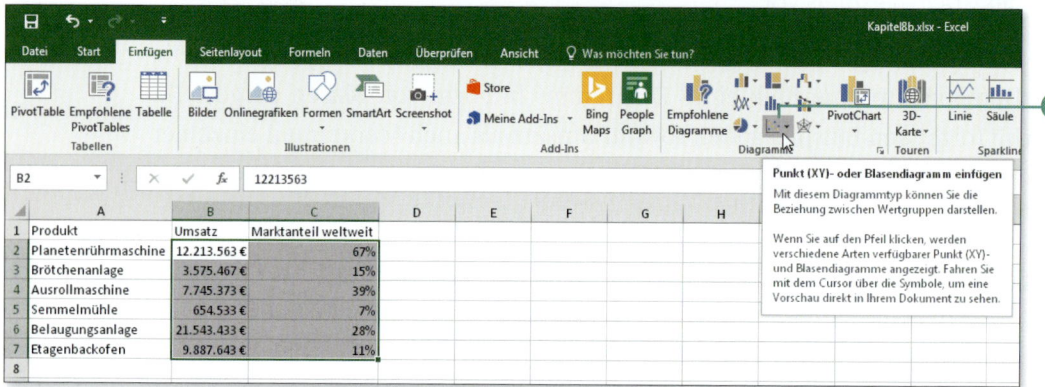

4. Wählen Sie entweder das 2D- ❷ oder das 3D-Blasendiagramm ❸ aus. In diesem Fall entscheide ich mich für die 3D-Variante.

5. Das Blasendiagramm wird eingefügt: Die Größe der Blasen repräsentiert in diesem Fall den Marktanteil der Produkte, die Position im Diagramm den Umsatz.

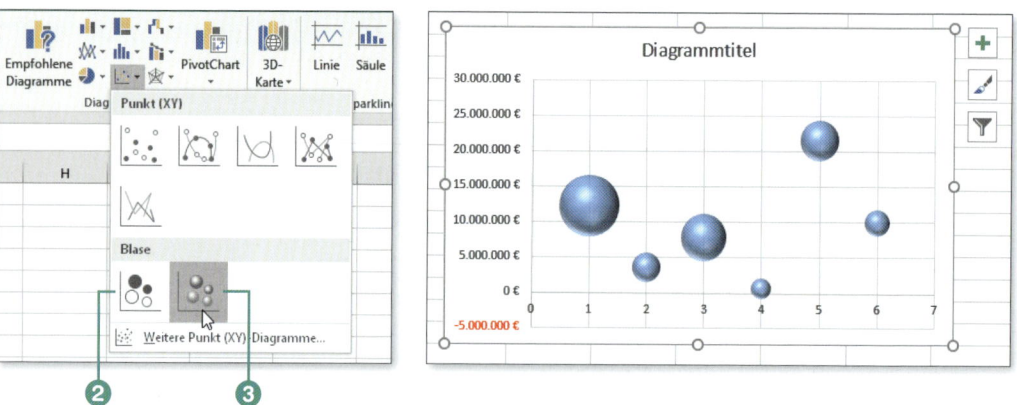

6. Formatieren Sie das Diagramm individuell. Hier füge ich z. B. noch – mithilfe der Optionen in den **Diagrammtools – Datenbeschriftungen** als **Datenlegende** ❹ ein.

Blasen-, Netz- und Wasserfalldiagramm

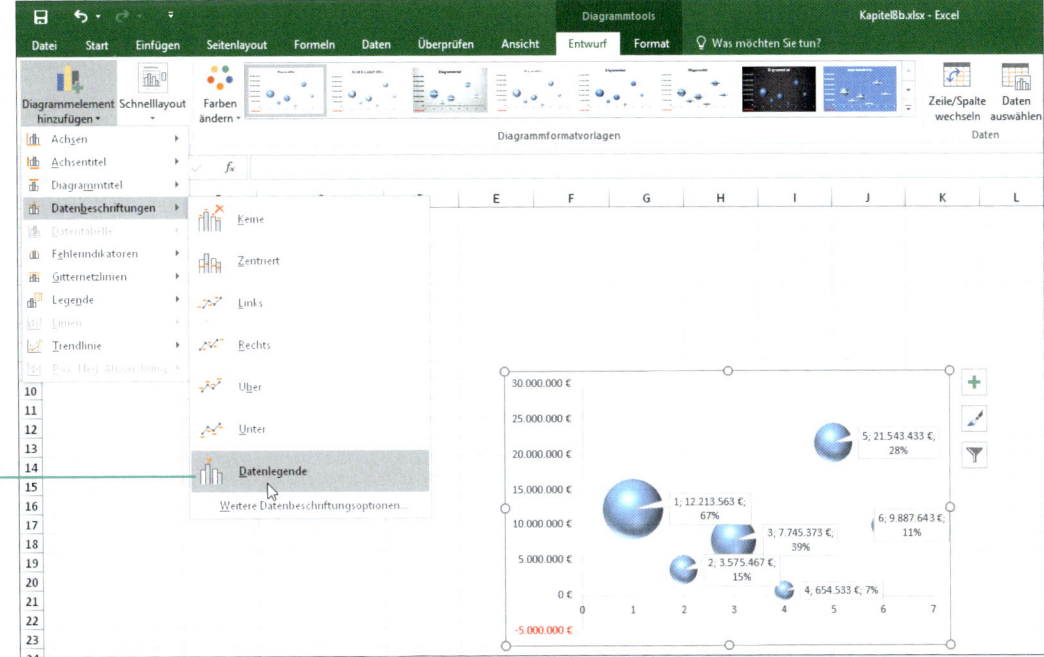

Ein weiterer spannender Diagrammtyp ist das Netzdiagramm. Bei diesem Diagramm erhält jede Kategorie eine eigene Achse, und es lassen sich verschiedene Werte in unterschiedlicher Färbung darauf anordnen. Auch hierzu ein Praxisbeispiel:

1. In unserer Beispieltabelle stehen in Spalte A als Kategorien die zwölf Monate. Den Monaten sind – in den Spalten B, C und D – Verkaufszahlen von drei unterschiedlichen Produkten zugeordnet.

2. Markieren Sie mit der Maus die komplette Tabelle inklusive der Überschriften.

3. Klicken Sie im Menüband unter **Einfügen** in der Gruppe **Diagramme** auf das Symbol **Oberflächen- oder Netzdiagramm einfügen** (❶ auf Seite 308).

4. Wählen Sie im Abschnitt **Netz** eines der verfügbaren Netzdiagramme aus. Die Darstellung der Werte im Netzdiagramm kann sowohl in Form von Linien (Optionen **Netz** ❷ bzw. **Netz mit Datenpunkten** ❸) als auch durch Flächen (Option **Gefülltes Netz** ❹) erfolgen.

5. Und so sieht das hier erzeugte Netzdiagramm aus: Jeder Monat repräsentiert eine Achse, auf der die Verkaufszahlen der drei Produkte angeordnet werden.

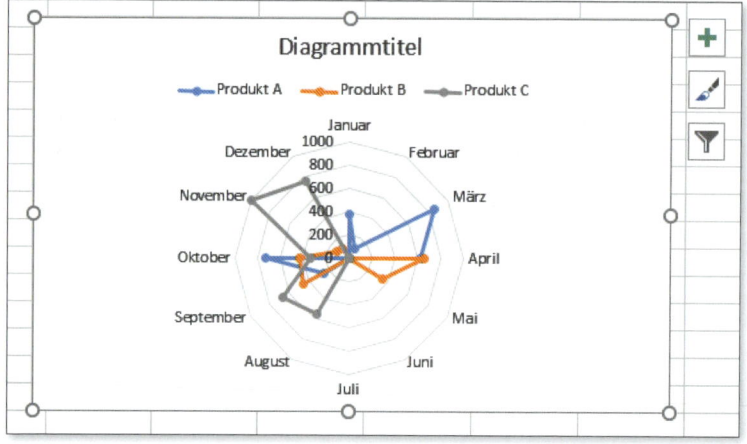

Wenn Sie Wertveränderungen in einem Diagramm darstellen möchten, ist das Wasserfalldiagramm besonders gut geeignet. Bei diesem Diagrammtyp werden die Wertveränderungen in Form von Säulen dargestellt. Auch dazu ein einfaches Praxisbeispiel:

1. Erstellen Sie eine Tabelle mit den Werten, die dem Wasserfalldiagramm zugrunde gelegt werden sollen. In unserem Beispiel werden vom Umsatz in Zeile 2 zunächst die Betriebsausgaben abgezogen, um in Zeile 3 den Bruttogewinn zu erhalten. In Zeile 4 wird dann noch die Steuer subtrahiert, um in Zeile 5 zum Nettogewinn zu gelangen.

2. Markieren Sie die gesamte Tabelle mit der Maus.

3. Entscheiden Sie sich im Menüband unter **Einfügen** in der Gruppe **Diagramme** für das Symbol **Wasserfall- oder Kursdiagramm einfügen** ❶.

4. Wählen Sie im Menü das Wasserfalldiagramm ❷ aus.

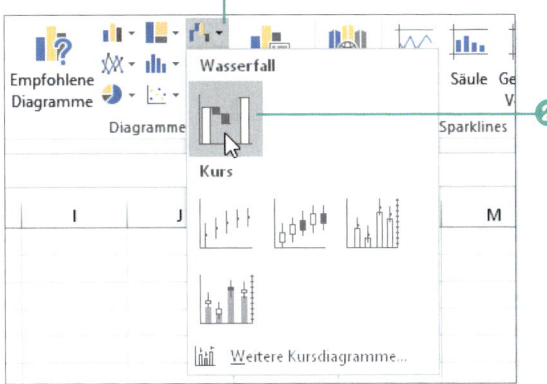

5. Das Wasserfalldiagramm wird prompt eingefügt. Es fällt auf, dass Betriebsausgaben und Steuer jeweils wie gewünscht abgezogen werden; jedoch werden Bruttogewinn und Nettogewinn im Gegenzug hinzuaddiert, obwohl eigentlich die Summe gebildet werden soll.

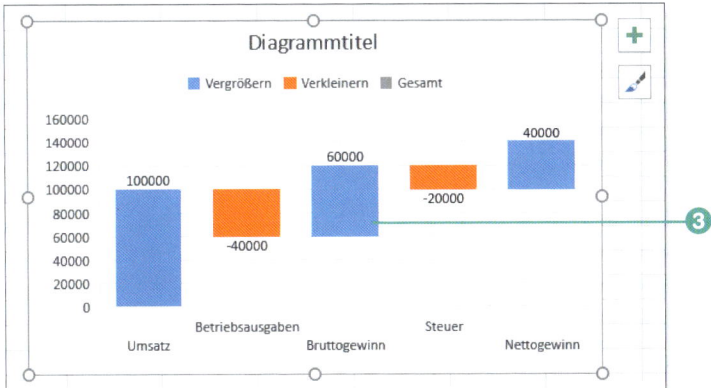

6. Um dieses Problem zu beheben, klicken Sie zunächst die Säule des Bruttogewinns ❸ zweimal langsam hintereinander mit der linken Maustaste und dann mit der rechten Maustaste an. Wählen Sie im Kontextmenü den Eintrag **Als Summe festlegen** (❹ auf Seite 310).

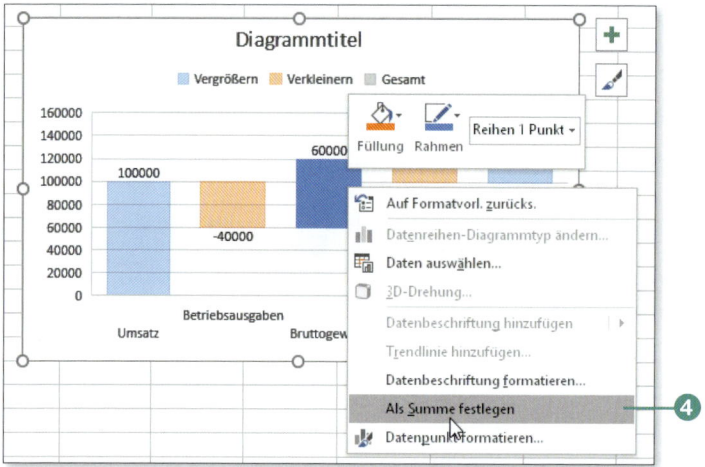

7. Sie stellen fest, dass die Säule nun richtig angeordnet wird. Klicken Sie als Nächstes die Säule des Nettogewinns ❺ – in diesem Fall nur einmalig – mit der linken Maustaste an. Dann klicken Sie die Säule mit der rechten Maustaste an und wählen im Kontextmenü ebenfalls den Eintrag **Als Summe festlegen** ❻.

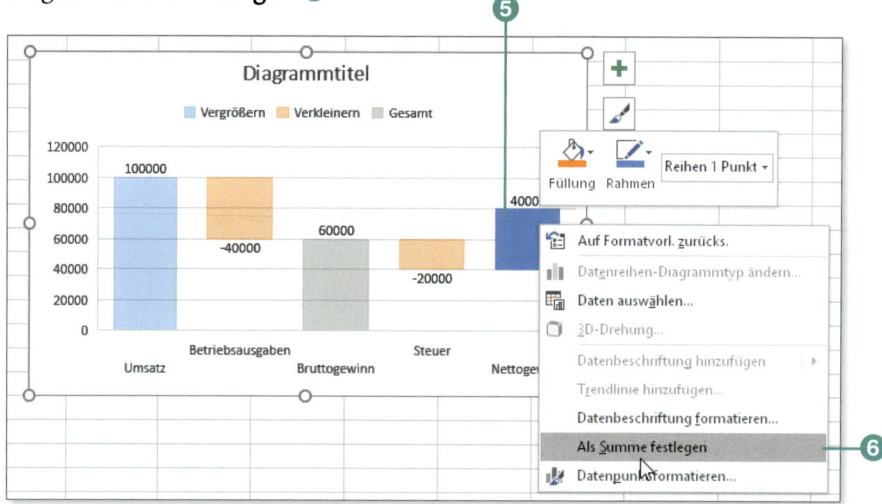

8. Nun stimmt alles. Nehmen Sie, wenn Sie möchten, weitere Formatierungsschritte zur Übung auf eigene Faust vor!

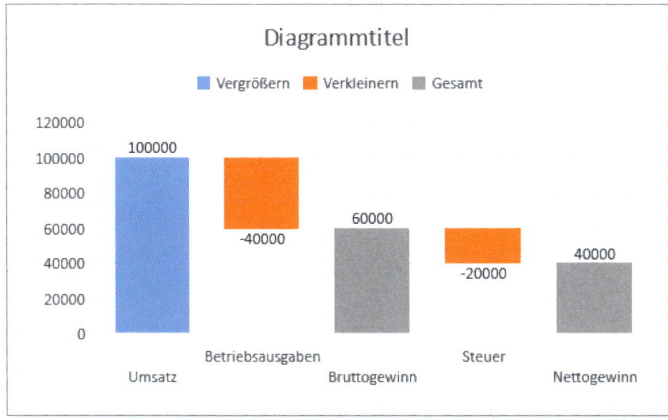

Flussdiagramme und andere Formen einfügen

In ein Diagramm bzw. – auch unabhängig von einem Diagramm – ein Tabellenblatt lassen sich die unterschiedlichsten Formen einfügen: verschiedene Pfeile und Linien, aber auch Flussdiagramme, Banner, Legenden und mehr.

Vielleicht möchten Sie ein Diagrammelement in einem Diagramm besonders kennzeichnen oder mit einem Kommentar versehen? Dazu sind die Formen perfekt geeignet, wie Ihnen die folgende Anleitung zeigt:

1. Klicken Sie das Diagramm an, um es auszuwählen. Die Darstellung erfolgt hier wieder auf der Basis eines Liniendiagramms, Sie können aber natürlich auch jeden anderen Diagrammtyp um Formen ergänzen.

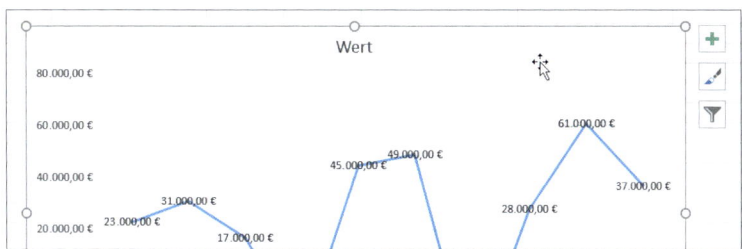

2. Entscheiden Sie sich im Menüband unter **Diagrammtools** für den Reiter **Format**.

3. In der Gruppe **Formen einfügen** finden Sie einen Kasten mit den verfügbaren Formen. Klicken Sie rechts unten im Kasten auf den Pfeil, um den Kasten aufzuklappen.

4. Klicken Sie die Form, die Sie verwenden möchten, mit der Maus an. In diesem Fall wird eine Form im Abschnitt **Legenden** ❶ ausgewählt.

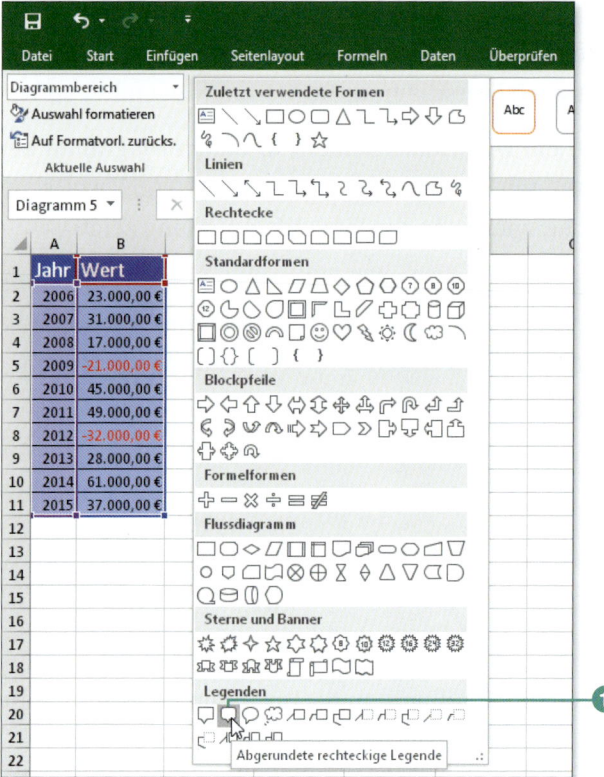

Flussdiagramme und andere Formen einfügen

5. Zeichnen Sie die Form in das Diagramm. Dazu klicken Sie einfach an die Stelle, an der die Form eingefügt werden soll, und ziehen sie anschließend bei gedrückter Maustaste in die gewünschte Größe.

6. Nun können Sie die Form noch exakt positionieren, indem Sie sie anklicken und bei gedrückter Maustaste verschieben.

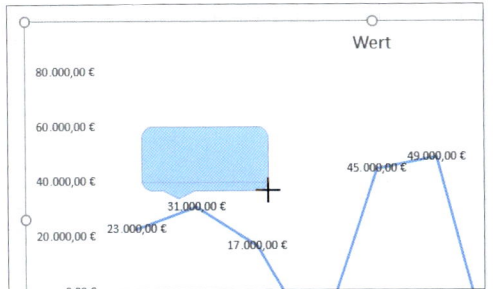
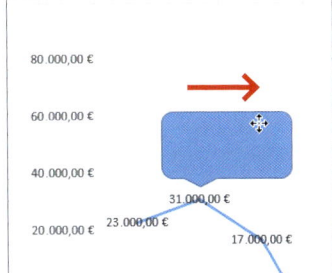

7. Andere Formatierung gewünscht? Wenn Sie eine Form anklicken, werden Ihnen im Menüband die **Zeichentools** mit verschiedenen Formatierungsoptionen angezeigt. Hier wähle ich beispielsweise eine Designformatvorlage ❷ aus.

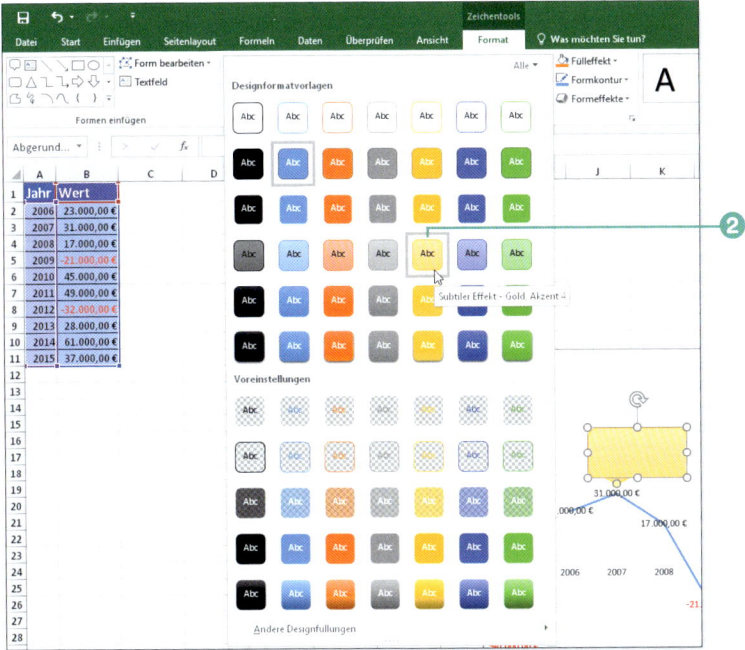

8. Um einer entsprechenden Form Text hinzuzufügen, doppelklicken Sie in die Form, sodass der Cursor darin blinkt.

9. Tippen Sie Ihren Text ein.

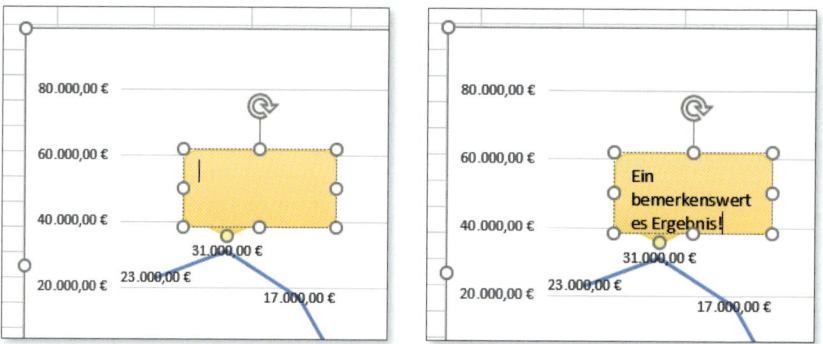

10. Um den Text zu formatieren, klicken Sie dreimal hintereinander in die Form. Der Text wird daraufhin markiert (grau unterlegt) und ein Formatierungsmenü geöffnet. Hier können Sie etwa wie in der folgenden Abbildung die Schriftgröße des markierten Textes ändern.

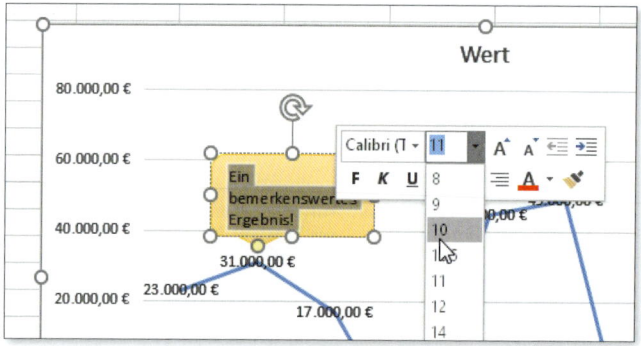

Weitere Formatierungsoptionen erhalten Sie, wenn Sie die Form mit der rechten Maustaste anklicken und sich im Kontextmenü für **Objekt formatieren** (Formatierung der Form) bzw. für **Texteffekte formatieren** (Formatierung des markierten Textes) entscheiden.

Flussdiagramme und andere Formen einfügen

> **TIPP**
>
> **Formen und andere Objekte drehen**
>
> Formen, aber auch andere Objekte wie Bilder lassen sich beliebig drehen. Dazu finden Sie oberhalb des Objekts ein entsprechendes Symbol. Klicken Sie dieses Symbol an, halten Sie die Maustaste gedrückt, und ziehen Sie mit der Maus in eine Richtung, um das Objekt in diese Richtung zu drehen. Die Drehung lässt sich alternativ auch in den Formatierungsoptionen festlegen, die Sie mit der Kontextmenüwahl **Objekt formatieren** in der Leiste rechts einblenden.
>
> *Hier wird eine Form durch Ziehen des dafür vorgesehenen Symbols gedreht.*

Wie bereits erwähnt, lässt sich eine Form auch völlig unabhängig von einem Diagramm in ein Tabellenblatt einfügen, etwa um zusätzliche Hinweise einzubauen. Auch dazu ein Beispiel, für das Sie unsere oben erstellte Tabelle nutzen können:

1. Klicken Sie im Menüband unter **Einfügen** auf die Schaltfläche **Formen** ❶.

2. Wählen Sie im Menü durch Anklicken eine Form aus, die Sie in das Tabellenblatt einfügen möchten. Hier wähle ich eine Form im Abschnitt **Blockpfeile** ❷ aus.

3. Klicken Sie in das Tabellenblatt, halten Sie die Maustaste gedrückt, und ziehen Sie die Form bei gedrückter Maustaste in die gewünschte Größe.

4. Als Nächstes klicken Sie in die Form und ziehen sie bei gedrückter Maustaste in die richtige Position.

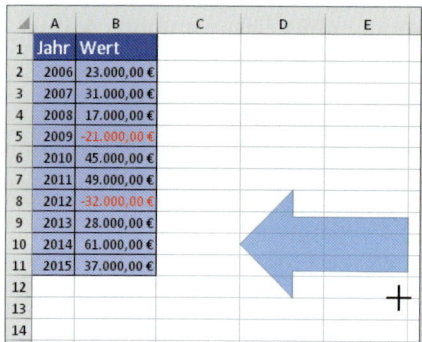
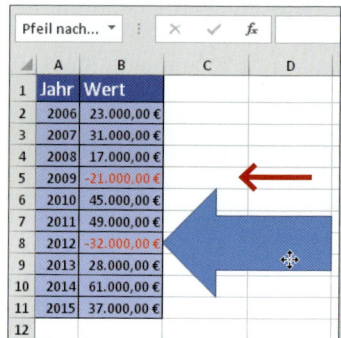

5. Bei ausgewählter Form werden im Menüband die **Zeichentools** ❸ eingeblendet. Verwenden Sie die dort angebotenen Optionen, um die Form nach Belieben zu formatieren.

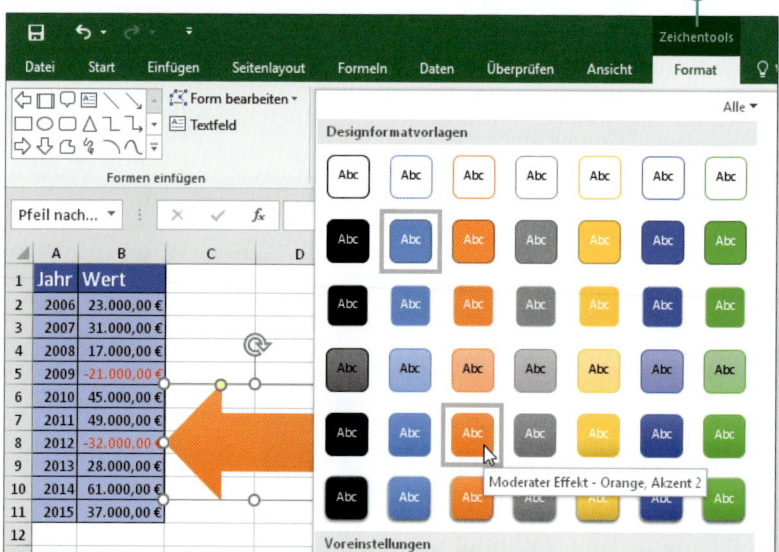

6. Um Text in die Form einzufügen, doppelklicken Sie darauf, sodass der blinkende Cursor angezeigt wird.

7. Tippen Sie nun Ihren Text ein. Auch für den Text stehen, wie ja schon im Zusammenhang mit dem Einfügen einer Form in ein Diagramm dargestellt, verschiedene Formatierungsoptionen zur Verfügung.

SmartArt-Grafiken einfügen

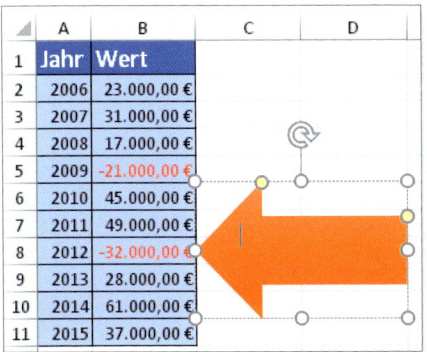 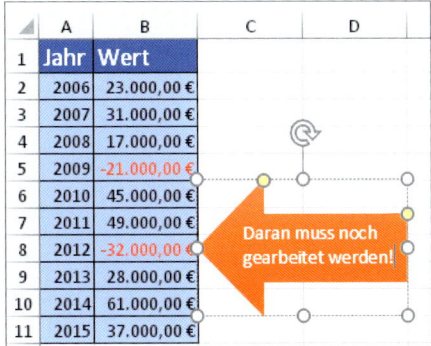

> **TIPP**
>
> **Form frei ausrichten**
>
> Wenn Sie eine Form verschieben – siehe Schritt 4 auf Seite 316 –, so werden Sie feststellen, dass das Ausrichten standardmäßg nicht beliebig erfolgt, sondern sich nach der Zelle richtet. Um ein freies Ausrichten zu ermöglichen, halten Sie beim Verschieben einfach die Taste [Alt] gedrückt.

SmartArt-Grafiken einfügen

Eine Kombination gleich mehrerer Formen stellen die *SmartArt-Grafiken* dar, die sich ebenfalls zu unterschiedlichen Zwecken in ein Tabellenblatt einbauen lassen, etwa zur Darstellung eines Prozesses oder einer Hierarchie. Wie Sie eine SmartArt-Grafik in ein Tabellenblatt einbauen und dann individuell anpassen, zeigt Ihnen die folgende Anleitung:

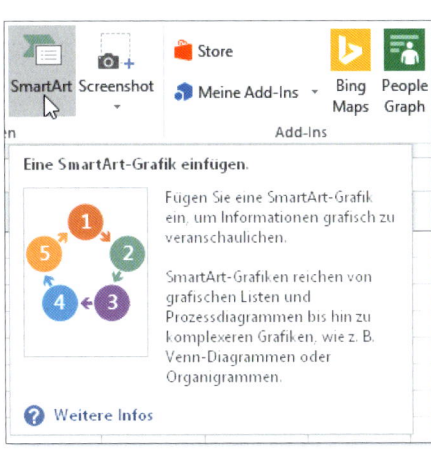

1. Entscheiden Sie sich im Menüband unter **Einfügen** für die Schaltfläche **SmartArt**.

317

Kapitel 8 – Diagramme und Co. einfügen

2. Im folgenden Fenster wählen Sie zunächst links eine SmartArt-Kategorie aus, hier etwa **Prozess** ❶. Klicken Sie dann eine SmartArt-Vorlage ❷ an, die Sie verwenden möchten, und bestätigen Sie Ihre Auswahl mit **OK**.

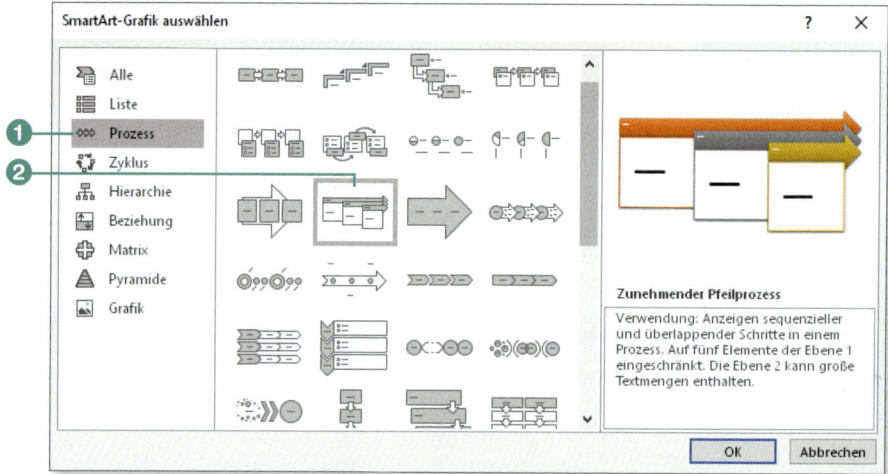

3. Die SmartArt-Grafik wird in das Tabellenblatt eingefügt. Gleichzeitig werden Ihnen im Menüband die **SmartArt-Tools** mit diversen Formatierungsoptionen angeboten. Die folgende Abbildung zeigt, wie eine SmartArt-Formatvorlage ❸ ausgewählt wird.

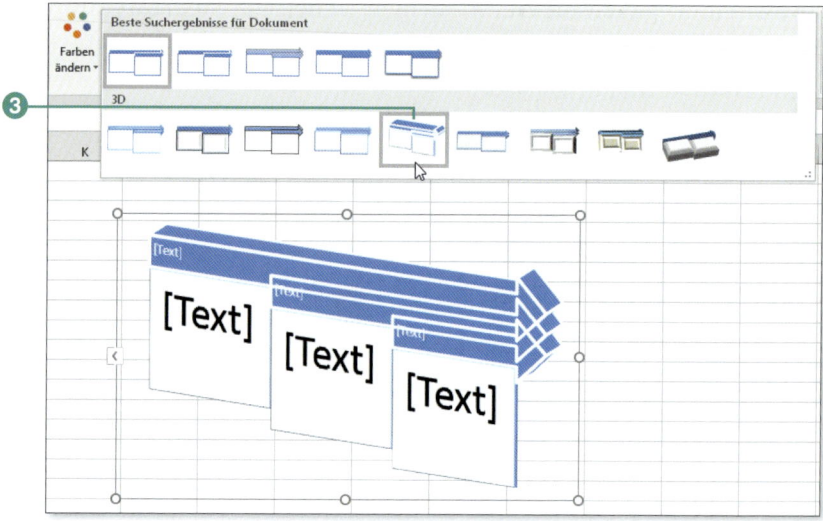

SmartArt-Grafiken einfügen

4. Um die SmartArt-Grafik mit ihren eigenen Texten zu versehen, klicken Sie jeweils auf einen **Text**-Baustein.

5. Tippen Sie Ihren Text ein, und klicken Sie anschließend den nächsten Baustein an.

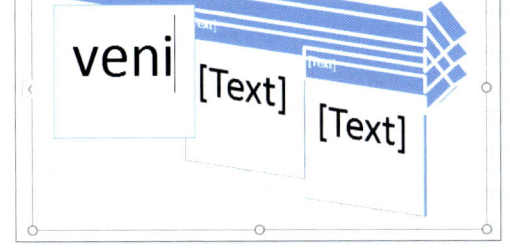

6. Was die Textformatierung betrifft, aber auch das Ändern der Objektgröße oder das Verschieben der SmartArt-Grafik innerhalb des Tabellenblatts, so können Sie dazu genauso verfahren wie in den Anleitungen zu den Formen im vorigen Abschnitt beschrieben.

SmartArt-Grafiken sind nicht in Stein gemeißelt. Es lassen sich aus der SmartArt-Grafik sowohl Formen entfernen (bzw. Formen bearbeiten) als auch Formen hinzufügen.

Dabei ist zunächst wichtig zu wissen: Wenn Sie die einzelnen Formen der SmartArt-Grafik bearbeiten, so wird die SmartArt-Grafik automatisch in einzelne Formen konvertiert – diese lassen sich aber nicht mehr in eine SmartArt-Grafik zurückverwandeln!

Um eine Form aus der SmartArt-Grafik zu entfernen oder diese zu verändern, gehen Sie auf folgende Weise vor:

1. Die einzelnen Formen sind mit Punkten versehen. Um eine einzelne Form in der SmartArt-Grafik auszuwählen, doppelklicken Sie darauf.

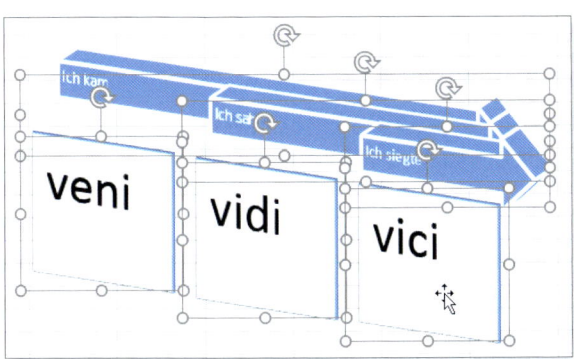

2. Klicken Sie auf den Rand der Form, und betätigen Sie die Taste ⌫, um die Form zu löschen. Sie können die Form aber auch bei gedrückter Maustaste größer ziehen oder sie in eine andere Position bewegen.

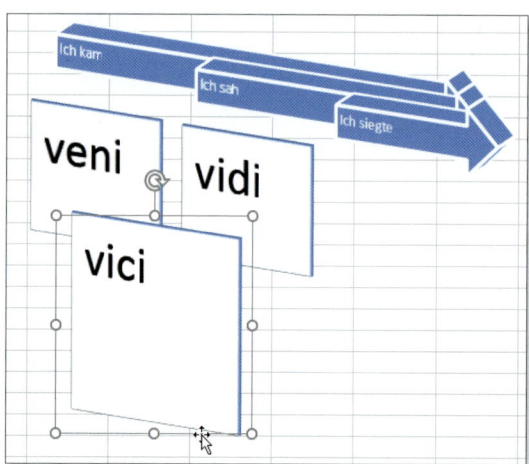

> **INFO**
>
> **Überlagerte Form nach vorn bringen**
>
> Wenn sich mehrere Formen in einer SmartArt-Grafik überlagern, können Sie selbst bestimmen, welche Form vorn und welche hinten angezeigt wird. Dazu klicken Sie eine Form mit der rechten Maustaste an und verwenden im Kontextmenü die Einträge **In den Vordergrund** bzw. **In den Hintergrund**.

Eine SmartArt-Grafik stellt eine Gruppierung mehrerer Formen dar. Um diese Gruppierung aufzuheben, gehen Sie wie folgt vor:

1. Klicken Sie die SmartArt-Grafik mit der rechten Maustaste an. Bewegen Sie den Mauszeiger im Kontextmenü auf den Eintrag **Gruppieren**, und wählen Sie im Ausklappmenü die Option **Gruppierung aufheben** ❶.

2. Um die Gruppierung wiederherzustellen, entscheiden Sie sich entsprechend für die Option **Gruppierung wiederherstellen** ❷.

SmartArt-Grafiken einfügen

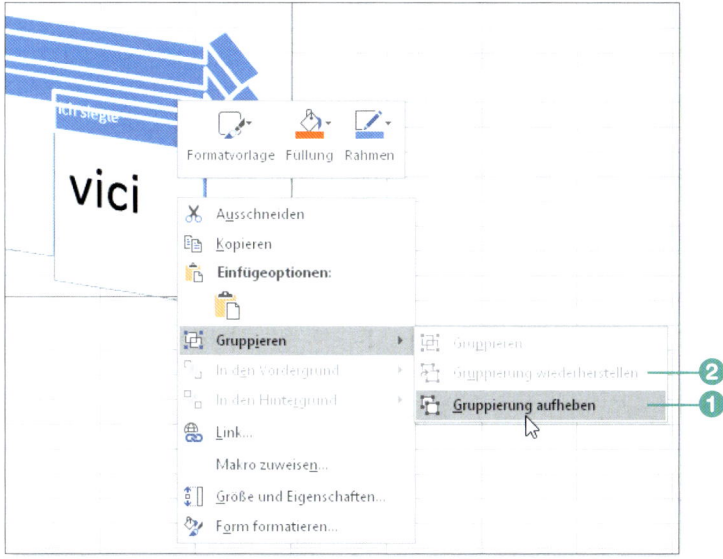

Wie gesagt, lassen sich einer SmartArt-Grafik auch weitere Formen hinzufügen. Dazu klicken Sie eine Form in der SmartArt-Grafik (sie darf nicht zu einzelnen Formen konvertiert worden sein!) mit der rechten Maustaste an und wählen im Kontextmenü unter **Form hinzufügen** eine Option aus.

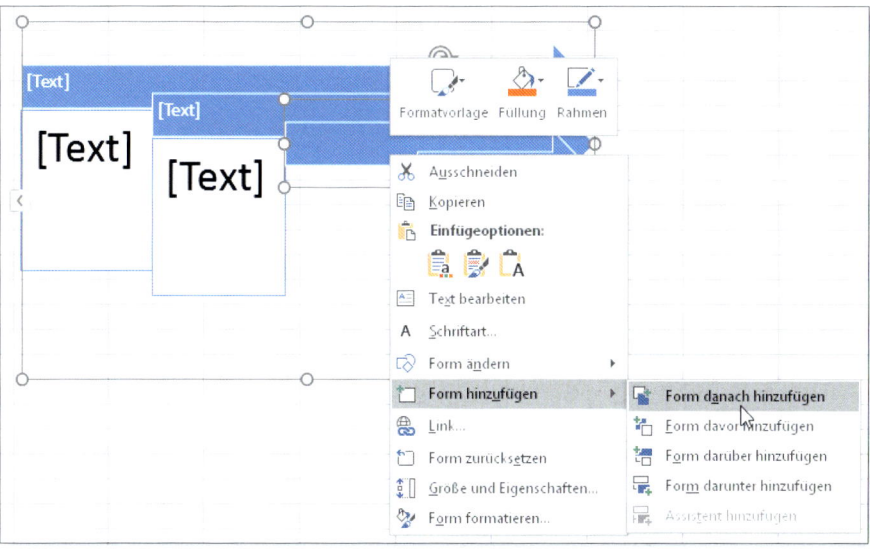

Hier wird eine SmartArt-Grafik um weitere Formen erweitert.

321

Bilder, Onlinegrafiken und Screenshots einfügen

Um Ihre Excel-Tabellen ansprechender zu gestalten oder um diese mit Bildinformationen zu versehen, lassen sich mit wenigen Handgriffen eigene Bilder, Onlinegrafiken sowie Screenshots (Bildschirmausschnitte) in ein Blatt einfügen.

Lassen Sie uns zunächst ein Bild in ein Blatt einfügen. Um ein digitales Bild auf den Computer zu bekommen, können Sie dieses beispielsweise von einer Digitalkamera importieren, einen E-Mail-Anhang speichern oder mit einem Bildbearbeitungsprogramm eigene Grafiken erstellen. Excel beherrscht eine ganze Reihe von Bildformaten, unter anderem JPG, PNG, GIF, BMP, TIF.

Um ein eigenes Bild in Excel einzufügen und dieses nach Ihren Wünschen zu formatieren, gehen Sie auf folgende Weise vor:

1. Klicken Sie in Ihrer Tabelle zunächst an die Stelle, an der das Bild eingefügt werden soll. Die angeklickte Zelle markiert die Position links oben, an der ein Bild eingefügt wird (ein eingefügtes Bild lässt sich aber nachträglich auch noch an eine andere Position ziehen).

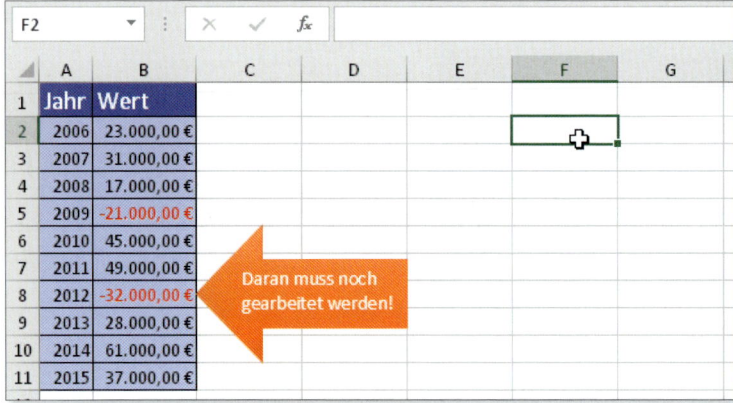

2. Entscheiden Sie sich anschließend im Menüband unter **Einfügen** für die Schaltfläche **Bilder**.

Bilder, Onlinegrafiken und Screenshots einfügen

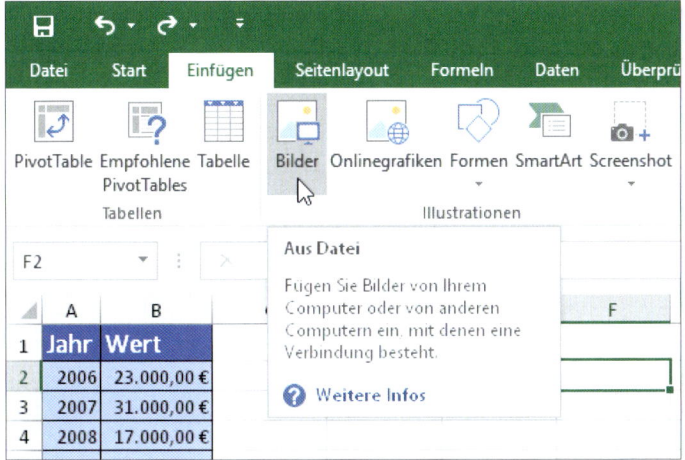

3. Wählen Sie im sich öffnenden Speicher ein Bild ❶ aus, und bestätigen Sie mit der Schaltfläche **Einfügen** ❷. (Wenn Sie das Bild nicht in die Excel-Datei einfügen, sondern lediglich mit dieser verknüpfen möchten, so klicken Sie auf den zur Schaltfläche **Einfügen** gehörenden Pfeil ❸ und wählen **Mit Datei verknüpfen**.)

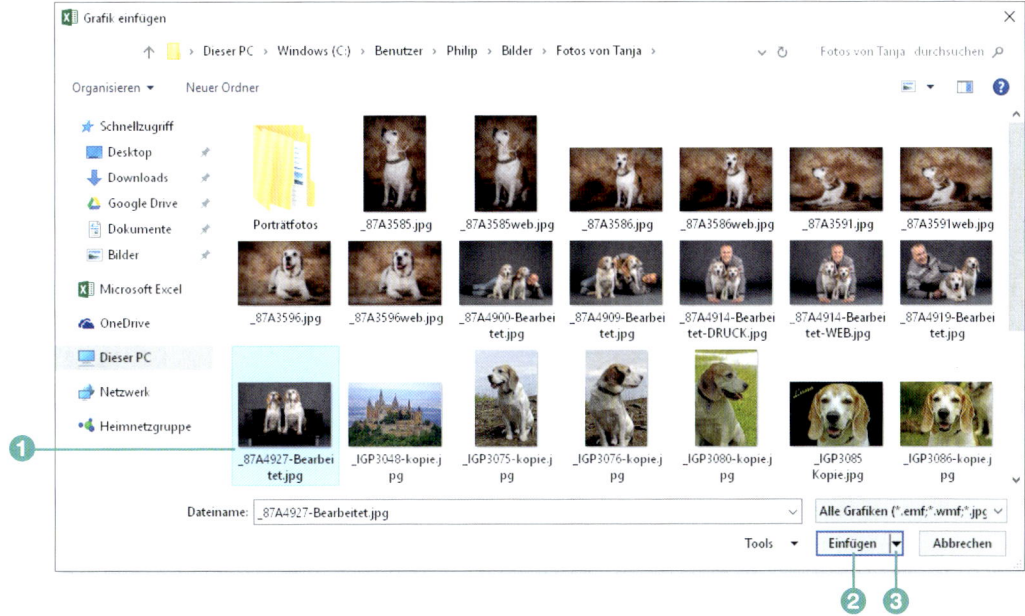

4. Das eingefügte Bild ist unter Umständen zu groß. Um die Größe zu ändern, klicken Sie in eine Ecke des Bildes und ziehen es bei gedrückter Maustaste kleiner.

5. Wenn Sie ein eingefügtes Bild ausgewählt haben, so werden Ihnen im Menüband die **Bildtools** angezeigt. Verwenden Sie hier beispielsweise eine der Bildformatvorlagen.

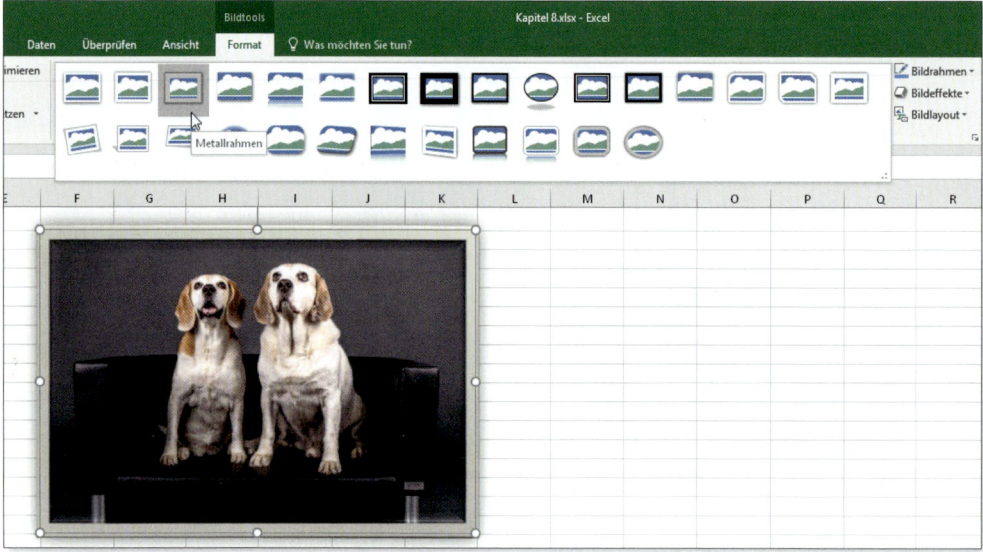

Bilder, Onlinegrafiken und Screenshots einfügen

6. Oder möchten Sie das Bild mit einem Text versehen? Dazu wählen Sie unter der Schaltfläche **Bildlayout** eines der angebotenen Layouts aus.

7. Geben Sie dann Ihren individuellen Text ein. Dieser lässt sich, wie bereits im Zusammenhang mit den Formen kennengelernt, formatieren.

8. Ein Bild drehen oder zuschneiden – auch dazu finden Sie in den **Bildtools** die entsprechenden Funktionen. Um ein Bild zuzuschneiden, klicken Sie beispielsweise auf die Schaltfläche **Zuschneiden** ❹. Für das freie Zuschneiden wählen Sie im sich öffnenden Menü den Eintrag **Zuschneiden** ❺. Ein Bild lässt sich alternativ auch in eine Form einpassen (Option **Auf Form zuschneiden** ❻) oder in einem bestimmten **Seitenverhältnis** ❼ zuschneiden.

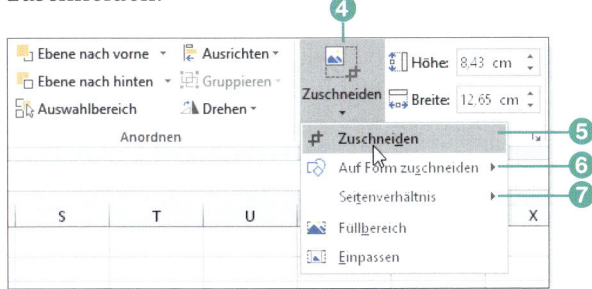

9. Bringen Sie den auf dem Bild angezeigten Zuschnittrahmen bei gedrückter Maustaste in die gewünschte Größe und Position. Um den Zuschnitt durchzuführen, klicken Sie erneut auf die Schaltfläche **Zuschneiden**.

10. Sogar rudimentäre Bildbearbeitungsschritte lassen sich in Excel durchführen. Die entsprechenden Funktionen finden Sie in den **Bildtools** in der Gruppe **Anpassen**. Erhöhen Sie z. B. unter der Schaltfläche **Korrekturen** ❽ die Bildhelligkeit.

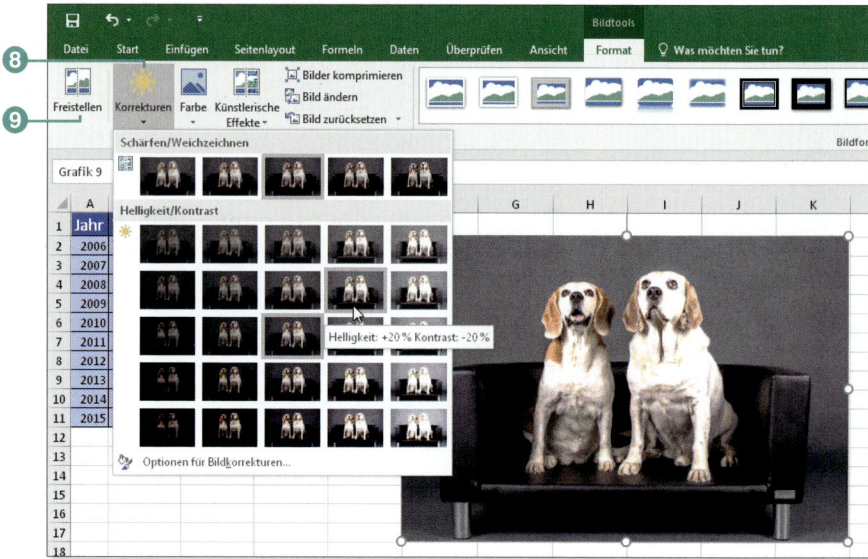

TIPP

Bilder freistellen

Eine sehr ansprechende Bildbearbeitungsfunktion in Excel ist auch das Freistellen von Bildern. Zum Freistellen klicken Sie in den **Bildtools** auf die Schaltfläche **Freistellen** (❾ auf Seite 326). Bestimmen Sie anschließend per Schaltfläche, ob Sie zu behaltende ❿ oder zu entfernende Bereiche ⓫ markieren möchten. Die Auswahl erfolgt jeweils durch Ziehen bei gedrückter Maustaste. Um das Ergebnis zu speichern, klicken Sie auf die Schaltfläche **Änderungen beibehalten** ⓬.

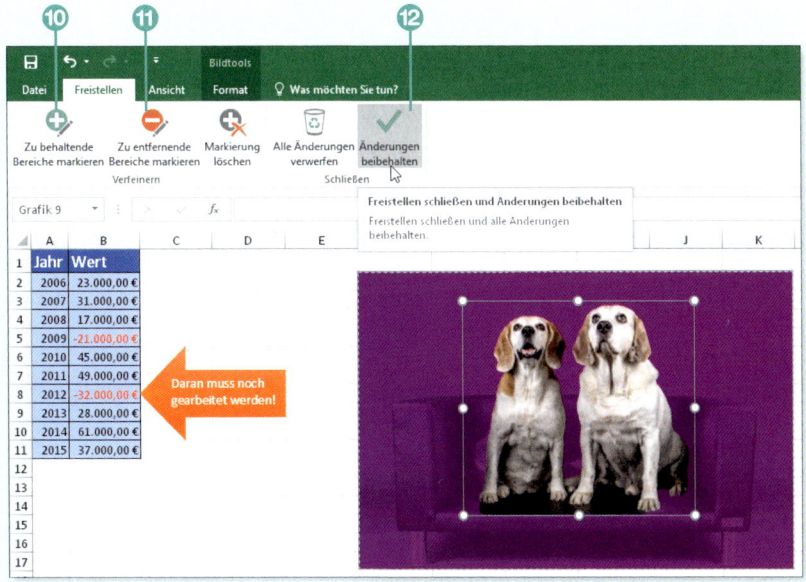

Eingefügte Bilder lassen sich in Excel auf einfache Weise freistellen.

Wenn Ihnen für Ihre Einsatzzwecke keine eigenen Bilder zur Verfügung stehen, können Sie auch Bilder aus dem Internet einsetzen. Dabei gilt es unbedingt das Urheberrecht zu beachten, besonders dann, wenn die Nutzung eines Bildes über den privaten Gebrauch hinausgeht. Ansonsten drohen kostspielige Abmahnungen. Eine ClipArt-Galerie, wie es sie in früheren Office-Versionen noch gab, steht in der Version 2016 leider nicht mehr zur Verfügung.

Kapitel 8 – Diagramme und Co. einfügen

Die folgende Anleitung zeigt Ihnen, wie Sie eine passende Onlinegrafik mit Microsofts eigener Suchmaschine Bing aufspüren und in eine Excel-Datei einbinden:

1. Klicken Sie zunächst wieder an die Stelle, an der das Bild eingefügt werden soll, und entscheiden Sie sich dann im Menüband unter **Einfügen** für die Schaltfläche **Onlinegrafiken**.

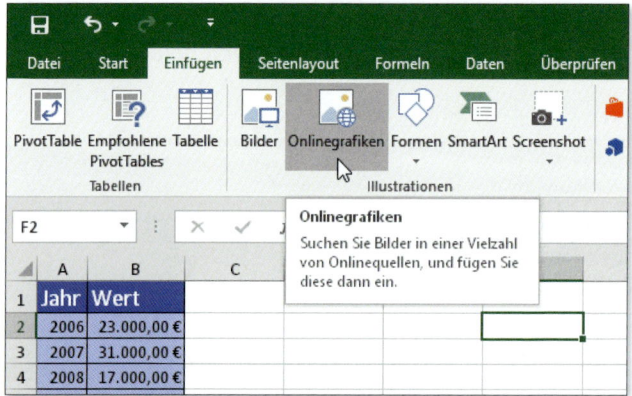

2. Geben Sie in das Feld **Bing-Bildersuche** ❶ ein, wonach Sie suchen. Groß- und Kleinschreibung brauchen Sie dabei nicht zu beachten. Sie können mehrere Begriffe – durch ein Leerzeichen getrennt – eingeben, um die Suche zu verfeinern. Betätigen Sie auf Ihrer Tastatur ⏎, um die Bildersuche zu starten.

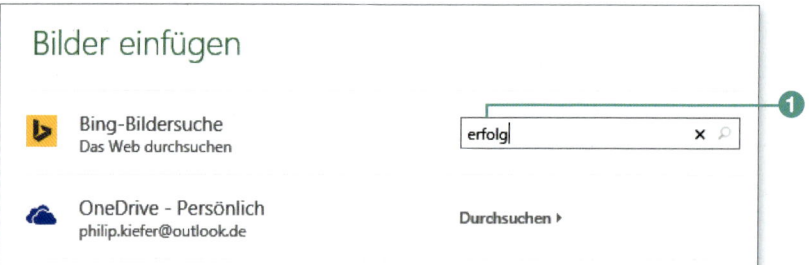

3. Wenn Sie in den Ergebnissen ein Bild anklicken ❷, werden Ihnen links unten im Fenster Informationen dazu angezeigt, insbesondere die Bildgröße ❸. Möchten Sie das ausgewählte Bild verwenden, klicken Sie auf

die Schaltfläche **Einfügen** ❹, oder fügen Sie es per Doppelklick direkt auf das Bild ein.

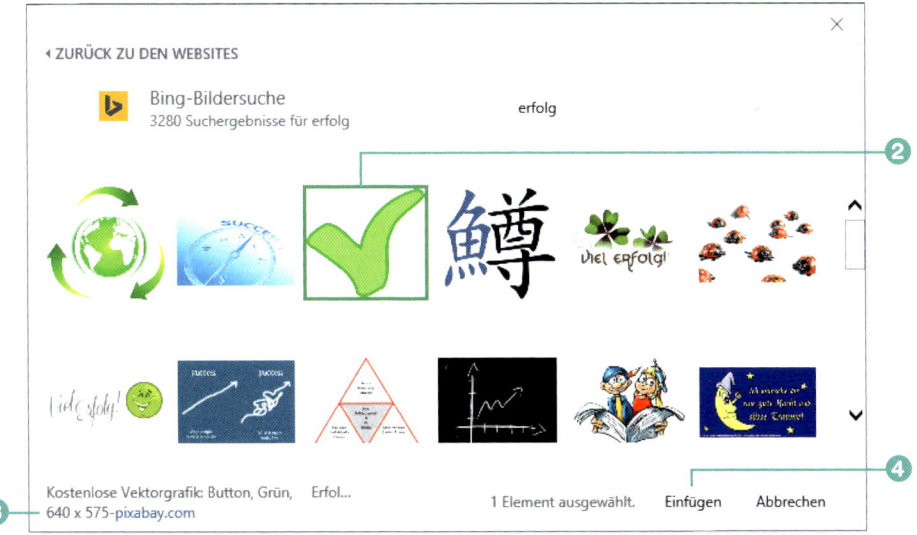

4. Verfahren Sie dann damit wie mit Ihren eigenen Bildern: Bringen Sie die eingefügte Onlinegrafik in die gewünschte Größe und Position, und verwenden Sie gegebenenfalls die Bildtools zur Formatierung.

> **TIPP**
>
> **Bilder aus anderen Onlinequellen einbinden**
>
> Microsofts Suchmaschine Bing ist nicht die einzige Onlinequelle für Bilder. Sie können unter der Schaltfläche **Onlinegrafiken** auch Bilder einbinden, die Sie in Microsofts Onlinespeicher OneDrive abgelegt haben. Aber auch Bilder von Facebook oder Flickr lassen sich einbinden – dazu klicken Sie im Dialogfenster **Bilder einfügen** zu Schritt 2 auf Seite 328 auf die entsprechende Option und melden sich mit Ihren Zugangsdaten an.
>
> *Auch Bilder von Facebook oder Flickr lassen sich in eine Excel-Datei einfügen.*

Kapitel 8 – Diagramme und Co. einfügen

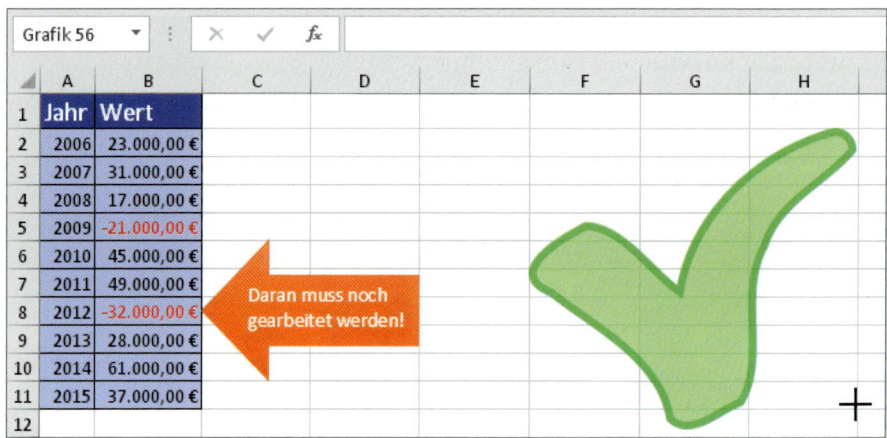

Schließlich lassen sich auch Screenshots in eine Excel-Datei einbinden. Dazu finden Sie im Menüband unter **Einfügen** die Schaltfläche **Screenshot** ❶. Sie können im sich öffnenden Menü ein Fenster auswählen oder sich für den Eintrag **Bildschirmausschnitt** ❷ entscheiden. In diesem Fall wird der Bildschirmausschnitt dem zuletzt geöffneten Fenster entnommen, das sich automatisch öffnet. Dort ziehen Sie dann einfach bei gedrückter Maustaste einen Schnittrahmen auf, und das Bild wird in Ihre Excel-Datei eingefügt. Möchten Sie den Vorgang abbrechen, kehren Sie mit der Taste [Esc] zu Ihrem aktuellen Fenster zurück.

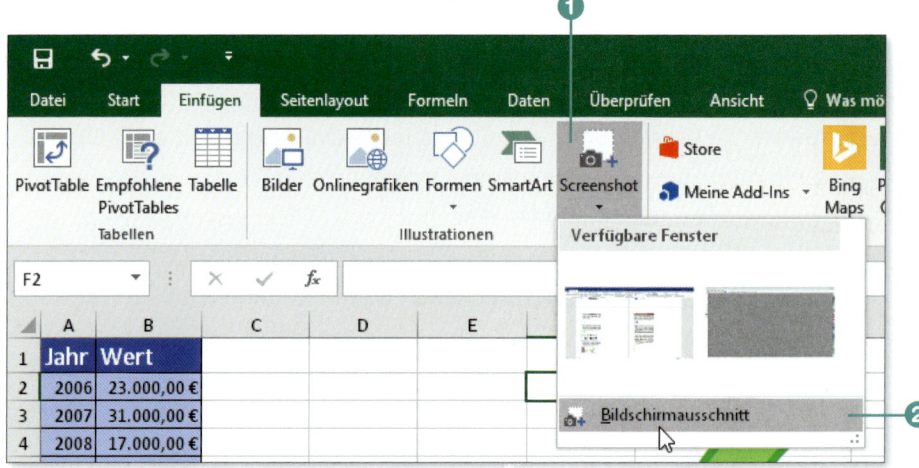

Der Bildschirmausschnitt wird jeweils dem zuletzt auf Ihrem Computer geöffneten Fenster entnommen.

Sie können Screenshots – und andere Bilder – aber auch einfach per Copy & Paste, also mithilfe der Tastenkombinationen Strg + C und Strg + V, in eine Excel-Datei einfügen. Um eine Aufnahme des gesamten Bildschirms zu tätigen, drücken Sie die Taste Druck. Wenn der Screenshot gleichzeitig im Standardordner *Bilder* und dort in einem Unterordner *Bildschirmfotos* gespeichert werden soll, lautet die Tastenkombination ⊞ + Druck. Zur Aufnahme lediglich des aktiven Fensters verwenden Sie die Tastenkombination Alt + Druck. Die derart angefertigten Screenshots fügen Sie ebenfalls mit der Tastenkombination Strg + V in eine Datei ein.

Formel einfügen

Auch Formeln aller Art können Sie als Objekte in eine Excel-Datei einfügen. Einige Standardformeln wählen Sie in einem Menü aus, individuelle Formeln können Sie mithilfe von Optionen erstellen, die Ihnen im Menüband angeboten werden.

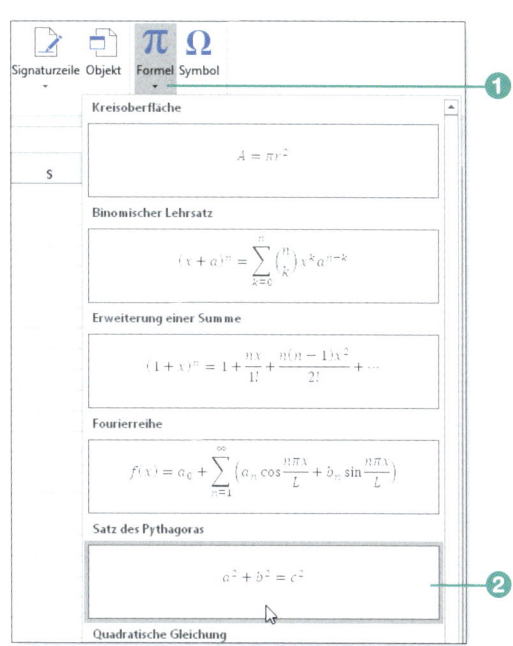

Das Einfügen einer Standardformel ist eine simple Sache: Entscheiden Sie sich dazu im Menüband unter **Einfügen** und dort rechts in der Gruppe **Symbole** für den unteren Teil der Schaltfläche **Formel** ❶. Wählen Sie im sich öffnenden Menü eine Formel aus, etwa den **Satz des Pythagoras** ❷, um diese in die Excel-Datei einzufügen und anschließend Ihren Wünschen entsprechend zu positionieren und zu formatieren.

Hier wird eine Standardformel in die Excel-Datei eingefügt.

Kapitel 8 – Diagramme und Co. einfügen

Das Einfügen individueller Formeln ist etwas aufwendiger, aber ebenfalls problemlos zu bewerkstelligen. Dazu gehen Sie wie folgt vor:

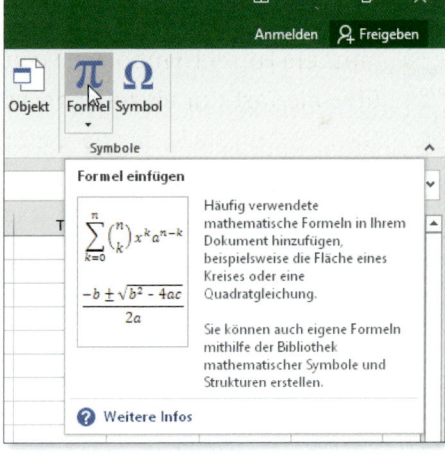

1. Klicken Sie im Menüband unter **Start** in der Gruppe **Symbole** auf den oberen Teil der Schaltfläche **Formel**.

2. In das Blatt wird ein Formelfeld eingefügt, in dem Sie nun zum einen über die Tastatur Ihre Eingaben machen können.

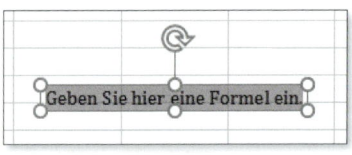

3. Zum anderen werden Ihnen im Menüband die **Formeltools** ❶ angezeigt, in denen Sie verschiedene Formelelemente auswählen können. Hier entscheide ich mich beispielsweise für ein bestimmtes Wurzelsymbol ❷.

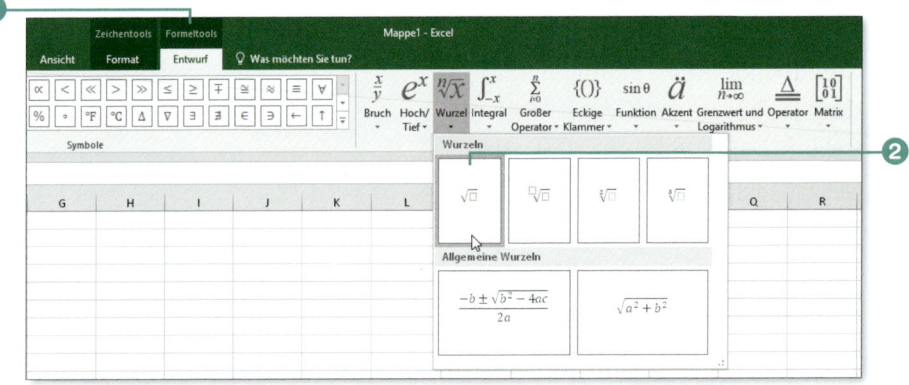

4. Nachdem das Wurzelsymbol eingefügt wurde, klicken Sie in das zugehörige Feld, um dort eine Zahl oder ein anderes Zeichen einzutippen.

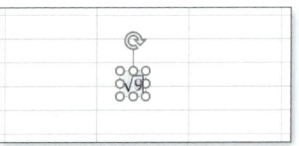

332

TIPP

Freihandgleichung eingeben

Statt ein Formelsymbol im Menüband auszuwählen bzw. Zeichen über die Tastatur einzugeben, können Sie diese auch zeichnen. Dazu klicken Sie in den **Formeltools** auf die Schaltfläche **Freihandgleichung**. Zeichnen Sie die Formelsymbole oder Zeichen so gut wie möglich bei gedrückter Maustaste in das Feld. Links oben werden die erkannten Zeichen angezeigt ❸. Klicken Sie auf die Schaltfläche **Einfügen** ❹, um die Zeichen in das Formelfeld zu übernehmen.

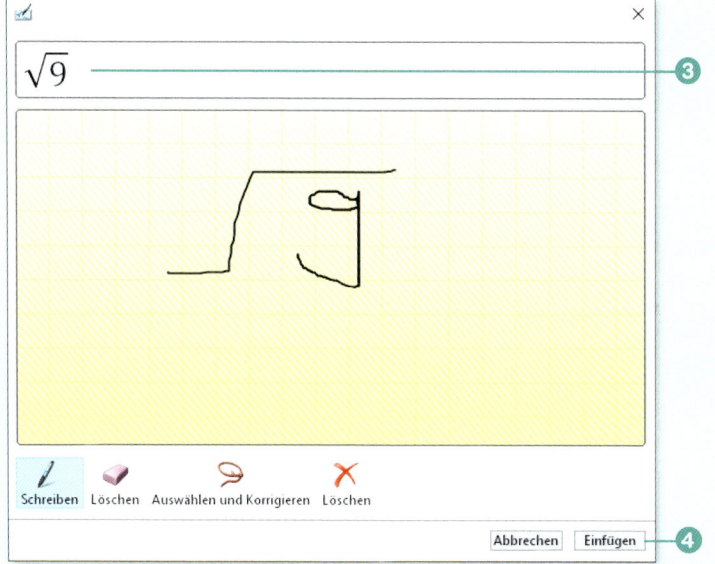

Das Wurzelsymbol und die Ziffer 9 wurden von Excel erkannt und können nun in die Formel eingefügt werden.

Objekt einfügen

Neben all den bisher genannten Möglichkeiten lassen sich in Excel sogar Dateien aus anderen Programmen als Objekte einfügen – aus anderen Programmen des Office-Pakets, aber auch aus weiteren, mit Excel kompatiblen Programmen, die Sie auf Ihrem Computer installiert haben. Als praktisches

Beispiel zeigt Ihnen die folgende Anleitung, wie Sie ein Word-Dokument in eine Excel-Datei einbinden:

1. Klicken Sie auf die Stelle, an der die Datei eingefügt werden soll, und entscheiden Sie sich dann im Menüband für den Reiter **Einfügen**.

2. Klicken Sie in der Gruppe **Text** auf die Schaltfläche **Objekt**.

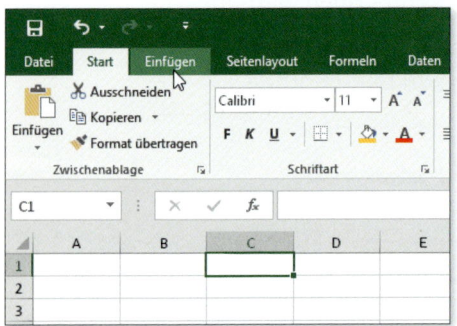
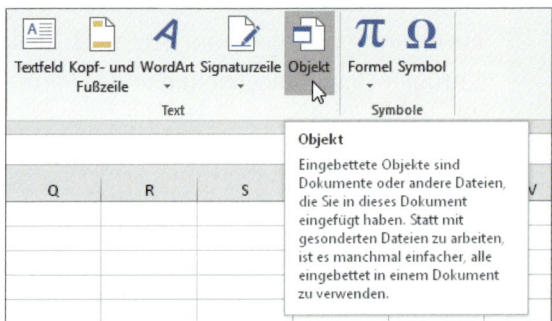

3. Im folgenden Fenster können Sie entweder eine neue leere Datei einbetten, dann wählen Sie unter dem Reiter **Neu erstellen** einen Dateityp aus und bestätigen mit **OK**. Oder Sie machen es wie ich in diesem Beispiel und bauen eine bereits vorhandene Word-Datei in das Tabellenblatt ein. Um das zu bewerkstelligen, klicken Sie auf den Reiter **Aus Datei erstellen**.

4. Klicken Sie im nächsten Schritt auf die Schaltfläche **Durchsuchen**.

5. Wählen Sie die gewünschte Datei ❶ aus, und bestätigen Sie mit der Schaltfläche **Einfügen** ❷.

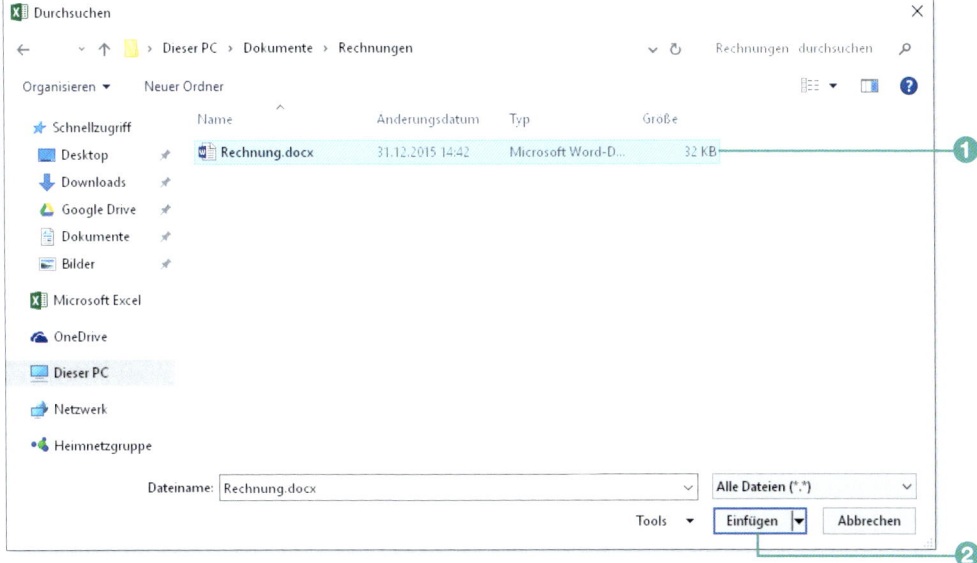

6. Im Dialog **Objekt** können Sie nun noch durch die jeweilige Aktivierung des Kontrollkästchens festlegen, ob die Datei eingefügt (dann lassen Sie das Kontrollkästchen leer) oder lediglich verknüpft (❸ auf Seite 336) werden soll und ob die Datei selbst eingefügt werden soll (wiederum ohne Aktivierung des Kontrollkästchens) oder nur ein **Symbol** zum Öffnen der Datei ❹. Bestätigen Sie Ihre Auswahl mit **OK**.

Kapitel 8 – Diagramme und Co. einfügen

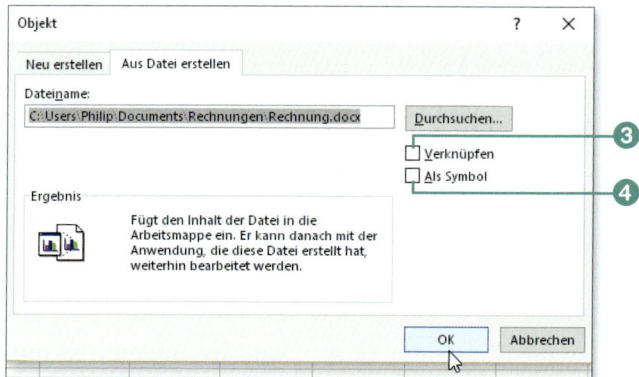

7. Doppelklicken Sie in die eingebettete Datei, um sie zu bearbeiten. Um die Bearbeitung zu beenden, klicken Sie in eine Zelle außerhalb der Datei.

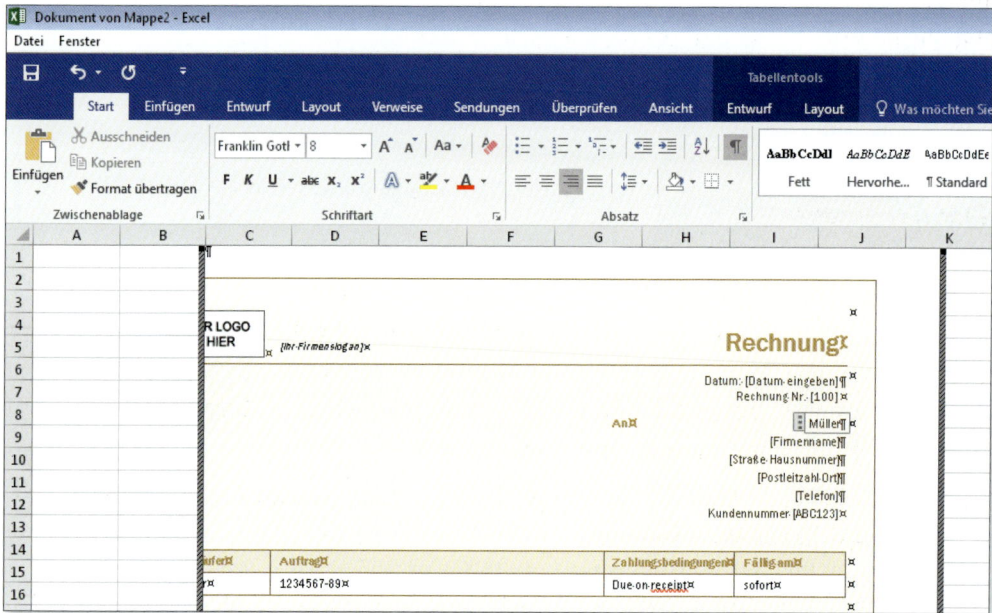

Damit sind wir am Ende des großen Themas »grafische Auswertung und Aufwertung« angelangt. Im nächsten Kapitel zeige ich Ihnen, wie Sie auch große Datenmengen durch Sortieren, Filtern und Pivot-Tabellen in den Griff bekommen und wie sich Excel-Dateien mit anderen Personen gemeinsam bearbeiten lassen.

Kapitel 9
Die Daten im Griff

Gerade bei umfangreichen Tabellen geht es darum, jederzeit die Übersicht zu behalten und gesuchte Daten rasch aufzufinden. Erfahren Sie in diesem Kapitel ausführlich, wie Sie Ihre Daten in Excel gekonnt sortieren und filtern. Lernen Sie, Pivot-Tabellen für die komfortable Auswertung Ihrer Daten zu erstellen. Machen Sie sich außerdem mit Funktionen vertraut, die der Zusammenarbeit mit anderen Personen dienen. Außerdem lesen Sie, wie sich Excel-Daten mit anderen Programmen austauschen lassen.

Daten sortieren

Beim Sortieren geht es darum, die Daten in einer Tabelle nach einem bestimmten Kriterium anzuordnen. Bei umfangreicheren Tabellen empfiehlt es sich, vor Sortieraktionen jeweils eine Sicherheitskopie der Excel-Datei zu speichern, denn wenn man nicht aufpasst, kann man beim Sortieren schon auch mal seine Daten durcheinanderbringen.

Wie Sie zum Sortieren Ihrer Daten in Spalten vorgehen, zeigt Ihnen die folgende Schrittanleitung:

1. Erstellen bzw. öffnen Sie die Tabelle mit den zu sortierenden Daten. Hier habe ich als Beispiel eine Tabelle mit dem Medaillenspiegel der Olympischen Winterspiele 2014 in Sotschi angelegt (siehe Seite 338).

2. Markieren Sie mit der Maus sämtliche Daten, indem Sie bei gedrückter Maustaste über die Spaltenüberschriften A bis F fahren und dann die Maustaste loslassen.

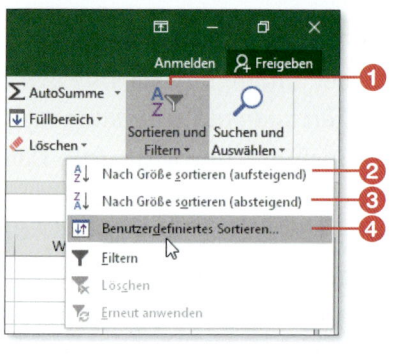

3. Entscheiden Sie sich nun im Menüband unter **Start** für die Schaltfläche **Sortieren und Filtern** ❶.

4. Hätten wir die Tabelle mit Spalte B beginnend markiert, wäre uns eine alphabetische Sortierung angeboten worden. Nun aber finden Sie, weil Spalte A Ziffern enthält, im Menü die Optionen **Nach Größe sortieren (aufsteigend)** ❷ und **Nach Größe sortieren (absteigend)** ❸ vor. Damit können Sie die Tabelle aufsteigend vom niedrigsten zum höchsten Wert sortieren bzw. absteigend vom höchsten zum niedrigsten Wert. Nun möchten Sie aber vielleicht auf einen Blick sehen, welche Nationen die meisten Silbermedaillen erworben haben. Dafür wählen Sie im Menü den Eintrag **Benutzerdefiniertes Sortieren** ❹.

5. Im Menü **Spalte ▸ Sortieren nach** ❺ können Sie nun diejenige Spalte (in unserem Beispiel **Silber**) auswählen, nach der die Sortierung aller markierten Spalten erfolgen soll. Das Kontrollkästchen **Daten haben Überschriften** ❻ soll nur aktiviert bleiben, wenn die Spalten wie in unserem Fall tatsächlich Überschriften haben.

Daten sortieren

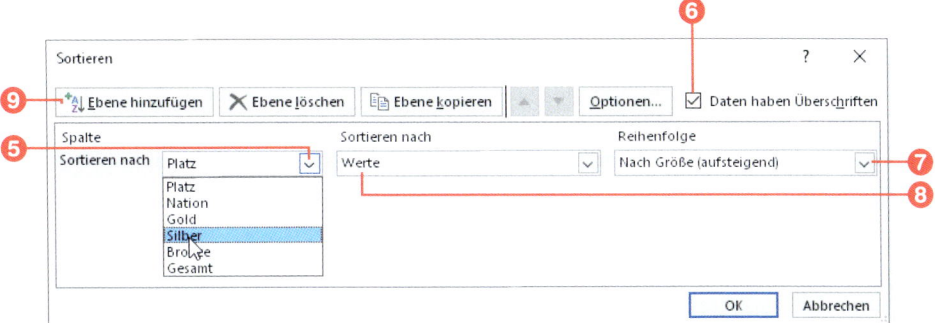

6. Dann legen Sie noch im Menü **Reihenfolge** ❼ über den Auswahlpfeil die absteigende Sortierung fest, da Sie ja wissen möchten, wer die meisten Medaillen erhalten hat. Im mittleren Feld **Sortieren nach** belassen Sie die automatisch angezeigte Option **Werte** ❽. Sobald Sie mit **OK** bestätigen, finden Sie die gewünschte Sortierung auch schon vor.

In einigen Fällen werden Sie Ihre Daten nach mehreren Kriterien hintereinander sortieren wollen. Dazu entscheiden Sie sich für die Schaltfläche **Ebene hinzufügen** ❾ und geben die weiteren Sortierkriterien ein.

Beim benutzerdefinierten Sortieren können auch mehrere Sortierebenen gleichzeitig angelegt werden.

Und wie können dann, wie ich eingangs angedeutet habe, beim Sortieren versehentlich Daten durcheinandergeraten? Ganz einfach: Es werden nur die Daten in den markierten Spalten sortiert – Daten in nicht markierten Spalten bleiben in der ursprünglichen Zeile erhalten, während die Daten in den markierten Spalten beim Sortieren die Zeile wechseln können. Die Zuordnung der Daten stimmt dann nicht mehr.

> **TIPP**
>
> **Nach einer eigenen Liste sortieren**
>
> Statt der aufsteigenden oder absteigenden Sortierung lässt sich auch eine ganz eigene Sortierung anwenden. Dazu können beliebige Listen angelegt werden, indem Sie sich im Sortierfenster im Menü **Reihenfolge** für den Eintrag **Benutzerdefinierte Liste** entscheiden. Geben Sie Ihre Listeneinträge ein – die Abbildung zeigt als Beispiel die Eingabe der flächenmäßig größten Länder –, und bestätigen Sie das Erstellen der Liste mit **OK**.
>
>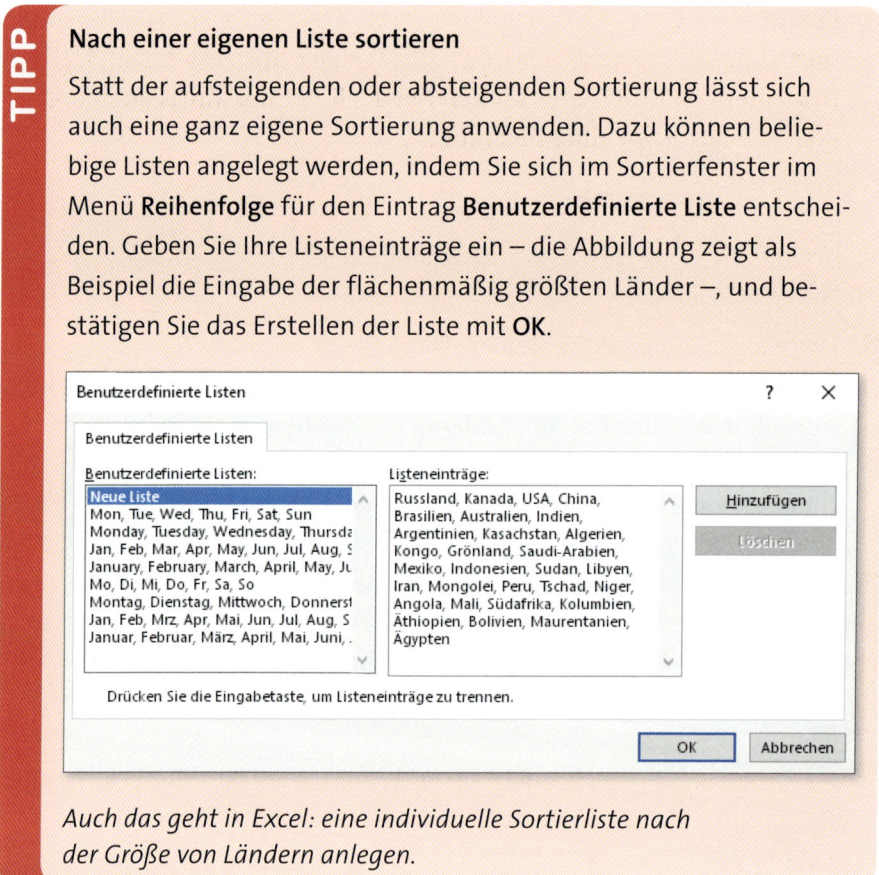
>
> *Auch das geht in Excel: eine individuelle Sortierliste nach der Größe von Ländern anlegen.*

Daten filtern

Ein weiteres wichtiges Mittel, um den Überblick über Ihre Daten zu behalten, ist das Filtern. Wenn Sie einen Filter einsetzen, so werden Daten, die nicht zu diesem Filter passen, ausgeblendet. Das Anlegen von Filtern ist kinderleicht, wie die folgende Anleitung beweist:

1. Markieren Sie die Überschriften in Ihrer Tabelle, die wir gleich mit einem Filter versehen werden.

Daten filtern

2. Entscheiden Sie sich im Menüband unter **Start** für die Schaltfläche **Sortieren und Filtern** ❶, und wählen Sie im sich öffnenden Menü den Eintrag **Filtern** ❷. Alternativ können Sie auch mit der Tastenkombination [Strg] + [⇧] + [L] Filter hinzufügen.

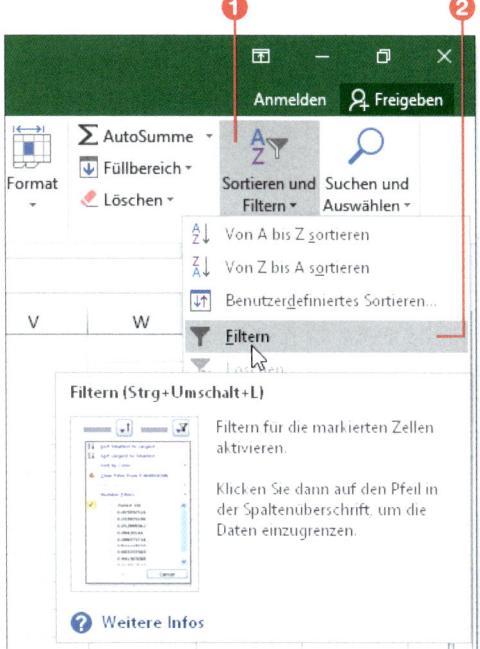

3. Sie stellen fest, dass die Überschriften nun mit Drop-Down-Pfeilen ❸ versehen sind.

4. Da die Überschriften durch die Drop-Down-Pfeile abgeschnitten dargestellt werden, wählen Sie im Menüband unter **Start** die Schaltfläche **Format** und klicken auf **Spaltenbreite automatisch anpassen**, um die Darstellung zu optimieren.

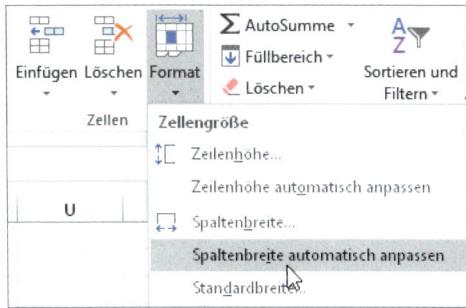

5. Zum Filtern klicken Sie bei derjenigen Überschrift, nach deren Spalte gefiltert werden soll, auf den Drop-Down-Pfeil ❹ – auch hier interessiert uns wie im vorigen Abschnitt die Anzahl der Silbermedaillen. Die Auswahl der Daten, die eingeblendet bleiben sollen, nehmen Sie per Kontrollkästchen vor. Um zunächst alle Daten auszublenden, deaktivieren Sie das Kontrollkästchen **(Alles auswählen)** ❺.

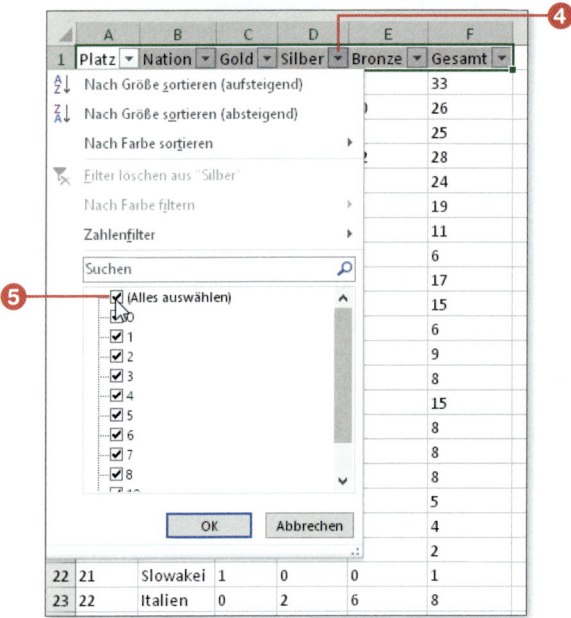

6. In unserem Fall sollen nur die Einträge mit einer oder zwei Silbermedaillen eingeblendet bleiben. Aktivieren Sie die entsprechenden Kontrollkästchen ❻, und bestätigen Sie die Auswahl der auszufilternden Daten mit **OK**.

7. Die Filterung wird prompt durchgeführt – alle Zeilen, die nicht dem Filter entsprechen, werden ausgeblendet. Sie können anschließend auch noch weitere Filter anwenden.

Daten filtern

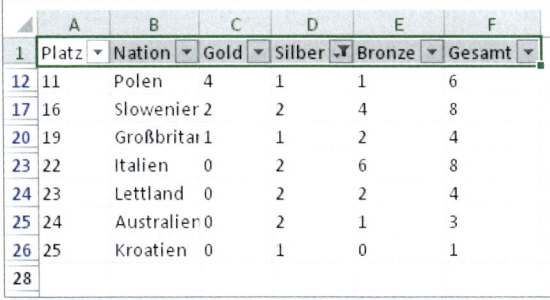

8. Um einen Filter wieder zu entfernen, klicken Sie auf das Filtersymbol ❼ in der Überschrift und wählen – um bei unserem Beispiel zu bleiben – im sich öffnenden Menü den Eintrag **Filter löschen aus „Silber"**.

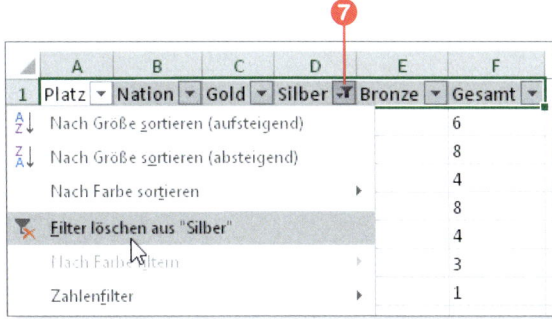

> **TIPP**
>
> **Filter per Suchfeld einrichten**
>
> Sie finden im Filtermenü aus Schritt 5 auch ein Suchfeld, in das Sie ein Filterkriterium eingeben können. Nur zum Ausprobieren: Wie wäre es damit, in unserem Beispiel einmal die Spalte **Nation** nach Ländern zu filtern, die den Buchstaben k enthalten?
>
>
>
> *Der Filter zeigt nur die Länder an, die den Buchstaben k im Namen enthalten.*

343

Abhängig von der Zellformatierung in einer Spalte lassen sich auch benutzerdefinierte Filter einrichten. Auch diesen Vorgang probieren wir gleich einmal praktisch aus:

1. Die Überschriften unserer Tabelle (siehe ab Seite 338) wurden bereits mit den Drop-Down-Pfeilen zum Filtern (siehe ab Seite 341) versehen. Klicken Sie den Drop-Down-Pfeil bei einer Überschrift an, hier beispielsweise in Spalte B zu den Nationen.

2. Da sich in Spalte B Zellen mit Text befinden, wird Ihnen im sich öffnenden Menü der Eintrag **Textfilter** angeboten. Bewegen Sie den Mauszeiger auf diesen Eintrag, und entscheiden Sie sich im Ausklappmenü für eines der benutzerdefinierten Filterkriterien ❶. Für eine vollständige Auswahl klicken Sie auf **Benutzerdefinierter Filter** ❷.

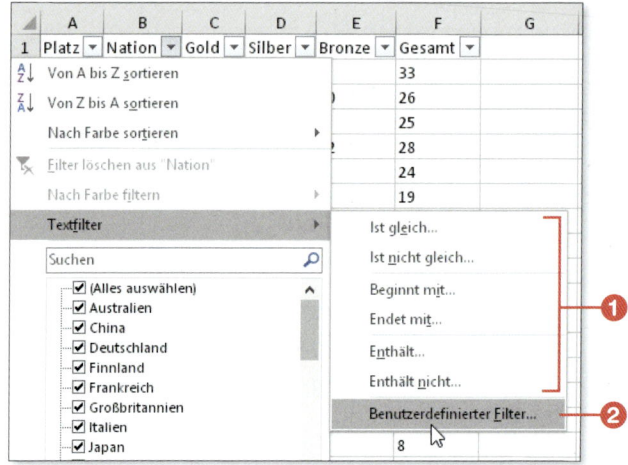

Daten filtern

3. Bestimmen Sie in den Menüs links die Regel für die Filterung ❸, und geben Sie rechts die Kriterien ❹ ein. Entscheiden Sie, ob beide Regeln zutreffen müssen ❺ oder nur eine davon ❻. In diesem Fall sollen nur Nationen angezeigt werden, deren Name mit dem Buchstaben k beginnt und mit dem Buchstaben n endet. Bestätigen Sie mit **OK**.

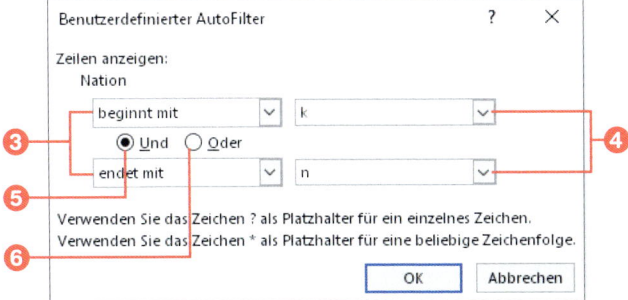

4. Das hat geklappt: Nur noch die Nationen Kroatien und Kasachstan sind eingeblendet, alle anderen Nationen wurden ausgefiltert.

	A	B	C	D	E	F
1	Platz	Nation	Gold	Silber	Bronze	Gesamt
26	25	Kroatien	0	1	0	1
27	26	Kasachstan	0	0	1	1
28						

Bei Zahlenformatierungen wird Ihnen im Filtermenü entsprechend der Eintrag **Zahlenfilter** angeboten, und Sie erhalten im Ausklappmenü Optionen, um benutzerdefinierte Filter für die in einer Spalte enthaltenen Zahlen einzurichten.

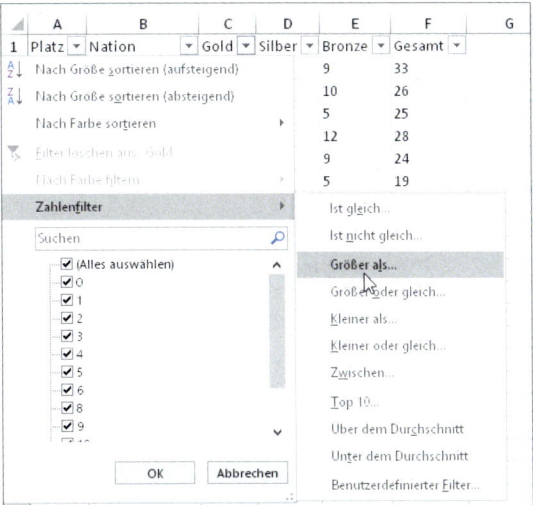

Für Zahlen werden Ihnen andere benutzerdefinierte Filter angeboten als für Texte.

345

Übrigens ist auch eine Filterung nach Farben möglich, sofern diese in einer Spalte enthalten sind. Dazu finden Sie im Filtermenü den entsprechenden Eintrag **Nach Farbe filtern**.

> **INFO**
>
> **Filtern deaktivieren**
>
> Sie möchten das Filtern wieder deaktivieren, also die Drop-Down-Pfeile bei den Überschriften entfernen? Dazu klicken Sie im Menüband unter **Start** einfach erneut auf die Schaltfläche **Sortieren und Filtern** und wählen im Menü den Eintrag **Filtern**.

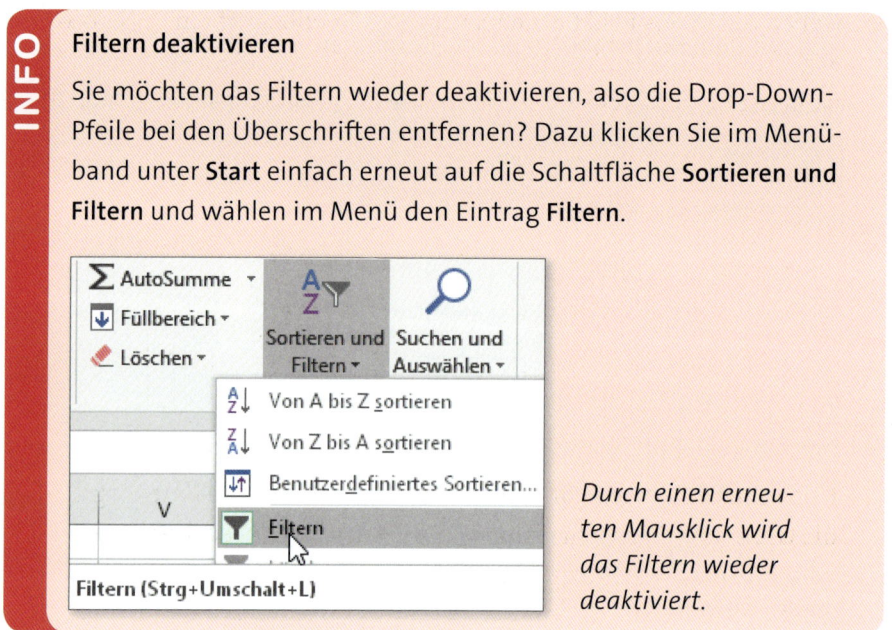

Durch einen erneuten Mausklick wird das Filtern wieder deaktiviert.

Daten suchen

Um bestimmte Inhalte in einer umfangreichen Tabelle schnell aufzuspüren, steht Ihnen in Excel auch eine Suchfunktion zur Verfügung. So verwenden Sie diese:

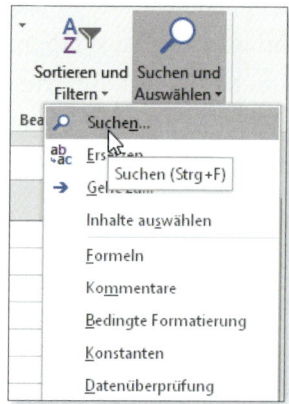

1. Klicken Sie im Menüband unter **Start** ganz rechts auf die Schaltfläche **Suchen und Auswählen**. Entscheiden Sie sich im sich öffnenden Menü für den Eintrag **Suchen** bzw. für eines der angebotenen Suchelemente – so wird z. B. die Suche speziell nach Formeln

oder Kommentaren angeboten. Das Suchfenster, das Sie per Mausklick auf den Eintrag **Suchen** aufrufen, lässt sich alternativ auch mit der Tastenkombination [Strg] + [F] öffnen.

2. Geben Sie in das Feld **Suchen nach** Ihren Suchbegriff ein ❶. Groß- und Kleinschreibung spielen bei der Suche standardmäßig keine Rolle. Für weitere Suchmöglichkeiten klicken Sie auf die Schaltfläche **Optionen** ❷.

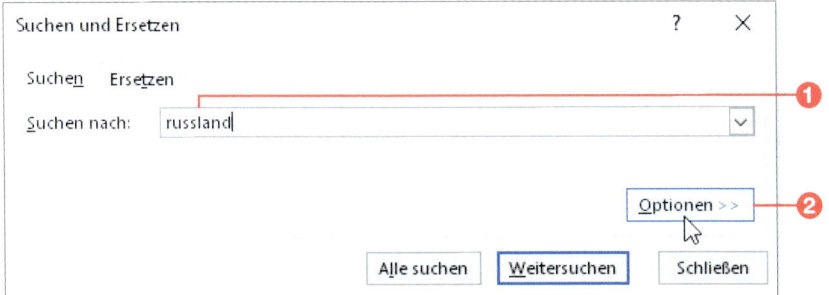

3. In den Suchoptionen können Sie per Kontrollkästchen ❸ festlegen, dass die Groß- und Kleinschreibung bei der Suche doch beachtet werden soll, oder bestimmen, wo gesucht werden soll ❹.

4. Klicken Sie auf **Weitersuchen** ❺, um von einem Treffer zum nächsten zu springen, bzw. auf **Alle suchen** ❻, um sich eine Liste der Treffer (❼ auf Seite 348) anzeigen zu lassen und dort per Mausklick zu einem Treffer zu springen.

Kapitel 9 – Die Daten im Griff

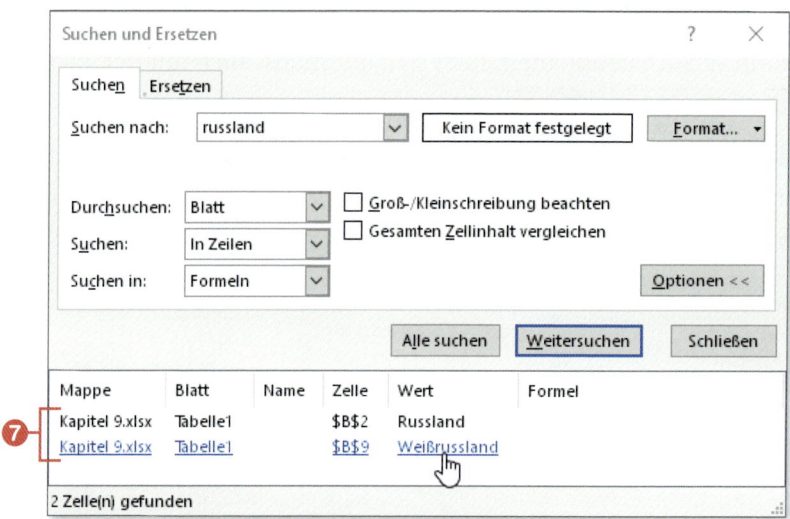

> **Platzhalter einsetzen**
>
> Sie können bei der Suche Platzhalter einsetzen, die entweder ein einzelnes Zeichen oder eine Folge aus mehreren Zeichen ersetzen. Einzelne Zeichen ersetzen Sie im Suchbegriff durch ein Fragezeichen (z. B. »r?ssland«), eine Zeichenfolge wird durch das Sternchen ersetzt (z. B. »r*and«).

Wenn Sie nach dem Erstellen einer umfangreichen Tabelle feststellen, dass Sie einen bestimmten Begriff immer falsch geschrieben haben, wird Ihnen die Funktion zum **Suchen und Ersetzen** nützlich sein. Diese rufen Sie ebenfalls unter der Schaltfläche **Suchen und Auswählen** auf, entscheiden sich im Menü jedoch für den Eintrag **Ersetzen**. Alternativ drücken Sie die Tastenkombination Strg + H.

Geben Sie in das Feld **Suchen nach** ❶ den Begriff ein, der ersetzt werden soll. In das Feld **Ersetzen durch** ❷ schreiben Sie den Begriff, der stattdessen verwendet werden soll. Während beim Suchbegriff die Groß- und Kleinschreibung standardmäßig keine Rolle spielt, ist diese beim ersetzenden Begriff zu beachten. Klicken Sie auf **Ersetzen** ❸, um die gefundenen Begriffe einzeln auszutauschen, bzw. auf **Alle ersetzen** ❹, um alle gefundenen Begriffe auf einmal zu ändern.

Daten suchen

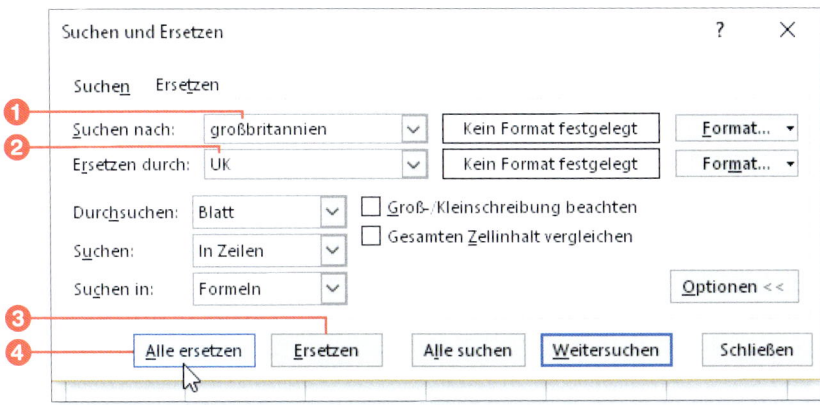

Einzelne Begriffe lassen sich problemlos durch andere ersetzen.

Wichtig zu wissen: Beim Suchen und Ersetzen werden auch Bestandteile von Wörtern berücksichtigt. Beim obigen Beispiel würde etwa das Wort *Großbritanniens* durch *UKs* ersetzt, aus *Großbritannienreise* würde *UKreise*.

Oder möchten Sie zu einer bestimmten Zelle springen? Diesem Zweck dient die Funktion **Gehe zu**, die Sie ebenfalls unter der Schaltfläche **Suchen und Auswählen** aufrufen. Alternativ verwenden Sie die Tastenkombination [Strg] + [G].

Wählen Sie im Fenster **Gehe zu** entweder einen Namen ❺ aus, oder geben Sie in das Feld **Verweis** ❻ die Koordinaten ein. Bestätigen Sie mit **OK**, um zur entsprechenden Zelle zu springen.

Hier wird die Zelle F15 aufgerufen.

Pivot-Tabellen

Ein erstklassiges Mittel zum Auswerten großer Datenmengen sind die *Pivot-Tabellen*. Eine Pivot-Tabelle erlaubt es, aus einem bestehenden Datensatz beliebige Daten zu entnehmen und diese nach unterschiedlichen Kriterien zu filtern. Das Wort *Pivot* (aus dem Französischen) bedeutet so viel wie Drehpunkt.

Wie Sie eine Pivot-Tabelle erstellen, erfahren Sie in der folgenden Anleitung:

1. Markieren Sie zunächst mit der Maus die Daten unserer zu Kapitelbeginn erstellten Tabelle, die Sie in Ihrer Pivot-Tabelle einsetzen möchten. (Die Daten lassen sich auch externen Dateien entnehmen, indem Sie im Dialog die Option **Externe Datenquelle verwenden** ❶ anklicken und diese dann unter **Verbindung auswählen** ❷ bestimmen.)

2. Klicken Sie im Menüband unter **Einfügen** auf **PivotTable**.

3. Der Datenbereich ❸ wurde bereits in Schritt 1 ausgewählt. Im sich öffnenden Fenster müssen Sie deshalb nur noch bestimmen, wo die

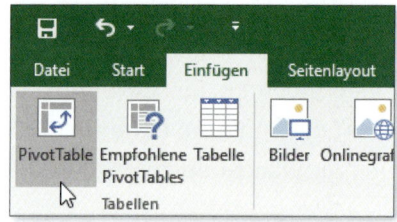

Pivot-Tabelle erstellt werden soll – auf einem neuen Arbeitsblatt ❹ oder in einer Zelle eines vorhandenen Arbeitsblatts ❺? Hier wähle ich die Zelle H1 des aktuellen Arbeitsblatts und bestätige mit **OK**.

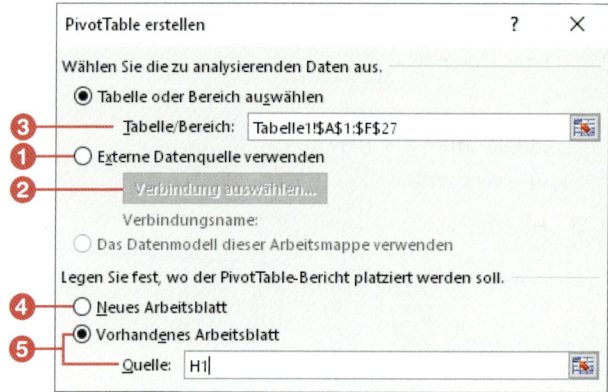

Pivot-Tabellen

4. Ein Platzhalter für die Pivot-Tabelle ❻ wird an der entsprechenden Stelle eingefügt. Gleichzeitig wird rechts eine Leiste zum Festlegen der in der Pivot-Tabelle zu verwendenden Felder ❼ eingeblendet, und im Menüband stehen die **PivotTable-Tools** ❽ für diverse Aktionen bereit.

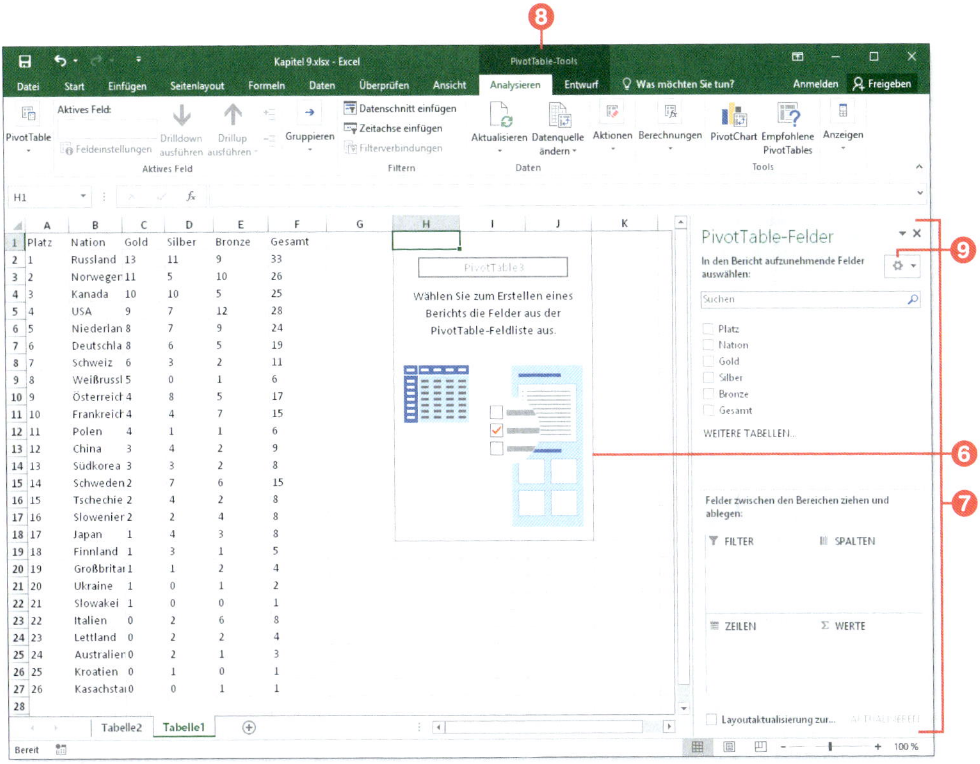

5. Widmen Sie sich zunächst in der Leiste rechts den Feldern Ihrer Pivot-Tabelle. Klicken Sie auf das Zahnradsymbol ❾, um sich per Menüwahl für eine Darstellung zu entscheiden, hier etwa **Abschnitt für Felder und Abschnitt für Bereiche nebeneinander**.

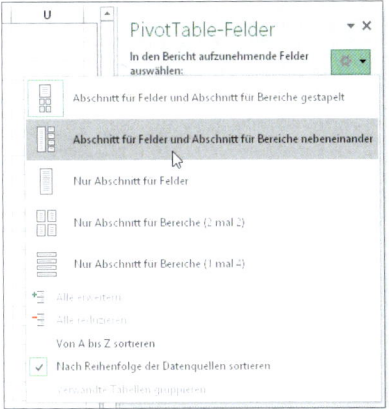

6. Im ersten Abschnitt legen Sie per Kontrollkästchen fest, welche Daten in der Pivot-Tabelle ausgewertet werden sollen. In diesem Fall werden die Spalten mit der Anzahl von Gold-, Silber- und Bronzemedaillen ausgewählt. Wenn Sie bei einem Eintrag auf den zugehörigen Pfeil ❿ klicken, kann noch eine zusätzliche Filterung festgelegt werden.

7. Die bisherige Pivot-Tabelle sieht nun so aus: Es wird einfach die Summe der Gold-, Silber- und Bronzemedaillen dargestellt.

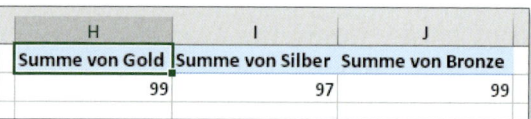

8. Um einen oder mehrere Filter anzulegen, ziehen Sie die gewünschten Überschriften bei gedrückter Maustaste in den Abschnitt **Filter**.

9. Die Filterfunktion wird der Pivot-Tabelle hinzugefügt. In diesem Fall erfolgt die Filterung nach **Nation**, es lassen sich aber auch mehrere Filter gleichzeitig einsetzen.

Pivot-Tabellen

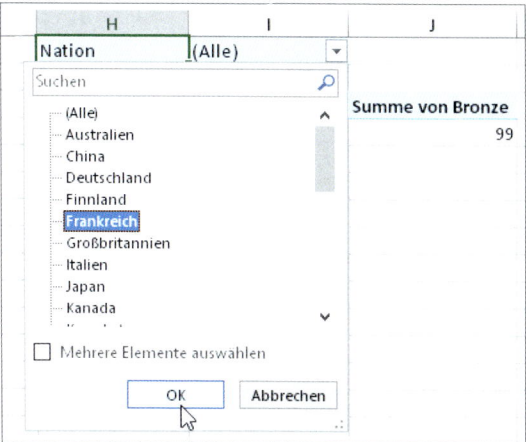

10. Jetzt soll noch als Zeilenbeschriftung gezeigt werden, welchen Platz die jeweilige Nation im Medaillenspiegel belegt. Dazu wird die Überschrift **Platz** in den Abschnitt **Zeilen** gezogen.

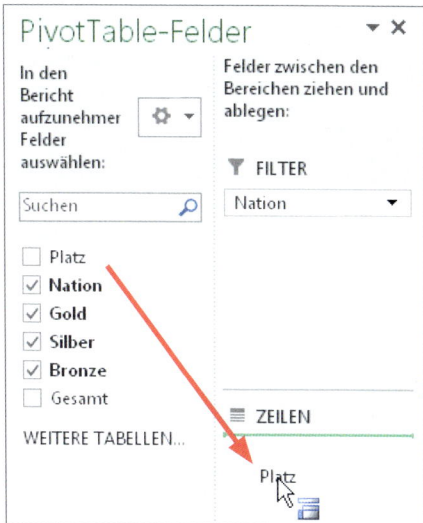

11. Klicken Sie mehrfach auf die automatische Bezeichnung **Zeilenbeschriftungen**, sodass diese grau unterlegt erscheint, und geben Sie Ihre eigene Beschriftung ein, hier: »Platz« (**11** auf Seite 354).

353

Kapitel 9 – Die Daten im Griff

12. Auch anhand der Zeilenbeschriftungen kann eine Filterung erfolgen, indem Sie auf den zugehörigen Drop-Down-Pfeil klicken und im Menü Ihre Filterauswahl treffen.

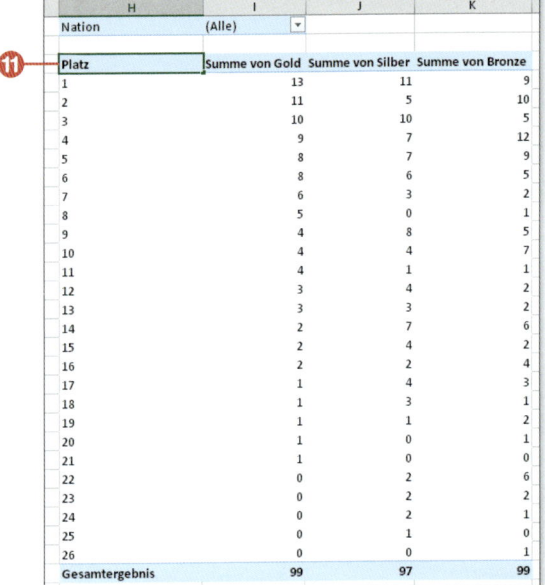
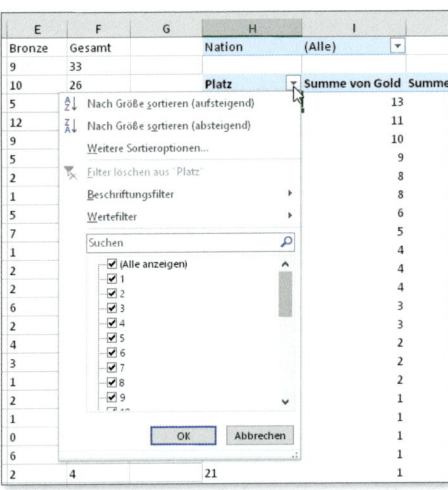

13. Sie bestimmen selbst, welche Inhalte in Zeilen und welche in Spalten angezeigt werden sollen. Hier werden z. B. die Werte aus dem Abschnitt **Spalten** in den Abschnitt **Zeilen** gezogen.

14. Das Ergebnis sieht so aus: Die Sortierung der Medaillen erfolgt nun in Zeilen statt in Spalten.

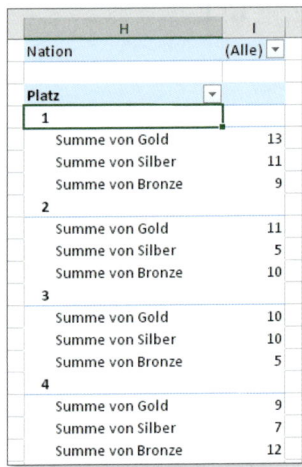

Pivot-Tabellen

15. Standardmäßig wird die Summe der Werte angezeigt. Wenn Sie dies ändern möchten, klicken Sie im Abschnitt **Werte** auf einen Eintrag und wählen im sich öffnenden Menü den Eintrag **Wertfeldeinstellungen**.

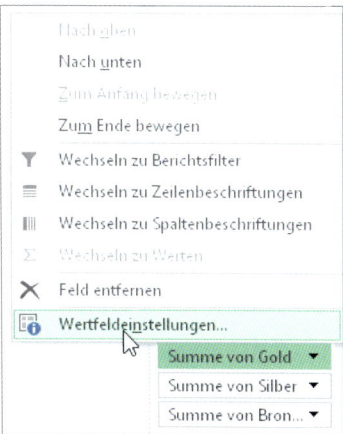

16. Bestimmen Sie den gewünschten Berechnungstyp ⓬, und bestätigen Sie mit **OK**.

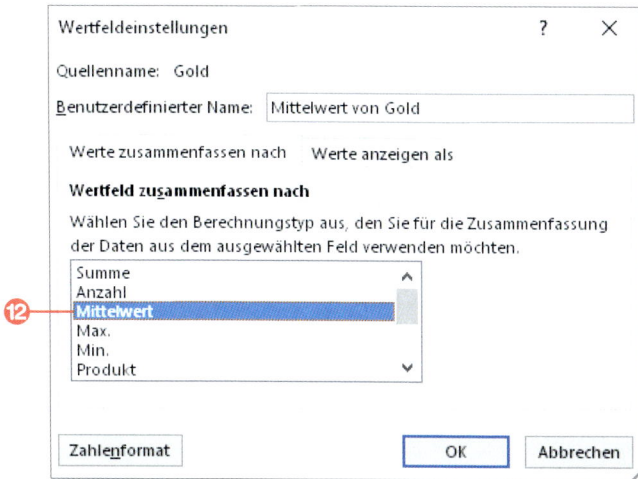

Auch für die Pivot-Tabelle stehen verschiedene Formatierungsoptionen zur Verfügung. Im Folgenden zeige ich Ihnen, wie Sie diese nutzen:

355

Kapitel 9 – Die Daten im Griff

1. Wenn Sie eine Pivot-Tabelle erstellen, werden, wie bereits erwähnt, im Menüband die **PivotTable-Tools** eingeblendet. Unter dem Reiter **Analysieren** ❶ finden Sie unterschiedliche Optionen für den Umgang mit Ihren Daten. Zum Formatieren der Pivot-Tabelle entscheiden Sie sich für den Reiter **Entwurf** ❷.

2. Greifen Sie – in der Gruppe **PivotTable-Formate** – auf eine der angebotenen Formatvorlagen ❸ zu.

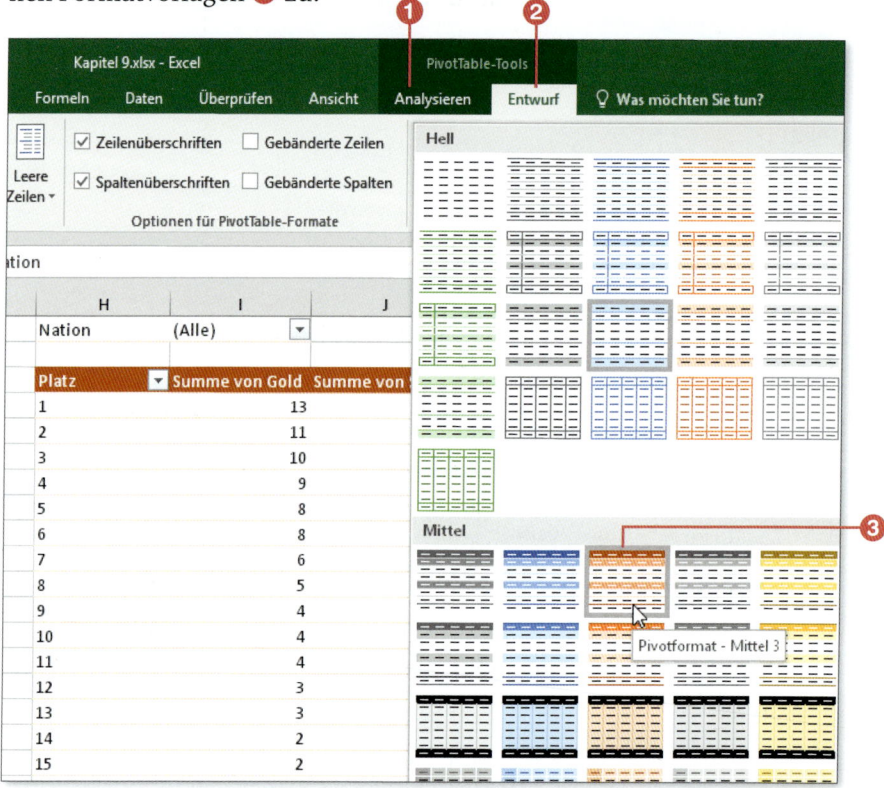

3. In der Gruppe **Optionen für PivotTable-Formate** lassen sich einzelne Elemente per Kontrollkästchen ein- oder ausblenden. Hier aktiviere ich z. B. die Option **Gebänderte Spalten**, um eine farbliche Hervorhebung der Spalten zu erhalten.

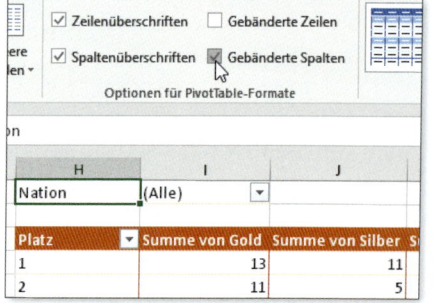

Pivot-Tabellen

4. In der Gruppe **Layout** finden Sie schließlich noch einige Layoutoptionen, etwa im Hinblick auf die Darstellungsform der Berichte.

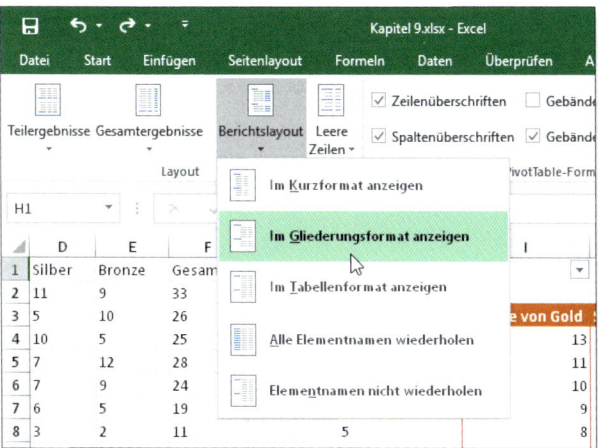

In Kapitel 8, »Diagramme und Co. einfügen«, haben Sie sich gründlich in das Thema Diagramme eingearbeitet. Auch aus Pivot-Tabellen lassen sich Diagramme erstellen – die *PivotCharts*. So gehen Sie hierzu vor:

1. Klicken Sie in den **PivotTable-Tools** unter dem Reiter **Analysieren** auf die Schaltfläche **PivotChart**. (Sie können auch ein komplett neues Pivot-Diagramm erstellen, in diesem Fall klicken Sie im Menüband unter **Einfügen** in der Gruppe **Diagramme** auf die Schaltfläche **PivotChart** und entscheiden sich im Menü entweder für **PivotChart** oder für **PivotChart und PivotTable**. Machen Sie anschließend Ihre Angaben zu Daten und Co.)

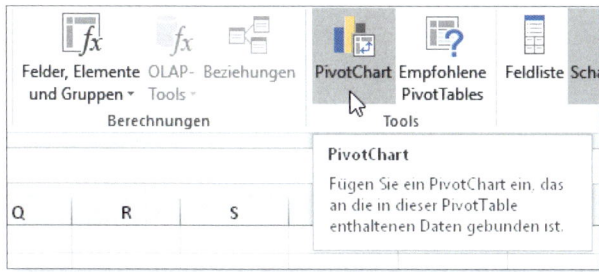

2. Wählen Sie einen passenden Diagrammtyp aus, und bestätigen Sie Ihre Auswahl mit **OK**.

Kapitel 9 – Die Daten im Griff

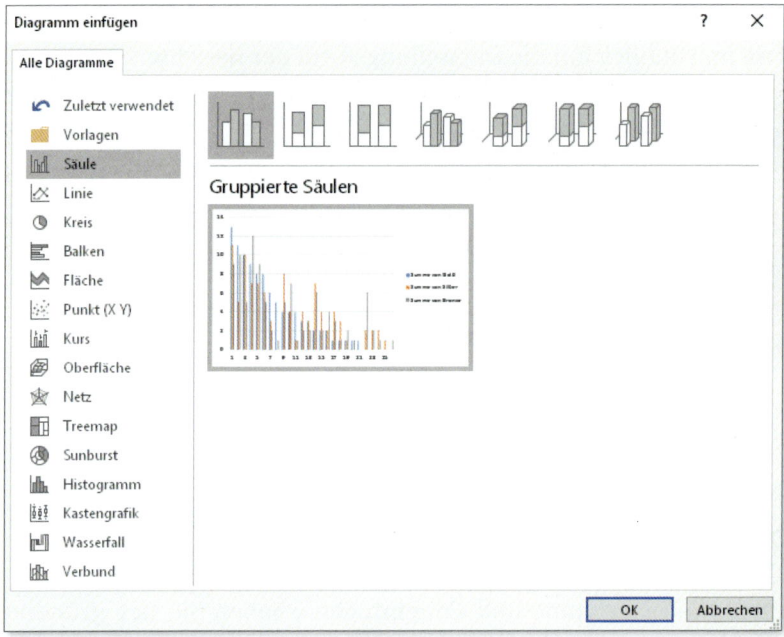

3. Schon steht Ihnen das Pivot-Diagramm mitsamt den zugehörigen Filteroptionen zur Verfügung.

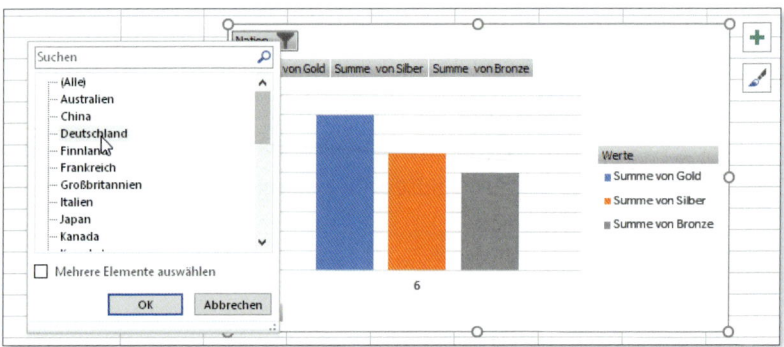

> **INFO**
>
> **Pivot-Tabelle löschen**
>
> Wenn Sie eine Pivot-Tabelle wieder löschen möchten, markieren Sie alle Zellen der Pivot-Tabelle. Entscheiden Sie sich dann im Menüband unter **Start** für den oberen Teil der Schaltfläche **Löschen** bzw. drücken Sie alternativ die Taste ⌫.

Excel-Dateien im Team bearbeiten

Möchten Sie Excel-Dateien mit anderen Personen gemeinsam bearbeiten? Wenn Sie die Dateien – wie bereits im Abschnitt »Dateien im Internet speichern« ab Seite 88 beschrieben – in der Cloud speichern, ist das gar kein Problem. Lassen Sie mich Ihnen im Folgenden zeigen, wie Sie eine auf *OneDrive* gespeicherte Datei für andere Personen freigeben:

1. Zunächst befördern wir eine lokal gespeicherte Excel-Datei in die Cloud. Entscheiden Sie sich dazu für den Reiter **Datei** im Menüband und dann im Backstage-Bereich für **Speichern unter** ❶.

2. Wählen Sie **OneDrive** als Speicherort aus, melden Sie sich – sofern noch nicht geschehen – mit Ihren Microsoft-Zugangsdaten an.

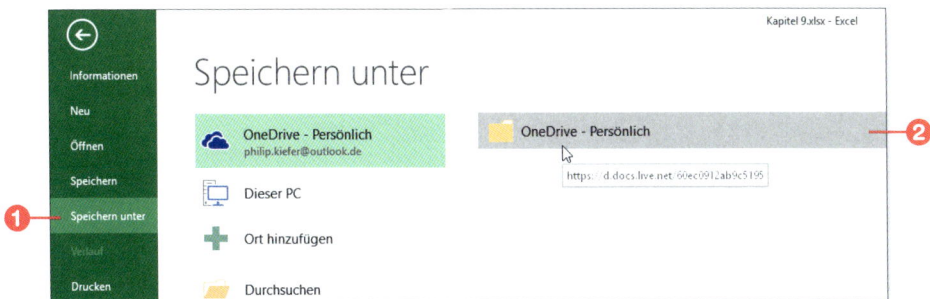

3. Wählen Sie den Speicherordner auf OneDrive aus ❷, und bestätigen Sie den Upload der Datei mit der Schaltfläche **Speichern** ❸.

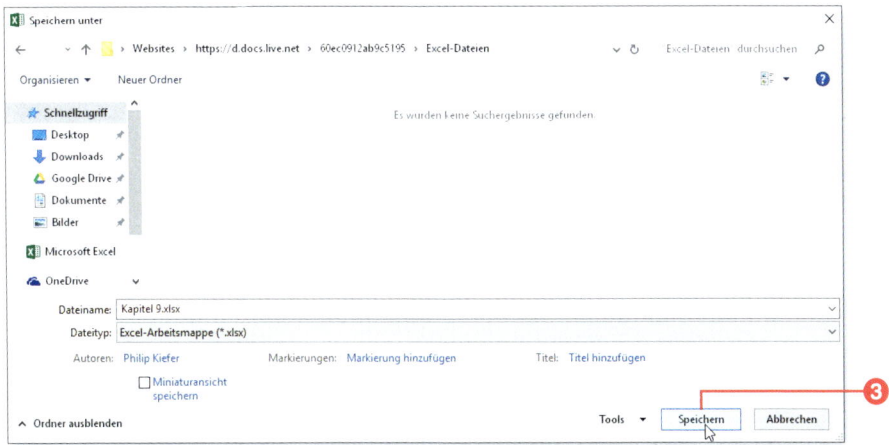

Kapitel 9 – Die Daten im Griff

4. Nachdem die Excel-Datei auf OneDrive geladen wurde, klicken Sie rechts oben in der Titelleiste auf die Schaltfläche **Freigeben**.

5. Geben Sie in das Feld **Personen einladen** ❹ die E-Mail-Adressen der Personen ein, die auf die Excel-Datei zugreifen dürfen. Mehrere E-Mail-Adressen trennen Sie per Semikolon. Sie können die E-Mail-Adressen aber auch Ihren Kontakten entnehmen, auf die Sie per Mausklick auf das Symbol rechts neben dem Eingabefeld ❺ zugreifen.

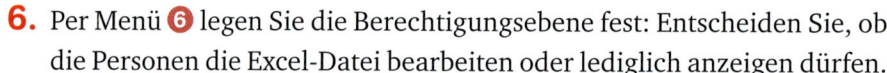

6. Per Menü ❻ legen Sie die Berechtigungsebene fest: Entscheiden Sie, ob die Personen die Excel-Datei bearbeiten oder lediglich anzeigen dürfen.

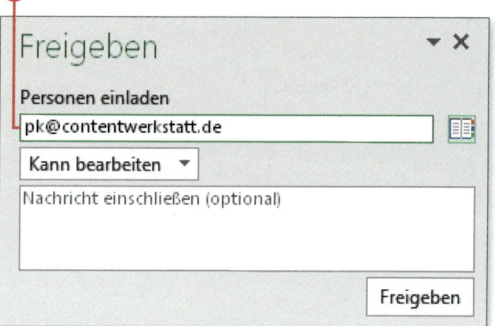
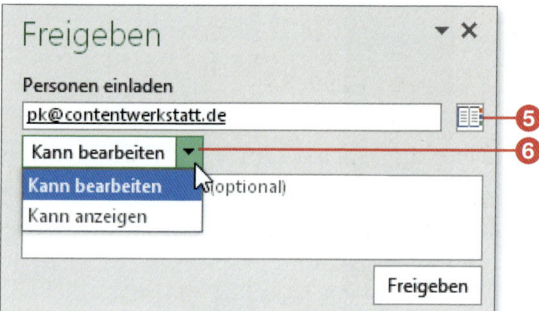

7. Geben Sie dann noch – dies ist optional, aber in vielen Fällen sinnvoll – einen kurzen Text ein, der in die Freigabe-E-Mail aufgenommen wird. Klicken Sie auf die Schaltfläche **Freigeben**, um die E-Mail(s) abzusenden.

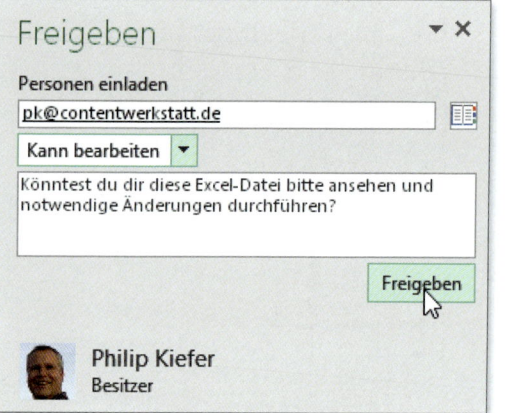

Excel-Dateien im Team bearbeiten

> **INFO**
>
> **So machen Sie eine Freigabe wieder rückgängig**
>
> Wenn Sie rechts oben in Excel auf die Schaltfläche **Freigeben** klicken, erhalten Sie nicht nur die Möglichkeit, die Datei für weitere Benutzer freizugeben, sondern Sie können auch bestehende Benutzer verwalten. Um einen Benutzer wieder zu entfernen, klicken Sie diesen mit der rechten Maustaste an und wählen im Kontextmenü den Eintrag **Benutzer entfernen**. Sie finden im Kontextmenü außerdem einen Eintrag zum Ändern der Berechtigungsebene (**Berechtigung ändern in: Kann anzeigen** bzw. **Berechtigung ändern in: Kann bearbeiten**).
>
>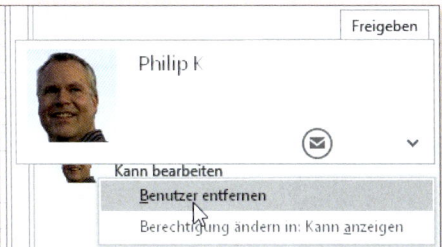
>
> *Die Freigabeoptionen lassen sich jederzeit bearbeiten.*

Die eingeladene Person kann die Excel-Datei nun entweder in einer Web-App oder in Excel auf dem PC bearbeiten. Sollten Sie selbst einmal dazu eingeladen werden, gehen Sie wie folgt vor:

1. Klicken Sie in der E-Mail, die Sie als Benachrichtigung erhalten, auf die Schaltfläche **Auf OneDrive anzeigen** ❶.

2. Sofern Sie die Excel-Datei auch bearbeiten dürfen, ist eine Anmeldung mit einem Microsoft-Konto erforderlich ❷. Um sich die Excel-Datei lediglich anzusehen, ist keine Anmeldung nötig.

3. Die Excel-Datei wird angezeigt. Um sie zu bearbeiten, wählen Sie die Schaltfläche **Arbeitsmappe bearbeiten** ❸.

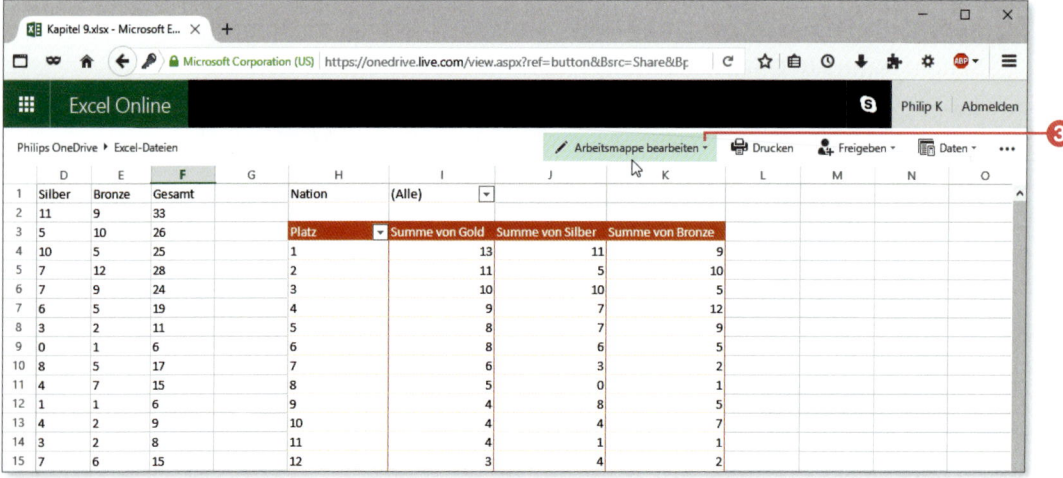

Excel-Dateien im Team bearbeiten

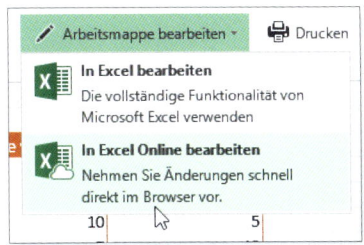

4. Nun können Sie entscheiden, ob die Bearbeitung der Excel-Datei online in der *Web-App* erfolgen soll (Option **In Excel Online bearbeiten**) oder aber in Excel auf dem PC (Option **In Excel bearbeiten**). Nehmen wir einmal an, Sie wären unterwegs und hätten keinen Zugriff auf Ihren oder einen anderen Computer, auf dem Excel installiert ist. In diesem Fall ist die Onlinebearbeitung eine wirklich praktische Alternative.

5. Sie können nun auch auf Reisen oder zu Besuch bei Familie und Freunden Änderungen an der Excel-Datei durchführen. In der Web-App stehen allerdings längst nicht alle Excel-Funktionen zur Verfügung – dafür ist sie kostenlos.

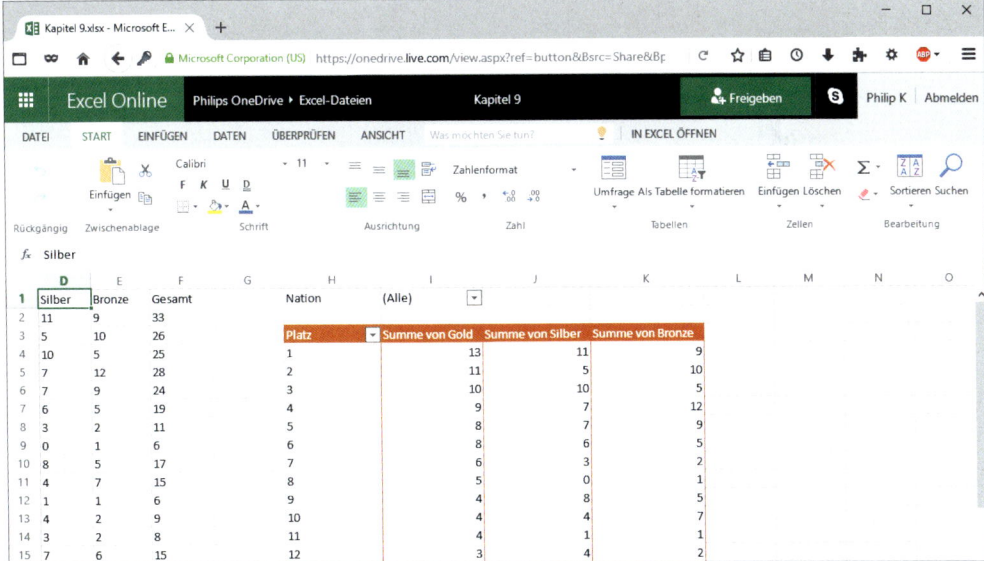

> **TIPP**
>
> **Weitere Web-Apps nutzen**
>
> Neben Excel lassen sich auch noch weitere Office-Anwendungen online nutzen. Dazu klicken Sie links oben auf der Seite auf das App-Symbol ❹ und wählen die gewünschte App aus, z. B. Word Online, PowerPoint Online oder den Online-Kalender. Die Nutzung der Web-Apps ist grundsätzlich kostenlos, allerdings müssen Sie sich im Klaren darüber sein, dass dafür persönliche Daten von Ihnen bei Microsoft gespeichert werden.
>
>
>
> *Die Web-Apps gibt es zum Nulltarif – bezahlt wird allerdings mit persönlichen Daten.*
>
> Neben der Onlinebearbeitung einer Excel-Datei kann sogar gechattet werden. Diesem Zweck dient der von Microsoft gekaufte Dienst *Skype*, der in Excel Online per Symbol aufgerufen wird.

Freigabe im Netzwerk

Für die Freigabe einer Excel-Datei im lokalen Netzwerk, in diesem Fall in der sogenannten *Heimnetzgruppe*, wird die Freigabefunktion des Betriebssystems genutzt. Sie können die Freigabe in Excel aber mit zusätzlichen Optionen versehen, sodass mehrere Personen gleichzeitig die Datei bearbeiten können und sich Änderungen durch andere Personen verfolgen lassen. Wie Sie dazu vorgehen, erklärt die folgende Schrittanleitung, wobei ich in diesem Beispiel davon ausgehe, dass das Netzwerk bereits eingerichtet ist:

Freigabe im Netzwerk

1. Klicken Sie die Excel-Datei unter Windows im Datei-Explorer mit der rechten Maustaste an, und wählen Sie im Kontextmenü unter **Freigeben für** eine Freigabeoption mit Schreibberechtigung, hier: **Heimnetzgruppe (anzeigen und bearbeiten)**, aus.

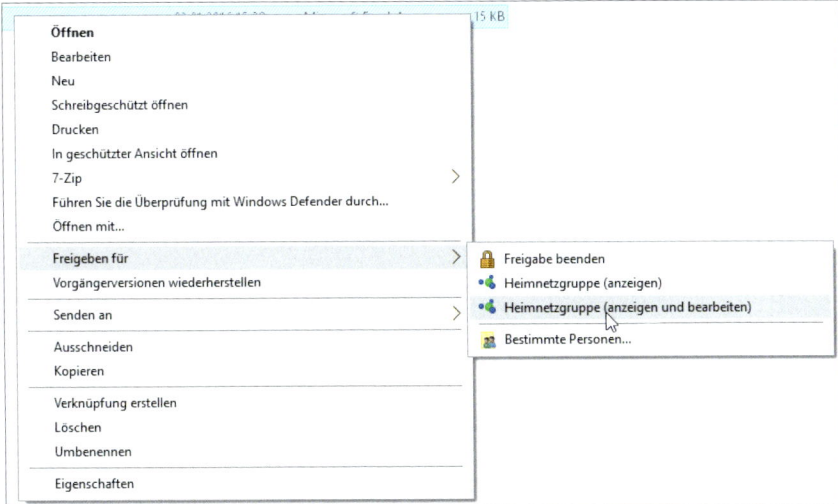

2. In Excel wählen Sie nun – die freigegebene Datei haben Sie geöffnet – den Reiter **Überprüfen** aus.

3. Entscheiden Sie sich in der Gruppe **Änderungen** für die Schaltfläche **Arbeitsmappe freigeben**.

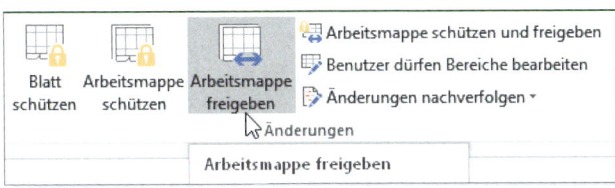

4. Aktivieren Sie im folgenden Fenster das Kontrollkästchen **Bearbeitung von mehreren Benutzern zur selben Zeit zulassen**.

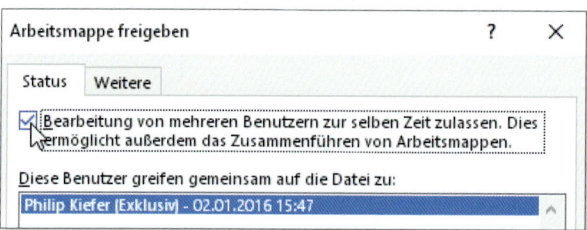

5. Unter dem Reiter **Weitere** können Sie noch die Optionen zum Änderungsverlauf anpassen, bevor Sie mit **OK** bestätigen.

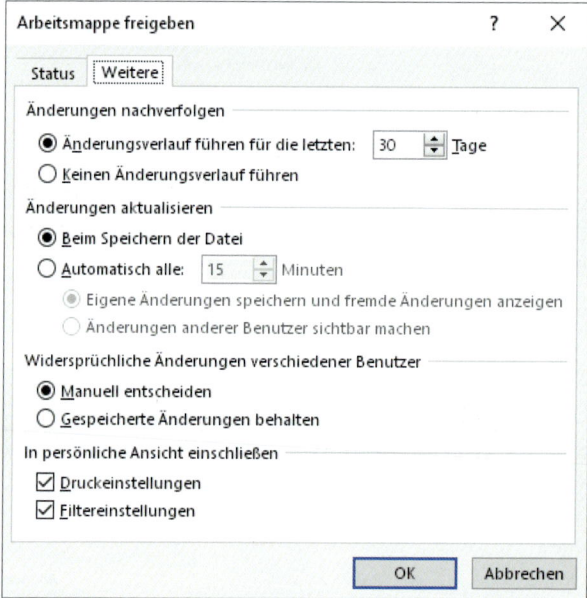

6. Bestätigen Sie anschließend mit **OK** das Speichern der Excel-Datei mit den Freigabeoptionen.

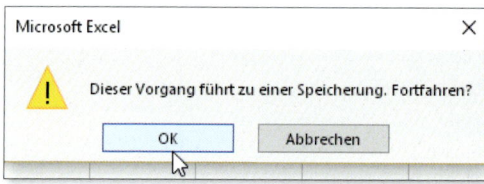

7. Wenn Sie die Excel-Datei speichern, werden Sie durch ein Hinweisfenster darüber informiert, wenn andere Personen Aktualisierungen vorgenommen haben. Auch dieses Fenster klicken Sie mit **OK** weg.

> **Änderungen im Überblick**
>
> Haben Sie eine Excel-Datei lokal freigegeben, erhalten Sie, sobald Sie im Menüband unter **Überprüfen** auf die Schaltfläche **Arbeitsmappe freigeben** klicken, dort einen Zugriffsverlauf, das heißt, Sie können sehen, welcher Benutzer zu welcher Zeit auf die Excel-Datei zugegriffen hat. Zusätzlich finden Sie – ebenfalls in der Gruppe **Änderungen** – die Schaltfläche **Änderungen nachverfolgen**, um sich Änderungen, die andere Personen durchgeführt haben, anzusehen und diese zu akzeptieren oder auch abzulehnen. Zu diesem Thema gleich im nächsten Abschnitt noch mehr.

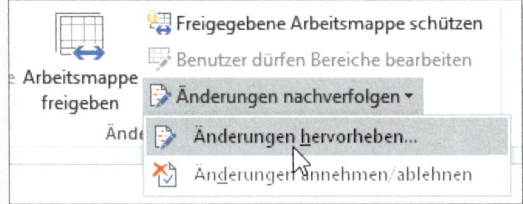

Die Änderungen durch andere Personen im Netzwerk lassen sich nachverfolgen.

Änderungen nachverfolgen

Das Nachverfolgen von Änderungen kann nicht nur im Zusammenhang mit der Freigabe einer Excel-Datei im Netzwerk erfolgen. Sie können eine Excel-Datei beispielsweise auch per E-Mail an einen Bearbeiter versenden und dessen Änderungen anschließend rückverfolgen und akzeptieren oder ablehnen. So funktioniert es Schritt für Schritt:

1. Die entsprechende Excel-Datei ist geöffnet. Klicken Sie im Menüband auf den Reiter **Überprüfen**.

2. Klicken Sie nun in der Gruppe **Änderungen** auf die Schaltfläche **Änderungen nachverfolgen**.

3. Im sich öffnenden Menü wählen Sie **Änderungen hervorheben**.

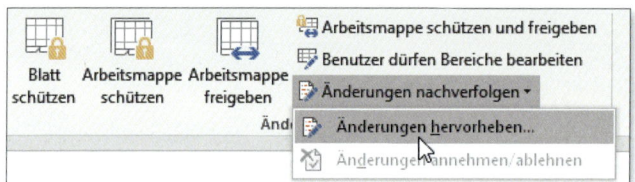

4. Aktivieren Sie im folgenden Fenster das Kontrollkästchen **Änderungen während der Eingabe protokollieren** ❶. Es erfolgt gleichzeitig eine Freigabe für andere Benutzer.

5. Wenn Sie möchten, legen Sie zusätzlich z. B. fest, für welche Benutzer ❷ und ab welchem Zeitpunkt bzw. für welchen Zeitraum ❸ die Nachverfolgung dokumentiert werden soll. Bestätigen Sie Ihre Einstellungen mit **OK**.

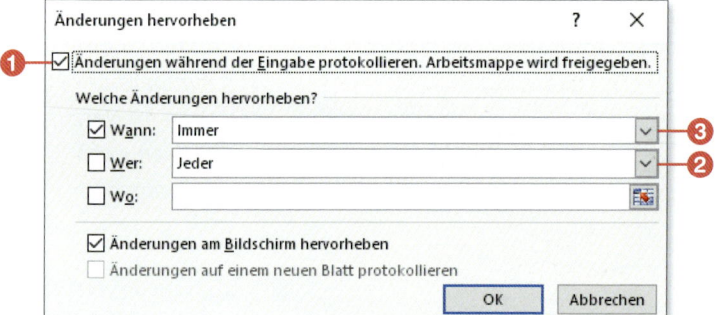

6. Bestätigen Sie auch das Speichern der Excel-Datei mit diesen Einstellungen mit **OK**.

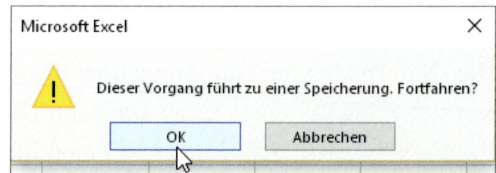

Änderungen nachverfolgen

Die Excel-Datei merkt sich ab sofort alle Änderungen und macht diese im Blatt kenntlich. Wenn Sie den Mauszeiger auf eine Änderung bewegen, wird eine Sprechblase mit den zugehörigen Informationen eingeblendet.

Bewegen Sie den Mauszeiger auf eine Änderung, um Informationen dazu zu erhalten.

Um von einem Bearbeiter vorgenommene Änderungen anzunehmen oder abzulehnen, gehen Sie folgendermaßen vor:

1. Entscheiden Sie sich im Menüband unter **Überprüfen** in der Gruppe **Änderungen** erneut für die Schaltfläche **Änderungen nachverfolgen**, und wählen Sie im Menü den Eintrag **Änderungen annehmen/ablehnen**.

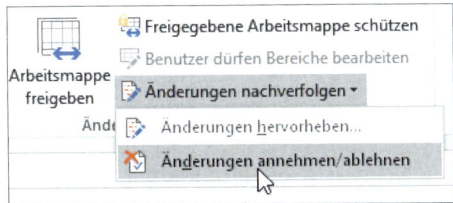

2. Standardmäßig werden alle nicht überprüften Änderungen ❶ angezeigt. Sie können die Anzeige aber beispielsweise auch auf Änderungen durch einen bestimmten Benutzer ❷ beschränken. Bestätigen Sie Ihre Auswahl mit **OK**.

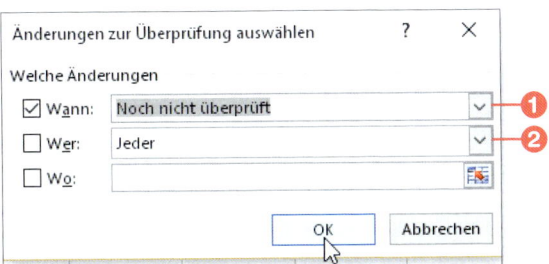

3. Nun werden Ihnen die entsprechenden Änderungen angezeigt. Klicken Sie auf **Annehmen**, um eine Änderung zu akzeptieren, bzw. auf **Ablehnen**, um eine Änderung zu verwerfen. Um sämtliche Änderungen ohne weitere Prüfung zu akzeptieren, klicken Sie auf **Alle annehmen**, um sämtliche Änderungen zu verwerfen, ohne diese in Augenschein zu nehmen, klicken Sie auf **Alle Ablehnen**.

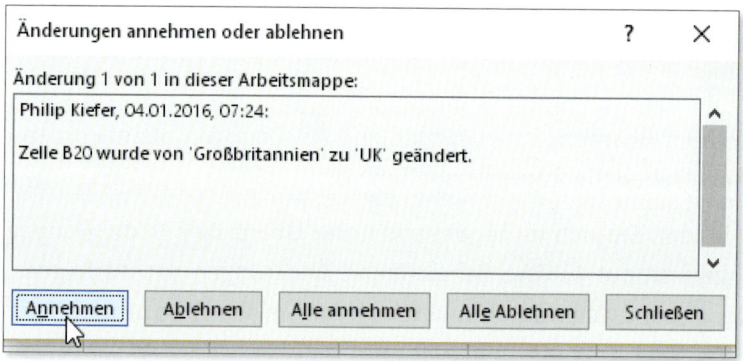

Arbeitsmappen zusammenführen

Angenommen, Sie haben eine Excel-Datei per E-Mail an eine andere Person geschickt und diese mit deren Änderungen zurückerhalten. Gleichzeitig haben Sie aber auch selbst Änderungen an der Excel-Datei durchgeführt. Nun möchten Sie die beiden Versionen zusammenführen.

Für diesen Zweck bietet Excel die Funktion **Arbeitsmappen vergleichen und zusammenführen**. Diese ist allerdings standardmäßig ausgeblendet. Wie Sie die Funktion einblenden, zeige ich Ihnen im Abschnitt »Menüband einrichten« ab Seite 381. In der folgenden kleinen Anleitung ist die Funktion bereits im Menüband eingeblendet:

1. Haben Sie Ihre eigene Excel-Datei geöffnet, entscheiden Sie sich für die zuvor eingeblendete Option **Arbeitsmappen vergleichen und zusammenführen**.

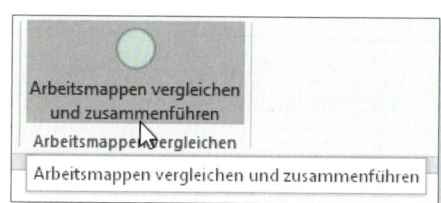

2. Wählen Sie nun die Excel-Datei aus, die mit Ihrer eigenen Excel-Datei zusammengeführt werden soll. Bestätigen Sie mit **OK**.

3. Das war es auch schon: Die Mappen werden zusammengeführt und die Änderungen des anderen Benutzers in der Excel-Datei hervorgehoben – in diesem Fall wurde der Inhalt der Zelle B12 von *China* zu *VR China* geändert.

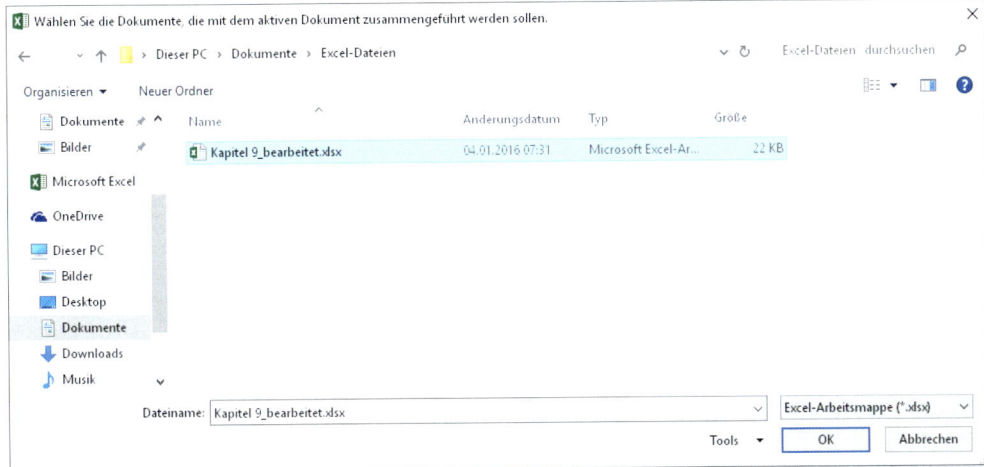

Kommentare einfügen

Für die gemeinsame Bearbeitung kann auch die Kommentarfunktion in Excel sehr praktisch sein. Kommentare werden in eine Excel-Datei eingefügt, ohne die eigentlichen Inhalte zu ändern. So können beispielsweise an andere Personen Fragen gerichtet oder Anweisungen erteilt werden. Wie das geht, erklärt die folgende Schrittanleitung:

1. Klicken Sie eine Zelle, die Sie mit einem Kommentar versehen möchten, mit der rechten Maustaste an, und entscheiden Sie sich im Kontextmenü für den Eintrag **Kommentar einfügen**. Alternativ drücken Sie die Tastenkombination ⇧ + F2.

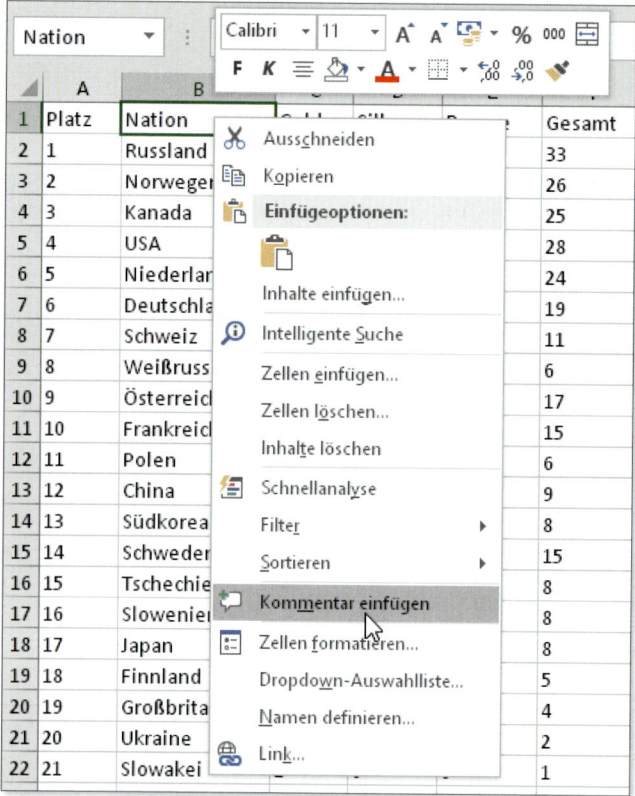

2. Es wird ein kleines Kommentarfenster ❶ geöffnet, in das Sie nun einfach Ihren Kommentar eintippen.

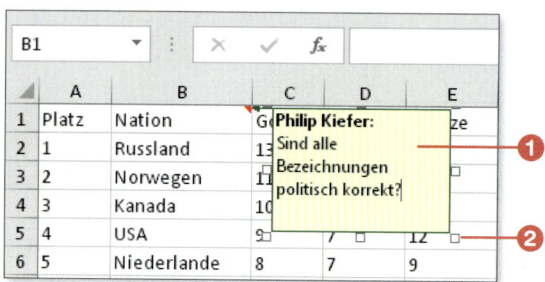

3. Wenn Sie die Maus auf eine Ecke des Kommentarfensters ❷ bewegen, können Sie dieses bei gedrückter Maustaste auch größer ziehen, um mehr Platz für die Texteingabe zu schaffen.

4. Eine Zelle, die einen Kommentar enthält, wird mit einem kleinen roten Dreieck rechts oben in der Zelle versehen. Der Kommentar wird standardmäßig eingeblendet, wenn Sie den Mauszeiger auf die Zelle bewegen.

> **TIPP**
>
> **Kommentare dauerhaft einblenden**
>
> Ein einzelner Kommentar oder sämtliche Kommentare in einer Excel-Datei sollen dauerhaft eingeblendet sein? Dann entscheiden Sie sich im Menüband unter **Überprüfen** für die Schaltfläche **Kommentar ein-/ausblenden** ❸ (einzelner Kommentar) bzw. **Alle Kommentare anzeigen** ❹ (sämtliche Kommentare). Ein erneuter Mausklick auf die Schaltfläche blendet den Kommentar bzw. die Kommentare jeweils wieder aus.
>
>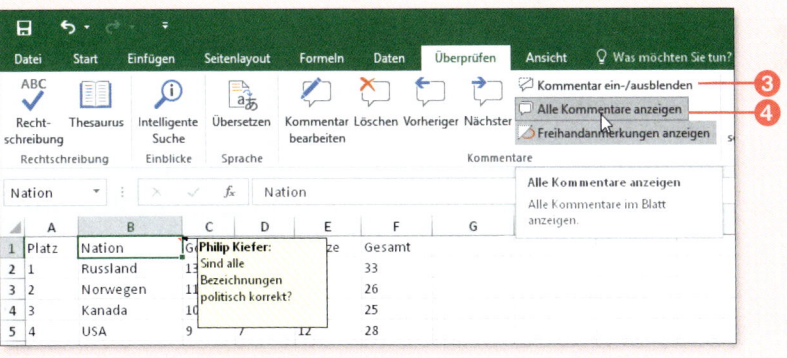
>
> *Per Schaltfläche lassen sich einzelne Kommentare oder sämtliche Kommentare in einer Excel-Datei dauerhaft einblenden.*

Kommentare lassen sich selbstverständlich nachträglich jederzeit bearbeiten. Dazu klicken Sie mit der rechten Maustaste auf die Zelle, die den Kommentar enthält, und wählen im Kontextmenü den Eintrag **Kommentar bearbeiten**. Um einen Kommentar aus der Excel-Datei zu entfernen, entscheiden

Sie sich im Kontextmenü der mit einem Kommentar versehenen Zelle für den Eintrag **Kommentar löschen**.

Möchten Sie Kommentare durch eine auffälligere Hintergrundfarbe oder durch eine größere Schrift besser sichtbar machen? Wie Sie einen in die Excel-Datei eingefügten Kommentar individuell formatieren, erklärt Ihnen die folgende Anleitung:

1. Klicken Sie mit der rechten Maustaste auf die Zelle, die den zu formatierenden Kommentar enthält, und entscheiden Sie sich im Kontextmenü für den Eintrag **Kommentar bearbeiten**.

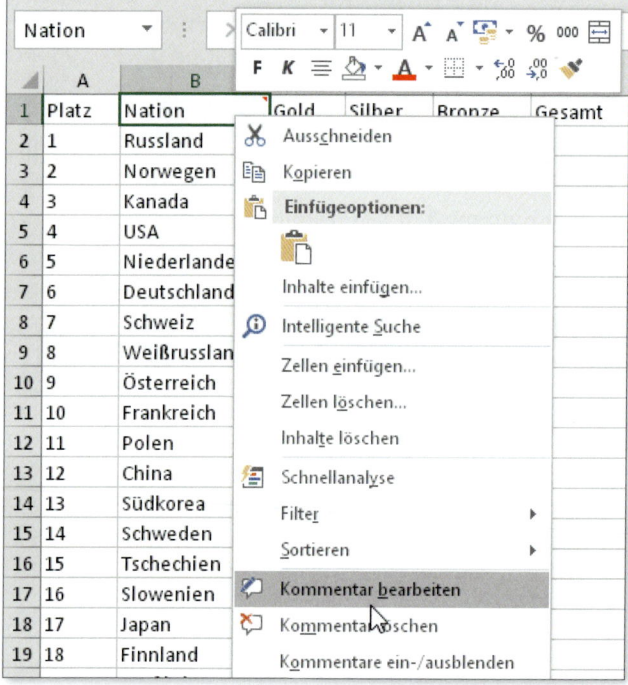

2. Nun klicken Sie mit der rechten Maustaste auf den Rand des Kommentars (nicht in das Kommentarfeld selbst, sonst erhalten Sie lediglich Formatierungsoptionen für den Text) und wählen im Kontextmenü den Eintrag **Kommentar formatieren**.

Kommentare einfügen

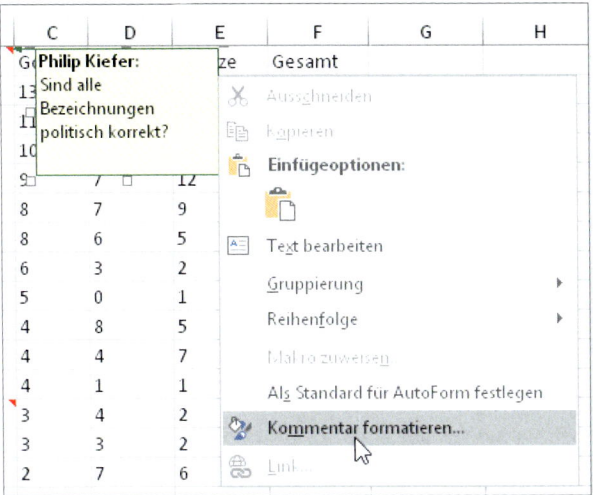

3. Im folgenden Fenster können Sie – unter dem Reiter **Schrift** ❶ – zunächst die Schriftgröße ❷ ändern.

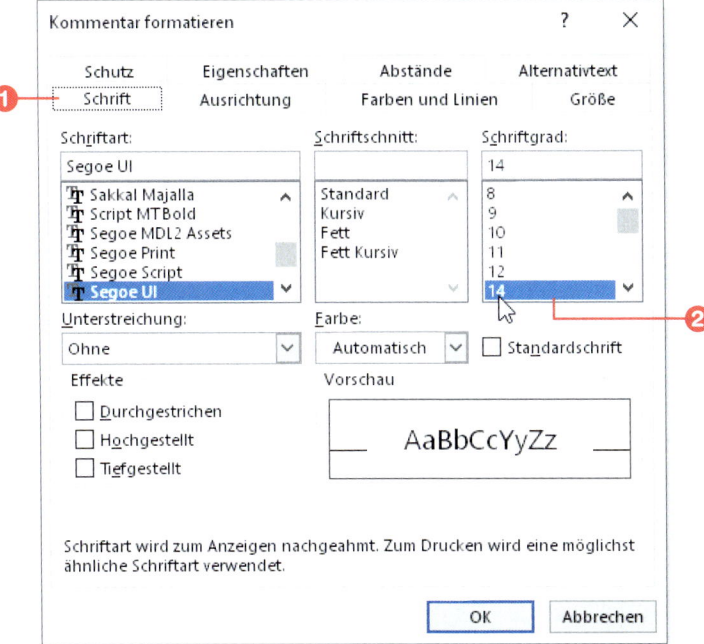

4. Als Nächstes wählen wir – unter dem Reiter **Farben und Linien** (❸ auf Seite 376) – eine andere Hintergrundfarbe ❹ aus.

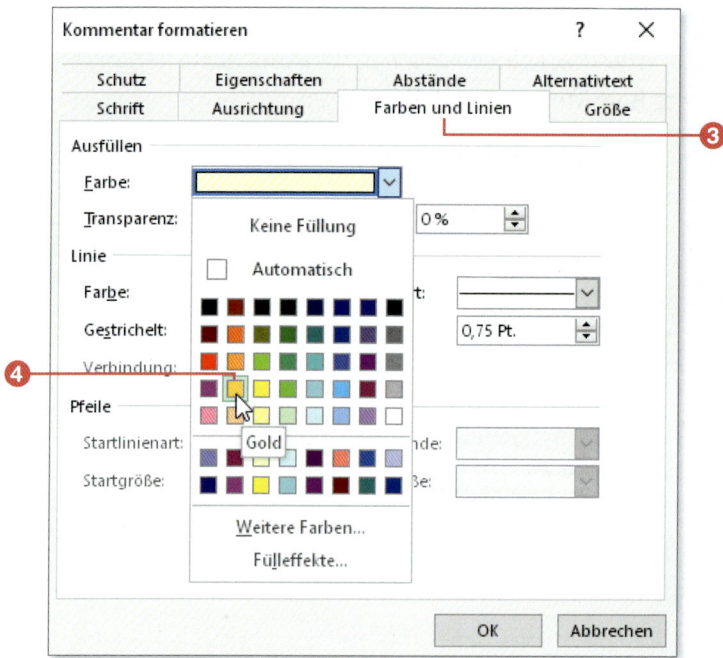

5. Nehmen Sie nach Wunsch noch weitere Anpassungen vor, bevor Sie mit **OK** bestätigen.

6. Da die Schrift stark vergrößert wurde, muss zum Schluss noch das Kommentarfeld bei gedrückter Maustaste größer gezogen werden, damit der gesamte Text sichtbar ist.

Übersetzen und Nachschlagen

Excel bietet noch einige weitere Funktionen, die auch, aber nicht nur für die Zusammenarbeit mit anderen Personen interessant sein können: eine Funktion zum Übersetzen einzelner Begriffe sowie Funktionen zum Nachschlagen.

Übersetzen und Nachschlagen

Die Übersetzungsfunktion kann Ihnen insbesondere dann dienlich sein, wenn Sie mit einem fremdsprachigen Partner zusammenarbeiten. So lassen Sie sich unbekannte Begriffe von Excel übersetzen:

1. Markieren Sie die Zelle mit dem zu übersetzenden Text (oder markieren Sie den zu übersetzenden Text innerhalb einer Zelle).

2. Klicken Sie im Menüband unter **Überprüfen** auf die Schaltfläche **Übersetzen**.

3. Bestätigen Sie den folgenden Hinweis zum Datenversand via Internet ❶ mit **Ja**. Damit der Hinweis zukünftig nicht mehr angezeigt wird, können Sie zuvor das Kontrollkästchen **Nicht mehr anzeigen** ❷ aktivieren.

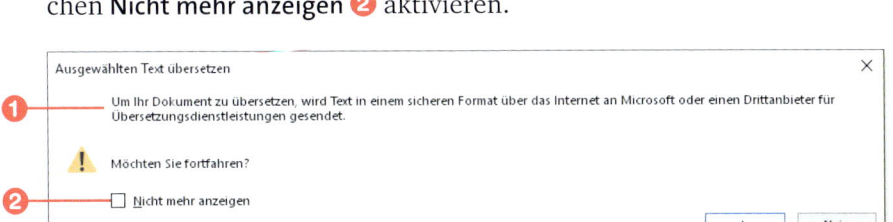

4. Rechts wird eine Übersetzungsleiste eingeblendet. Wählen Sie dort per Menü zunächst die zu übersetzenden Sprachen aus ❸.

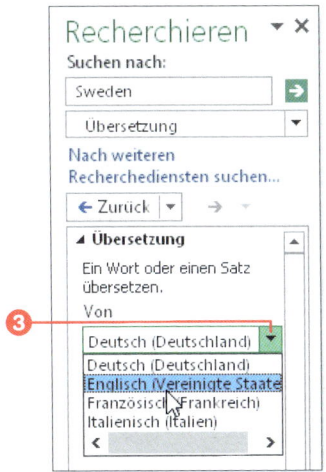
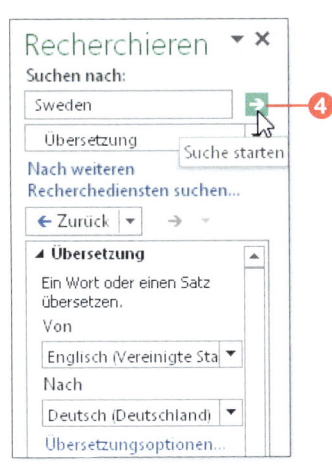

Kapitel 9 – Die Daten im Griff

5. Klicken Sie dann auf die Pfeil-Schaltfläche (❹ auf Seite 377), um nach der passenden Übersetzung zu suchen, und schon wird die Übersetzung in der Leiste angezeigt.

> **TIPP**
>
> **Komplette Excel-Datei übersetzen lassen**
>
> Wenn Sie eine komplette Excel-Datei übersetzt haben wollen, ist der *Google Übersetzer* empfehlenswert, den Sie unter der Webadresse *https://translate.google.de* finden. Dort sollten Sie aber natürlich nicht sensible Daten hochladen. Wählen Sie im Google Übersetzer neben der Übersetzungssprache ❺ die Option, ein Dokument übersetzen zu lassen (per Klick auf einen entsprechenden Link auf der Seite), und wählen Sie dieses – mit der Schaltfläche **Durchsuchen** ❻ – auf Ihrem PC aus, bevor Sie die Übersetzung mit der Schaltfläche **Übersetzen** ❼ in Gang bringen.
>
>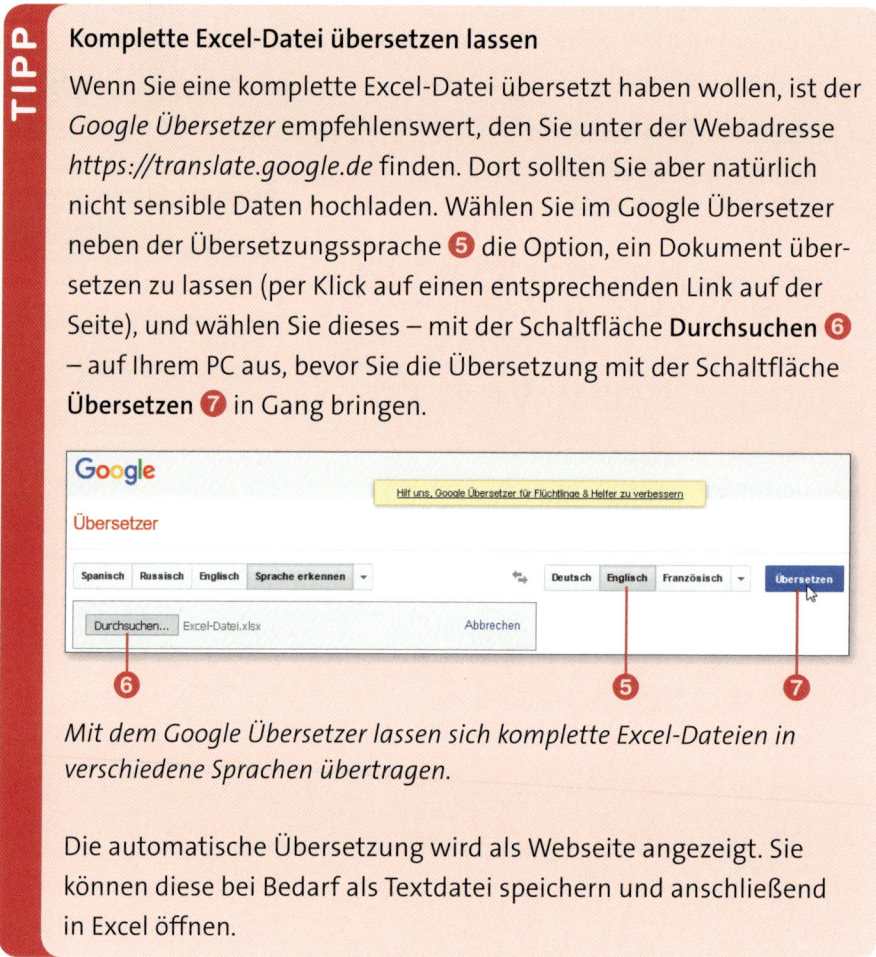
>
> *Mit dem Google Übersetzer lassen sich komplette Excel-Dateien in verschiedene Sprachen übertragen.*
>
> Die automatische Übersetzung wird als Webseite angezeigt. Sie können diese bei Bedarf als Textdatei speichern und anschließend in Excel öffnen.

Es kann auch vorkommen, dass ein Bearbeiter einen unbekannten Begriff in die Excel-Datei eingebaut hat, den Sie erklärt haben wollen. Dazu markieren Sie die Zelle bzw. den Begriff und entscheiden sich dann im Menüband unter **Überprüfen** für die Schaltfläche **Intelligente Suche**.

Übersetzen und Nachschlagen

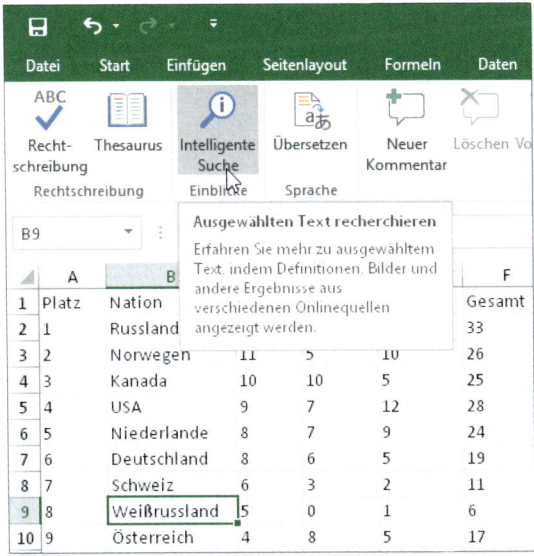

Hier wird eine intelligente Suche gestartet.

Als Ergebnis der intelligenten Suche werden unter anderem Auszüge aus der Internet-Enzyklopädie Wikipedia angezeigt.

Rechts in Excel wird nun die Leiste **Intelligentes Nachschlagen** eingeblendet, die mit Informationen und Definitionen zum ausgewählten Begriff aufwartet.

Ebenfalls nützlich, wenn Sie auch in einer Excel-Datei auf den sprachlichen Stil achten möchten, ist der eingebaute *Thesaurus*. Er liefert Ihnen zu einer markierten Zelle bzw. einem markierten Begriff passende Synonyme. Dazu markieren Sie die Zelle bzw. das Wort und klicken dann im Menüband unter **Überprüfen** auf die Schaltfläche **Thesaurus** (siehe Seite 380).

Kapitel 9 – Die Daten im Griff

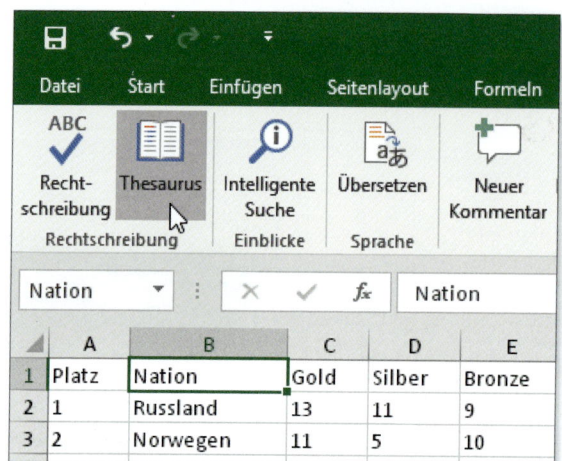

Auch der Thesaurus wird per Mausklick gestartet.

Rechts neben Ihrer Excel-Datei wird die Leiste **Thesaurus** eingeblendet, die in den meisten Fällen gleich mehrere passende Synonyme zu einem Begriff liefert.

Der Thesaurus lässt sich übrigens in mehreren Sprachen einsetzen. Dazu finden Sie unten in der Leiste **Thesaurus** ein Menü für die Sprachauswahl.

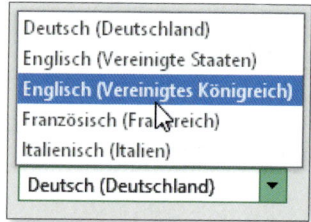

Hier werden Synonyme zum Begriff »Nation« angezeigt.

Der Thesaurus lässt sich in mehreren Sprachen einsetzen.

Kapitel 10
Tipps und Tricks

Wenn Sie die bisherigen Kapitel dieses Buches durchgearbeitet haben, kennen Sie sich mit Excel nun schon richtig gut aus und sind, wenn Sie auf den Geschmack gekommen sind, gegebenenfalls auch bereit, mithilfe weiterer Bücher oder durch Ausprobieren auf eigene Faust noch tiefer in die Materie vorzudringen. Ein paar nützliche Excel-Tipps habe ich aber noch für Sie auf Lager. Finden Sie auf den nächsten Seiten nützliche Anleitungen zum Einrichten des Menübands und der Symbolleiste für den Schnellzugriff, schlagen Sie die hilfreichsten Tastenkombinationen nach, laden Sie Add-Ins aus dem integrierten Store, und erfahren Sie noch vieles Nützliche mehr.

Menüband einrichten

Um den Abschnitt »Arbeitsmappen zusammenführen" ab Seite 370 bearbeiten zu können, müssen Sie zuvor im Menüband die Funktion **Arbeitsmappen vergleichen und zusammenführen** einblenden. Wie das vonstattengeht und wie Sie grundsätzlich beliebige weitere Funktionen im Menüband aus- oder einblenden, zeigt Ihnen die folgende Schrittanleitung:

1. Klicken Sie im Menüband auf den Reiter **Datei**.
2. Wählen Sie in der Backstage-Ansicht den Eintrag **Optionen**.
3. In den **Excel-Optionen** klicken Sie links auf **Menüband anpassen** (❶ auf Seite 382). (So geht's auch: Klicken Sie mit der rechten Maustaste ins Menüband, und wählen Sie im Kontextmenü den Eintrag **Menüband anpassen**.)

4. Entscheiden Sie sich im Menü **Befehle auswählen** für die Option **Alle Befehle** ❷, um eine komplette Befehlsliste anzuzeigen.

5. Rechts wählen Sie die Registerkarte ❸ aus, auf der eine Funktion eingefügt werden soll. Klicken Sie dann auf die Schaltfläche **Neue Gruppe** ❹.

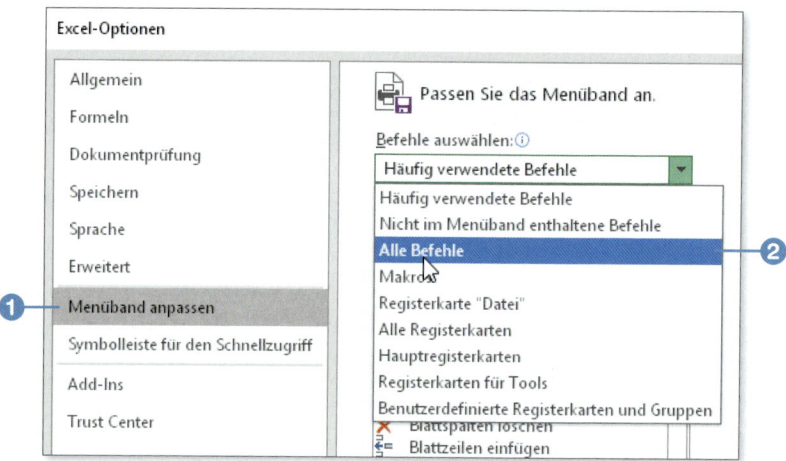

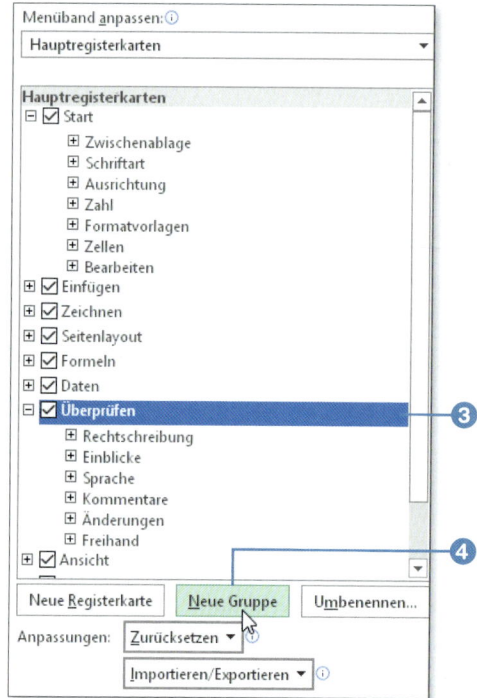

Menüband einrichten

6. Um der neuen Gruppe eine sinnvolle Bezeichnung zu geben, klicken Sie auf die Schaltfläche **Umbenennen**.

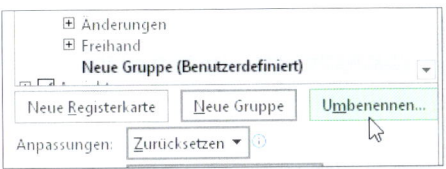

7. Tippen Sie die Bezeichnung für die Gruppe ein ❺, und bestätigen Sie mit **OK**. Die Auswahl eines Symbols ist optional.

8. Die neu erstellte Gruppe ist immer noch markiert ❻. Suchen Sie nun links die Funktion heraus, die Sie der Gruppe hinzufügen möchten, in diesem Fall **Arbeitsmappen vergleichen und zusammenführen** ❼. Klicken Sie dann auf die Schaltfläche **Hinzufügen** ❽.

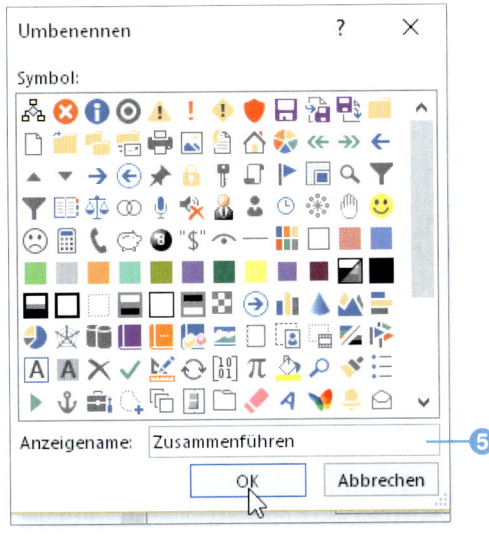

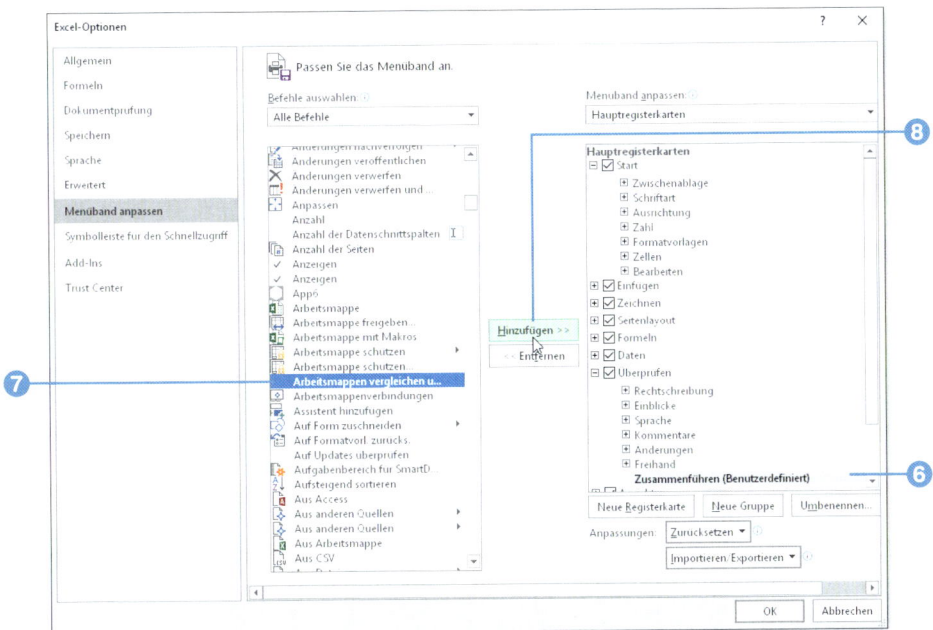

9. Die Funktion wird Ihrer neuen Gruppe zugeordnet ❾. Nehmen Sie auf gleiche Weise gegebenenfalls weitere Anpassungsschritte vor, und bestätigen Sie schließlich mit **OK**.

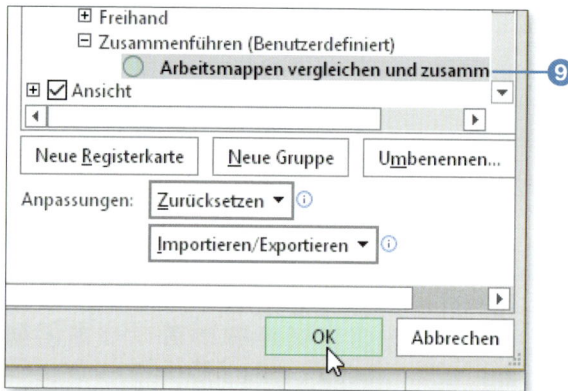

10. Sie finden die Funktion nun im Menüband auf der entsprechenden Registerkarte in der von Ihnen benannten Gruppe ❿.

Für die Anpassung des Menübands stehen Ihnen in den Excel-Optionen noch einige weitere Funktionen zur Verfügung. Sie können da ruhig ein wenig experimentieren – mit der Schaltfläche **Zurücksetzen** und der anschließenden Menüwahl **Alle Anpassungen zurücksetzen** gelangen Sie jederzeit zurück zum ursprünglichen Stand. Auch einzelne Registerkarten lassen sich zurücksetzen: Dazu klicken Sie eine Registerkarte mit der rechten Maustaste an und wählen im Kontextmenü den Eintrag **Registerkarte zurücksetzen**.

Hier einige nützliche Funktionen zur Verwaltung der Gruppen und Registerkarten im Menüband:

- Um eine hinzugefügte Funktion oder eine komplette Gruppe zu löschen, wählen Sie diese per Mausklick aus und klicken anschließend auf die Schaltfläche **Entfernen**.

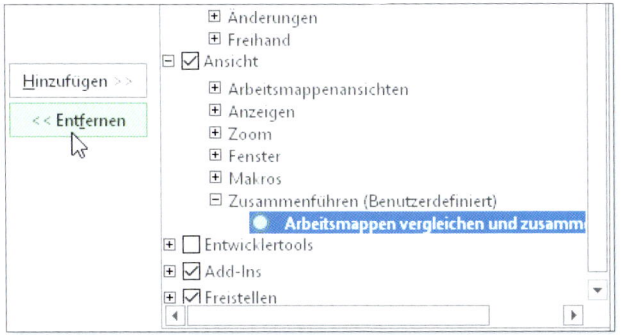

- Auch Registerkarten lassen sich hinzufügen und – per Rechtsklick und Menüwahl **Entfernen** – wieder löschen. Die Standard-Registerkarten lassen sich zwar nicht löschen, aber ausblenden. Das Aus- und wieder Einblenden erfolgt einfach durch Deaktivieren bzw. Aktivieren des zugehörigen Kontrollkästchens. Standardmäßig werden Ihnen übrigens nur die Hauptregisterkarten angezeigt – um sich auch die Registerkarten für Tools anzeigen zu lassen, wählen Sie im Menü oberhalb der Übersicht über die Registerkarten den Eintrag **Alle Registerkarten**.

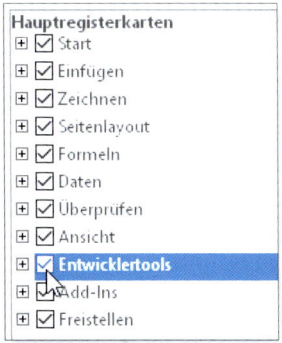

- Gruppen oder Registerkarten verschieben: Dazu klicken Sie eine Gruppe oder Registerkarte in den **Excel-Optionen** unter **Menüband anpassen** an und ziehen diese anschließend bei gedrückter Maustaste in die gewünschte Position.

- Vielleicht benötigen Sie für unterschiedliche Arbeiten mit Excel unterschiedliche Anpassungen des Menübands? Klicken Sie auf die Schaltfläche

Importieren/Exportieren, um Ihre Anpassungen als Datei zu speichern (Option **Alle Anpassungen exportieren**) bzw. eine gespeicherte Anpassungsdatei bei Bedarf zu laden (Option **Anpassungsdatei importieren**).

Symbolleiste für den Schnellzugriff einrichten

Neben dem Menüband ist auch die Symbolleiste für den Schnellzugriff äußerst praktisch, um auf Excel-Funktionen zuzugreifen. Die Symbolleiste verwenden Sie aber am besten nur für die allerwichtigsten Funktionen, um da nicht die Übersicht zu verlieren.

Standardfunktionen lassen sich am schnellsten per Menü hinzufügen oder entfernen, das Sie öffnen, indem Sie rechts in der Symbolleiste für den Schnellzugriff auf das Pfeilsymbol ❶ klicken und einer Funktion per Mausklick ein Häkchen hinzufügen bzw. ein vorhandenes Häkchen per Mausklick entfernen.

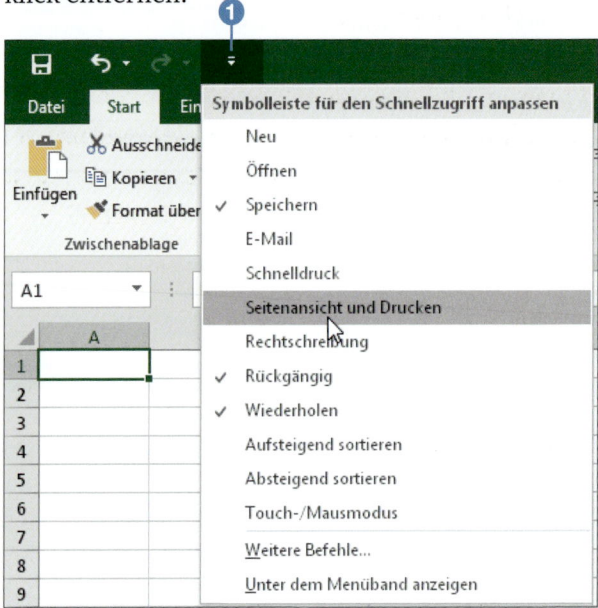

Standardfunktionen werden der Symbolleiste für den Schnellzugriff per Mausklick im Menü hinzugefügt.

Symbolleiste für den Schnellzugriff einrichten

> **TIPP**
>
> **Mehr Platz im Menüband**
>
> Falls Ihnen die Funktionen im Menüband zu eng beieinanderliegen, können Sie statt des Maus- den Fingereingabe-Modus verwenden. Dazu aktivieren Sie in der Symbolleiste für den Schnellzugriff die Standardfunktion **Touch-/Mausmodus**. Wenn Sie das Symbol ❷ anklicken, erhalten Sie die Möglichkeit, zwischen Mausmodus und Fingereingabe-Modus umzuschalten.
>
>
>
> *Hier wurde der Fingereingabe-Modus aktiviert – die Abstände im Menüband werden dadurch vergrößert.*

Auch die im Menüband dargestellten Funktionen lassen sich in die Symbolleiste für den Schnellzugriff aufnehmen. Hierzu klicken Sie eine Funktion im Menüband mit der rechten Maustaste an und wählen dann im Kontextmenü den Eintrag **Zu Symbolleiste für den Schnellzugriff hinzufügen** ❸.

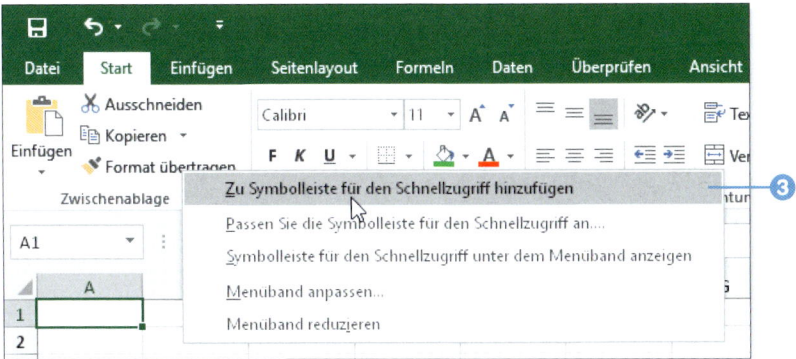

Funktionen aus dem Menüband lassen sich per Kontextmenü der Symbolleiste für den Schnellzugriff hinzufügen.

Wenn Sie der Symbolleiste Funktionen hinzufügen möchten, die nicht mal im Menüband vorhanden sind, gehen Sie etwas anders vor. Lassen Sie mich Ihnen das Ganze wie im vorigen Abschnitt wieder am Beispiel der Funktion **Arbeitsmappen vergleichen und zusammenführen** erklären:

1. Klicken Sie auf das Pfeilsymbol in der Symbolleiste für den Schnellzugriff ❶, und wählen Sie im sich öffnenden Menü den Eintrag **Weitere Befehle** ❷.

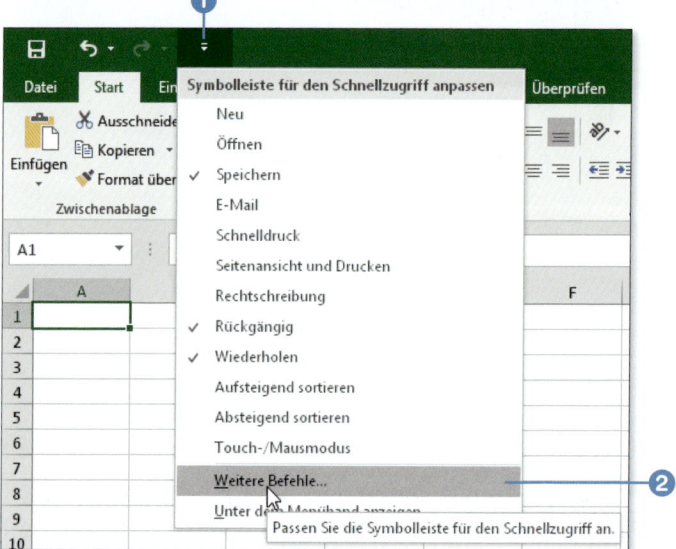

2. Wie beim Hinzufügen von Funktionen im Menüband: Entscheiden Sie sich im Menü **Befehle auswählen** zunächst für den Eintrag **Alle Befehle**.

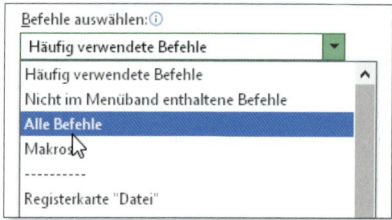

3. Wählen Sie die Funktion aus ❸, klicken Sie auf die Schaltfläche **Hinzufügen** ❹, und bestätigen Sie, wenn Sie mit den Anpassungsschritten fertig sind, mit **OK**.

Symbolleiste für den Schnellzugriff einrichten

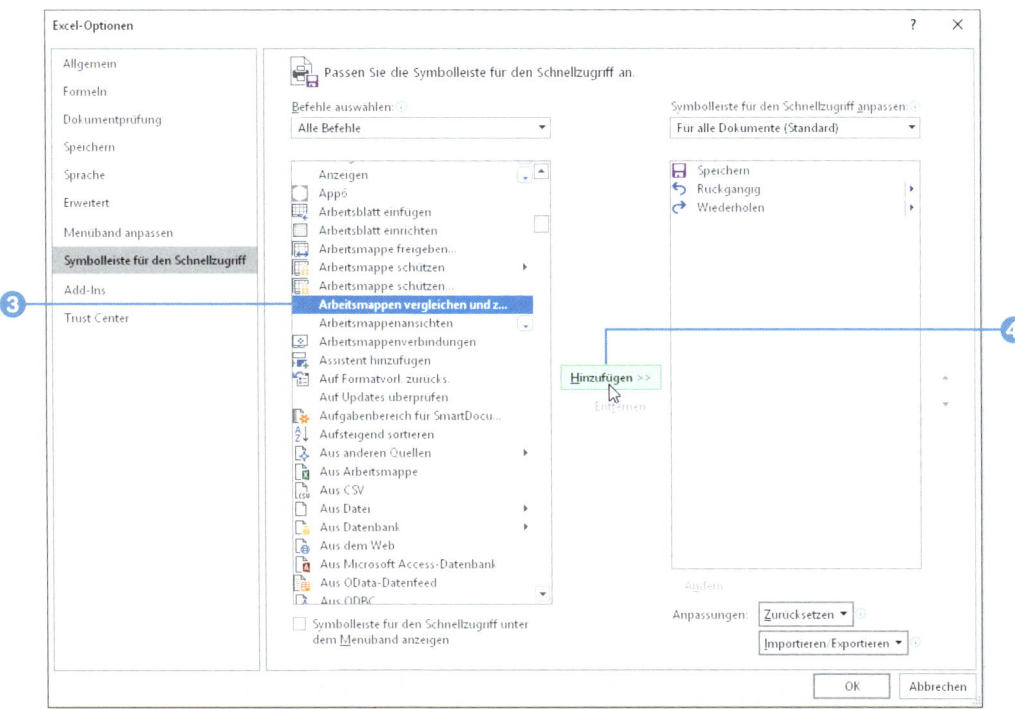

4. Die Funktion ❺ wird der Symbolleiste für den Schnellzugriff hinzugefügt, und es kann nun per Mausklick darauf zugegriffen werden.

> **INFO**
>
> **Eine Funktion wieder aus der Symbolleiste entfernen**
>
> Um eine Funktion wieder aus der Symbolleiste für den Schnellzugriff zu entfernen, klicken Sie das Symbol mit der rechten Maustaste an und wählen im Kontextmenü den Eintrag **Aus Symbolleiste für den Schnellzugriff entfernen**.

Nützliche Tastenkombinationen

Sie haben in diesem Buch bereits zahlreiche nützliche Tastenkombinationen zum Aufrufen von Funktionen in Excel kennengelernt. In den folgenden Tabellen finden Sie eine Übersicht über bereits vorgestellte sowie neue Tastenkombinationen.

Die folgende Tabelle enthält verschiedene allgemeine Tastenkombinationen für den Umgang mit Excel-Dateien sowie für *Copy & Paste*, das Kopieren und Einfügen von Inhalten und Elementen:

Tastenkombination	Funktion
Strg + N	Erstellt eine neue Arbeitsmappe; Excel muss dazu bereits geöffnet sein.
Strg + O	Zeigt die Backstage-Ansicht mit der Funktion **Öffnen** an.
Strg + S	Speichert Änderungen in einer bereits zuvor gespeicherten Datei bzw. zeigt bei einer noch nicht gespeicherten Datei die Backstage-Ansicht mit der Funktion **Speichern unter** an.
F12	Speichert eine Datei – egal, ob bereits gespeichert oder nicht – unter einem neuen Namen ab.
Strg + Z	Macht eine Aktion rückgängig.
Strg + Y	Wiederholt eine Aktion.
Strg + C	Kopiert markierten Inhalt in die Zwischenablage.
Strg + X	Dient dem Ausschneiden von markiertem Inhalt in die Zwischenablage.

Nützliche Tastenkombinationen

Strg + V	Fügt Inhalt aus der Zwischenablage an der gewählten Stelle ein.
Strg + F11	Blendet das Menüband aus bzw. wieder ein.
Strg + P	Zeigt die Backstage-Ansicht mit der Funktion **Drucken** an.
Strg + W	Schließt die aktive Excel-Datei; das Programm bleibt aber geöffnet.

Auch zum Markieren von Zellen gibt es einige Tastenkombinationen, die Ihnen im Excel-Alltag nützlich sein können – die in diesem Zusammenhang wichtigsten Tastenkombinationen entnehmen Sie der folgenden Tabelle:

Tastenkombination	Funktion
Strg + A	Markiert das gesamte Tabellenblatt.
Strg + Leertaste	Markiert die aktuelle Spalte.
⇧ + Leertaste	Markiert die aktuelle Zeile.
Strg + ⇧ + Pos1	Markiert alle Zellen von der aktuellen Zelle bis zum Anfang des Tabellenblatts.
⇧ + eine der Pfeiltasten ↑, ↓, ← oder →	Markiert die Zellen in Pfeilrichtung.
Strg + ⇧ + eine der Pfeiltasten ↑, ↓, ← oder →	Markiert die Zellen in Pfeilrichtung, und zwar bis zur nächsten Zelle mit Inhalt.
F8	Aktiviert bzw. deaktiviert den Erweiterungsmodus zum Markieren von Zellen mit den Pfeiltasten.

Zum Einfügen, Löschen oder Ausblenden von Zellen bzw. Zellinhalten gibt es ebenfalls praktische Tastenkombinationen:

Tastenkombination	Funktion
Strg + +	Öffnet ein Dialogfenster zum Einfügen von Zellen.
Strg + -	Öffnet ein Dialogfenster zum Löschen von Zellen.
Strg + 6	Blendet Objekte aus bzw. wieder ein.
Strg + 8	Blendet markierte Spalten aus.
Strg + ⇧ + 8	Blendet ausgeblendete Spalten innerhalb der Markierung ein.
Strg + 9	Blendet markierte Zeilen aus.
Strg + ⇧ + 9	Blendet ausgeblendete Zeilen innerhalb der Markierung ein.
Entf	Löscht den Inhalt der ausgewählten Zelle; innerhalb einer Zelle werden die Zeichen rechts vom Cursor gelöscht.
←	Löscht den Inhalt der ausgewählten Zelle; innerhalb einer Zelle werden die Zeichen links vom Cursor gelöscht.
Strg + K	Öffnet ein Dialogfenster zum Einfügen eines Links.
Strg + T	Öffnet ein Dialogfenster zum Erstellen einer Tabelle.
Strg + .	Fügt das aktuelle Datum ein.
Strg + ⇧ + .	Fügt die aktuelle Uhrzeit ein.

Nützliche Tastenkombinationen

Wünschen Sie sich Tastenkombinationen zum schnellen Formatieren von Zellen und Zellinhalten? Solche finden Sie in der folgenden Tabelle:

Tastenkombination	Funktion
Strg + 1	Ruft ein Fenster zum Formatieren der markierten Zellen auf.
Strg + 2	Formatiert Text fett bzw. macht eine entsprechende Formatierung wieder rückgängig.
Strg + 3	Formatiert Text kursiv bzw. macht eine entsprechende Formatierung wieder rückgängig.
Strg + 4	Formatiert Text unterstrichen bzw. macht eine entsprechende Formatierung wieder rückgängig.
Strg + 5	Formatiert Text durchgestrichen bzw. macht eine entsprechende Formatierung wieder rückgängig.
Strg + ⇧ + -	Fügt einen äußeren Rahmen um die markierten Zellen ein.
Strg + Alt + ⇧ + -	Entfernt den äußeren Rahmen um die markierten Zellen wieder.
Strg + ⇧ + 1	Formatiert die markierten Zellen in der Zellformatierung *Zahl*.
Strg + ⇧ + 2	Formatiert die markierten Zellen in der Zellformatierung *Wissenschaft*.
Strg + ⇧ + 4	Formatiert die markierten Zellen in der Zellformatierung *Währung*.

Strg + ⇧ + 5	Formatiert die markierten Zellen in der Zellformatierung *Prozent*.
Strg + ⇧ + 6	Formatiert die markierten Zellen in der Zellformatierung *Standard*.
Strg + ^	Formatiert die markierten Zellen in der Zellformatierung *Uhrzeit*.
Strg + #	Formatiert die markierten Zellen in der Zellformatierung *Datum*.

Für den Umgang mit Ihren Daten und Formeln stehen in Excel ebenfalls Tastenkombinationen zur Verfügung, die Ihnen hilfreich sein können:

Tastenkombination	Funktion
Strg + F3	Ruft den Namens-Manager auf.
Strg + ⇧ + F3	Erstellt Namen aus Auswahl.
Alt + ⇧ + 0	Fügt *AutoSumme* ein.
Strg + ⇧ + ↵	Dient der Eingabe einer Matrixformel.
Strg + ,	Übernimmt eine Formel aus der Zelle darüber.
Strg + ⇧ + ,	Übernimmt einen Wert aus der Zelle darüber.
⇧ + F3	Öffnet ein Fenster zum Einfügen von Funktionen.
F9	Berechnet die gesamte Arbeitsmappe neu.
⇧ + F9	Berechnet das aktuell geöffnete Blatt neu.
F11	Erstellt ein Standarddiagramm auf einem neuen Diagrammblatt.

Die folgende Tabelle enthält schließlich noch Tastenkombinationen zum Suchen, für die Rechtschreibprüfung, zum Erstellen neuer Kommentare und mehr:

Tastenkombination	Funktion
Strg + F	Öffnet ein Fenster zum Suchen von Inhalten.
Strg + H	Öffnet ein Fenster zum Suchen und Ersetzen von Inhalten.
Strg + G	Öffnet ein Fenster, um zu einer bestimmten Zelle zu wechseln.
F7	Startet die Rechtschreibprüfung.
⇧ + F2	Erstellt einen neuen Kommentar.
Strg + ⇧ + O	Markiert alle Zellen, die einen Kommentar enthalten.
Alt + F8	Öffnet ein Fenster zum Einfügen von Makros.
Alt + F11	Öffnet ein Editor-Fenster zu *Microsoft Visual Basic for Applications*.

Add-Ins aus dem integrierten Store laden

Der Funktionsumfang von Excel lässt sich durch *Add-Ins* erweitern, wie Sie bereits im Abschnitt »Währungsrechner« ab Seite 215 erfahren haben. Dort wurde gezeigt, wie man ein Add-In von einer Webseite lädt und anschließend in Excel installiert. In Excel ist aber auch ein Add-In-Store integriert, aus dem die verschiedensten Add-Ins direkt geladen werden können – viele davon kostenlos. Wie das Herunterladen eines Add-Ins aus dem Store funktioniert, erklärt Ihnen die folgende Anleitung:

Kapitel 10 – Tipps und Tricks

1. Wählen Sie im Menüband den Reiter **Einfügen**, und klicken Sie in der Gruppe **Add-Ins** auf die Schaltfläche **Store** ❶.

2. Die verfügbaren Add-Ins werden Ihnen angezeigt. Sie können das eingebaute Suchfeld ❷ sowie die Kategorienliste ❸ einsetzen, um nach Add-Ins zu suchen. Wenn Sie ein Add-In näher interessiert, klicken Sie es an ❹.

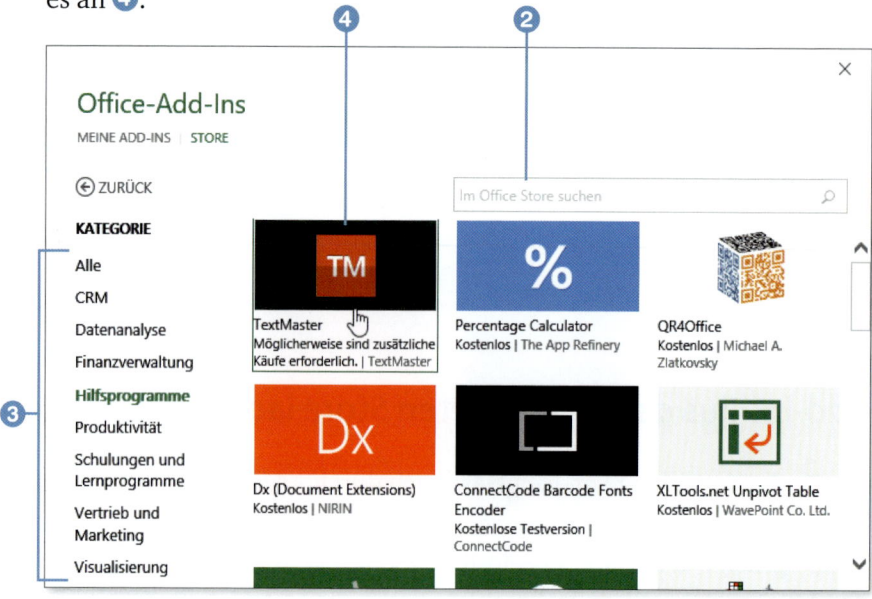

3. Auf der Seite zum Add-In erhalten Sie weitere Informationen, etwa zur Bewertung durch die Nutzer ❺. Um es zu installieren, genügt bei diesem Add-In ein Mausklick auf die Schaltfläche **Vertrauen** ❻.

Add-Ins aus dem integrierten Store laden

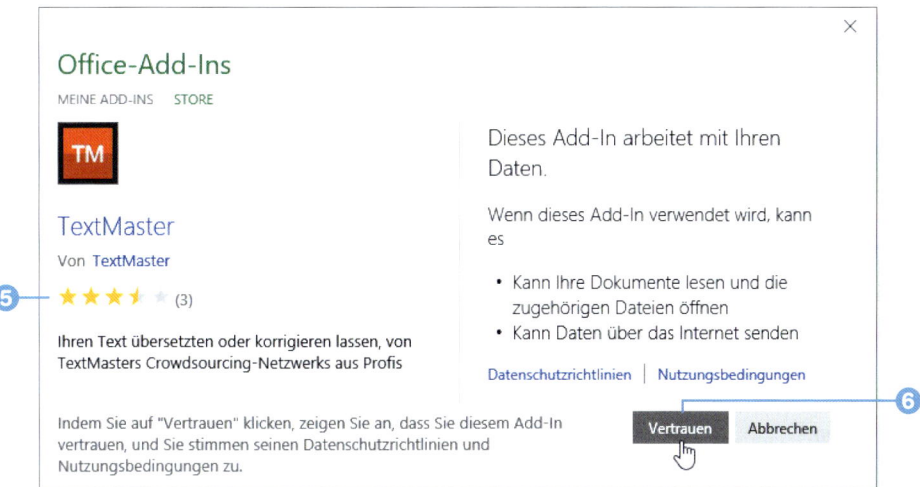

4. In diesem Fall wird das installierte Add-In in einer zusätzlichen Leiste rechts in Excel angezeigt.

5. Eine Übersicht über Ihre aus dem Store geladenen Add-Ins erhalten Sie im Menüband unter **Einfügen**, indem Sie auf den Pfeil ❼ neben der Schaltfläche **Meine Add-Ins** klicken.

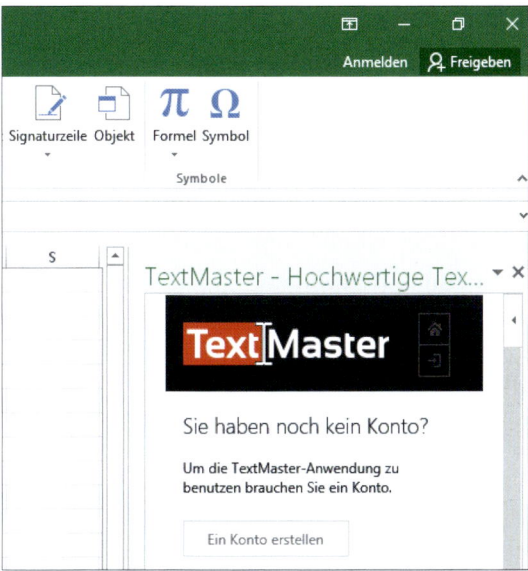
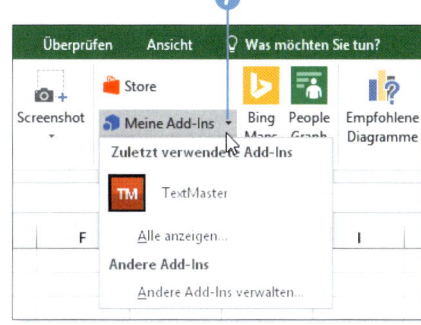

397

Kapitel 10 – Tipps und Tricks

> **INFO**
>
> **Aus dem Store geladenes Add-In entfernen**
>
> Um ein aus dem Store geladenes Add-In wieder zu entfernen, klicken Sie im Menüband unter **Einfügen** auf die Schaltfläche **Meine Add-Ins**. Im sich öffnenden Fenster werden die installierten Add-Ins angezeigt. Bewegen Sie den Mauszeiger auf ein Add-In, klicken Sie auf das nun eingeblendete Menüsymbol, und wählen Sie im sich öffnenden Menü den Eintrag **Entfernen**. Das Entfernen muss anschließend noch bestätigt werden.
>
>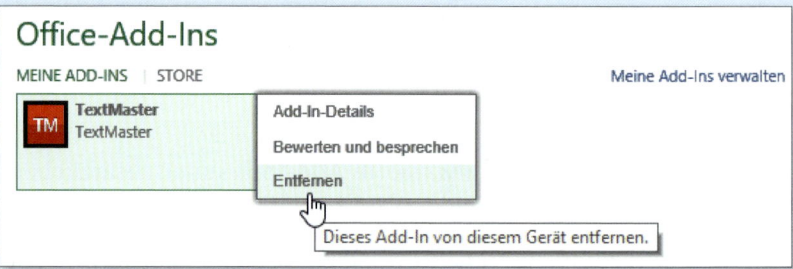
>
> *Genauso schnell wie sie sich installieren lassen, lassen sich Add-Ins auch wieder entfernen.*

Bing Maps einblenden

Ein in Excel bereits vorhandenes Add-In nennt sich *Bing Maps*. Es erlaubt, Positionsdaten, die Sie in Excel eingeben, auf einer Karte zu visualisieren. Schauen wir uns das einmal an einem Beispiel an:

1. Erstellen Sie eine Tabelle mit Positionsdaten (die entsprechenden Koordinaten lassen sich leicht im Internet aufspüren), und markieren Sie die Eingaben. Als Muster können Sie meine Beispieltabelle verwenden, die vier Berliner Sehenswürdigkeiten umfasst.

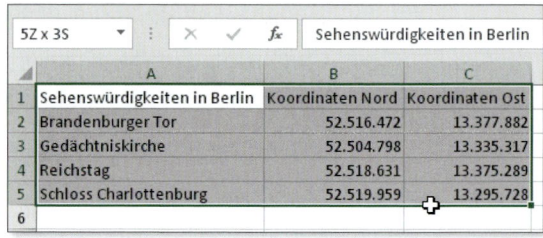

2. Klicken Sie im Menüband auf den Reiter **Einfügen**, und wählen Sie in der Gruppe **Add-Ins** die Schaltfläche **Bing Maps** ❶.

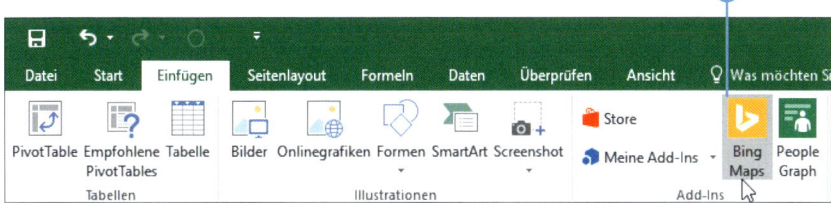

3. Ein entsprechendes Objekt wird eingefügt. Klicken Sie oberhalb der Karte auf das Symbol **Orte anzeigen** ❷.

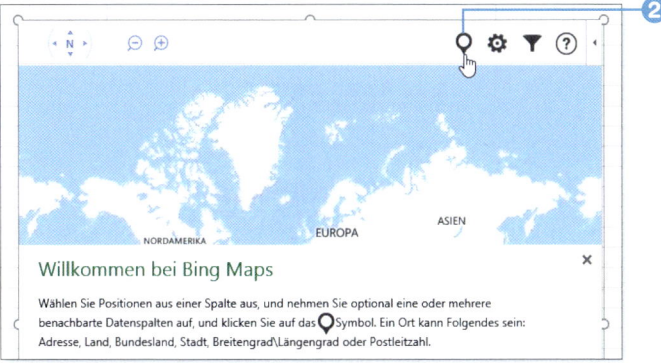

4. Die Sehenswürdigkeiten werden auf einer Karte angezeigt. Links oberhalb der Karte dienen Symbole dem Drehen der Ansicht ❸ und dem Zoomen ❹. Um die Legende auszublenden und die Orte statt durch ein Diagrammsymbol durch einen Kreis darzustellen, klicken Sie auf das Zahnradsymbol für **Einstellungen** ❺.

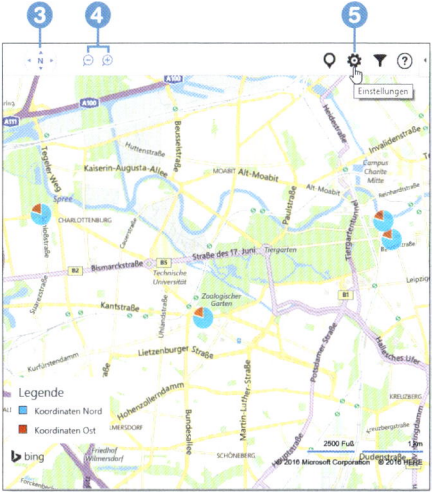

5. Nehmen Sie im sich öffnenden Menü die gewünschten Anpassungen vor, und schließen Sie es wieder.

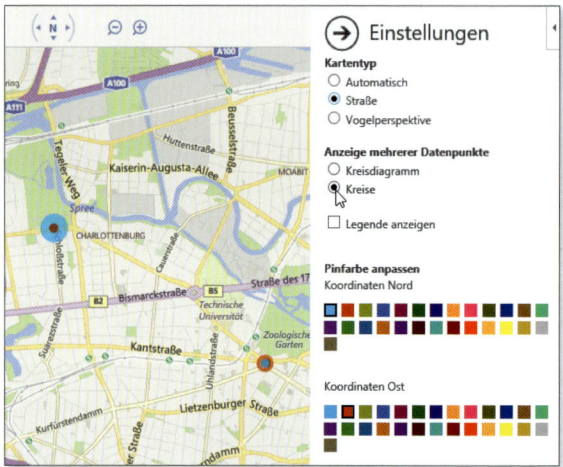

6. Klicken Sie einen Datenpunkt an, um in Erfahrung zu bringen, welche Sehenswürdigkeit sich an diesem Ort befindet und wie die Koordinaten lauten.

Sie können auch einzelne Datenpunkte in der Karte ausblenden. Dazu klicken Sie rechts oberhalb der Karte auf das Symbol **Filter** ❻ und entscheiden per Kontrollkästchen, welche Datenpunkte angezeigt werden sollen und welche nicht. Bestätigen Sie Ihre Auswahl mit der Schaltfläche **Übernehmen**.

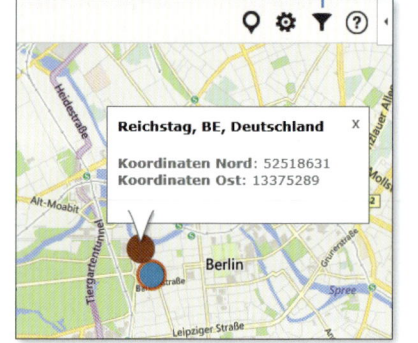

Fixieren

Wenn Sie möchten, dass bestimmte Bereiche einer Tabelle auch dann sichtbar bleiben, wenn Sie horizontal oder vertikal scrollen, können Sie diese Bereiche fixieren. Ein Paradebeispiel für diese Funktion ist das *Fixieren* der Überschriftenzeile:

1. Klicken Sie im Menüband auf den Reiter **Ansicht**.

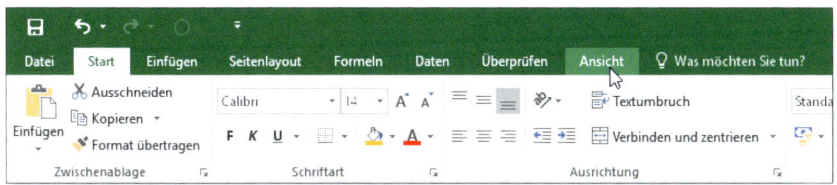

2. Wählen Sie nun in der Gruppe **Fenster** die Schaltfläche **Fenster fixieren** ❶ per Mausklick aus.

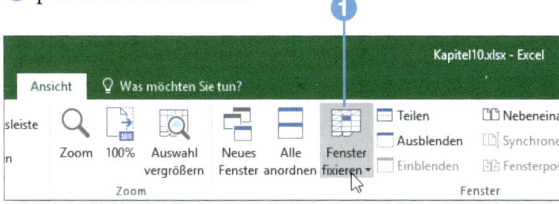

3. Um die Überschriftenzeile zu fixieren, klicken Sie im sich öffnenden Menü auf den Eintrag **Oberste Zeile fixieren** ❷; zum Fixieren der ersten Spalte entscheiden Sie sich entsprechend für den Eintrag **Erste Spalte fixieren** ❸.

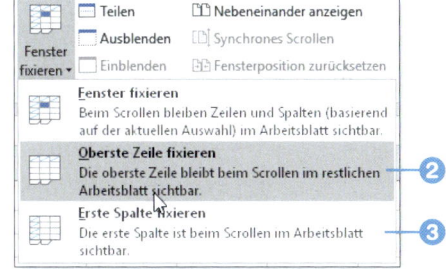

4. Schon lassen sich die Daten in einer Tabelle nach unten scrollen, während die Überschriftenzeile sichtbar bleibt.

Um die Fixierung wieder zu entfernen, klicken Sie erneut im Menüband unter **Ansicht** auf die Schaltfläche **Fenster fixieren**. Entscheiden Sie sich anschließend im Menü für den Eintrag **Fixierung aufheben**.

Sie können auch einen beliebigen Bereich fixieren. In diesem Fall markieren Sie diejenige Zelle, welche die erste Zelle im nicht fixierten Bereich darstellen soll, das heißt, alle Zeilen über dieser Zelle und alle Spalten links von dieser Zelle werden fixiert.

Um die Fixierung in Kraft zu setzen, entscheiden Sie sich erneut im Menüband unter **Ansicht** für die Schaltfläche **Fenster fixieren**. Wählen Sie im sich öffnenden Menü den Eintrag **Fenster fixieren**.

Gruppieren

Eine weitere sehr nützliche Funktion, um in Excel den Überblick über Ihre Daten zu behalten, ist das *Gruppieren*. Im folgenden Beispiel werden bei einem Hausflohmarkt Artikel aus unterschiedlichen Kategorien verkauft. Diese Kategorien sind den Artikeln in beliebiger Reihenfolge zugeordnet, die Liste ist also zunächst recht unübersichtlich – was wir aber gleich ändern werden. So gehen Sie vor:

1. Legen Sie zunächst eine Artikelliste – nach eigenen Vorstellungen oder entsprechend dem Muster in der folgenden Abbildung links – an. Die erste Spalte enthält – noch unsortiert – die Kategorien, die zweite Spalte die Artikelbezeichnungen und die dritte Spalte die erzielten Verkaufspreise. Markieren Sie Ihre Tabelle.

2. Entscheiden Sie sich im Menüband unter **Start** rechts für die Schaltfläche **Sortieren und Filtern** ❶, und wählen Sie **Von A bis Z sortieren** ❷.

Gruppieren

3. Fügen Sie vor jeder Kategorie, außer vor der ersten, eine leere Zeile ein, indem Sie jeweils die erste Zeile der Kategorie markieren ❸, diese mit der rechten Maustaste anklicken und im Kontextmenü schließlich **Zellen einfügen** ❹ wählen.

4. Markieren Sie zunächst die Zeilen der ersten Kategorie.

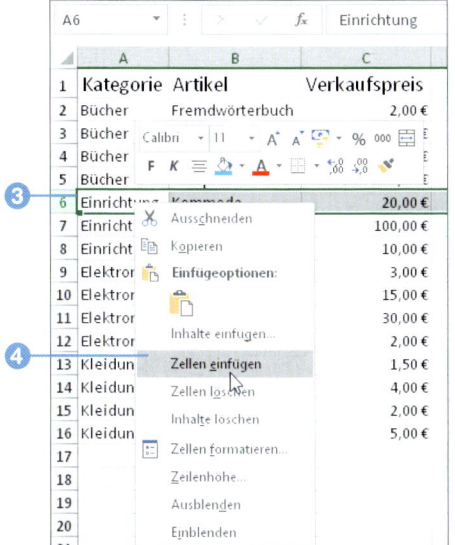

5. Klicken Sie im Menüband auf den Reiter **Daten** und in der Gruppe **Gliederung** auf den oberen Teil der Schaltfläche **Gruppieren** ❺.

6. Bestätigen Sie die Gruppierung der **Zeilen** ❻ mit **OK**.

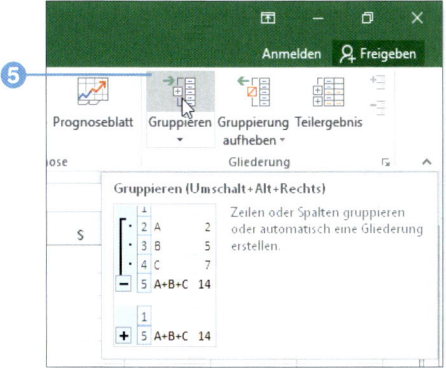
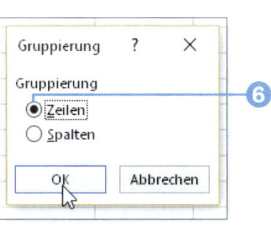

403

7. Führen Sie die Schritte 4 bis 6 nacheinander auch für die weiteren Kategorien durch. Fertig ist die Gruppierung! Einzelne Kategorien lassen sich nun per Minussymbol aus- und per Plussymbol wieder einblenden.

Wenn Sie eine Gruppierung wieder entfernen möchten, markieren Sie die gruppierten Zeilen erneut und wählen im Menüband unter **Daten** in der Gruppe **Gliederung** die Schaltfläche **Gruppierung aufheben**.

Eine Gruppierung erstellen und dazu auch gleich noch die Teilergebnisse sowie das Gesamtergebnis berechnen – auch das ist mit Excel ein Leichtes:

1. In Ihrer Tabelle sind die Artikel bereits nach Kategorien sortiert und Leerzeilen vor den Kategorien eingefügt, so wie in der vorigen Anleitung in den Schritten 1 bis 3 beschrieben. Markieren Sie diese Tabelle mit der Maus.

2. Klicken Sie nun im Menüband unter **Daten** in der Gruppe **Gliederung** auf die Schaltfläche **Teilergebnis**.

3. Im folgenden Fenster müssen Sie in unserem Beispiel nur die Standardeinstellungen mit **OK** bestätigen.

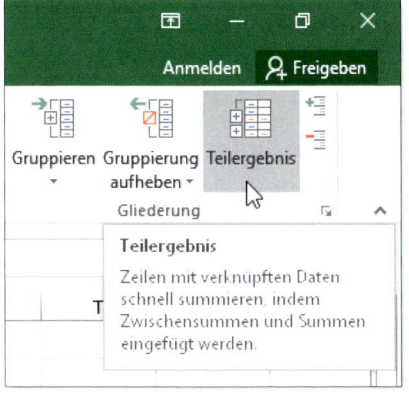
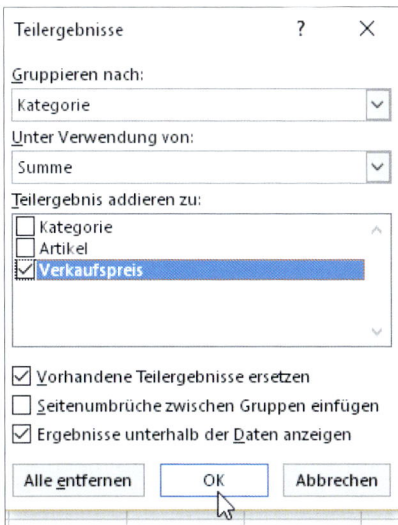

4. Nun wird nicht nur eine Gruppierung durchgeführt, es werden auch noch die gewünschten Teilergebnisse sowie das Gesamtergebnis eingefügt.

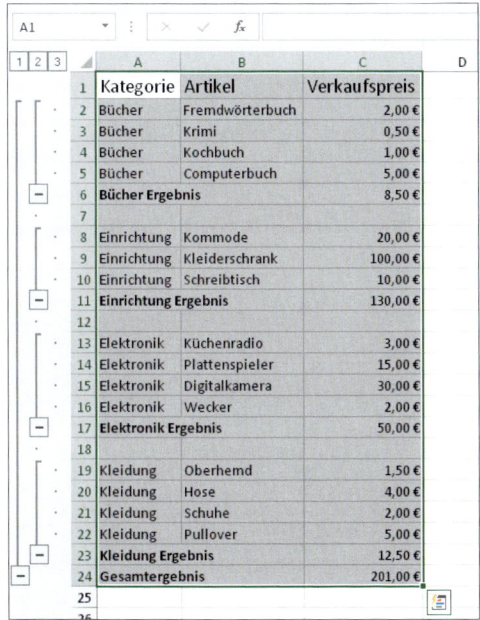

405

> **TIPP**
>
> **AutoGliederung verwenden**
>
> Je nach der Struktur Ihrer Daten lassen sich diese eventuell auch automatisch gruppieren. Zu diesem Zweck klicken Sie im Menüband unter **Daten** in der Gruppe **Gliederung** auf den unteren Teil der Schaltfläche **Gruppieren**. Im sich öffnenden Menü entscheiden Sie sich dann für den Eintrag **AutoGliederung**.

Datenüberprüfung

Besonders dann, wenn eine Excel-Datei von mehreren Personen bearbeitet wird, kann es sinnvoll sein, bestimmte Regeln für einzelne Zellen aufzustellen, etwa was die Werte der eingegebenen Zahlen oder die Länge von Texten betrifft. Excel bietet dazu eine Funktion zur Datenüberprüfung an. Das folgende Beispiel zeigt, wie die Textlänge in einer Spalte für Neueinträge begrenzt und bei Überschreiten eine Fehlermeldung ausgegeben wird:

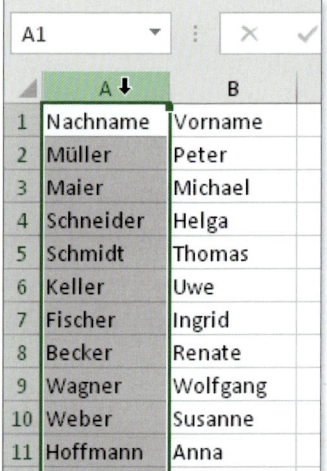

1. Markieren Sie die Zellen, für die Sie eine Datenüberprüfung einrichten möchten.
   Hier habe ich die komplette Spalte A einer Namensliste markiert.

2. Klicken Sie im Menüband auf den Reiter **Daten** und in der Gruppe **Datentools** auf den oberen Teil der Schaltfläche **Datenüberprüfung**.

Datenüberprüfung

3. Wählen Sie im sich öffnenden Fenster per Klick auf den Pfeil im Menü **Zulassen** aus, welche Daten überprüft werden sollen. In unserem Fall ist es die Option **Textlänge** ❶.

4. Bestimmen Sie in den Eingabefeldern die minimale ❷ und maximale Zeichenanzahl ❸. Anschließend klicken Sie auf den Reiter **Eingabemeldung** ❹.

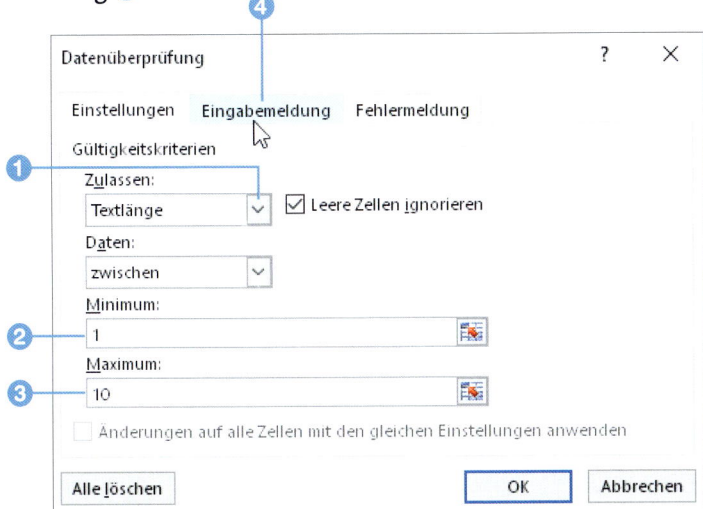

5. Geben Sie eine Meldung ein, die bei den betreffenden Zellen angezeigt werden soll ❺. Klicken Sie dann auf den Reiter **Fehlermeldung** ❻.

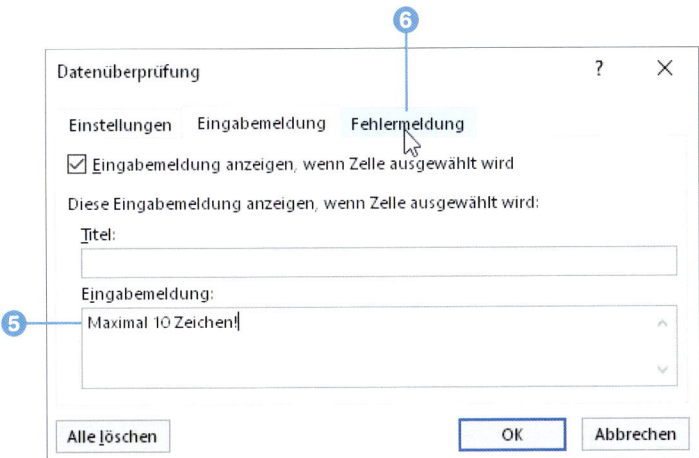

6. Jetzt geben Sie noch ein, welche Fehlermeldung bei Nichteinhaltung der festgelegten Zeichenanzahl angezeigt werden soll ❼, und bestätigen mit **OK**.

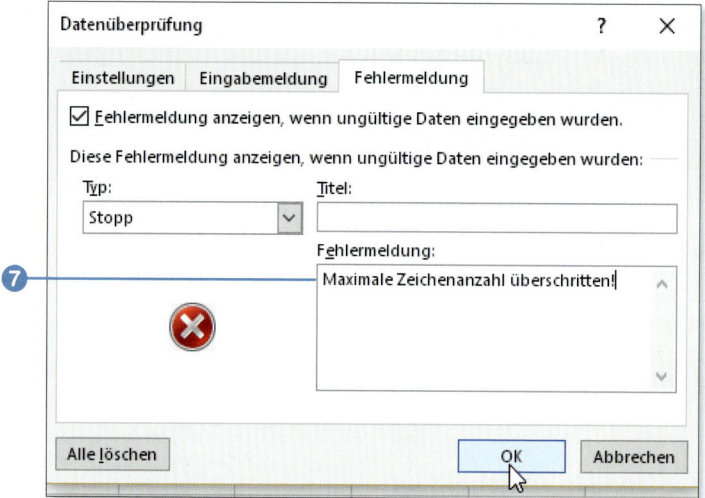

7. Wenn Sie nun eine Zelle mit Datenüberprüfung auswählen, erscheint in einem kleinen Fenster die Eingabemeldung.

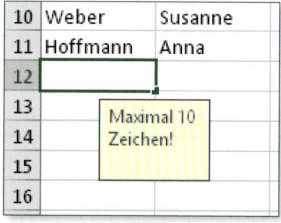

8. Ist die Zeichenanzahl überschritten, wird Ihre zuvor festgelegte Fehlermeldung ausgegeben.

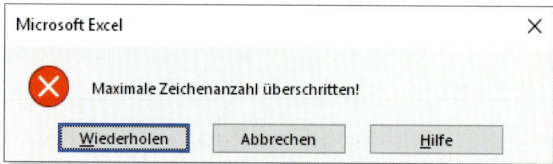

TIPP

Ungültige Daten einkreisen

Zwar werden Fehlermeldungen nur bei Neueingaben ausgegeben, aber es lassen sich alle Daten einkreisen, die nicht der Datenüberprüfung entsprechen. Dazu klicken Sie im Menüband unter **Daten** in der Gruppe **Datentools** auf den unteren Teil der Schaltfläche **Datenüberprüfung**. Wählen Sie im sich öffnenden Menü den Eintrag **Ungültige Daten einkreisen**, um die entsprechenden Daten mit einem roten Kringel zu versehen. Um die roten Kringel wieder zu entfernen, wählen Sie im gleichen Menü den Eintrag **Gültigkeitskreise löschen**.

Hier wurden alle Daten in Spalte A, die mehr als sechs Zeichen haben, rot eingekreist.

Schutz

Um ungewünschten Änderungen in einem Tabellenblatt vorzubeugen, können Sie ein Tabellenblatt schützen und dann entscheiden, welche Zellen Sie für die Bearbeitung freigeben möchten und welche nicht. Die genaue Vorgehensweise zeigt Ihnen die folgende Anleitung:

1. Standardmäßig sind alle Zellen in einem Blatt mit einer Sperre versehen, die dann aktiv wird, wenn Sie das Blatt schützen. Um die Sperre für einzelne Zellen aufzuheben, markieren Sie diese – Sie können für diese Übung jede beliebige Tabelle verwenden.

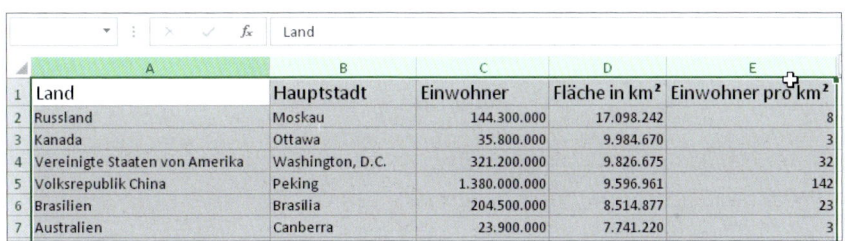

2. Klicken Sie die markierten Zellen mit der rechten Maustaste an, und wählen Sie im Kontextmenü den Eintrag **Zellen formatieren** ❶.

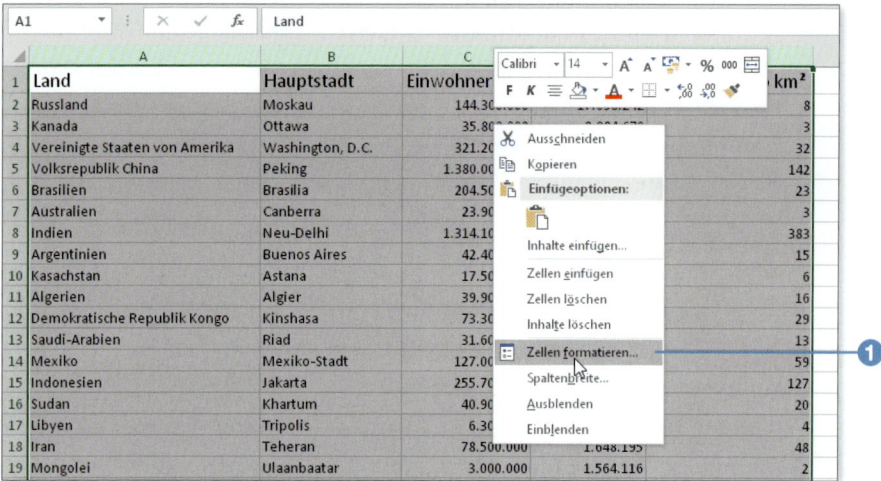

3. Deaktivieren Sie unter dem Reiter **Schutz** ❷ das Kontrollkästchen **Gesperrt** ❸.

4. Bestätigen Sie die Einstellungen mit **OK**.

5. Klicken Sie nun im Menüband unter **Überprüfen** in der Gruppe **Änderungen** auf die Schaltfläche **Blatt schützen**.

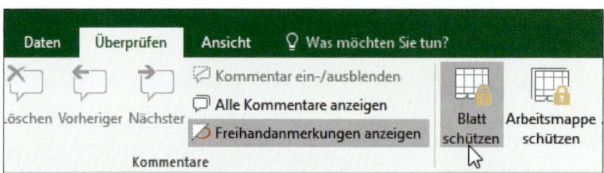

6. Im folgenden Fenster können Sie zunächst ein Kennwort ❹ eingeben, das zum Aufheben des Blattschutzes erforderlich ist. Entscheiden Sie

dann per Kontrollkästchen, welche Aktionen trotz Blattschutz durchgeführt werden dürfen und welche nicht. Bestätigen Sie Ihre Einstellungen mit **OK**.

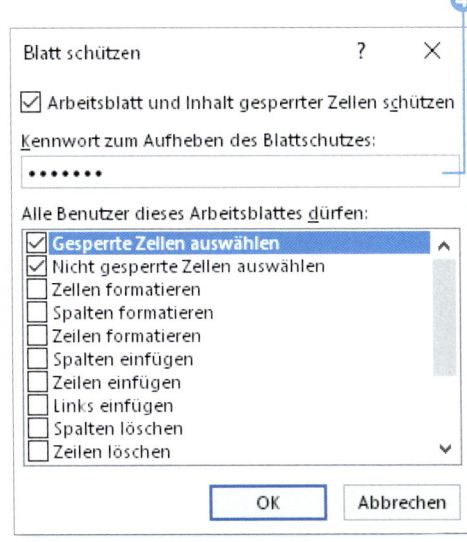

7. Wenn Sie ein Kennwort eingegeben haben, müssen Sie dieses anschließend erneut eintippen und mit **OK** bestätigen.

8. Die entsperrten Zellen lassen sich weiterhin bearbeiten. Wenn hingegen eine gesperrte Zelle bearbeitet werden soll, erscheint ein Hinweisfenster, dass dies aufgrund des Blattschutzes nicht möglich ist, das Sie mit **OK** ausblenden.

9. Möchten Sie den Blattschutz wieder außer Kraft setzen, klicken Sie im Menüband unter **Überprüfen** auf die Schaltfläche **Blattschutz aufheben**.

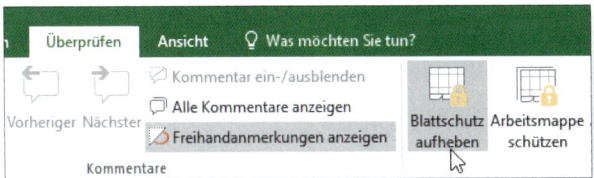

10. Haben Sie den Blattschutz mit einem Kennwort versehen, so geben Sie dieses zum Aufheben des Blattschutzes ein und bestätigen mit **OK**.

Sie finden im Menüband unter **Überprüfen** in der Gruppe **Änderungen** auch die Schaltfläche **Arbeitsmappe schützen**. Diese betrifft aber in erster Linie die Struktur der Arbeitsmappe, das heißt, es können keine Blätter gelöscht oder hinzugefügt werden, auch die Reihenfolge der Blätter lässt sich bei einem Schutz der Arbeitsmappe nicht verändern.

Kapitel 10 – Tipps und Tricks

Oder wünschen Sie, dass beim Öffnen einer Excel-Datei ein Kennwort abgefragt wird? Auch dies lässt sich problemlos einrichten:

1. Klicken Sie im Menüband auf den Reiter **Datei**, entscheiden Sie sich im Backstage-Bereich unter **Informationen** für die Schaltfläche **Arbeitsmappe schützen**.

2. Wählen Sie im Menü den Eintrag **Mit Kennwort verschlüsseln** ❶.

3. Geben Sie das gewünschte Kennwort ❷ ein, und bestätigen Sie mit **OK**.

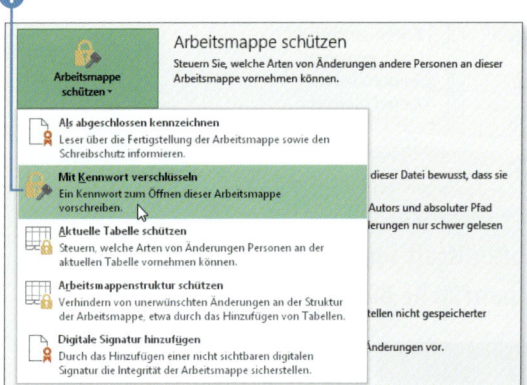
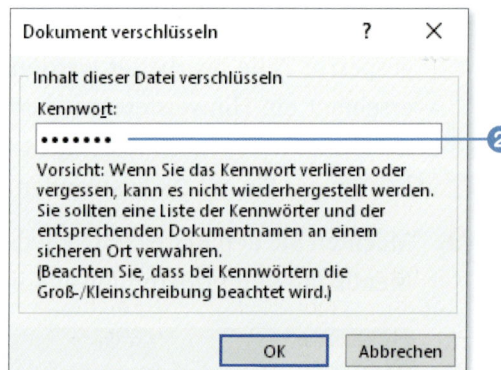

4. Geben Sie das Kennwort anschließend noch einmal ein, und bestätigen Sie wieder mit **OK**.

5. Speichern Sie die Änderungen ab, wenn Sie die Excel-Datei schließen.

6. Um die Excel-Datei zu öffnen, geben Sie das Kennwort ein und bestätigen mit **OK**.

Um den Kennwortschutz wieder zu entfernen, wählen Sie im Menü aus Schritt 2 erneut den Eintrag **Mit Kennwort verschlüsseln** ❶. Löschen Sie im folgenden Fenster das vorhandene Kennwort ❷ aus dem Eingabefeld, und bestätigen Sie mit **OK**.

Damit sind wir am Ende unseres Einstiegs in Excel angelangt. Ich hoffe, Sie haben viele Anregungen für den Einsatz im privaten wie beruflichen Bereich mitnehmen können und nutzen diese mit der Zeit und Übung noch für zahllose Anwendungssituationen.

Glossar

Achse
Mit dem Begriff Achse sind in Excel die Koordinatenachsen in Diagrammen gemeint: die x-Achse (waagerechte Koordinatenachse, auch *Abszissenachse*) und die y-Achse (senkrechte Koordinatenachse, auch *Ordinatenachse*).

Add-In
Ein Add-In ist eine Programmerweiterung, die vollständig in ein Programm eingebunden ist, also nicht für sich allein genutzt werden kann. Auch für Excel stehen Add-Ins zur Verfügung, um den Programmumfang zu erweitern – diese können, wie im Buch gezeigt, von Webseiten oder aus dem integrierten Store geladen werden.

Android
Dieses Betriebssystem für mobile Geräte wie beispielsweise Smartphones oder Tablet-PCs wird von mehreren großen Unternehmen entwickelt. Für Android-Geräte kann eine Excel-App aus dem jeweiligen Store geladen werden.

App
App ist die Kurzform von Applikation – Anwendung. Der Begriff hat sich insbesondere im Zusammenhang mit mobilen Geräten und deren App Stores als alternative Bezeichnung für Programme eingebürgert. Auch Excel gibt es als App für iOS, Android und Windows Phone.

Arbeitsmappe
Eine Excel-Datei wird als Arbeitsmappe bezeichnet. Dies signalisiert, dass eine Datei wie eine Mappe mehrere Blätter aufnehmen kann – und so ist es ja auch.

Arrayformel
Die Arrayformel – auch *Matrixformel* – ermöglicht es, Werte aus mehreren Zellen gleichzeitig zu berechnen und dafür die Ergebnisse zu liefern. Array ist das englische Wort für Bereich.

Backstage-Bereich
Das englische Wort Backstage bedeutet so viel wie »hinter der Bühne«. In Excel bzw. allgemein in Microsoft Office steht der Backstage-Bereich für einen Bereich, der Funktionen anbietet, die insbesondere dem Umgang mit den Dateien selbst dienen, nicht der Bearbeitung der Dateien. So finden Sie im Backstage-Bereich Funktionen zum

Glossar

Speichern, Drucken, Aufrufen der Optionen usw.

Benutzeroberfläche
Die Benutzeroberfläche ist die grafische Oberfläche, auf der Sie mit einem Programm arbeiten, also einfach alles, was im Programmfenster angezeigt wird.

Bing
Bing ist eine von Microsoft im Jahr 2009 in Betrieb genommene Suchmaschine. In Excel wird sie für die Suche nach Onlinegrafiken eingesetzt. Die Suchmaschine kann auch unter der Webadresse *http://www.bing.com* aufgerufen werden.

Blatt
Ein Blatt (auch *Arbeitsblatt*, *Tabellenblatt*) ist in Excel Teil einer Arbeitsmappe. Ein Blatt besteht aus Zellen und kann mit Daten gefüllt werden. Mit dem Blatt, das zum Ausdrucken von Tabellen verwendet wird, hat das Wort nichts zu tun.

Cloud
Von der Cloud (englisch für »Wolke«) spricht man, wenn das Internet zum Speichern von Dateien eingesetzt wird. Das Speichern im Internet bietet nicht nur den Schutz vor Datenverlust, sondern auch die Möglichkeit, von überallher auf die Dateien zuzugreifen und diese gemeinsam mit anderen Personen zu bearbeiten.

CSV
Die Abkürzung CSV steht für *Comma-seperated values* – durch Kommata getrennte Werte. Es handelt sich um ein häufig verwendetes Dateiformat, wenn es darum geht, Daten zwischen unterschiedlichen Programmen auszutauschen.

Cursor
Der Cursor – zu Deutsch: die Einfügemarke – ist eine Markierung, die anzeigt, wo eine Tastatureingabe erfolgt. In Excel setzen Sie den Cursor in eine Zelle, indem Sie auf die Zelle doppelklicken.

Datenpunkte
Einzelne Daten werden in einem Diagramm durch Punkte – Datenpunkte – dargestellt. Die Datenpunkte lassen sich dann z. B. durch eine Linie verbinden, um ein Liniendiagramm zu erhalten.

Diagramm
Ein Diagramm dient der grafischen Darstellung von Daten. Das Wort leitet sich vom altgriechischen Begriff *diágramma* her, das so viel bedeutet wie »Umriss«. Mit Excel lassen sich, wie in diesem Buch beschrieben, Diagramme unterschiedlicher Art erstellen: Säulendiagramme, Liniendiagramme, Kreisdiagramme, Balkendiagramme und noch viele mehr.

Glossar

Doppelpunkt
Dem Doppelpunkt kommt in Excel eine besondere Bedeutung zu. Er kommt in einer Formel zum Einsatz, um einen Zellbereich von ... bis darzustellen – *A1:A7* etwa ist also ein anderer Ausdruck für *A1 bis A7*. (Siehe auch *Operator* und *Zellbezug*.)

Format
Mit Format kann im Zusammenhang mit Excel das Dateiformat gemeint sein, also der Dateityp, der zum Speichern einer Excel-Datei gewählt wird. Mit Format können aber auch Formatierungen von Zellen, Zahlen, Text und Co. gemeint sein.

Formel
Als Formel wird in Excel eine Gleichung bezeichnet, mit der die unterschiedlichsten Berechnungen durchgeführt werden können. Jede Formel beginnt mit dem Gleichheitszeichen (=) und kann Funktionen, Konstanten, Bezüge sowie Operatoren beinhalten.

Freigabe
Von einer Freigabe spricht man, wenn anderen Personen der Zugriff auf eine Datei gestattet wird – zur Bearbeitung oder nur zum Betrachten. Die Freigabe von Excel-Dateien kann sowohl im lokalen Netzwerk als auch – dank Cloud – im Internet erfolgen.

Funktion
Funktionen dienen dazu, Bezüge zwischen Werten herzustellen. Ein Beispiel unter vielen ist die Funktion SUMME, bei der Werte addiert werden. Mit dem Begriff Funktion kann aber auch eine Programmfunktion von Excel gemeint sein.

Gigabyte
Das Byte ist eine Maßeinheit, die eine Datenmenge angibt. Jedes Byte besteht aus 8 Bit, wobei ein Bit zwei gleichwertige Möglichkeiten enthält, etwa »wahr« und »falsch«. Da bei modernen Computern sehr viele Daten verarbeitet werden, spricht man zur Angabe von Datenmengen nicht mehr von einzelnen Bytes, sondern von Vielfachen. Das Gigabyte beinhaltet eine Milliarde Bytes.

Gitternetzlinien
In Excel dienen Gitternetzlinien dazu, die in einem Tabellenblatt enthaltenen Zellen von ihren Nachbarn abzugrenzen. Die Gitternetzlinien sind dabei nicht mit Zellrahmen zu verwechseln – während Letztere beispielsweise bei einem Ausdruck erscheinen, bleiben die Gitternetzlinien unsichtbar.

iOS
Das Betriebssystem iOS kommt bei mobilen Apple-Geräten zum Einsatz, z. B. dem iPhone und dem iPad. Im App Store unter iOS steht eine Excel-App zum Download bereit.

Glossar

Kompatibilität
Von Kompatibilität wird gesprochen, wenn zwei verschiedene Dinge miteinander funktionieren. Kann etwa eine Datei mit Excel geöffnet werden, so ist diese Datei mit Excel kompatibel; kann ein Programm als Objekt in Excel eingebunden werden, so ist dieses mit Excel kompatibel.

Konstante
Die Konstante gibt – im Gegensatz zur Variablen, in Excel aber auch im Gegensatz zum Zellbezug – einen festen Wert an. Wenn Sie in einer Formel eine bestimmte Zahl verwenden, so wird diese Zahl als Konstante bezeichnet.

Makros
Als Makro bezeichnet man eine Folge von Bedienschritten, mit denen bestimmte Prozesse bei der Excel-Nutzung automatisiert werden können.

Menüband
Das Menüband (englisch: *Ribbon*) gibt es in Microsoft Office seit der Version 2007. Die Menüleiste wurde damit um einen Bereich ergänzt, der die auf einer *Registerkarte* (siehe dort) enthaltenen Programmfunktionen zur Auswahl anbietet.

Microsoft-Konto
Ein Microsoft-Konto dient der Anmeldung bei den verschiedenen von Microsoft angebotenen Diensten, beispielsweise beim Cloud-Speicherdienst *OneDrive*.

Name (einer Zelle)
Jede Zelle hat in Excel standardmäßig einen Namen, der sich aus der Spaltenüberschrift (Buchstabe) und der Zeilennummer zusammensetzt, also beispielsweise A1, und im sogenannten *Namenfeld* abgelesen werden kann. Sowohl einzelnen Zellen als auch Zellbereichen lassen sich aber auch individuelle Namen zuordnen, um einfacher darauf verweisen zu können.

OneDrive
OneDrive ist der Name eines von Microsoft angebotenen – und auch in Excel integrierten – Cloud-Speicherdienstes. Er firmierte früher unter der Bezeichnung *SkyDrive*. OneDrive ermöglicht das Speichern von Dateien im Internet. So kann von verschiedenen Plattformen aus auf die Dateien zugegriffen werden. Auf OneDrive gespeicherte Dateien können für andere Personen freigegeben werden.

Operator
Der Operator ist im Zusammenhang mit Formeln eine Rechenvorschrift.

So ist beispielsweise + ein Operator, der die Addition von Werten vorschreibt. In Excel sind zudem die *Bezugsoperatoren* von Wichtigkeit, die in Zellbezügen angegeben werden – so wird etwa mit einem Doppelpunkt (:) ein Zellbereich angegeben.

PDF
Das *Portable Document Format* ist ein gängiger Dateityp, um Dateien plattformübergreifend auszutauschen. Auch Excel-Dateien lassen sich in diesem Format abspeichern und an andere Personen weiterreichen. Bei diesem Dateityp kann man weitestgehend sicher sein, dass die Dateien auf unterschiedlichen Plattformen in gleicher Weise dargestellt werden.

Pivot-Tabelle
Mithilfe von Pivot-Tabellen lassen sich aus einem bestehenden Datensatz beliebige Daten entnehmen und diese dann nach unterschiedlichen Kriterien filtern. Das Wort *Pivot* stammt ursprünglich aus dem Französischen und bedeutet so viel wie Drehpunkt.

Punkt
Die Schriftgröße sowie die Zeilenhöhe werden in Excel in Punkt gemessen. Ein Punkt entspricht dabei ca. 0,3527 mm.

Registerkarte
Wie in einem herkömmlichen Aktenschrank oder Aktenordner zum Trennen und Gliedern Registerkarten verwendet werden, so stehen auch in Excel Registerkarten zur Verfügung – im Menüband, aber auch in verschiedenen Dialogfenstern. Eine Registerkarte wird mit einem Mausklick auf den entsprechenden Reiter eingeblendet.

Semikolon
Das Semikolon (der Strichpunkt) kommt in Excel unter anderem zum Einsatz, um Daten voneinander zu trennen. In Zellbezügen werden damit die Namen mehrerer Zellen voneinander getrennt. Beispiel: In der Angabe (A1;A3;A6) wird auf die Zellen A1, A3 und A6 Bezug genommen. (Siehe auch *Zellbezug*.)

SmartArt
Die SmartArt-Grafik stellt eine Kombination mehrerer Formen zu einem größeren Ganzen dar, etwa um Hierarchien oder Prozesse darzustellen. Das englische Wort *smart* bedeutet so viel wie pfiffig.

Sparkline
In Excel lassen sich in eine einzelne Zelle Minidiagramme einbauen, die Sparklines genannt werden. Neben Liniensparklines stehen auch Säulensparklines sowie Gewinn-Verlust-Darstellungen zur Verfügung.

Glossar

Store
Store ist das englische Wort für (Laden-)Geschäft. Auch in Excel ist ein Store integriert, aus dem *Add-Ins* (siehe dort) zur Erweiterung des Funktionsumfangs des Programms bezogen werden können. Viele der im Store verfügbaren Add-Ins sind kostenlos erhältlich.

Tabellenkalkulationsprogramm
Excel ist ein sogenanntes Tabellenkalkulationsprogramm oder einfach: eine Tabellenkalkulation. Diese Art Programme zeichnet sich dadurch aus, dass Daten in tabellarischer Form eingegeben werden. Als erstes Tabellenkalkulationsprogramm für PCs gilt übrigens das Programm *Visicalc*, das 1979 für Apple-Computer veröffentlicht wurde.

Taskleiste
Die Taskleiste ist ein Bereich der grafischen Oberfläche eines Betriebssystems. Hier werden unter anderem Symbole geöffneter bzw. auch angehefteter Programme angezeigt. Wenn Sie Excel an die Taskleiste anheften und das Programmsymbol mit der rechten Maustaste anklicken, können Sie in einem Kontextmenü (der sogenannten *Sprungliste*) auf die zuletzt genutzten Dateien zugreifen. *Task* ist das englische Wort für Auftrag oder Aufgabe.

Thesaurus
Der Thesaurus ist eine Wortschatzsammlung und wird insbesondere zum Nachschlagen von Synonymen eingesetzt, also von Begriffen, die alternativ zum gesuchten Begriff infrage kommen. Auch in Excel steht ein Thesaurus zur Verfügung.

Tool
Tools (englisch für Werkzeuge) werden in Excel im Menüband als zusätzliche Registerkarten für bestimmte Funktionen angeboten: So gibt es SmartArt-Tools, Diagrammtools, Zeichentools, Bildtools, PivotTable-Tools, Kopf- und Fußzeilentools, Tabellentools, PivotChart-Tools, Freihandtools, Sparklinetools, Zeitachsentools, Datenschnitttools, Suchtools, Abfragetools sowie Formeltools.

Touchmodus
Der Touchmodus oder Fingereingabe-Modus sorgt in Excel für größere Abstände bei der Menüführung insbesondere im Menüband. Dieser Modus ist eigentlich für die Nutzung von Excel auf Geräten mit einem Touchscreen – einem berührungsempfindlichen Bildschirm – gedacht, lässt sich aber auch bei der Nutzung von normalen Bildschirmen verwenden.

Glossar

VBA
Die Abkürzung VBA steht für *Visual Basic for Applications*. Es handelt sich hierbei um eine sogenannte Skriptsprache, mit deren Hilfe verschiedene Excel-Anwendungen erstellt werden können. Mit der Tastenkombination [Alt] + [F11] rufen Sie in Excel einen entsprechenden Editor zum Erstellen automatischer Prozesse und benutzerdefinierter Funktionen auf.

Vorlage/Formatvorlage
Eine Vorlage dient dazu, eine einmal angelegte Datei oder ein einmal angelegtes Format immer wieder zu verwenden. Sie finden in Excel Vorlagen für Arbeitsmappen, Zellenformatvorlagen, Tabellenformatvorlagen und noch weitere Vorlagen.

Web-App
Anwendungen, die in einem Webbrowser geöffnet und genutzt werden können, werden auch als Web-Apps bezeichnet (siehe auch *App*). Auch für Excel und weitere Office-Programme stehen jeweils Web-Apps bereit. *Excel Online* rufen Sie beispielsweise unter dieser Webadresse auf: *https://office.live.com/start/Excel.aspx*.

Windows 10
Windows 10 ist eine vom Unternehmen Microsoft im Sommer 2015 veröffentlichte Version des Betriebssystems Windows. Excel 2016 ist mit Windows 10 voll kompatibel, das gesamte Office-Paket kann aber auch schon ab Windows 7 installiert werden.

Windows Phone
Windows Phone ist Microsofts Betriebssystem speziell für Smartphones. Der bei Drucklegung dieses Buches noch nicht veröffentlichte Nachfolger dieses mobilen Betriebssystems ist Windows 10 Mobile. Auch für Windows-Smartphones steht eine Excel-App zur Verfügung.

XML
Diese Abkürzung steht für *Extensible Markup Language* – erweiterbare Auszeichnungssprache. Das XML-Format dient der Darstellung von Daten in Textform und ist insbesondere für den Austausch von Daten zwischen unterschiedlichen Plattformen sehr gut geeignet. Auch das Excel-Standardformat *.xlsx* basiert auf XML.

Zeichnungsfläche
Die Zeichnungsfläche ist der wichtigste Bestandteil eines Diagramms, nämlich derjenige Bereich, in dem die grafische Ausgabe der Daten erfolgt.

Zellbezug
In Excel kann auf Zellen bzw. die darin enthaltenen Werte Bezug genommen werden, um sich das erneute Eintippen der Daten zu sparen. Zum Herstellen eines Zellbezugs wird der Zellname (siehe auch *Name*) verwendet. Wird in eine Zelle beispielsweise *=A1* eingegeben, so erscheint in der Zelle der in Zelle A1 enthaltene Wert.

Stichwortverzeichnis

3D-Bezüge 169
1000er-Stellen 118
#BEZUG 198
#DIV/0! 198
#NAME? 198
#NULL! 198
#NV 198
#WERT! 198
#ZAHL! 198

A

A1 (Zelle) 113
Absoluter Zellbezug 163
Achse (Begriffserklärung) 413
Add-In
  aus dem Store installieren 395
  Begriffserklärung 413
  Bing Maps 398
  entfernen 398
  im Internet herunterladen 215
  verwalten 217
Addition 153, 155, 159
Alle Befehle 382
Analysieren 356
Änderungen 67, 367
  nachverfolgen 68, 367
Android 34, 413
Ansicht
  Fensterfunktionen 107
  Register 22
  vergrößern und verkleinern 28
  verschiedene Ansichten
    einstellen 105

ANZAHL 193
Anzeigen von Hilfsmitteln 107
App 34
  Begriffserklärung 413
Arbeitsblatt 33
  alle Zellen markieren 133
Arbeitsmappe 33
  Begriffserklärung 413
  Blätter benennen 83
  Blätter hinzufügen 83
  Blätter innerhalb einer Mappe
    verschieben 84
  drucken 100
  erstellen 77
  im Internet speichern 89
  in OneDrive speichern 89
  mehrere parallel verwenden 107
  mehrere Versionen zusammen-
    führen 370
  mit Inhalt füllen 113
  neue per Tastenkombination
    erstellen 79
  Registerfarbe ändern 84
  schützen 411
  speichern 85
  Standardschriftart und Schriftgröße
    festlegen 108
  zwischen Blättern wechseln 83
ARBEITSTAG 205
Argumente 183
Arrayformel 180
  Begriffserklärung 413
Ausblenden von Spalten und
  Zeilen 226

Stichwortverzeichnis

Ausgabenliste erfassen 190
Ausklappmenü 26
Ausreißer 280
Ausrichtung 246
  von Zellinhalten 19
Ausschneiden 137
  Schaltfläche im Menüband 138
Auswahl
  aufheben 139
  vergrößern 30
AutoKorrektur 149
AutoSumme 190
Autowiederherstellung 98

B

Backslash 178
Backstage-Bereich 15, 78
  Begriffserklärung 413
Banner 311
Baumkarte 278
Bearbeiten 20
Bearbeitungsleiste 14, 114
  aus- und einblenden 107
  einblenden 128
  erweitern 129
Bearbeitungszustand 127
Bedingte Formatierungen 264
Bedingungen 194
Befehle 382
Benutzerdefiniert 121
  Filter 344
  Liste 340
  Sortieren 338
Benutzer entfernen 361
Benutzername für Metainformationen
  festlegen 111
Benutzeroberfläche 11
  Begriffserklärung 414

Berechnungen 40
Berechtigungsebene 360
Beträge runden 40
Bezug 151
  3D 169
  absolut 163
  extern 171
  gemischt 166
  relativ 153
Bezugsoperator 154
  Doppelpunkt 155
  Leerzeichen 158
  Semikolon 156
Bild
  freistellen 327
  in eine Tabelle einfügen 322
  per Copy & Paste einfügen 331
  zuschneiden 325
Bildformate 322
Bildformatvorlagen 324
Bildlaufleisten 15
Bildschirmausschnitt 330
Bildtools 324
Binärarbeitsmappe 92
Bing 328, 414
Bing Maps 398
Blasendiagramm 278, 305
Blatt
  Begriffserklärung 414
  mehrere in einer Arbeitsmappe 83
  schützen 69, 410
Blockpfeile 315
Breite von Spalten und Zeilen 219
Bruch 120

C

Calibri (Schriftart) 242
Cloud 88

Stichwortverzeichnis

Begriffserklärung 414
Copy & Paste 144
CSV 94
  Begriffserklärung 414
Cube (Funktion) 45
Cursor 128
  Begriffserklärung 414

D

Dann-Wert 195
Datei
  als Vorlage speichern 93
  als Webarchiv speichern 92
  als Webseite speichern 93
  Backstage-Bereich 78
  drucken 100
  erstellen 77
  freigeben in einer Heimnetzgruppe 364
  im Team bearbeiten 359
  in der Cloud speichern 359
  in Excel einfügen 333
  in OneDrive speichern 89
  Kennworteingabe beim Öffnen 412
  mehrere Versionen zusammenführen 370
  öffnen 97
  Reiter 22
  schließen 87
  speichern 85
  wiederherstellen 99
Datei-Explorer 97
Dateiformat
  als Standard festlegen 96
  für ältere Excel-Versionen speichern 93
  für den Mac speichern 94
  für MS-DOS speichern 94
  für VBA 95
  nur Text 93
  PDF 95
  Standardformat für Excel-Dateien 92
  Übersicht über alle Formate 91
  wählen 86, 91
  .xls 92
  .xml 92
Dateivorlage verwenden 79
Daten
  aus einer Zelle in eine andere kopieren 144
  eingeben 113
  filtern 340
  korrigieren 127
  löschen 129
  Register 22
  sortieren 337
  suchen 346
  überprüfen 65, 406
Datenbereich 14
Datenbeschriftungen ändern 301
Datenpunkte 278
  Begriffserklärung 414
Datenquelle 286
Datenreihe ausfüllen 137
Datum 203
  aktuelles anzeigen 207
  Anzahl der Tage zwischen zwei Daten berechnen 204
  Anzahl von Arbeitstagen berechnen 205
  formatieren 119
  Kalenderwoche ermitteln 207
  Wochentag ermitteln 206
Datum u. Uhrzeit (Kategorie unter Formeln) 45
Design
  auswählen 239

Stichwortverzeichnis

der Bedienoberfläche ändern 110
Farben 233
individuelle Änderungen
  speichern 241
Dezimalstellen 118
Diagramm 57, 269
  Achsenbeschriftungen 285
  als Bilddatei in anderes
    Programm einfügen 59
  Balken 277
  Begriffserklärung 414
  Blatt 274
  Daten zuordnen 284
  empfohlene Diagramme 281
  Filter 287
  Fläche 278
  formatieren 287
  Formatierungsoptionen 292
  Formatvorlagen 281, 297
  Füllfarbe im Kreisdiagramm
    ändern 59
  Größe und Position 299
  Kategorien 284
  Kreis 277
  Kurs 278
  Legendeneinträge 285
  Linie 277
  Netz 278
  Oberfläche 278
  Punkt (X Y) 278
  Säule 277
  Schnelllayout 283
  Sunburst 279
  Titel 292
  Treemap 278
  Verbund 280
  Wasserfall 280
  Werte 284
  Zeichnungsfläche 288

Diagrammelemente 287
  hinzufügen 303
  neu positionieren 301
Diagrammtools 275, 287
Diagrammtyp 275
Diät mit Excel kontrollieren 73
Dieser PC 86
DIF 94
Division 160
Dollarzeichen 163
Doppelklick 18
Doppelpunkt 155
  Bedeutung in einer Formel 415
Download eines Add-Ins 215
Druckbereich festlegen 103
Drucken 100
  Exemplare 101
  Hochformat 102
  Kopf- und Fußzeile einfügen 102
  Layout 100
  Papierformat 102
  Querformat 102
  Seiten festlegen 102
  Seitenränder 102
  Skalierung 102
  Sortierung festlegen 102
Druckereigenschaften 101
Druckvorschau 100
Durchgestrichen 245

E

Ebene 339
Effekte 295
  Design von Objekten ändern 241
Einfügen
  Bilder 61
  Dateien anderer Programme 62

Stichwortverzeichnis

Form 60
Optionen 142
Register 21
Schaltfläche im Menüband 134, 138
SmartArt-Grafik 61
Eingabemeldung 407
Einkaufsliste anhand einer Vorlage 32
Einzug vergrößern und
   verkleinern 249
Ersetzen 348
EUROCONVERT 217
Excel
   an Taskleiste anheften 13
   im Startmenü aufrufen 11
   mobile Nutzung 34
Excel-Add-In 95
Excel-App 34
Excel-Arbeitsmappe 92
Excel-Hilfe 187
Excel Online 363
Excel-Vorlage 93
   mit Makros speichern 93
Explorer 97

F

Facebook-Bilder einfügen 329
FALSCH 202
Farben für ein Excel-Design
   auswählen 240
Farbverlauf 257
Fehlermeldung 158, 407
   Daten einkreisen lassen 409
Fehlerwert 198
Fenster
   Bildschirmauflösung und Größe 18
   fixieren 401
   Funktionen 13
   nebeneinander anordnen 18

   nebeneinander anzeigen 108
   untereinander anzeigen 107
   vergrößern und verkleinern 18
   wechseln 107
Fensterfarbe ändern 110
Fett 244
Filtern 63, 340
   deaktivieren 346
Finanzmathematik 183
   Kategorie unter Formeln 44
Fingereingabe-Modus 387
Fixieren 400
   Bereich 401
Flickr-Bilder einfügen 329
Flussdiagramm 311
Format
   Begriffserklärung 415
   Bruch 120
   Buchhaltung 119
   Datum 119
   Prozent 119
   Standard 118
   Text 120
   Uhrzeit 119
   Währung 116
   Wissenschaft 120
   Zahl 118
Formatierung, bedingte 264
Formatierungsoptionen 48
Formatvorlagen 20, 54, 235
   Design wechseln 239
Formeffekte 290
Formeln
   anzeigen lassen 154
   Begriffserklärung 415
   in eine Datei einfügen 331
   Register 21, 40, 152
   Summe 155
Formeltools 332
Formen 311

Stichwortverzeichnis

drehen 315
Freigeben 66, 360
  Begriffserklärung 415
  für mehrere Personen 67
  rückgängig machen 361
Freihandgleichung 333
Fülleffekt 258, 288
Füllfarbe 52, 233
  entfernen 234
Füllung 293
Funktion 159, 183
  ANZAHL 193
  Begriffserklärung 415
  einfügen 186
  Gleichheitszeichen 183
  Großbuchstaben 183
  Kategorien 185
  MAX 193
  MIN 194
  MITTELWERT 193
  suchen 45, 186
  SUMME 190
  SVERWEIS 199
  verschachteln 184
  WENN 194
  WVERWEIS 199
Funktionen 43
  Kategorien 44
Funktionsargumente 47, 183
Fußzeile einfügen 102

G

Gehe zu 349
Gemischter Zellbezug 166
Gesperrt 410
Gewinn/Verlust-Diagramm 269
Gigabyte (GByte) 88, 415

Gitternetzlinien 55
  aus- und einblenden 107
  Begriffserklärung 415
Gleichheitszeichen 152, 183
Grundrechenarten 159
Gruppen 19
  verwalten 384
Gruppierung 64
  aufheben 404
  Daten gruppieren 402
  per AutoGliederung 406
  Teilergebnisse anzeigen 404

H

Hauptregisterkarten 21
Haushaltsbudget 73
HEUTE 207
Hierarchien darstellen 279
Hilfe 187
Hintergrundfarbe für Zellen 52
Hintergrundmuster auswählen 112
Histogramm 279
Hochformat 102
Hochgestellt 245
Hochkomma 172
Höhe von Spalten und Zeilen 219
Hypothekendarlehen 75

I

Infofenster
  Tastenkombinationen 30
  zu Schaltflächen 17
Informationen (Funktion) 45
Intelligente Suche 378
Internet als Dateiablage 88
iOS 34, 415
ISBN-Formate 120

Stichwortverzeichnis

J

JAHR 206

K

Kalender 75
KALENDERWOCHE 207
Kalkulation erstellen 210
Kastengrafik 280
Kennwortschutz 69
    aufheben 412
    für eine Datei einrichten 412
Klammer 161
Kommentare 68, 371
Kompatibilität
    Begriffserklärung 416
    Funktion 45
Konstante 159
    Begriffserklärung 416
Konstruktion (Funktion) 45
Kontaktverwaltung 74
Kontextmenü 24
    per Tastatur aufrufen 28
Kopfzeile einfügen 102
Kopieren 137
    Schaltfläche im Menüband 138
    zwischen mehreren Blätttern 229
Kredit berechnen anhand einer
    Vorlage 31
Kursiv 244

L

Leerzeichen 158
Legenden 311
Lineal aus- und einblenden 107
Linienart 256
Liniendiagramm 269
Linienfarbe 255
Linksbündig 116, 248
Logik (Funktion) 183
Logisch (Kategorie unter Formeln) 44
Löschen 129
    Schaltfläche im Menüband 130
    Zeilen und Spalten 130

M

Makro 92, 395
    Begriffserklärung 416
Markieren 29
Markierungen 97
Mathematik und Trigonometrie
    (Kategorie unter Formeln) 45
Matrix 201
Matrixformeln 180
MAX 193
Maximieren 18
Menüband 13, 16
    anpassen 70, 381
    Anzeigeoptionen 15
    aus- und einblenden 15
    Begriffserklärung 416
Menüleiste 13
Microsoft-Konto 88
    anmelden 89, 111
    Begriffserklärung 416
Microsoft Visual Basic for
    Applications 395
MIN 194
Miniaturansicht 97
Minisymbolleiste 25
MITTELWERT 193
Mittelwerte 280
MONAT 206
Multiplikation 160

N

Nach Farbe filtern 346
Nach Größe sortieren 338
Nachschlagen und Verweisen
 (Kategorie unter Formeln) 45
Nachschlagen von unbekannten
 Begriffen 378
Nachverfolgen 367
Namenfeld 127, 173
Namens-Manager 179
Name/Zellname
 (Begriffserklärung) 416
Negation 162
NETTOARBEITSTAGE 205
Netzdiagramm 307
Netzwerk 364
Normalansicht 105
Nummerierung automatisch
 ergänzen 135

O

Oberfläche 11
Objekte 333
 drehen 315
Office-Bedienoberfläche
 personalisieren 110
Office-Hintergrund auswählen 112
OneDrive 66, 88
 Begriffserklärung 416
 Bilder einfügen 329
 Datei freigeben 359
 zusätzlicher Gratisspeicher 91
Onlinebearbeitung 363
Onlinegrafiken 328
OpenDocument 96

Operator 154, 159
 Begriffserklärung 416
 Rangfolge in einer Formel 162
Orte anzeigen 399

P

PDF 95
 Begriffserklärung 417
PivotCharts 357
Pivot-Tabelle 64, 350
 als Diagramm darstellen 357
 Begriffserklärung 417
 Filter 352
 Formate 356
 löschen 358
 Zeilenbeschriftung 353
Positionsdaten auf Karte
 darstellen 398
Postleitzahlen (Sonderformat) 120
Potenzierung 162
PowerPoint Online 364
Programmfenster
 nebeneinander anordnen 18
 Rolle der Bildschirmauflösung 18
 vergrößern und verkleinern 18
Prozent 119, 162
 Werte richtig eingeben 209
Prozentrechnung 207
Punkt/Schriftgröße und Zeilenhöhe
 (Begriffserklärung) 417

Q

Quartile 280
Quelldatei 171
Querformat 102

R

Rahmen 253
Rahmenlinie 55
Rechtsbündig 116, 248
Rechtschreibprüfung 148
Rechtsklick 25
Register Gruppen 19
Registerfarbe ändern 84
Registerkarten 13
   aus- und einblenden 385
   Begriffserklärung 417
   verschieben 385
   verwalten 384
Registerleiste 15
Reihenfolge 339
Reiter 22
Rückgängigmachen 24, 130
Runden 40

S

Säulendiagramm 269
Schattierungsarten 258
Schichtpläne mit Excel 76
Schriftart 19, 242
   Einstellungen 245
   für ein Excel-Design auswählen 241
Schriftfarbe 53, 243
Schriftgröße 49, 243
Screenshots 330
Scrollen in Arbeitsmappen 108
Seitenlayout 21, 106
Semikolon 156
SmartArt-Grafik 61, 317
   Begriffserklärung 417
   Formen bearbeiten 319
   Formen hinzufügen 321
   Formen löschen 319
   Gruppierung aufheben 320

Smartphone 34
Sonderformat 120
Sonst-Wert 195
Sortieren 63, 337
Sozialversicherungsnummern
   (Sonderformat) 120
Spalte 33
   alle Zellinhalte löschen 132
   ausschneiden 140
   aus- und einblenden 226
   Buchstaben einblenden 125
   eine oder mehrere markieren 132
   einfügen 133
   kopieren 138
   markieren 116
   Zellinhalte automatisch
     ergänzen 135
Spaltenbreite 219
   anpassen 51
   automatisch anpassen 222
Sparkline 269
   Begriffserklärung 417
   Datenpunktfarbe 272
Speichern 24, 85
   im Binärformat 92
   im Internet 88
   mit Makros 92
Speichern unter 87
Speicherort 97
   bestimmen 86
   OneDrive 90
   Standardspeicherort 87
Standarddiagramm 274
Standardfarben 233
Standardschriftart 108
Standardschriftgröße 109
Standardspaltenbreite 224
Startbildschirm 12
Startmenü unter Windows 10 11
Start (Register) 19

Stichwortverzeichnis

Statistik-Funktion 45, 183
Statusleiste 15
Store 395
   Begriffserklärung 418
Strichpunkt 156
Strichstärke 294
Stripeset 264
Subtraktion 159
Suchen 346
   mit Platzhaltern 348
Suchfeld 22
Suchfunktion 346
Suchkriterium 200
SUMME 46, 190
Sunburst 279
SVERWEIS 199
SYLK 95
Symbole 246
Symbolleiste für den Schnell-
   zugriff 13, 24
   anpassen 70, 71, 386
Synonyme 379

T

Tabelle in ein Excel-Arbeitsblatt
   einfügen 146
Tabellenblatt 33
   aus- und einblenden 228
   Bilder und Grafiken einfügen 322
   in eine andere Arbeitsmappe
     verschieben 85
   innerhalb einer Mappe
     verschieben 84
   vor Änderungen schützen 409
Tabellenformatvorlagen 237
   erstellen 262

Tabellenkalkulationsprogramm 31
   Begriffserklärung 418
Tabellentools 238
Tablet-PC 34
TAG 206
Taskleiste 13
   Begriffserklärung 418
Tastenkombinationen 30, 390
   Ausblenden, Einfügen, Löschen 392
   Ausschneiden 147
   Dateien 390
   Daten und Formeln 394
   Einfügen 147
   Formatieren 393
   für den Zellwechsel 115
   Kommentar, Rechtschreibprüfung,
     Suchen 395
   Kopieren 147
   Markieren 391
   neue Arbeitsmappe erstellen 79
Technik (Funktion) 183
Teilergebnis 404
Text
   formatieren 120
   Kategorie unter Formeln 45
   linksbündig 116
Textfilter 344
Textfüllung 291
Textlänge 407
Textoptionen 294
Textumbruch 225
Thesaurus 379
   Begriffserklärung 418
Tiefgestellt 245
Titelleiste 13
Tool 23
   Begriffserklärung 418
Touch-/Mausmodus 387

Stichwortverzeichnis

Touchmodus (Begriffserklärung) 418
Transponieren 143
Treemap 278

U

Überprüfen 148
  Register 22
Überschrift 235
  aus- und einblenden 107
  eingeben 114
  Überschriftenzeile fixieren 400
Übersetzen 376
Uhrzeit formatieren 119
Umbruchvorschau 106
Unicode 93
Unterstrich 178
Unterstrichen 244

V

VBA 95
  Begriffserklärung 419
Vergleichsoperatoren 162
Vergrößern der Ansicht 28
Verkleinern der Ansicht 28
Verkleinern eines Programmfensters 18
Verknüpfungen 171
Versicherungsnummern (Sonderformat) 120
Verweisfunktion 199
Vorlage 33, 79, 93
  Begriffserklärung 419
  suchen 80

W

WAHR 202
Währung 117
Währungsformat 116
Währungsrechner 215
Warnhinweis 158
Wasserfalldiagramm 308
Web-App 363
  Begriffserklärung 419
Web (Funktion) 45
WENN 194
Werte 143
Wertfeldeinstellungen 355
Wertpapierkurse 278
Wiederherstellen 24, 99
Wiederholen 130
Windows 10 419
Windows-Explorer 97
Windows Phone 34, 419
WOCHENTAG 206
WordArt-Formate 289
Word Online 364
WVERWEIS 199

X

XML 92, 419
XPS 95

Z

Zahl
  rechtsbündig 116
  Zellformatierung 19
Zahlenfilter 345
Zeichentools 23, 313
Zeichnungsfläche 419

Zeile 33
　alle Zellinhalte löschen 132
　ausschneiden 140
　aus- und einblenden 226
　eine oder mehrere markieren 132
　kopieren 138
　markieren 117
　Ziffern einblenden 125
Zeilenhöhe 219
　automatisch anpassen 222
Zeitrechnung 203
Zellbereich definieren 175
Zellbezug 151
　3D 169
　absolut 163
　Addition 153, 155
　Begriffserklärung 420
　einfach 152
　extern 171
　gemischt 166
　relativ 153
　Summe bilden 153, 155
Zelle
　A1 113
　aktive Zelle 114
　aktivieren 114
　ausschneiden 140
　Bearbeitungszustand 127
　Buchstaben und Ziffern 115
　Daten eingeben 113
　Formate löschen 237
　Formate zuweisen 116
　Füllfarbe 232
　Inhalte kopieren und einfügen 144
　Inhalte löschen 129
　Inhalt überschreiben 127
　Koordinaten im Namenfeld 127
　kopieren 138
　kopierte einfügen 139
　löschen 130
　markieren 116
　mehrere verbinden 251
　Namen vergeben 173
　neue Zeile erzeugen 115
　Position bestimmen 126
　Position mit einer anderen
　　tauschen 230
　Text drehen 249
　zwischen Zellen navigieren 114
Zellenausrichtung 251
Zellenformatvorlagen 54, 234
　erstellen 259
Zellen (Gruppe im Register Start) 20
Zellformate
　benutzerdefiniert 120
　Überblick 118
Zellverbund 253
Zellwechsel 114
　Tastenkombinationen 115
Zentrieren 248
Zieldatei 172
Zoomfunktion 28
Zuletzt verwendete Excel-Dateien 13
Zwischenablage 19, 146